国家示范性高职院校精品教材

DIANQI YUNXING

电气运行

四川电力职业技术学院 组编

黄 栋 主 编
席 川 副主编
王 戈 宋永娟 苏廷芳 编 写
邱晓燕 主 审

中国电力出版社
CHINA ELECTRIC POWER PRESS

内 容 提 要

本书为国家示范性高职院校精品教材。本书是结合“基于工作过程为导向”课程开发而编写的，打破了以设备为单元的内容组织形式，采用以电力生产现场工作任务（设备的监控、巡视、操作、异常及事故处理）为单元的内容组织形式，并列举了大量实例。全书共五章，主要内容包括电气运行基础，电气设备的监控、巡视检查及维护，电气设备的倒闸操作，电气设备异常及处理，电气设备事故处理。

本书可作为高职高专学院发电厂及电力系统专业的教材，也可作为水力发电厂、变电站相关课程的培训教材，还可作为电力系统工程技术人员的参考资料。

图书在版编目(CIP)数据

电气运行/四川电力职业技术学院组编；黄栋主编. —北京：中国电力出版社，2011.8（2023.5 重印）
国家示范性高职院校精品教材
ISBN 978-7-5123-1455-9

Ⅰ.①电… Ⅱ.①四… ②黄… Ⅲ.①电力系统运行-高等职业教育-教材 Ⅳ.①TM732

中国版本图书馆 CIP 数据核字(2011)第 103459 号

中国电力出版社出版、发行
（北京市东城区北京站西街 19 号 100005 http://www.cepp.sgcc.com.cn）
北京雁林吉兆印刷有限公司印刷
各地新华书店经售

*

2011 年 8 月第一版 2023 年 5 月北京第十二次印刷
787 毫米×1092 毫米 16 开本 15.5 印张 376 千字
定价 **39.50** 元

四川电力职业技术学院

专业人才培养方案及教材
编审委员会

前　言

电气运行是电力类高职高专院校发电厂及电力系统专业的一门实践性很强的专业课程。本书结合“基于工作过程为导向”课程开发而编写，紧紧围绕由电力生产现场专家组讨论编写的课程教学大纲组织内容，打破了以设备为单元的内容组织形式，采用以电力生产现场工作任务（设备的监控、巡视、操作、异常及事故处理）为单元的内容组织形式，列举了大量的异常、事故处理案例，有利于在教学过程中实施与电力生产现场工作一致的工作任务教学。本书的编写团队中既有学院教师，又有在电力企业从事电气运行和调度工作的专家，且这些专家都曾经在学院任教，不但具有丰富的实践经验，而且还有较强的教学和培训水平。

本书引入了最新的电气运行规程、调度规程，采用了电气运行工作中的新设备、新技术和新方法。本书内容与电力生产现场结合紧密，完全符合生产实际，可操作性强，能最大限度满足学生能力目标培养的要求。本书还可以作为电力生产现场人员和工程技术人员的培训教材和参考资料。

本书由四川电力职业技术学院黄栋主编，由四川大学邱晓燕主审。第一章第一、二、三、五、六节由四川德阳电业局苏廷芳编写；第一章第四节、第四章、第五章第五节由四川电力职业技术学院席川编写；第二章由四川南充电业局宋永娟编写；第三章由四川电力职业技术学院黄栋编写；第五章第一、二、三、四、六节由四川自贡电业局王戈编写。

本书在编写过程中得到了罗建华、蔡燕生、赵大林、汤晓青、肖兰等领导的帮助，谨表谢意。

由于编者水平有限，书中有遗漏和不妥之处，恳请读者批评指正。

编　者

2011 年 6 月

目　录

第一章 电气运行基础

教学要求

熟悉电气运行的主要任务；了解电气运行岗位的生产组织机构；熟悉电气运行有关制度；熟悉工作票填写规范；能正确接收工作票，履行工作票的许可、终结手续；熟悉电气一次系统、自用电系统常用接线及其正常运行方式和非正常运行方式；了解安全工器具的使用方法和注意事项，能正确使用安全工器具；掌握线路、母线、变压器、发电机保护配置和保护范围，熟悉其基本原理，能正确根据运行方式作相应切换。

第一节 电气运行的任务及运行组织

电气运行是指电气运行值班人员在电能的发、输、配、供、用过程中，对电气设备进行监视、控制、操作、调节的过程。电气运行工作由各级调度机构调度员及发电厂、变电站值班人员共同完成。

一、电气运行主要任务

电能是电力系统的产品，它是一种较为特殊商品。电能在整个发、输、配、供、用过程中是连续而同时的，其大小也在不断变化。用户端消耗的电能越多，就能获得更大的经济效益。同时，由于电能也是商品属性，也必须满足一定的质量要求，因此，只有提供优质、可靠而充足的电能才能满足用户的需求。

电气运行的主要任务是保证电力系统安全运行和经济运行。

1. 保证安全运行

电气设备及输配电线路是完成电能从生产→流通→消费环节的具体执行者，要求每个环节中的电气设备与输配电线路都必须健康、可靠。只有这样，才能保证电能的发、输、配、供、用不被中断，才能提高用电的可靠性与社会的经济性。电气设备及输配电线路会受到生产厂家的制造质量、安装人员的安装和调试质量影响，更会受到在运行过程中的过电压、大电流、电弧的危害造成设备直接与间接的损害。而电气运行人员作为设备运行的监管者，必须具备过硬的技术水平和技能，才能在运行过程中及时发现设备的安全隐患、缺陷，才能正确地处理设备故障、减少停电范围；否则，电气运行人员如因为违章操作或欠缺电气知识，不仅会导致个人触电伤亡事故、系统停电事故，也给家庭及社会带来不可挽回的损失。例如，2003 年美国、加拿大因电气设备老化或污闪造成大面积的停电事故。所以只有设备安全及人身安全了，才能确保电力企业的可持续发展。

2. 保证经济运行

发电厂及电网部门都是企业，而企业必须要靠产生效益才能生存，它的载体就是电能。所以电能是商品，电力系统在生产、输送和使用电能过程中，必须尽量降低其生产成本、传输损耗和节约用电。在保证系统安全运行的前提下，提高电气运行的经济性主要是从以下方面入手：发电部门应尽量降低燃料成本和厂用电率，降低每千瓦小时的生产成本；供电部门应做好计划用电、节约用电和安全用电，并在社会上做好有关的宣传工作。

二、电气运行的运行组织

1. 电力系统的运行组织

电力系统是由发电、供电（输电、变电、配电）、用电设施及为保证这些设施正常运行所需的继电保护和安全自动装置、计量装置、电力通信设施、自动化设施、电力市场技术支持系统等构成的整体。

在电力系统中，设有各级运行组织和值班员，分别担负系统中各部分的运行工作。

(1) 电网调度机构。各级电网均设有电网调度机构。电网调度机构是电网运行的组织、指挥、指导和协调的机构，负责电网的运行。各级调度机构分别由本级电网管理部门直接领导，既是生产运行单位，又是电网管理部门的职能机构，代表本级电网管理部门在电网中行使调度权。

目前，我国的电网调度机构是五级调度管理模式，即国调、网调、省调、地调和县调。

(2) 发电厂、变电站运行值班单位。目前，发电厂、变电站运行值班实行“四值三倒”或“五值四倒”。无人值班的变电站，由变电站控制中心值班人员监控。发电厂、变电站运行值班的每一值（或变电站控制中心的每一个值）称为运行值班单位。

(3) 调度指挥系统。由于电力系统是一个有机整体，系统中任何一个主要设备运行工况的改变，都会影响整个电力系统。因此，电力系统必须建立统一的调度指挥系统。电网调度指挥系统由发电厂、变电站运行值班单位（含变电站控制中心）、电网各级调度机构等组成。电网的运行由电网调度机构统一调度。

我国《电网调度管理条例》规定，调度机构调度管辖范围内的发电厂、变电站的运行值班单位，必须服从该级调度机构的调度，下级调度机构必须服从上级调度机构的调度。

调度机构的调度员在其值班时间内，是系统运行工作技术上的领导人，负责系统内的运行操作和事故处理，直接对下属调度机构的调度员、发电厂的值班长、变电站的值班长发布调度命令。

发电厂的值班长在其值班时间内，是全厂运行工作技术上的领导人，负责接受上级调度的命令，指挥全厂的运行操作、事故处理和调度技术管理，直接对下属值班长、机长发布调度命令。

变电站的值班长在其值班时间内，负责接受上级的调度指令，指挥全变电站的正常运行和事故处理。

2. 电力系统的调度原则

电力系统调度机构为保障电力系统安全、优质、经济运行，促进资源的优化配置和环境保护，对电力系统运行进行组织、指挥、指导和协调。电力调度一般满足以下原则：

(1) 各级调度机构在电力调度业务活动中是上、下级关系，下级调度机构应服从上级调度机构的调度。

(2) 调度机构调度管辖范围内的发电厂、变电站、监控中心等的运行值班单位，应服从该调度机构的调度。

(3) 未经调度机构值班调度员许可，任何人不得操作该调度机构调度管辖范围内的设备。电力系统运行遇有危及人身、设备安全的情况时，有关运行值班单位的值班人员应按照现场规程自行处理，并立即汇报值班调度员。

(4) 调度许可设备在操作前应经上级调度机构值班调度员许可，操作完毕后应及时汇报。当发生紧急情况时，允许下级调度机构的值班调度员不经许可直接操作，但应及时向上级调度机构值班调度员汇报。

(5) 调度机构调度管辖设备运行状态的改变，对下级调度机构调度管辖的设备有影响时，操作前、后应及时通知下级调度机构值班调度员。

(6) 属厂（站）管辖设备的操作，如影响到调度机构调度管辖设备运行的，操作前应经调度机构值班调度员许可。

(7) 发生威胁电力系统安全运行的紧急情况时，值班调度员可直接（或者通过下级调度机构值班调度员）越级向下级调度机构管辖的发电厂、变电站、监控中心等的运行值班单位发布调度指令，并告知相应调度机构。此时，下级调度机构值班调度员不得发布与之相抵触的调度指令。

3. 运行人员正确对待调度员的操作命令

(1) 运行值班人员应认真执行调度员的操作命令。

(2) 运行人员对调度员下的操作命令不清楚或与现场不符，应向发令人提出。

(3) 运行人员对直接威胁设备和人身安全的操作命令应拒绝执行，同时向发令人报告拒绝执行的理由及建议。

第二节 电气运行管理制度

电气运行管理制度是保障安全生产，维持正常的生产秩序，提高运行水平的重要的管理制度。电气运行管理制度包括工作票制度、操作票制度、交接班制度、设备的定期试验与轮换制度、巡回检查制度、运行分析制度等，常将前面五种制度称为“两票三制”。下面对“两票三制”进行重点介绍。

一、工作票制度

工作票制度是指在电气设备上工作时应该遵守的相关规定和要求的制度。

(一) 工作票的作用

工作票是允许在电气设备上工作的书面命令，是履行许可手续、工作监护、工作间断、转移终结和恢复送电并实施安全组织措施等的书面依据。在电气设备上工作，必须严格按《电力安全工作规程》要求，认真执行工作票制度。

(二) 工作票的分类

工作票一般可分为以下六种：①变电站（发电厂）第一种工作票；②变电站（发电厂）第二种工作票；③电力电缆第一种工作票；④电力电缆第二种工作票；⑤变电站（发电厂）带电作业工作票；⑥变电站（发电厂）事故应急抢修单。

1. 第一种工作票的使用范围

(1) 高压设备上工作需要全部停电或部分停电者。

(2) 二次系统和照明等回路上的工作，需要将高压设备停电者或做安全措施者。

(3) 高压电力电缆停电的工作。

(4) 其他工作需要将高压设备停电或做安全措施者。

2. 第二种工作票的使用范围

(1) 控制盘和低压配电盘、配电箱、电源干线上的工作。

(2) 二次系统和照明等回路上的工作，无需将高压设备停电者或做安全措施者。

(3) 转动中的发电机、同期调相机的励磁回路或高压电动机转子电阻回路上的工作。

(4) 非运行人员用绝缘棒和电压互感器定相，或用钳形电流表测量高压回路的电流。

(5) 进入变电站从事土建、油漆、生产区绿化、通信、装校表计等无需将高压设备停电的工作。

(6) 高压电力电缆不需停电的工作。

3. 带电作业工作票的使用范围

带电作业或与邻近带电设备距离小于《电力安全工作规程》中所规定的工作。

4. 事故应急抢修单的使用范围

事故应急抢修可不用工作票，但应使用事故应急抢修单。

事故应急抢修工作指电气设备发生故障被迫紧急停止运行（所谓被迫紧急停止运行通常是指继电保护动作、设备停运），需短时间内连续工作恢复的抢修和排除故障的工作。

非连续进行的事故修复工作，应使用工作票。也就是事故抢修告一段落后，若仍需继续对该设备进行检修工作，则应办理工作票。

（三）工作票的填写

1. 工作票的填写规定

(1) 工作票应使用钢笔或圆珠笔填写与签发，一式两份，内容应正确、清楚，不得任意涂改。如有个别错、漏字需要修改，应使用规范的符号，字迹应清楚。

(2) 用计算机生成（包括 SG186 流转）或打印的工作票应使用统一的票面格式。由工作票签发人审核无误，手工或电子签名后方可执行。

工作票一份应保存在工作地点，由工作负责人收执；另一份由工作许可人收执，按值移交。工作许可人应将工作票的编号、工作任务、许可及终结时间记入登记簿。

(3) 一张工作票中，工作票签发人、工作负责人和工作许可人三者不得互相兼任。

(4) 工作票由工作负责人填写，也可以由签发人填写。

(5) 工作票应由设备运行管理单位签发，也可经设备运行管理单位审核且经批准的修试及基建单位签发。修试及基建单位的工作票签发人及工作负责人名单应事先送有关设备运行管理单位备案。

(6) 承发包工程中，工作票可实行“双签发”形式。签发工作票时，双方工作票签发人在工作票上分别签名，各自承担《电力安全工作规程》工作票签发人相应的安全责任。

(7) 第一种工作票所列工作地点超过两个，或有两个及以上不同的工作单位（班组）在一起工作时，可采用总工作票和分工作票。总、分工作票应由同一个工作票签发人签发。总工作票上所列的安全措施应包括所有分工作票上所列的安全措施。几个班同时进行工作时，总工作票的工作班成员栏内，只填明各分工作票的负责人，不必填写全部工作人员姓名。分工作票上要填写工作班人员姓名。

总、分工作票在格式上与第一种工作票一致。

分工作票应一式两份，由总工作票负责人和分工作票负责人分别收执。分工作票的许可和终结，由分工作票负责人与总工作票负责人办理。分工作票必须在总工作票许可后才可许

可，总工作票必须在所有分工作票终结后才可终结。

2. 变电站（发电厂）第一种工作票各栏的填写要求

(1) 单位栏：填写检修单位名称。例如××局、××所、××公司。

(2) 编号栏：可以按照年、月、日、第一种工作票、第几张票进行编号。例如2010-08-12-Ⅰ-01。编号不得重复。生产管理系统自动生成工作票编号。

(3) 工作负责人（监护人）栏：一个班组检修，工作负责人栏填班组工作负责人姓名；几个班组进行综合检修，工作负责人栏填总工作负责人姓名。

(4) 班组栏：写明工作班组的名称。例如检修班、继保四班、直流班、高压班。多班组作业，应填写所有班组名称。

(5) 工作班人员（不包括工作负责人）栏：填写取得安规考试合格证的职工和经过安全知识教育后的非全日制用工人员、生产厂家及外来调试人员姓名；采用总、分工作票形式时，只填写各分工作票负责人姓名（多余空格无需加"等"字），各小组工作人员姓名填写在分工作票上。

(6) 共____人栏：指工作班人员总数（不包括工作负责人和专责监护人）。

(7) 工作的变配电站名称及设备双重名称栏：只填写变、配电站名称，站名前应有电压等级。例如110kV××变电站。

(8) 工作地点及设备双重名称栏和工作内容栏。该栏的填写满足以下要求：

1)"工作地点及设备双重名称"和"工作内容"应清楚、准确、具体。

2) 一张工作票所列的工作地点以一个电气连接部分为限，也就是一个变电站内的电气装置中，可以用隔离开关同其他电气装置分开的部分。

3) 若以下设备同时停、送电，可使用同一张工作票：①属于同一电压、位于同一平面场所，工作中不会触及带电导体的几个电气连接部分；②一台变压器停电检修，其断路器也配合检修；③全站停电。

说明：一台主变压器（以下简称主变）及所属母线停电的工作，可办理一张工作票。

4) 设备双重名称前应有电压等级，但同一电压等级设备，在不导致发生歧义的情况下，可以省略后面电压等级归类填写。例如，××kV××线××、××线××开关。

5) 主变（站用变）只需填写双重名称。例如，工作地点及设备双重名称栏：××kV开关场；10kV××线××开关A相TA。工作内容栏：更换。

(9) 计划工作时间栏：有停电申请者根据停电申请填写，无停电申请者根据调度批准时间填写；年、月、日、时、分应用阿拉伯数字填写，且年用4位数，月、日、时、分用2位数填写。

(10) 安全措施栏：各栏填写及相关规定。

1) 应拉断路器（开关）、隔离开关（刀闸）栏填写内容如下：

a. 填写应拉开的一次设备，包括断路器、隔离开关、高压熔断器等。只填写调度编号和设备名称。断路器、隔离开关应归类合并填写，如第一行填写"拉开××、××、××断路器"，第二行填写"拉开××、××、××隔离开关"。

b. 填写拉开的断路器和隔离开关操作电源的低压断路器。

c. 填写拉开的低压电源，如主变检修工作应断开变压器有载调压、风冷电源及主变消防系统的启动电源，同时应退出VQC装置的调压功能。

d. 填写取下（拉开）的二次熔断器（低压断路器），例如：TV 二次熔断器（低压断路器），站用变二次熔断器（低压断路器），直流回路二次熔断器（低压断路器）等。

e. 填写应取下的合闸熔断器（储能熔断器）。因断路器检修工作而需要进入开关柜内时应取下该熔断器。

f. 填写退出的保护连接片，特别是需要退出的联跳回路保护连接片等。

2）应装接地线、应合接地开关（注明确切地点）栏填写要求如下。

接地开关（接地刀闸）应归类合并填写，接地线应按一组单独填写一行，接地线编号由工作许可人填写。当工作地点不需接地时，此栏空出，不填写。例如，应装接地线、应合接地开关栏：合上××、××、××接地开关；在××开关与××隔离开关之间装设××号接地线一组。

对于接地线装设的相关规定如下：

a. 隔离开关、接地开关检修，该隔离开关的同机构接地开关不能作为接地保安措施，应另装设接地线。

b. 对于断路器和线路侧隔离开关均在同一柜门内的接线方式，在断路器大修等需进入柜内工作的情况时，应在出线隔离开关的线路侧装设接地线。

c. 接地线与检修区域之间不得有明显断开点、熔断器或断路器。

d. 在继保年检预试等工作中，如不触及一次设备部分，且仅需一次设备停电即可进行工作的，可不在一次设备上装接地线时，在“应装接地线、应合接地开关”栏写明“不装接地线”（在其右边的“已执行”栏只需工作许可人确认打钩），同时还应在“工作地点保留带电部分或注意事项（由工作票签发人填写）”栏和“补充工作地点保留带电部分和安全措施（由工作许可人填写）”栏内，由工作票签发人和工作许可人按照《电力安全工作规程》的要求分别注明：“××（一次设备）未装接地线，工作中应与其保持不小于××m 安全距离”。

e. 对于因平行或邻近带电设备导致检修设备可能产生感应电压时，应加装工作接地线或使用个人保安线，加装的接地线应登录在工作票上，个人保安线由工作人员自装、自拆。

3）应设遮栏、应悬挂标示牌及防止二次回路误碰等措施栏：填写工作地点应设的遮栏、应悬挂的标示牌及其相应地点。

悬挂标示牌的规定如下：

a. 一经合闸即可能送电至工作地点（或一经合闸后，检修设备与带电设备间没有明显断开点）的断路器、隔离开关等把手上，必须悬挂“禁止合闸，有人工作”或“禁止合闸，线路有人工作”的标示牌。合闸后无送电至检修设备的可能，其操作把手不挂标示牌，以突出挂标示牌的断路器、隔离开关等操作后的危险性。

在显示屏上进行操作的断路器和隔离开关的操作处均应相应设置“禁止合闸，有人工作！”或“禁止合闸，线路有人工作！”的标记。

b. 对由于设备原因，接地开关（接地线）与检修设备之间连有断路器，在接地开关（接地线）和断路器合上后，在断路器操作把手上应悬挂“禁止分闸！”标示牌。

c. 应在工作地点处设置“在此工作”标示牌，标示牌正面应面向工作通道。

d. 在室外构架上工作，则应在工作地点邻近带电部分的横梁上，悬挂“止步，高压危险！”的标示牌（此类标示牌应在值班人员的监护下，由工作人员悬挂）。在工作人员上下铁架或梯子上，应悬挂“从此上下！”的标示牌，悬挂高度以人站立平视最易看到为宜。在邻

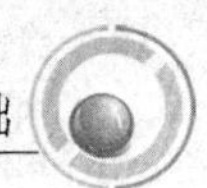

近其他可能误登的带电架构上，应悬挂“禁止攀登，高压危险!”的标示牌。

e. 在室外高压设备上工作，应在工作地点四周装设围栏，其出入口要围至靠近道路旁边，并设“从此进出!”的标示牌。工作地点四周围栏上悬挂适当数量的“止步，高压危险!”标示牌，每面围栏上至少保证一块，每块之间距离不大于3m，标示牌应朝向围栏里面。若室外配电装置的大部分设备停电，只有个别地点保留有带电设备而其他设备无触及带电导体的可能时，可以在带电设备四周装设全封闭围栏，围栏上悬挂适当数量的“止步，高压危险!”标示牌，标示牌应朝向围栏外面。

f. 在室内高压设备上工作，应在工作地点两旁及对面运行设备间隔的遮栏上和禁止通行的过道遮栏上悬挂“止步，高压危险!”的标示牌。

g. 高压开关柜内手车开关拉出后，隔离带电部位的挡板封闭后禁止开启，并设置“止步，高压危险!”的标示牌。

h. 主控、继保室内的工作，在与试验屏左右相邻、前后相对的屏以及同屏内运行装置上挂“运行设备”红布帘，并写明屏和装置的名称。

“止步，高压危险!”、“禁止合闸，有人工作”、“禁止合闸，线路有人工作”、“从此进出!”、“禁止攀登，高压危险!”、“在此工作”、“从此上下”等标示牌，其数量可根据通道情况和检修现场确定，并在工作票中如数记录。

4）工作地点保留带电部分或注意事项（由工作票签发人填写）和补充工作地点保留带电部分和安全措施（由工作许可人填写）栏：填写的内容为在工作区域内，可能误登误碰的带电设备或其他补充安全措施。

a. 在继保年检预试等工作中，如不触及一次设备部分，不在一次设备上装接地线时，工作中应与其保持不小于××m安全距离。

b. 需（已）装设的绝缘挡板、绝缘罩。

c. 需（已）对电缆、电容器放电的要求等。

5）“已执行”栏：工作许可人许可工作前，按实际停电操作逐项确认打钩或填写“已执行”。

6）遇下列情况可以不在安全措施栏作反映：

a. 检修（试验）中，如需装上某回路交、直流熔断器、隔离开关时，应由工作负责人先征得值班负责人同意，并由值班人员完成其操作。

b. 检修（试验）中，如需要拆除全部或一部分接地线后方能进行工作者（如测量母线和电缆的绝缘电阻，测量线路参数，检查断路器触头是否同时接触），应由工作负责人先征得值班负责人同意（根据调度员指令装设的接地线或合上的接地开关，还应征得调度员的许可），并由值班人员监护、检修人员完成其操作，工作完毕后立即恢复。禁止检修（试验）人员擅自操作一、二次设备。

（11）收到工作票时间栏：按实际收到工作票的时间，由值班负责人（工作许可人）审核后填写并签名。许可工作时间不允许比收到工作票时间早。

（12）工作许可栏：①工作许可人会同工作负责人现场确认安全措施无误后，填写许可开始工作时间，工作许可人和工作负责人共同签名，办理工作票许可开始工作手续；②分工作票由总工作票负责人许可；③如遇特殊情况，许可开始工作时间延迟至计划结束时间之后，应由工作许可人在备注栏注明原因，并汇报调度。

（13）确认工作负责人布置的任务和本施工项目安全措施栏：①工作负责人与工作许可人

办理工作许可后，必须将工作现场的安全措施、保留带电部分、危险点控制及安全注意事项，向每一个工作人员交待清楚；每位工作班成员确认现场安全措施满足工作负责人布置的任务后，只在工作负责人收执的工作票上签名；②此栏“工作班组人员”与前面“工作班人员（不包括工作负责人）”栏对应签名；③采用分工作票时，分工作负责人在总工作票上签名，其余工作班人员在分工作票上签名；④办理工作许可手续前，未经过工作许可人的同意，工作班成员不应进入工作现场，只有在工作负责人办理许可工作的手续后，才能进入生产现场开始工作。

（14）工作负责人变动栏。工作负责人变动应经工作票签发人同意并通知工作许可人（值班负责人）。工作票签发人在现场的，由其亲自签名；如工作票签发人无法当面办理，应通过录音电话联系，并在工作票上注明。工作许可人（值班负责人）应将工作负责人变动情况记入运行记录。原工作负责人离开前应将变动情况通知每个工作班成员。

工作人员变动情况栏：因工作需要工作人员变动，应注明增添人员姓名、变动日期及时间，工作负责人签名。例如，李××于 2007 年 5 月 8 日 15 时 30 分加入工作。

（15）工作票延期栏。第一、二种工作票和带电作业工作票的有效时间，以批准的检修期为限。第一、二种工作票需办理延期手续的，应在工期尚未结束以前由工作负责人向运行值班负责人提出申请（属于调度管辖、许可的检修设备，还应通过值班调度员批准），由运行值班负责人通知工作许可人给予办理。工作负责人、工作许可人签字，填写延期时间，工作许可人应做好运行记录，每张工作票只能办理延期一次。

（16）每日开工和收工时间栏。按计划工作时间当日能完成的工作，不填写此栏。按计划工作时间为两天及以上的，应在此栏填写，第一天的开工时间栏不填写（以许可开始工作时间为准），从第一天的收工时间栏开始填写，最后一天完工的收工时间栏不填写，以工作终结时间为准。

工作间断时，现场所做的安全措施可保持不动，工作票仍由工作负责人执存，间断后继续工作，无需通过工作许可人。如果当日工作告一段落，次日仍需继续进行，每日收工应清扫工作地点，开放已封闭的通路，工作负责人填写收工时间，双方签名后，并将工作票交回工作许可人。次日复工时，应得到工作许可人的许可，由工作负责人填写开工时间，双方签名后取回工作票。

（17）工作终结栏。全部工作完毕后，工作班应清扫、整理现场。工作负责人应先周密地检查，待全体工作人员撤离工作地点后，再向运行人员交待所修项目、发现的问题、试验结果和存在问题等，并与运行人员共同检查设备状况、状态，有无遗留物件，是否清洁等，尤其是工作班组自行加装的接地线和个人保安线是否拆除，然后在工作票上填明工作结束时间。经双方签名后，表示工作终结。

（18）工作票终结栏：

1）站内装设的接地线（接地开关）应在办理工作终结手续后及时拆除，未拆除（未拉开）的接地线（接地开关）应在未拆除（未拉开）的接地线（接地开关）栏填明组数，在编号处按实填写接地线（接地开关）编号，在其他事项栏注明未拆除的原因。最后接地线（接地开关）的拆除时间、拆除人可在原工作票其他事项栏中注明。许可人签名、填写结束时间，工作票方告终结。

2）调度未下令拆除（拉开）的接地线（接地开关），应在运行值班记录中反映，并按值移交。

（19）备注栏：

1）专责监护人不得兼做其他工作。监护的范围不得超过一个作业点，专责监护人临时离开时，应通知被监护人员停止工作或离开工作现场，待专责监护人回来后方可恢复工作。监护的地点及具体工作应明确，如指定专责监护人王××负责监护 110kV 开关站 110kV××线××隔离开关检修。

2）其他事项栏填写的内容为：注明未拆除（未拉开）接地线（接地开关）的转移、保留和拆除（拉开）情况；装设绝缘挡板的拆除情况等。

3. 变电站（发电厂）第一种工作票填写示例

某 110kV 变电站Ⅰ母接线图如图 1-1 所示。正常时，110kV 母线 1 号 TV、怀庆线、怀成线、1 号主变均投Ⅰ母运行。

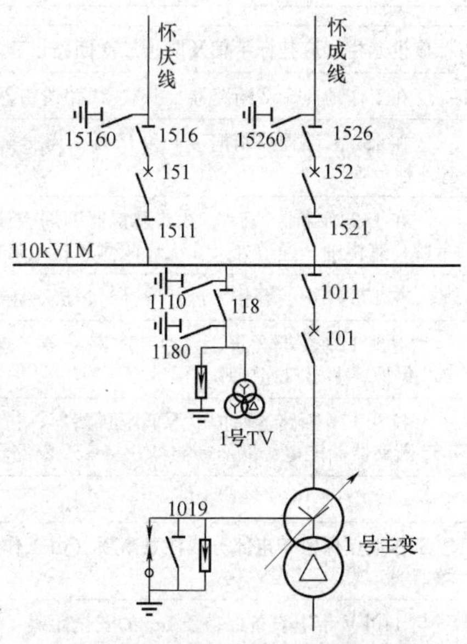

图 1-1　某 110kV 变电站Ⅰ母接线图

110kV 怀成线 152 号断路器、TA、线路避雷器、保护装置年检预试工作票如下：

变电站（发电厂）第一种工作票

单位　××检修中心　　编号　2010-10-22-Ⅰ-01

1. 工作负责人（监护人）　刘××　　班组　检修一班、继保班

2. 工作班人员（不包括工作负责人）

李××　　王××　　黄××　　邓××

共　4　人。

3. 工作的变配电站名称及设备双重名称

110kV××变电站

4. 工作任务

工作地点及设备双重名称	工作内容
110kV 怀成线 152 号断路器、TA、线路避雷器	年检预试
110kV 怀成线 152 号保护装置	年检预试

5. 计划工作时间

自　2010　年　10　月　22　日　08　时　30　分

至　2010　年　10　月　22　日　18　时　30　分

6. 安全措施（必要时可附页绘图说明）

应拉断路器（开关）、隔离开关（刀闸）	已执行
拉开 152 断路器	已执行
拉开 1521、1526 隔离开关	已执行
应装接地线、应合接地开关（注明确实地点）	已执行
在 152 断路器与 1521 隔离开关之间装设 1 号　一组接地线	已执行
在 152 断路器与 1526 隔离开关之间装设 2 号　一组接地线	已执行
合上 15260 接地开关	已执行

续表

应设遮栏、应挂标示牌及防止二次回路误碰等措施	已执行
在工作地点152断路器、TA、线路避雷器及保护装置处放置"在此工作"标示牌	已执行
在152断路器控制把手上和1521、1526隔离开关操作把手悬挂"禁止合闸，有人工作"标示牌	已执行
在152断路器、TA、线路避雷器四周装设遮栏，并向内悬挂"止步，高压危险"标示牌；遮栏围至通道处，在入口两侧悬挂"从此进出"标示牌	已执行
在152保护装置相邻运行屏（××屏、××屏）挂"运行设备"红布	已执行
退出110kV母差屏上"跳152断路器"连接片（有母差才涉及，无就不写）；退出152保护屏上出口连接片	已执行
拉开152断路器保护电源低压断路器；拉开152断路器操作电源低压断路器；拉开152断路器储能电源低压断路器；将152断路器控制切换开关从"远方"切至"就地"	已执行

工作地点保留带电部分或注意事项（由工作票签发人填写）：	补充工作地点保留带电部分或注意事项（由工作许可人填写）：
与110kV带电设备保持1.5m的安全距离	相邻110kV怀庆线、1号主变101开关间隔带电

工作票签发人签名 杜×× 签发日期： 2010 年 10 月 21 日 15 时 00 分

7. 收到工作票时间

2010 年 10 月 21 日 17 时 00 分

运行值班负责人签名 龙×× 工作负责人签名 刘××

8. 工作许可（确认本工作票1～7项）

工作负责人签名 刘×× 工作许可人签名 兰××

许可开始工作时间 2010 年 10 月 22 日 09 时 00 分

9. 确认工作负责人布置的任务和本施工项目安全措施

工作班组人员签名

10. 工作负责人变动情况

原工作负责人______离去，变更______为工作负责人

工作票签发人______ ______年____月____日____时____分

工作人员变动情况（变动人员姓名、日期及时间）：

工作负责人签名______

11. 工作票延期

有效期延长到______年____月____日____时____分

工作负责人签名______ ______年____月____日____时____分

工作许可人签名______ ______年____月____日____时____分

续表

12. 每日开工和收工时间（使用一天的工作票不必填写）

收工时间				工作负责人	工作许可人	开工时间				工作许可人	工作负责人
月	日	时	分			月	日	时	分		

13. 工作终结

全部工作于＿2010＿年＿10＿月＿22＿日＿18＿时＿00＿分结束，设备及安全措施已恢复至开工前状态，工作人员已全部撤离，材料工具已清理完毕，工作已终结。

工作负责人签名＿刘××＿　　工作许可人签名＿兰××＿

14. 工作票终结

临时遮栏、标示牌已拆除，常设遮栏已恢复。未拆除接地线＿无＿号，共＿0＿组、未拉开＿15260＿接地开关（小车）共＿1＿副（台），已汇报调度值班员。

工作许可人签名＿兰××＿　　＿2010＿年＿10＿月＿22＿日＿18＿时＿40＿分

15. 备注

(1) 指定专责监护人＿＿＿＿＿＿负责监护＿＿＿＿＿＿＿＿＿＿＿＿＿＿＿＿＿＿＿＿（地点及具体工作）

(2) 其他事项＿＿＿＿＿＿＿＿＿＿＿＿＿＿＿＿＿＿＿＿＿＿＿＿＿＿＿＿

4. 变电站（发电厂）第二种工作票填写要求

变电站（发电厂）第二种工作票中，与变电站（发电厂）第一种工作票相同的各栏填写要求与第一种工作票相同，与第一种工作票不同的各栏填写要求说明如下。

(1) 工作条件（停电或不停电，或邻近及保留带电设备名称）栏。

1) 停电与不停电是指非一次设备工作对象是否需要停电。

2) 当工作（检修）对象不需停电时，填“不停电”，当工作（检修）对象需停电时，填“停电”。

例如，1号主变第5组冷却器3号风扇故障处理：工作条件填写为“停电”，但应在下栏“注意事项（安全措施）栏”写明“断开1号主变第5组冷却器控制电源”。

(2) 注意事项（安全措施）栏。指此项工作需注意的主要事项和应该采取的安全措施，其主要填写内容如下：

1) 相邻带电设备的安全距离多少用数字表示，单位为m。

2) 工作中容易引起误动、误碰的危险点控制措施，如TA回路防止开路、TV回路防止短路和投（退）防止误动的连接片。

3) 工作设备与其他相邻设备的隔离情况，如挂红布帘、标示牌、装设遮栏和挡板等。

4) 一次设备未停电时，所进行的继电保护校验（如双套保护一套运行，一套校验）、定值调整和检查等，需停、退和拆的装置、连接片和插件等。

5）直流回路、低压回路及其干线上工作，需要拉开（拆下）的断路器、隔离开关和熔断器等。

6）在蓄电池室内工作，应提醒工作人员“禁止烟火”；在控制室、直流室或蓄电池室上部工作时，应采取防止小母线短路措施（防止物体坠落造成小母线短路措施——可采用干燥的木板或绝缘挡板将小母线覆盖）；提醒工作人员不得在 SF_6 设备室内和周围低洼处逗留；当工作需要进入低洼地段、电缆沟和室内工作时，还应检测 SF_6 气体含量是否符合工作条件。

7）在高处作业，应注明下层设备及周围设备的运行情况。

8）工作时防止事故的具体安全措施，不能笼统地写“注意”、“防止”、“防振动”、“防误跳”、“防误动继电器”和“防走错间隔”等，而应写明具体措施，如“停、退保护或连接片”、“贴封条或挂红布帘”等。

9）带电拆装引线，应注明不带负荷；带电测温和核相等工作应注明设备运行情况。

10）厂、站内进行地面挖掘作业，应采取保护地下电缆、接地装置等地下设施的措施。正常施工难以保证地下设施安全的应加设保护管等措施。

11）工作地点应挂“在此工作”标示牌，拉开的二次或低压开关、断路器把手上挂“禁止合闸，有人工作”标示牌。拆下的熔断器，值班人员必须妥善保管，防止工作人员任意使用。

12）在多个设备上进行同一类型工作（如带电测温、取油样、除草等）时，“在此工作”标示牌只需放置于首先开工的地点，工作负责人根据工作进展情况，依次转移。

(3) 补充安全措施（工作许可人）栏。根据工作现场实际，填写需布置的补充安全措施。

(4) 工作票延期栏。延期由工作负责人向变电站值班负责人提出申请（经调度同意开工的第二种工作票应由变电站值班负责人向调度申请，经调度同意后），由工作负责人、工作许可人签字，写上延期时间和调度员的姓名，每张工作票只能办理延期一次。

(5) 备注栏。工作中的特殊危险点需设的专责监护人，还应填写其姓名、地点及具体工作。例如，指定专责监护人王××负责监护 220kV 开关场 220kVⅠ母线 TV 与 220kVⅡ母线 TV 一次定相。

5. 变电站第二种工作票填写示例

如图 1-1 所示，110kV 怀庆线保护装置定值更改的工作票如下：

变电站（发电厂）第二种工作票

单位 ××检修中心　　　　编号 2010-10-22-Ⅱ-01

1. 工作负责人（监护人） 吴××　　　　班组 继保班

2. 工作班人员（不包括工作负责人）

王××　　　　邓××

共 2 人。

3. 工作的变配电站名称及设备双重名称

110kV××变电站

续表

4. 工作任务

工作地点或设备双重名称	工作内容
110kV 怀庆线保护装置	保护定值修改

5. 计划工作时间

自 2010 年 10 月 22 日 10 时 00 分

至 2010 年 10 月 22 日 10 时 10 分

6. 工作条件（停电或不停电，或邻近及保留带电设备名称）

不停电

7. 注意事项（安全措施）（1）在工作地点怀庆线保护装置处放置“在此工作”标示牌；（2）退出怀庆线保护屏上“跳闸出口”连接片；（3）在工作中不得误动、误碰运行设备；（4）在相邻运行屏××、××上挂“运行设备”红布

工作票签发人签名 兰×× 签发日期 2010 年 10 月 22 日 09 时 50 分

8. 补充安全措施（工作许可人填写）

9. 确认本工作票 1～8 项

许可开工时间 2010 年 10 月 22 日 10 时 02 分

工作负责人签名 吴×× 工作许可人签名 龙××

10. 确认工作负责人布置的任务和本施工项目安全措施

工作班组人员签名

11. 工作票延期

有效期延长到____年____月____日____时____分

工作负责人签名____ ____年____月____日____时____分

工作许可人签名____ ____年____月____日____时____分

12. 工作票终结

全部工作于 2010 年 10 月 22 日 10 时 08 分结束，工作人员已全部撤离，材料工具已清理完毕。

工作负责人签名 吴×× 2010 年 10 月 22 日 10 时 08 分

工作许可人签名 龙×× 2010 年 10 月 22 日 10 时 08 分

13. 备注

（四）工作票所列人员安全责任

1. 工作票签发人

(1) 审核工作必要性和安全性。

(2) 审核工作票上所填安全措施是否正确完备。

(3) 审核所派工作负责人和工作班人员是否适当和充足。

2. 工作负责人（监护人）

(1) 正确安全地组织工作。

(2) 负责检查工作票所列安全措施是否正确完备，是否符合现场实际条件，必要时予以补充。

(3) 工作前对工作班成员进行危险点告知，交待安全措施和技术措施，并确认每一个工作班成员都已知晓。

(4) 严格执行工作票所列安全措施。

(5) 督促、监护工作班成员遵守《电力安全工作规程》，正确使用劳动防护用品和执行现场安全措施。

(6) 监督工作班成员精神状态是否良好，变动是否合适。

3. 工作许可人

(1) 负责审查工作票所列安全措施是否正确、完备，是否符合现场条件。

(2) 负责检查工作现场布置的安全措施是否完善，必要时予以补充。

(3) 负责检查检修设备有无突然来电的危险。

(4) 对工作票所列内容即使发生很小疑问，也应向工作票签发人询问清楚，必要时应要求作详细补充。

4. 专责监护人

(1) 明确被监护人员和监护范围。

(2) 工作前对被监护人员交待安全措施，告知危险点和安全注意事项。

(3) 监督被监护人员遵守规程和现场安全措施，及时纠正不安全行为。

5. 工作班成员

(1) 熟悉工作内容、工作流程，掌握安全措施，明确工作中的危险点，并履行确认手续。

(2) 严格遵守安全规章制度、技术规程和劳动纪律，对自己在工作中的行为负责，互相关心工作安全，并监督规程的执行和现场安全措施的实施。

(3) 正确使用安全工器具和劳动防护用品。

（五）工作票的执行流程

(1) 工作负责人或签发人根据停电申请填写工作票。但紧急缺陷可以无停电申请，直接填写工作票；第二种工作票不用停电申请书，直接填写。

(2) 工作票签发人进行工作票签发。签发人要审核安全措施的正确性，有无遗漏，安全措施与现场是否相符。工作票审核合格，签发人签发。

(3) 运行人员接收工作票。接收工作票前运行人员必须审核票是否与停电申请相符、是否满足现场安全措施，审票合格后运行人员才填写工作票收到时间；若票面不合格退回给工作票签发人修改，直至合格。

(4) 运行人员根据工作票做安全措施。

1) 第二种工作票直接根据工作票做安全措施。

2) 第一种工作票做安全措施前提是，运行人员先根据调度指令将设备转换成冷备用状态或线路检修状态，调度许可可以在该设备上开工后，再根据第一种工作票做安全措施。其顺序为：

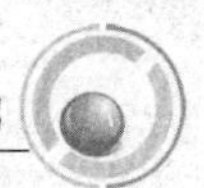

a. 工作票上除线路接地开关（接地线）外，母线、断路器装设接地开关（接地线）、退出保护装置连接片，运行人员必须填写倒闸操作票，再进行倒闸操作。

b. 工作票上其他安全措施：装设遮栏、挂标示牌及防止二次回路误碰等措施，以及补充措施。

c. 运行人员逐项核对工作票安全措施，在“已执行”栏逐项填写“已执行”或打“√”，其中接地线编号运行人员根据操作票填写。

(5) 进行工作许可。工作许可人会同工作负责人到现场，工作许可人向工作负责人交代清楚工作票上所列安全措施，并交代清楚相邻带电设备；许可工作后，工作许可人、工作负责人各持工作票一份，工作许可人那份按值向下移交，工作负责人所执那份由工作负责人带至工作现场。

(6) 检修人员进行工作开工，履行工作监护。

1) 工作负责人向工作班成员交代清楚工作范围、工作内容、安全注意事项，工作班成员确认后在工作负责人所持工作票上签名，工作开工，工作负责人履行工作监护职责。

2) 工作负责人严格执行工作间断、转移制度。

(7) 工作负责人会同工作许可人进行工作终结。检修工作结束，工作负责人向许可人申请并会同许可人到现场进行验收，验收合格，双方办理工作终结手续（一式两份，办完工作终结手续，工作负责人、工作许可人各持一份存档）；若不合格，则继续整改，直至验收合格。

(8) 运行人员拆除工作票上安全措施。

1) 工作票上除调度管辖线路接地开关（接地线）外，拆除母线、断路器接地开关（接地线）、投入保护装置连接片时，运行人员必须填写倒闸操作票，再进行倒闸操作。

2) 拆除工作票上其他安全措施：遮栏、标示牌及二次回路误碰安全措施，以及补充安全措施。

(9) 工作许可人进行工作票终结。调度指令的接地开关（接地线）应填写清楚编号，向调度汇报，填写工作票终结时间。

注意：若两张工作票共用安全措施，先工作终结那张票不能拆除安全措施，需在该张票上填写清楚哪些接地开关（接地线）未拆除；但在备注栏需根据操作票写清楚拆除接地开关（接地线）的时间。

二、操作票制度

操作票是准许操作开关设备的书面命令，是防止发生误操作的主要措施。操作票制度是规定操作票如何填写、如何执行操作票的相关规定的制度。

倒闸操作是厂（站）运行值班人员的一项十分重要的工作。而倒闸操作往往不是几个简单的步骤就能完成，它可能涉及对多个设备进行操作，且操作设备的先后顺序都有一定的要求，每一步操作都关系到电网、电气设备和人身安全。填写操作票是安全正确进行倒闸操作的根据，它把经过深思熟虑制订的操作步骤记录下来，根据操作票面上填写的内容依次进行操作，才能做到安全操作、万无一失。

因此，厂（站）高压断路器和隔离开关倒闸操作必须填写操作票，操作票填写相关规定将在第三章详细介绍。但也有一些特殊情况可以不用填写操作票，如事故处理及拉合断路器的单一操作。

三、交接班制度

交接班制度主要是规定运行值班人员在交接班时应遵守的相关规定和要求的制度。

交接班的内容应包括现场设备检查，各岗位运行日志和各种记录的查阅，安全用具、工具、备品和规程、资料的清点，以及异常运行、设备缺陷、检修情况和运行方式变动情况的交接等。

交接班相关规定如下：

(1) 交班人员应提前整理好运行方式记录、图板、资料钥匙、工器具，做好清洁卫生等交班准备工作及写好交接班记录。

(2) 值班人员应按照现场交接班制度的规定进行交接，接班人员应提前 30min 进入控制室（监控室）做好接班准备工作。交接双方人员应全部参加，在监控机前列队进行交接。未办完交接手续前不得擅离职守。

(3) 交班人员应在交班前做好下列工作：

1) 对控制室（监控室）、通信机房及监控系统主机、打印机、工业电视、UPS 等进行清洁；

2) 核对监控机屏（主控屏）显示的运行方式与现场设备状况是否相符；

3) 对安全用具、工器具、图纸资料、钥匙及解锁钥匙进行清点；

4) 检查运行日志等记录是否正确；

5) 检查相关记录簿是否填写完整；

6) 交班人员应于交班前在值班记录簿上做好交班总结，交班中应特别注意交代设备的异常及缺陷等情况。

(4) 交接班前、后 30min 内，一般不进行重大操作。在处理事故或倒闸操作时，不得进行交接班。交接班时发生事故应停止交接班，由交班人员处理，接班人员在交班的值班负责人指挥下协助工作。事故处理和倒闸操作告一段落后，方可交接班（事故处理和倒闸操作告一段落是指远方操作隔离故障和一个操作任务结束后）。

(5) 交接班的主要内容：

1) 运行方式及负荷分配情况；

2) 当班所进行的操作情况及未完的操作任务；

3) 使用中的和已收到的工作票；

4) 使用中的接地线号数及装设地点；

5) 发现的缺陷和异常运行情况；

6) 继电保护、自动装置动作和投退变更情况；

7) 直流系统运行情况；

8) 微机防误装置运行情况；

9) 事故异常处理情况及有关交代；

10) 上级命令、指示内容和执行情况；

11) 一、二次设备检修试验情况；

12) 维护工作情况；

13) 环境卫生。

(6) 交班值班负责人按交接班内容向接班人员交代情况，接班人员在交班人员陪同下进

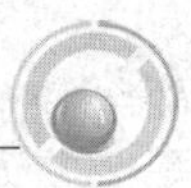

行重点检查，交班值班负责人或指定人员负责监盘。实现微机管理的厂、站在交接班时，应当面打印出当班的值班记录。值班记录的签名栏，应由交接班人员亲自签名，不可打印。

(7) 接班人员重点检查的内容：

1) 查阅上次下班到本次接班的值班记录及有关记录，核对运行方式变化情况；

2) 核对模拟图板；

3) 检查设备情况，了解缺陷及异常情况；

4) 负荷潮流；

5) 检查试验中央信号及各种信号灯；

6) 检查直流系统绝缘及浮充电流；

7) 检查温度表、压力表、油位计等重要表计指示；

8) 核对接地线编号和装设地点；

9) 核对保护连接片的位置；

10) 检查内外卫生。

(8) 集控班、集控站（监控中心）交接班的主要内容：

1) 所有站的运行方式及负荷分配情况；

2) 当班所进行的操作及未完的操作任务；

3) 使用中的和已收到的工作票；

4) 使用中的接地线号数及装设地点；

5) 发现的缺陷和异常运行情况；

6) 继电保护、自动装置动作和投退变更情况；

7) 直流系统运行情况；

8) 微机防误装置运行情况；

9) 事故异常处理情况及交代有关事宜；

10) 上级指令、指示内容和执行情况；

11) 一、二次设备检修试验情况；

12) 维护工作情况；

13) 环境卫生及公用资料（安全工器具、设备钥匙、备品备件、图纸资料）情况；

14) 其他部门的临时工作联系。

(9) 集控班、集控站（监控中心）接班者应重点检查的内容：

1) 查阅上次下班到本次接班的值班记录及有关记录，核对运行方式变化情况。

2) 核对监控机显示的运行方式与设备的状态，熟悉系统及设备运行情况；检查监控机运行是否正常，各变电站与控端的通信是否正常，UPS电源是否正常。

3) 检查上一班的操作票及操作情况。

4) 检查各变电站继电保护和自动装置运行情况及定值情况。

5) 检查各种记录（含打印记录和监控机中生成的运行日志等记录）、图纸、仪表、工器具、安全用具、钥匙和解锁钥匙等情况。

6) 了解各变电站直流系统运行方式及运行情况。

7) 了解设备检修工作、工作票及安全措施设置情况。

8) 检查五防系统是否完好。

(10) 交接班时交班负责人应在监控机屏幕前将集控班、集控站（监控中心）所辖的每一个变电站的运行方式向接班人员详细介绍一遍，双方人员应按规定要求交接清楚，接班人员在未清楚之前不得在值班记录簿上签字，交班人员不得下班。即使交接班以后，当值班员到现场工作时，必须现场核对运行方式与集控站（监控中心）方式是否一致。装有图像监控系统的变电站，交接班人员必须共同通过图像监控系统全面检查站内设备一次。

(11) 变电站、集控班、集控站（监控中心）接班人员将检查结果互相汇报，认为可以接班时，主动签名接班，然后由交班人员签名。

(12) 变电站、集控班、集控站（监控中心）接班人员接班后，根据天气、运行方式、工作情况、设备情况等，安排本班工作，做好事故预想。

四、设备定期试验与轮换制度

设备定期试验与轮换制度主要包括各种设备的预防性试验，继电保护及安全自动装置的定期检验以及设备的定期轮换的要求。

各种设备的切换和试验必须得到当值值班负责人的同意，属调度管辖的设备还应得到当值调度的许可。工作必须两人进行，应正确使用仪器和正确操作，并将检查情况做好详细记录。凡切换工作需要动一、二次设备的都应按倒闸操作的规定执行并填写、使用操作票。当值值班人员的切换，试验工作中可以不使用一、二种工作票。

应根据实际情况，将应定期进行的切换、试验工作用表格形式固定下来。表格应包括时间、周期、工作内容及检查人等内容。

所有切换、试验结果都应详细记录在设备定期试验、切换记录簿上。若在试验、切换中发现设备异常，应将异常情况记录于设备缺陷记录簿中，并按设备缺陷管理的规定进行处理。

五、巡回检查制度

巡回检查的目的主要是为了能够及时地发现设备的缺陷，监控设备的运行情况，确保电网的安全。巡回检查制度是运行值班人员对设备进行巡视检查时应该遵守的相关规定。值班人员必须认真按要求定时巡视设备，对设备异常状态要做到及时发现、认真分析、正确处理并做好记录。

设备巡视检查，一般分为正常巡视、全面巡视、特殊巡视、夜间熄灯巡视，具体内容见第三章。

第三节 电气一次系统常用接线及运行方式

一、电气一次主接线及运行方式概念

电气一次主接线是由各种电气设备（包括发电机、变压器、断路器、隔离开关、母线、电抗器等）及其连接线所组成的输送和分配电能的电路。

发电厂及变电站的主接线应根据其在电力系统中的地位、回路数、设备特点及负荷性质等条件确定，并且应满足以下主要基本要求：保证必要的供电可靠性和电能质量，操作灵活，运行方便、经济并具有发展和扩建的可能。

所谓运行方式，是指电气一次系统中各电气设备所处工作状态及其相互连接的方式。运行方式又分正常运行方式和非正常运行方式。

正常运行方式是指正常情况下，全部设备投入运行时，电气一次系统经常采用的方式。每一电压等级系统的正常运行方式是唯一的，正常运行方式一经确定，则不得随意更改。

非正常运行方式是指设备故障、检修、事故处理时所采用的运行方式。非正常运行方式具有随机性，故非正常运行方式具有多样性。

二、电气一次主接线的主要种类及正常运行方式

电气一次主接线可分为单母线接线、双母线接线、桥形接线和单元接线等。其中单母线接线和双母线接线又称有母线接线方式，桥形接线和单元接线又称无母线接线方式。

1. 单母线不分段接线

单母线不分段接线如图 1－2 所示，进出线接同一母线上，进出线两侧均装设有断路器，断路器两侧均装设有隔离开关。其优点是接线简单清晰，使用设备少，经济性比较好；缺点是可靠性和灵活性差。该方式下，正常检修母线和母线侧隔离开关以及母线和母线侧隔离开关故障时，全厂站全停电，不能满足对重要用户的供电。但当某一出线发生故障或检修出线断路器时，可只中断对该出线上用户的供电，而不影响其他用户，所以仍具有一定可靠性。该主接线的正常运行方式是：母线和所有母线上的进线及出线均运行。

2. 单母线分段接线

单母线分段接线如图 1－3 所示，用断路器将单母线分段，母线被分段断路器 QFS 分成两段。该方式下正常检修母线和母线侧隔离开关以及母线和母线侧隔离开关故障时，全厂站一半停电。

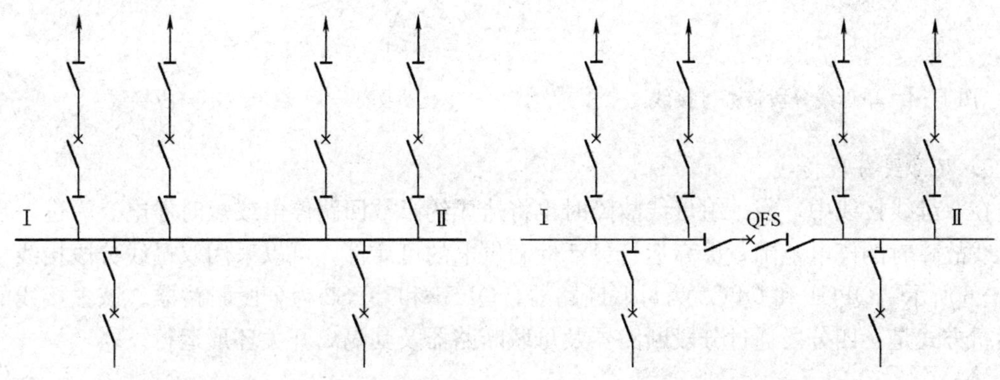

图 1－2　单母线不分段接线　　　　图 1－3　单母线分段接线

该主接线的正常运行方式是：第一种，分段断路器 QFS 闭合，两个电源分别接在两段母线上，两段母线上的出线都正常运行；第二种，分段断路器 QFS 热备用，两段母线分裂运行，每段母线的进线和出线正常运行，10kV 系统常采用这种接线，目的是限制 10kV 系统短路电流。

3. 单母线分段带旁母接线

单母线分段带旁母接线如图 1－4 所示，在单母线分段接线的基础上增加一组隔离开关和断路器以及旁路母线，可保证在检修任意一台出线断路器时，该回路不停电。其缺点是隔离开关用于操作，增加了误操作可能性。该主接线的正常运行方式是：Ⅰ母线、Ⅱ母线（简称Ⅰ母、Ⅱ母）通过分段断路器 QFS 及两侧隔离开关并列运行，旁路母线断路器 QFb 备用

（常见为热备用），Ⅰ母、Ⅱ母上的进线及出线均运行。

4. 双母线不分段接线

双母线不分段接线如图 1－5 所示，每回线路经过一台断路器和两组隔离开关分别接到两组母线上，其中一组隔离开关闭合，另一组隔离开关打开。各回路工作在闭合的隔离开关所连接的母线上，两组母线由母联断路器连接起来。双母线接线的主要优点是供电可靠、运行灵活、检修方便、易于扩建，在大、中型发电厂和枢纽变电站中广为采用。该主接线的正常运行方式是：两组母线（即Ⅰ母和Ⅱ母）通过母联断路器 QFC 及两侧隔离开关并列运行，进线和出线按容量和负荷大小平均分配在两组母线上，并固定在相应的母线运行。

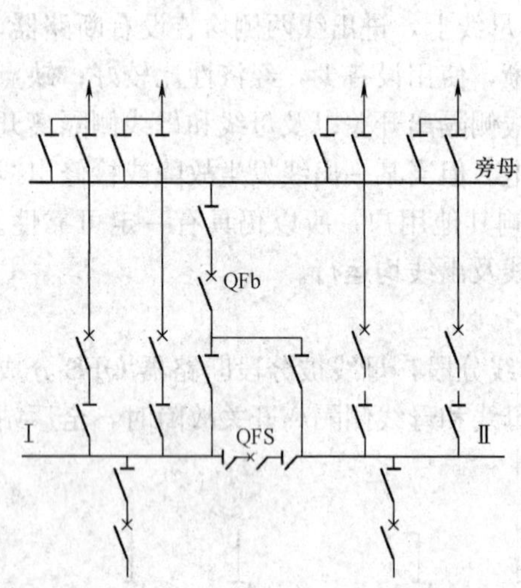

图 1－4 单母线分段带旁母接线

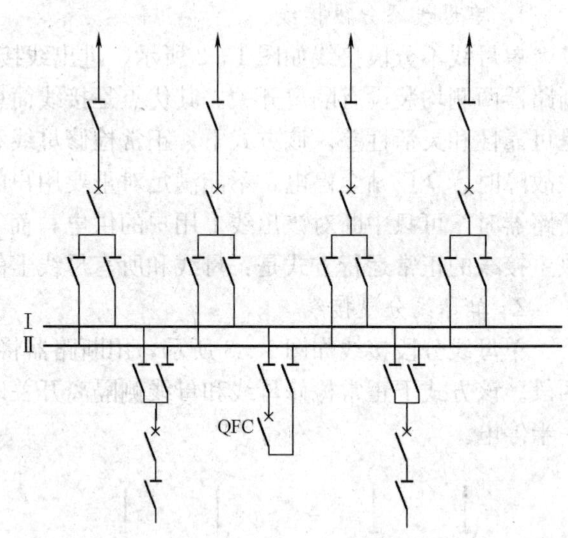

图 1－5 双母线不分段接线

5. 双母线分段接线

在双母线接线中，当一组母线故障时也将造成约半数回路停电或短时停电。为进一步缩小母线故障时的停电范围，提高运行灵活性和供电的可靠性，可以采用双母线分段接线。如图 1－6 所示，QFC1 和 QFC2 为母联断路器，QFS1 和 QFS2 为分段断路器。该主接线的正常运行方式是：四分段通过分段断路器及母联断路器及其隔离开关环形运行。

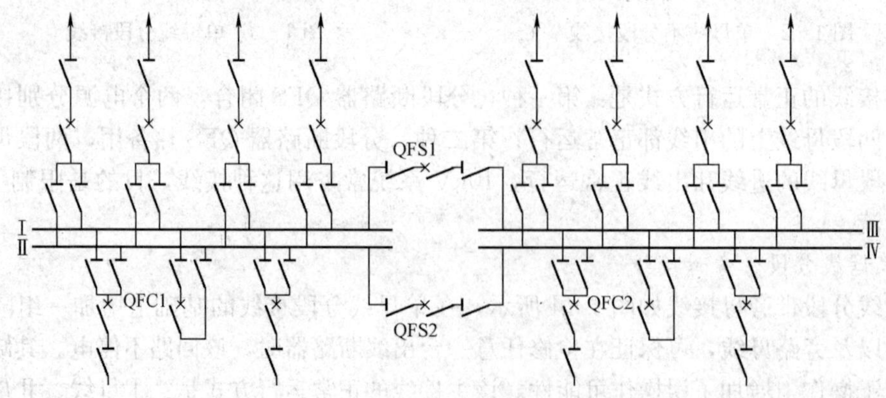

图 1－6 双母线四分段接线

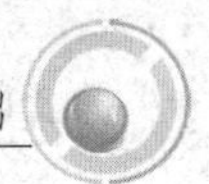

6. 双母线带旁母接线

双母线带旁母接线如图 1-7 所示，增加一组隔离开关和断路器 QFb 以及旁路母线，可保证在检修任意一台出线断路器时，该回路不停电。该主接线的正常运行方式是：两组母线Ⅰ母和Ⅱ母通过母联断路器 QFC 及两侧隔离开关并列运行，所有进线和出线固定接在Ⅰ母和Ⅱ母上运行，旁路断路器及旁路母线断开备用（常见为热备用）。

7. 一台半断路器接线

如图 1-8 所示，在 500kV 及以上的变电站中，当进出线回路数为 4～6 回及以上，配电装置在系统中有重要地位时，宜采用一台半断路器（3/2 接线）。该接线方式有两组母线，每一支路经一台断路器接至一组母线，两个支路间有一台联络断路器，组成一个“串”电路。该接线方式具有双断路器接线的优点，而且一对进出线可省一台断路器。该主接线的正常运行方式是：两组母线同时运行，所有断路器和隔离开关均合上。

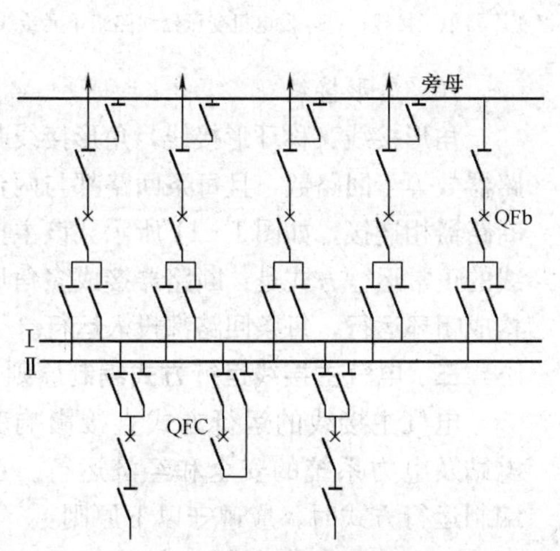

图 1-7　双母线带旁母接线

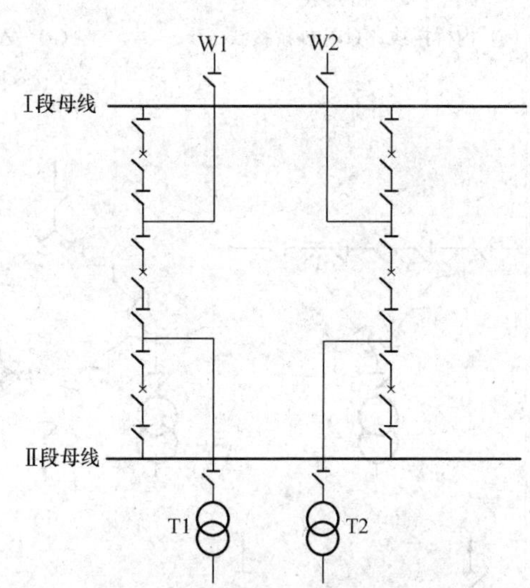

图 1-8　一台半断路器接线

8. 桥形接线

对于具有两回电源进线和两台变压器的降压变电站，可考虑采用桥形接线。它是由单母线分段接线演变而成的一种更简单、经济并具有相当可靠性的接线方式。桥形接线的接线特点是：用一组横向回路（包括断路器、隔离开关）将两回线路和两台变压器连接起来。横向回路谓之跨“桥”，并省掉线路侧（或变压器侧）的断路器，因而四个回路只需用三个断路器。如图 1-9 所示，QFC 所在回路为“桥”。根据跨接“桥”连接位置和省掉断路器的回路之不同，桥形接线又分内桥接线和外桥接线。桥形接线的常见正常运行方式是：两台变压器并列运行，连接桥运行，两回线路中一条运行，一条热备用（采用备自投自动装置配合）。

9. 单元接线

单元接线是将不同的电气设备（如发电机、变压器、线路）串联成一个整体，称为一个单元，然后再与其他单元并列。图 1-10 所示为单元接线的几种形式。单元接线的正常运行方式是：串联的各电气元件同时运行。

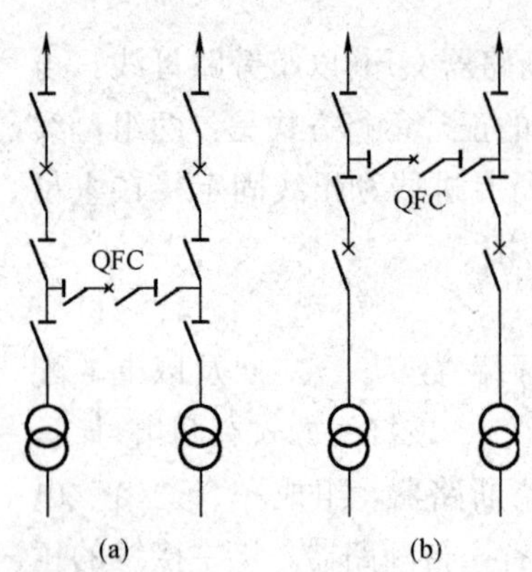

图 1-9 桥形接线
(a) 内桥接线；(b) 外桥接线

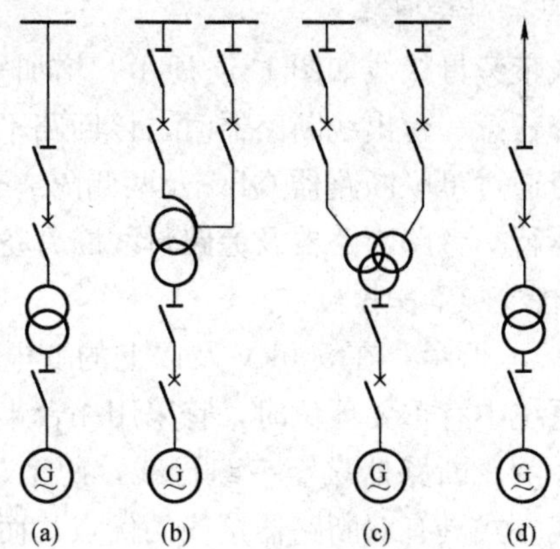

图 1-10 单元接线
(a) 发电机双绕组变压器单元接线；(b) 发电机自耦变压器单元接线；
(c) 发电机三绕组变压器单元接线；(d) 发电机变压器线路组单元接线

10. 角形接线

角形接线又称环形接线，角形接线断路器数等于回路数，且每条回路都与两台断路器相连接，如图 1-11 所示。该主接线的正常运行方式是：断路器接成多角形构成闭环运行，每条回路都投入运行。

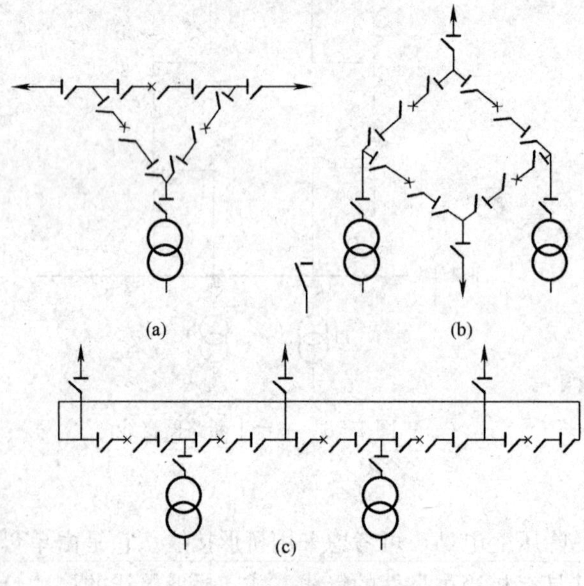

图 1-11 角形接线
(a) 三角形接线；(b) 四角形接线；(c) 五角形接线

三、电气主接线运行方式编制原则

电气主接线的运行方式直接影响变电站及电力系统的安全和经济运行。在编制运行方式时，应遵守以下原则：

(1) 合理安排电源和负荷。对于双母线接线或单母线分段接线，电源进线和负荷出线应分配在不同的母线上，以保证当一段母线故障时，另一段母线能正常运行，以提高供电的可靠性，且电源和负荷的分配在理想状态下流过母联和分段断路器的电流应接近等于零。

(2) 满足电力系统中性点接地运行要求。大电流接地系统中，电源变压器中性点的接地要分配合理，当电网需本厂（站）的高压母线有两个接地中性点时，运行方式的安排应考虑电源变压器的中性点在每一组母线上均有一个接地中性点，而不应集中在同一组母线上。否则，一旦母联断路器跳闸，将会使其中一组母线失去接地中性点，从而影响电网零序保护的正确配合。如果电网只需要一个接地中性点，则无需对此专门考虑。

(3) 厂、站自用电安全可靠。厂、站除了有工作电源外，还应有备用电源，且工作电源和备用电源分别引自不同的系统。当厂、站用交流电源全部消失时，还应有蓄电池组逆变供电的事故保安电源（部分发电厂有自备发电机作为事故保安电源）。

(4) 便于运行人员记忆。设备的编号应根据调度编号原则进行，例如断路器采用三位数进行编号，第一位表示电压等级，第二位表示接线方式（单母线、单母线分段、双母线、双母线分段等），第三位表示设备间隔。例如，261 断路器第一位数字“2”表示“220kV”，第二位数字“6”表示双母线接线，第三位数字“1”表示第 1 个间隔。为便于记忆，一般把奇数的间隔编制在Ⅰ母运行，偶数的间隔编制在Ⅱ母运行。

第四节　发电厂、变电站自用电系统及运行方式

现代发电厂的生产过程完全是机械化和自动化的，因此需要许多机械为发电厂的主要设备（水轮机、发电机）和辅助设备服务，这些机械都是用电动机来拖动的。发电厂电动机的用电和厂内运行操作、试验、修配、照明用电统称为发电厂的自用电。

变电站也有许多用电负荷，主要有变压器冷却装置的油泵、水泵、风机，操动机构电动机，蓄电池充电设备，采暖通风，照明等用电设备。

厂、站自用电非常重要，一般都由两个独立电源供电，一个电源在正常运行时投入，称为工作电源；另一个电源在工作电源因故消失时投入，称为备用电源。备用电源的备用方式有明备用和暗备用两种。为了提高厂、站自用电的可靠性，常配置有备用电源自动投入装置。

一、发电厂自用电运行方式

大、中型发电厂自用电系统一般有厂用高压系统和低压系统，高压系统电压等级为 3～10kV 不等，低压系统电压等级为 400V。图 1－12 所示为某发电厂 1 号机组厂用高压系统接线图。图中 1 号高压厂变为工作电源，直接从 1 号发电机机端引接，01 号备用变压器（简称备用变）为备用电源，该电源从 220kV 系统引接。61A0 和 61B0 断路器配置有备用电源自动投入装置。

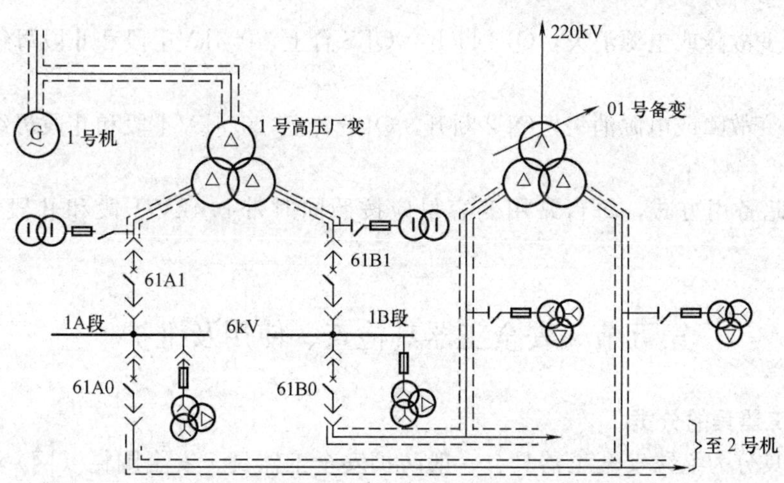

图 1－12　某发电厂 1 号机组厂用高压系统接线图

1. 正常运行方式

正常运行时 61A1 和 61B1 断路器合上，61A0 和 61B0 断路器断开热备用，6kVⅠA 段

母线和 6kVⅠB 段母线由 1 号高压厂变供电。

2. 非正常运行方式

1 号高压厂变故障或电源消失，61A1 和 61B1 断路器分开，61A0 和 61B0 断路器合上，6kVⅠA 段母线和ⅠB 段母线由 01 号备用变供电。

发电厂低压厂用系统的正常运行方式与非正常运行方式与高压厂用系统相似。

二、变电站自用电运行方式

变电站自用电主要是 400V 的低压负荷，因此变电站厂自用电系统比发电厂简单。图 1－13 所示为某 220kV 变电站的自用电系统简图，该图为一暗备用的方式。

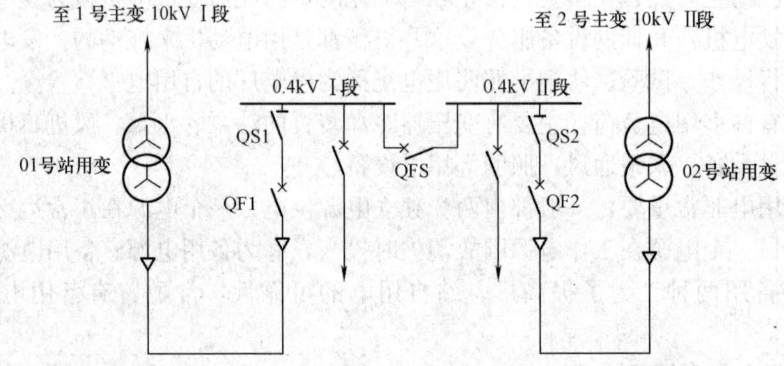

图 1－13　某 220kV 变电站的自用电系统简图

1. 正常运行方式

正常运行时 QFS 断开，QS1 和 QF1 合上，0.4kVⅠ段母线由该变电站 1 号主变 10kVⅠ段经 01 号变电站变压器（简称站用变）供电；QS2 和 QF2 合上，0.4kVⅡ段母线由该变电站 2 号主变 10kVⅡ段经 02 号站用变供电。

2. 非正常运行方式

01 号站用变故障或电源消失，QF1 断开，QFS 合上，0.4kVⅠ段和Ⅱ段母线由 02 号站用变供电。

02 号站用变故障或电源消失，QF2 断开，QFS 合上，0.4kVⅠ段和Ⅱ段母线由 01 号站用变供电。

对于这种暗备用方式，每台站用变容量应按照同时带 0.4kVⅠ段和Ⅱ段母线负荷来选择。

第五节　安全工器具检查、使用及维护

一、安全工器具的分类

安全工器具分为绝缘安全工器具、一般防护安全工器具、安全围栏（网）和标示牌三大类。

1. 绝缘安全工器具

绝缘安全工器具分为基本绝缘安全工器具和辅助绝缘安全工器具两种。

(1) 基本绝缘安全工器具是指能直接操作带电设备、接触或可能接触带电体的工器具，

如高压验电器、高压绝缘棒、绝缘隔板、绝缘罩、携带型短路接地线等。

(2) 辅助绝缘安全工器具是指绝缘强度不能承受设备或线路的工作电压，只是用于加强基本绝缘安全工器具的保安作用，用以防止接触电压、跨步电压、泄漏电流电弧对操作人员的伤害，不能用辅助安全工器具直接接触高压设备带电部分。例如绝缘手套、绝缘靴（绝缘鞋）、绝缘胶垫、绝缘台等。

2. 一般防护安全工器具

一般防护安全工器具是指本身没有绝缘性能，但可以起到防护工作人员发生事故作用的用具。这种安全用具主要用作防止检修设备时误送电，防止工作人员走错隔间、误登带电设备，保证人与带电体之间的安全距离，防止电弧灼伤、高空坠落等。一般防护安全工器具包括安全帽、安全带、梯子、安全绳、脚扣、防静电服（静电感应防护服）、防电弧服、导电鞋（防静电鞋）、安全自锁器、速差自控器、防护眼镜、过滤式防毒面具等。

3. 安全围栏（网）和标示牌

安全围栏（网）和标示牌包括各种安全警告牌、设备标示牌、遮栏和警示照明灯等。

二、基本安全工器具的检查及使用维护

1. 绝缘杆

绝缘杆是用于短时间对带电设备进行操作的绝缘工具，如接通或断开高压隔离开关、跌落式熔断器及拆除临时接地线等。

绝缘杆的检查及使用维护注意事项如下：

(1) 使用前应检查标签、合格证是否齐全，试验标签应在试验有效期内，否则不得使用。

(2) 检查电压等级应与电气设备或线路的电压等级相符（等于或高于电气设备或线路的电压等级）。

(3) 使用绝缘杆前，应确认绝缘杆的外观清洁干燥，杆身、堵头无破损，否则应禁止使用；绝缘部分和握手部分之间有护环隔开。

(4) 使用绝缘杆时应注意防止绝缘杆被设备短接，保持有效的绝缘长度。

(5) 使用时操作人员手拿绝缘杆的握手部分，应注意不能超出护环（如果有护环），且要戴绝缘手套、穿绝缘靴（鞋）。

(6) 雨天在户外操作电气设备时，绝缘杆的绝缘部分应有防雨罩。罩的上口应与绝缘部分紧密结合，无渗漏现象。

(7) 绝缘杆使用后必须擦干净，存放时绝缘杆应架在支架上或悬挂起来，不得直接接触地面、墙面，防止受潮、脏污且成套放置。

2. 高压验电器

高压验电器是通过检测流过验电器对地杂散电容中的电流，来检验高压电气设备、线路是否带有运行电压的装置。

高压验电器的检查及使用维护注意事项如下：

(1) 额定电压和被测试设备电压等级应一致；分别确认工作触头和绝缘棒的标签、合格证齐全（验电器上应标有电压等级、制造厂和出厂编号，110kV 及以上电压等级验电器还须标有配用的绝缘杆节数）；试验标签应在试验有效期内，否则不得使用。

(2) 使用前应检查验电器外观是否光滑、干燥，无破损，有护环。使用抽拉式高压验电器时，绝缘杆应完全拉开检查合格，按压工作触头，初步检查验电器声光信号应正常。

(3) 使用高压验电器时，操作人应戴绝缘手套、穿绝缘靴（鞋），手握在护环下侧握柄部分且不得超过护环。

(4) 验电前应先将验电器在带电的设备上验电，证实验电器良好；然后在装设接地线或合接地开关处逐相进行验电；验明无电压后再将验电器在带电的设备上复核它是否良好。以上验电操作顺序称为验电“三步骤”。

验电时，验电器的工作触头不能直接接触带电体，只能逐渐接近带电体，直至验电器发出声、光或其他报警信号为止。对于被验设备验电器的工作触头应直接接触。应注意防止验电器受邻近带电体的影响而发出信号。

(5) 同杆架设多层电力线路进行验电时，应先验低压，后验高压；先验下层，后验上层；先验距人体较近的导线，后验距人体较远的导线。

(6) 非雨雪高压验电器不得在雷、雨、雪等恶劣天气时使用。

(7) 验电前，验电器无法在有电设备上进行试验时，可用高压发生器等确证验电器良好，如在木杆、木梯或木架上验电，不接地不能指示者，经运行值班负责人或工作负责人同意后，可在高压验电器绝缘杆尾部接上接地线。

(8) 验电器在使用后必须擦干净，放置处不得直接接触地面、墙面，防止受潮、脏污；要与其他工器具分开放置，以免损伤；验电器应成套（工作触头和绝缘棒)、定置摆放。

3. 绝缘手套

绝缘手套是在电气设备上进行实际操作时的辅助安全用具，也是在低压设备带电部分上工作时的基本安全用具。

绝缘手套的检查及使用维护注意事项如下：

(1) 使用前应检查标签、合格证是否齐全，试验标签应在试验有效期内，否则不得使用。

(2) 绝缘手套使用前应进行外观检查，不得有外伤、裂纹、漏洞、气泡、毛刺、划痕、内部受潮等缺陷。如发现有发黏、裂纹、破口（漏气)、气泡、发脆等损坏时禁止使用。

(3) 使用前应作充气试验。将绝缘手套朝手指方向卷曲进行充气试验，检查有无漏气或裂口等。

(4) 戴绝缘手套时应将外衣袖口放入手套的伸长部分。

(5) 进行设备验电，装拆接地线，插上、取下合闸电源熔断器（电磁操动机构)，用绝缘杆拉合隔离开关或经传动机构拉合断路器和隔离开关，高压设备发生接地时接触设备的外壳和构架等工作应带绝缘手套。

(6) 绝缘手套使用后必须擦干净，不得直接接触地面、墙面，防止受潮、脏污，并且要和其他工具分开、成双定置摆放。

4. 绝缘靴（鞋)

绝缘靴（鞋）的作用是使人体与地面绝缘，在任何电压等级的电气设备上工作时，用来与地面保持绝缘和防止跨步电压的安全用具。

绝缘靴（鞋）的检查及使用维护注意事项如下：

(1) 使用前应检查标签、合格证是否齐全，试验标签应在试验有效期内，否则不得

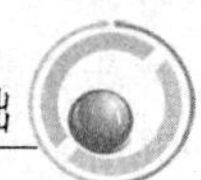

使用。

(2) 绝缘靴使用前应检查包括不得有外伤、裂纹、漏洞、气泡、毛刺、划痕、内部受潮等缺陷。如发现有以上缺陷，应立即停止使用并及时更换。

(3) 绝缘靴使用期限，制造厂规定以大底磨光为止，即当大底露出黄色面胶（绝缘层）时，就不能再使用了。

(4) 使用绝缘靴时，应将裤管套入靴筒内，并要避免接触尖锐的物体，避免接触高温或腐蚀性物质，防止受到损伤。严禁将绝缘靴挪作他用。

(5) 雷雨天气或一次系统有接地时，巡视变电站室内外高压设备应穿绝缘靴。接地网电阻不符合要求时，晴天也应穿绝缘靴。

(6) 绝缘靴使用后必须擦干净，放置处不得直接接触地面、墙面，防止受潮、脏污；要与其他工具分开，并成双定置摆放。

5. 安全帽

当从高处坠落物体击向头部时，安全帽可以防止工作人员受伤害或降低头部伤害的程度。

安全帽的检查及使用维护注意事项如下：

(1) 检查安全帽的使用期。从产品制造完成之日起计算，植物枝条编织帽不超过两年；塑料帽、纸胶帽不超过两年半；玻璃钢（维纶钢）橡胶帽不超过三年半。对到期的安全帽，应进行抽查测试，合格后方可使用，以后每年抽检一次，抽检不合格，则该批安全帽报废。

(2) 使用安全帽前应进行外观检查，检查安全帽的帽壳有没有龟裂、下凹、裂痕和磨损等情况，发现异常现象要立即更换，不准再继续使用。任何受过重击、有裂痕的安全帽，不论有无损坏现象，均应报废。

(3) 戴安全帽前应将后扣按自己头形调整到适合的位置，然后将帽内弹性带系牢。缓冲衬垫的松紧由带子调节，人的头顶和帽体内顶部的空间垂直距离一般在25～50mm之间，至少不要少于32mm，这样才能保证当遭受到冲击时，帽体有足够的空间可供缓冲，平时也有利于头和帽体间的通风。

(4) 不要把安全帽歪戴，也不要把帽檐戴在脑后方，否则，会降低安全帽对于冲击的防护作用。

(5) 安全帽的下颌带必须扣在颌下并系牢，松紧要适度。这样不至于被大风吹掉，或者是被其他障碍物碰掉，或者由于头的前后摆动使安全帽脱落。

(6) 安全帽体顶部除了在帽体内部安装了帽衬外，有的还开了小孔通风。在使用时不要为了透气而随便再行开孔，因为这样做将会使帽体的防护强度降低。

第六节　继电保护配置及基本原理

一、继电保护概述

在电力系统中，除应采取各项措施消除或减少发生故障的可能性以外，当电力系统中的电力元件（如发电机、线路等）或电力系统本身发生了故障或危及其安全运行的事件时，需要有向运行值班人员及时发出警告信号，或者直接向所控制的断路器发出跳闸命令，以终止这些事件发展的一种自动化措施和设备。继电保护装置就是实现这种自动化措施、用于保护电力元件的成套硬件设备。

继电保护按照保护对象可分为线路保护、变压器保护、母线保护、发电机保护等；按照保护作用可分为主保护、后备保护、辅助保护等。

二、发电机保护

发电机是电力系统中最主要的设备之一。发电机发生故障如果继续运行，不仅会使发电机遭到严重的损坏，而且可能破坏系统的稳定性，扩大故障范围。为使发电机在故障时能选择性地从系统中切除，而在不正常情况下能发出信号，必须针对各种不同故障和不正常情况，装设各种专门的继电保护装置。

发电机配置的保护基本有以下几种：

(1) 反应发电机定子绕组相间短路瞬时动作的纵联差动保护。纵联差动保护动作于跳闸、灭磁和停机。

(2) 定子绕组为双星形连接的发电机，当每相有两条引出的并联支路时，针对定子绕组匝间短路，应装设横联差动保护。横联差动保护根据时限有两种动作方式：一是专门反应匝间短路故障的瞬时动作方式，在正常时保护都投这种方式；二是延时 0.5～1s 动作，以便躲过因发电机转子瞬时两点接地故障引起磁场畸变，而在定子绕组中性点产生的不平衡电流造成横联差动保护误动作，当发电机定子出现一点接地时运行人员应将横联差动保护瞬时动作改投延时动作。匝间短路保护动作于跳闸、灭磁和停机。

(3) 发电机定子绕组单相接地时，若接地电流较大应装设动作于跳闸、灭磁和停机的定子接地保护；若单相接地电流较小则应装设动作于信号的定子接地保护。

(4) 反应发电机转子绕组（励磁回路）接地故障的一点接地或两点接地保护。转子一点接地保护动作于延时信号，转子两点接地保护一般动作于延时停机。

(5) 反应发电机外部不对称短路将出现负序电流的负序过电流保护。保护分定时限和反时限两部分，定时限部分动作于延时信号，反时限部分动作于停机。反应发电机外部三相短路的单相式过电流保护，与负序电流保护一样，定时限部分动作于延时信号，反时限部分动作于停机。

(6) 反应正常情况下三相负荷不平衡时，定子绕组将出现不对称过负荷电流，应装设作用于信号的过负荷保护；反应发电机正常运行时，对称过负荷应装设动作于信号的对称过负荷保护。

(7) 为防止由于发电机失磁而从系统吸收大量无功功率，应装设动作于信号或跳闸和灭磁的失磁保护。

三、电力变压器的继电保护

电力变压器是电力系统中数量众多的电气设备，它的故障会给电力系统带来严重的影响。自然，从变压器故障的概率来看是较低的，但实际上变压器的内部故障也时有发生，而且电力变压器是充油设备，变压器内部故障如不及时切除，有发生爆炸的可能，从而引起严重的后果。

变压器故障可分为油箱内故障和油箱外故障两种。内部故障指变压器油箱里发生的各种故障，其主要类型有：各相绕组之间发生的相间短路、单相绕组部分线匝之间的匝间短路、单相绕组或引出线通过外壳发生的单相接地故障等。

外部故障指变压器油箱外部绝缘套管及其引出线上发生的各种故障，其主要类型有：绝缘套管闪络或破损而发生的单相接地（通过外壳）短路、引出线之间发生的相间故障等。

变压器的不正常工作状态主要包括由外部短路或过负荷引起的过电流、油箱漏油造成的油面降低、变压器中性点电压升高、由外加电压过高或频率降低引起的过励磁等。

主变压器保护的基本配置有以下几种情况。

(1) 500kV 主变压器保护一般配置包括：两套纵联差动保护与一套非电量保护构成的主保护，一套过励磁保护、一套中性点零序电流保护、各级电压侧的过负荷保护、零序电压及三相过电流保护构成的后备保护。

(2) 220kV 主变压器保护一般配置包括：两套差动保护与一套非电量保护构成的主保护，零序过电压保护、零序电流保护、各侧复合电压闭锁过电流保护或过电流保护、过负荷保护构成的后备保护。

(3) 110kV 主变压器保护一般配置包括：一套纵联差动保护与非电量保护构成的主保护，过电流保护、零序电压或零序电流保护、过负荷保护构成的后备保护。

变压器主保护动作于瞬时切除各侧断路器。变压器后备保护对于双绕组变压器第一时限跳分段（母联）断路器，第二时限跳两侧断路器；对于三绕组变压器，如果是单侧电源，第一时限跳分段（母联）断路器，第二时限跳负荷侧断路器，第三时限跳三侧断路器；如果是多侧电源（保护带方向），第一时限跳分段（母联）断路器，第二时限跳本侧断路器，第三时限跳三侧断路器。

四、母线保护

为了汇集和分配电能，电力系统中发电厂和变电站均装有各种类型的母线。同其他电气设备相比，母线构造简单，但是也有发生故障的可能性，如母线支持绝缘子损坏，或者因空气污秽其中含有破坏绝缘的气体或固体物质而导致闪络。而且母线上连接的设备较多，因值班人员误操作造成带地线合闸或带负荷拉开隔离开关等，都会引起母线故障。

母线保护的基本配置有以下几种情况：

(1) 500kV 和 220kV 母线保护一般配置两套母线差动保护。一般 220kV 母联断路器装设失灵保护，各电压等级分段（母联）断路器装设充电保护。

(2) 110kV 母线保护一般采用主变的后备保护作母线保护，少数情况采用专用母线差动保护，分段（母联）断路器装设充电保护。

(3) 10kV（35kV）母线一般没有单独配置母差保护，靠主变或发电机等设备的后备保护作母线保护。

母线差动保护动作于断开连接在母线上所有电气设备的断路器。

五、线路保护

电流、电压保护和距离保护只反应被保护线路一侧的电量，为了获得选择性，其瞬时切除的故障范围只能是被保护线路的一部分。即使性能较好的距离保护，在单侧电源线路上也只能保护线路全长的 80%左右，在双侧电源线路上瞬时切除故障的范围大约只有线路全长的 60%左右。全线速动快速切除故障，可使输电线路在故障中所受到的各种损害程度减至最小。由于电力系统的故障大多属于暂时性故障，因此可装设快速重合闸，用于改善暂态的稳定性，减少断电的时间，提高系统的可靠性。

输电线路保护的基本配置有以下几种情况：

(1) 500kV 线路保护一般配置有两套纵联差动保护（光纤或高频）为主保护，两套后备保护（距离保护和零序保护），两套过电压保护，两套短线保护，并配备自动重合闸装置，重合闸方式由调度决定。

(2) 220kV 双侧电源线路配置由不同原理构成的双高频保护作为线路的主保护，由距离保护（一般均应经振荡闭锁）和零序保护作为后备保护。220kV 单侧电源线路配置反应相间故障的相间距离保护和反应单相接地故障的方向零序电流保护，如果 0s 动作Ⅰ段保护不能保护全线，那么还应配置能全线速动的一套高频保护作为主保护。该线路配备自动重合闸装置，重合闸方式由调度决定。

(3) 110kV 线路距离保护（一般均应经振荡闭锁）和零序保护Ⅰ、Ⅱ段为主保护，Ⅲ段为后备保护。该线路配备三相自动重合闸装置。

六、断路器保护

系统发生短路时保护动作，而断路器拒跳，不能切除故障，必将造成严重后果，因此增设断路器失灵保护来切除故障，达到尽量消除故障点，保证电网的安全运行的目的。失灵保护动作后将使失灵断路器所在母线上的其他断路器全部跳开。失灵保护主要用于 220kV 及以上电压等级的电力系统中。

高压断路器在运行过程中断开时，由于各种原因可能只断开一相或两相，从而造成断路器的非全相运行。断路器非全相运行，将产生负序和零序分量，对设备将产生一定的危害，若长时间非全相运行，还可能造成负序和零序保护误动作，形成事故。因此，在 220kV 及以上电压等级的电力系统中，断路器往往还配备有三相不一致保护，该保护延时跳开三相断路器。三相不一致保护延时所需的时间因不同设备的断路器不同而不同，线路断路器三相不一致保护延时是按照躲过重合闸时间整定；主变断路器三相不一致保护为了避免相邻元件零序电流保护非选择性跳闸造成大面积停电，故以较快的时间跳闸。

小　　结

本章介绍了电气运行的基本知识，主要讲述了电气运行的主要任务，电气运行岗位的生产组织机构，电气运行有关制度，电气一次系统、自用电系统常用接线及其运行方式，电力安全工器具的使用，线路、母线、变压器、发电机保护配置和保护动作行为。本章是全书的基础。

复习思考题

1. 什么是电气运行？
2. 电气运行的任务是什么？
3. 电气运行有哪些常见的管理制度？
4. 工作票执行的流程有哪些？
5. 什么是电气主接线？对主接线有哪些基本要求？
6. 电气主接线有哪些基本类型？
7. 什么是运行方式？说明各电气主接线正常运行方式分别是怎样的？
8. 结合厂、站自用电接线图说明其正常和非正常运行方式是什么？
9. 常用的安全工器具有哪几种？如何对安全工器具进行检查和使用？
10. 发电厂和变电站主要电气设备保护配置有哪些？各保护动作的后果是什么？

第二章　电气设备的监控、巡视检查及维护

教学要求

熟悉发电厂、变电站设备运行工况监视的内容和要求；了解电压、无功调整手段；了解设备巡视的目的；熟悉设备巡视种类、周期和安全要求；掌握一次设备、二次设备、厂站用交、直流系统的正常巡视检查项目内容，能及时发现设备缺陷并能进行运行维护；熟悉设备特殊巡视项目及要求、缺陷分类与定性，掌握设备的特殊巡视内容，能及时发现设备缺陷并正确定性。

第一节　发电厂、变电站运行工况监控

一、设备运行工况监视的内容

1. 常规变电站的运行监盘

运行监盘是运行值班人员日常工作的主要任务，是指通过对主控室控制屏上各种表计、指示灯和信号光字牌的监视，随时掌握变电站一、二次设备的运行状态及电网潮流分布情况。运行监盘必须由具备副值以上资格的人员负责，并随时记录设备运行变化情况，根据运行情况按照有关规定要求做出相应的处理，同时按要求向调度进行汇报。常规变电站的运行监盘包括以下内容：

(1) 监视各线路的电压、电流、有功功率、无功功率及潮流方向。

(2) 监视主变有载分接开关位置、油温和各侧电流、有功功率、无功功率。

(3) 监视各级母线电压、频率，检查主变功率因数和电容器投切情况。

(4) 监视系统频率，频率偏差不得超过±0.2Hz。

(5) 监视直流系统电压、电流、绝缘。

(6) 监视断路器的位置指示灯。

(7) 监视光字牌亮牌情况。

(8) 抄录各整点时段的参数，填写各类报表。

(9) 填写运行管理信息。运行管理信息包括运行记录、事故记录、运行分析记录、自动化装置记录、设备检修试验记录、继电保护装置记录、计量装置计量、避雷器动作次数计量、高频装置测试记录、缺陷记录、设备大小修记录、操作日志等。

2. 综合自动化变电站微机监控系统的运行监视

微机监控系统的运行监视，是指以微机监控系统为主、人工为辅的方式，对变电站内的设备运行信息进行监视，以达到掌握本变电站一、二次设备的运行状态及电网潮流分布情况和保证变电站正常运行的目的。综合自动化变电站微机监控系统的运行监视包括以下内容：

(1) 监视本站一次主接线及一次设备的运行情况；

(2) 监视各线路电流、有功功率及无功功率及潮流方向；

(3) 监视主变有载分接开关位置、油温和各侧电流、有功功率、无功功率；

(4) 监视各级母线电压，检查主变功率因数和电容器投切情况；

(5) 监视系统频率，频率偏差不得超过±0.2Hz；

(6) 监视直流系统运行情况；

(7) 监视保护及自动装置运行情况；

(8) 检查光字牌亮牌情况；

(9) 对事故音响、预告音响进行试验检查；

(10) 监视本站微机网络的运行情况；

(11) 查看日报表中各整点时段的参数，完成各类报表的制作及打印输出；

(12) 填写运行管理信息。

3. 综合自动化发电厂微机监控系统的运行监视

(1) 监视电气主接线上各设备运行是否正常，有无报警信号，各断路器、隔离开关、接地开关位置指示是否正常。

(2) 监视与电网相联系的一次系统潮流分布是否正常，频率、电压是否正常。

(3) 监视直流系统运行是否正常，有无报警信号。

(4) 监视保护及自动装置（安控装置）运行是否正常。

(5) 监视发电机组及其辅助设备相关数据和状态信息是否正常。

(6) 监视励磁调节装置各数据、状态显示是否正常。

(7) 监视主变及厂高变温度、主变冷却系统运行是否正常。

(8) 监视厂用电系统有关设备参数、状态是否正常。

(9) 监视本厂微机网络的运行情况。

(10) 查看日报表中各整点时段的参数，完成各类报表的制作及打印输出。

(11) 填写运行管理信息。

二、设备运行工况监视的要求

1. 电流、功率的监视

(1) 三相电流应平衡，电流表指针无卡涩。

(2) 电流不超过允许值。

(3) 母线的进出线电流应平衡。

(4) 功率表指示数值应与电流表指示相对应。

2. 电压的监视

(1) 三相电压应平衡并满足电压曲线的要求。

(2) 并列运行的母线电压应相差不大，不超过±2.5%。

(3) 电压表指示应稳定、无波动。

3. 电能计量装置的监视

(1) 每日按照规定的时间抄录厂、站内安装的各种关口表（安装运行在发电企业上网、跨区联络线、省网联络线及省内下网等关口电能计量装置中的电能表）、馈线电能表的读数，并进行电量核算。

(2) 对于双侧电源线路，运行中线路的潮流方向随时可能发生变化，抄录电能表读数时，要注意输入、输出两个方向的电量均要抄录。

(3) 定期核算母线电量不平衡率（指变电站中变压器低压侧进入母线电量和母线各路出线电量和之差），若发现母线电量不平衡率超过规定值［一般为±(1%～2%)］，应查明原因。

(4) 当计量回路出现异常后，应记录时间，以便根据负荷情况补算电量。

4. 发电厂及变电站微机监控系统运行状况的判断

(1) 在监控系统“遥测表”画面下，如果发现某一间隔的所有遥测数据不更新，或者日负荷报表中某一间隔的所有报表数据一直都未改动过，应检查网络通信是否正常，支持程序是否正常，采集装置运行指示是否正常，判断出该间隔的异常原因进行相应处理。

(2) 如果发现监控系统中所用遥测数据均不再更新，通信状态显示正常，可能是程序死机，应按照规定的顺序退出监控程序重新登录。

第二节　电压、无功调整

一、电压、无功调整的目的

电能的质量是以频率、电压和波形来衡量的。系统电压是标志电力系统安全、经济运行状况的重要指标。

电网调压的目的就是要采取措施使用户的电压偏移保持在规定的范围之内。一般来说，电网正常运行时，全网频率相同，频率调整集中在发电厂，而全网电压水平则各不相同，电压调整不可能集中进行，只能分散进行。电力用户成千上万，不可能对每一用户电压都监测，因此要选择一些可反映电压水平的主要负荷供应点以及某些具有代表性的发电厂、变电站的电压进行监视和调整，这也就是常说的电压监测点和电压中枢点。

一般将监测电网电压值和考核电压质量的节点，称为电网的电压监测点。将电网中重要的电压支撑点称为电网的电压中枢点。监视和控制电压中枢点的电压偏移不超出规定范围是电网电压调整的关键。

电力系统的电压水平取决于无功功率的平衡。无功功率平衡的基本要求是无功电源可能发出的无功功率应该大于或至少等于负荷所需的无功功率和网络中的无功损耗，否则电压就会偏离额定值。

由于电网中的负荷大部分为感性负荷，再加上电网中的各级变压器和线路也为感性，因此电网需要的无功功率非常大。仅靠发电机所发的无功无法满足要求，而且远距离传输无功，还会在线路和变压器上产生较大的功率损耗和过大的电压降，因此需要进行无功补偿。

二、系统电压、无功调整

1. 电网中不同无功电源的应用比较

(1) 同步发电机，是电网中最基本的无功电源。一般可通过改变转子回路的励磁电流来实现对发电机输出无功功率的平滑调整。

(2) 并联电容器，是应用最广泛的无功补偿设备，其补偿调压是通过在负荷侧安装并联电容器来提高负荷的功率因数，以减少输电线路上的无功功率来达到调压目的。但电容器只能发出无功功率，提高电压；只能根据负荷变化分组投切，调压是阶梯形的；同时当母线电压降低时，并联电容器输出的无功功率将减少。

(3) 并联电抗器，是吸收无功功率的设备，用来解决超高压长距离线路充电功率过剩问题，广泛应用在超高压电网中。

(4) 同步调相机，是一种专门设计的无功电源，是不带机械负载的同步电动机。它既能发出无功，也能吸收无功，但由于投资大、维护复杂、费用高，正逐渐被淘汰。

(5) 静止补偿器，由并联电容器、电抗器及检测与控制系统组成。它调压速度快，并能抑制电网过电压、功率振荡和电压突变，吸收谐波，改善不平衡度，是电网调压的发展方向。

2. 无功补偿设备配置原则

无功补偿设备配置应贯彻分层、分区和就地平衡，避免经长线路或多级变压器传送无功功率的原则。所谓分层，是指主要承担有功功率传输的220～500kV电网，应尽量保持各电压层间的无功功率平衡，减少各电压层间的无功功率传递。所谓分区，是指110kV及以下电压等级的供电电网，应实现无功功率分区和就地平衡。分层、分区和就地平衡的目的都是为了减少无功传输产生的大量功率损耗。

3. 电网的调压方法

(1) 增减无功功率进行调压，如发电机、静止补偿器、并联电容器、并联电抗器。

(2) 改变有功和无功的分布进行调压，如改变变压器分接头调压。

(3) 改变网络参数进行调压，如加大电网的导线截面、在线路中装设串联电容器、利用可调电抗进行调整、改变电网接线等。

(4) 特殊情况下有时也采用调整用电负荷或限电的方法对电网电压进行调整。

4. 电网的调压方式

(1) 逆调压。当中枢点供电至各负荷点的线路较长，且各点负荷变化较大，变化规律也大致相同时，在大负荷时采用提高中枢点的电压以抵偿线路上因最大负荷时增大的电压损耗；而在小负荷时，则将中枢点电压降低，以防止因负荷减小而使负荷点的电压过高。这种调压方式称为逆调压。

(2) 顺调压。顺调压是指在最大负荷时允许中枢点电压低一些（但不得低于线路额定电压的102.5%），最小负荷时允许中枢点电压高一些（但不得高于线路额定电压的107.5%）。一般在负荷变动甚小、线路电压损耗小或用户处于允许电压偏移较大的农业电网时，才可采用顺调压方式。

(3) 恒调压。如果负荷变动较小，线路上的电压损耗也较小，则只要把中枢点的电压保持在线路额定电压的102%～105%，即不必随负荷变化来调整中枢点电压就可保证负荷点的电压质量，这种调压方式称为恒调压。

三、变电站电压、无功调整

1. 变电站电压、无功调整要求

(1) 加强并联电容器组的运行检查及维护，发现缺陷及时处理，保证有足够的无功补偿容量。

(2) 应严格按照调度下达的电压曲线及功率因数执行。

(3) 投切电容器及调整主变分接头的操作原则：当220kV以下电网电压接近下限时，应先投入电容器组，后升高主变分接头；当电压接近上限时，应先降低主变分接头，后退出电容器组，但不得向系统倒送无功。若考虑到变压器有载调压分接头频繁调整对设备安全不利，当电压过高时，在保证功率因数合格的前提下，可先退出电容器组，后降低主变分

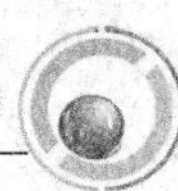

接头。

(4) 母线停电时，电容器组应退出运行；母线送电后，再根据母线电压和功率因数，确定是否投入电容器。

(5) 调整主变分接头时，每次只能调整一个分接头。两台有载调压变压器并列运行时，调整分接头应交替进行。调整过程中应注意监视电压、无功功率、分头位置指示的相应变化。

2. 变电站电压、无功调整原则

(1) 变压器运行分接位置应按保证变电站的电压偏差不超过允许值，并在充分发挥无功补偿设备的经济效益和降低线损耗的原则下，优化确定。

(2) 应清楚每组电容器的容量，熟悉投切一组电容器后的电压变化量，观察调整一个主变分接头后电压和无功的变化情况。在进行调整时，可根据运行电压与电压曲线的差距以及实际的功率因数合理选择调整方法，避免来回重复调整。

(3) 投切电容器组时应使各组电容器的投入率及操作次数尽量平衡。

(4) 对采用混装电抗器的电容器组应先投电抗率较大的，后投电抗率较小的，切除时与之相反。这样是为了更好地发挥电抗器抑制谐波的作用。

(5) 两台变压器并列运行，调整分接头时，升压操作时，应先操作负荷电流相对较小（阻抗较大）的一台，再操作负荷电流相对较大（阻抗较小）的一台，防止过大的环流。降压操作时与此相反。操作完毕，应再次检查并联的两台变压器的电流大小与分配情况。因为升压操作，实际上是减少高压绕组的匝数，降低变比，从而使低压侧电压升高，而匝数减少后，阻抗会降低，先调阻抗大的变压器，就会使两台变压器阻抗值更接近，这样环流会较小。

第三节　设备巡视的要求

设备巡视是运行人员日常工作中的一项重要内容，是随时掌握设备运行情况、及时发现设备异常和缺陷、预防事故的发生、确保设备连续安全运行的主要措施。

一、设备巡视的种类及周期

发电厂、变电站的设备巡视检查，一般分为正常巡视、全面巡视、夜间熄灯巡视和特殊巡视。

1. 正常巡视

正常巡视内容按照发电厂、变电站现场规程要求进行。例如，某有人值班变电站规程规定正常巡视检查应每天三次，包括交接班巡视、高峰负荷巡视；无人值班变电站按各单位规定的巡视周期进行；某水电厂规程规定除发电机和变压器以外的电气一次设备每周至少巡回检查一次，水轮发电机组及其辅助设备每天至少巡回检查一次，励磁系统每班至少巡回检查一次，运用中的主变及厂高变每天至少巡回检查一次。

2. 全面巡视

全面巡视是对设备进行全面的检查，应按规定时间和要求进行，通常每月一次，主要是对设备、建筑及基础进行全面的外部检查；检查消防用器具、安全用具是否齐备，试验是否过期；检查室内外场地、巡视操作小道是否整齐清洁；检查设备的薄弱环节，对缺陷有无发展作出鉴定；检查防火、防小动物、防误闭锁等措施有无漏洞；检查接地网及引线是否完好。

3. 夜间熄灯巡视

夜间熄灯巡视通常每周一次，主要是检查设备有无电晕、放电，接头有无发红过热现象。

4. 特殊巡视

特殊巡视检查应在以下情况下进行：

(1) 恶劣天气时（大风前后、雷雨后、冰雪、冰雹、雾天、温度骤变等）；

(2) 事故跳闸；

(3) 新安装设备投入运行；

(4) 设备经过检修、改造或长期停运后重新投入系统运行；

(5) 设备异常运行或运行中有可疑现象（过负荷或负荷剧增、超温、设备发热、系统冲击、跳闸、有接地故障等）；

(6) 设备缺陷有发展时、法定节假日、上级通知有重要保电任务时。

二、设备巡视的方法

1. 一般巡视方法

(1) 目测检查法。用眼睛检查看得见的设备部位，通过设备外观的变化来发现异常情况。通过目测可以发现下列异常现象：

1) 引线断股、散股，接头松动；

2) 变形（膨胀、收缩、弯曲）；

3) 变色（烧焦、发红、硅胶变色、油变黑）；

4) 渗漏（漏油、漏水、漏气）；

5) 污秽、腐蚀、磨损、破裂；

6) 冒烟，接头过热；

7) 火花、闪络；

8) 有杂质异物；

9) 指示不正常（表计、油位）；

10) 不正常动作。

(2) 耳听判断法。用耳朵或借助听音器械，判断设备运行中发出的声音是否正常。

(3) 鼻嗅判断法。用鼻子辨别是否有绝缘材料过热时产生的特殊气味。

(4) 触试检查法。用手触试设备的非带电部分（如变压器的外壳、电机的外壳），检查设备的温度是否有异常升高或局部过热。

(5) 仪器检测法。借助测温仪、望远镜、遥视探头对设备进行检查，是发现设备过热的有效方法。

(6) 比较分析法。对所检查的设备部件有疑问时，可与正常设备部件比较；对于数据型结果可通过与其他同类设备及本身历史数据进行横向、纵向比较分析，综合判断设备是否正常。

2. 巡视工具的使用

(1) 测温仪使用。对于发电厂、变电站配备的红外测温仪，一般情况下结合正常巡视使

用。根据运行方式的变化，在下列情况下进行重点测温：

1）长期重负荷运行的设备；

2）负荷有明显增加的设备；

3）存在异常的设备；

4）新投设备或运行方式改变后投入运行的设备；

5）检修人员测温时发现温度偏高但尚能坚持运行的设备；

6）其他有必要的情况。

（2）智能巡检仪。配置了智能巡检仪的发电厂、变电站，巡视时按照掌上电脑的提示进行检查，避免发生漏检和检查不到位的情况。

（3）遥视系统。装有遥视探头的发电厂、变电站，可通过调整探头的角度和远近，检查正常情况下看不到的设备上部及高处的母线、绝缘子串有无异常。

3．设备巡视方法的具体运用

（1）检查油位高低。注油设备油位过高，可能由注油设备过负荷、内部接头过热或故障、注油设备散热环境不良或者气温高等原因造成的，对于变压器还可能是假油位。当注油设备油位过低看不见时，可能是由于注油设备外部漏油或内部漏油以及气温突降等多种因素造成的。

（2）油温判断。油温判断通常采用比较法，即与以往的运行数据比较，如发现油温较高，应查明原因。一般变压器类设备装设有油温表，造成油温高的因素可能有：冷却器有故障；散热环境不良，散热器阀门没有打开；环境温度高；负荷大；内部有故障；外部有故障；温度计损坏。

通过比较安装在变压器上的几只不同温度计读数，并充分考虑气温、负荷的因素，判断是否为变压器温升异常。变压器的很多故障都有可能伴随急剧的温升，应检查运行电压是否过高、套管各个端子和母线或电缆的连接是否紧密，有无发热迹象。

（3）声响判断。变压器在正常运行中会发出均匀的“嗡嗡”声，而大多数设备正常运行时处于无声状态。当发生各种异常或故障情况时，就会发出各类声响，也就是异声。对于声响判断，通常采用比较法。当有异常声响时，应查明原因。

一般发生异常声响的可能性因素包括内部有故障、负荷突变、过负荷、内部个别零件松动、铁磁谐振、外部有故障、其他因素（如设备外部附件螺丝螺母松动造成的不正常声响）。

（4）检查接头发热的方法。检查接头发热的方法很多，主要有以下几种：

1）根据示温蜡片状况进行检查；

2）根据相色漆的变色来判断接头是否发热；

3）观察接头上有无热气流、水蒸气和冒烟现象；

4）观察接头金属的变色；

5）用红外测温仪测量接头温度。

（5）检查绝缘子裂纹的方法。检查绝缘子裂纹的方法主要包括：

1）目测观察。绝缘子的明显裂纹，一般在巡线时肉眼观察就可以发现。

2）望远镜观察。借助望远镜进一步仔细察看，通常可以发现不太明显的裂纹。

3）声响判断。如果绝缘子有不正常的放电声，根据声音可以判断是否损坏和损坏程度。

（6）检查可动部件摆动和振动方法。检查发电机电刷有无摇摆及其磨损程度；检查水轮发电机组是否振动。

三、设备巡视的安全要求和事项

(1) 设备巡视检查工作，由值长或值班长按照《电力安全工作规程》规定安排正常巡视检查和特殊巡视检查。

(2) 巡视前针对巡视内容、天气情况、设备运行状况进行危险点分析。

(3) 巡视设备时应戴安全帽，并按规定着装；检查所使用的安全工器具是否完好，按照规定的巡视路线进行巡视，防止漏巡。

(4) 在设备检查中，要做到“四细”[细看、细听、细嗅、细摸（指不带电设备外壳)]，严格按照设备运行规程中的检查项目检查，防止漏查缺陷。

(5) 巡视人员工作状态应良好，巡视过程中精神集中，要做到“五不准”，即不准做与巡视无关的工作，不准观望巡视范围以外的外景，不准交谈与巡视无关的内容，不准嬉笑、打闹，不准移开或越过遮栏。

(6) 巡视高压设备时，人体与带电导体的安全距离不得小于表 2-1 中的规定。

表 2-1　　人体与带电导体的最小安全距离

电压等级（kV）	6～10	20～35	110	220	500
无遮栏（m）	0.7	1.00	1.50	3.00	5.00
有遮栏（m）	0.35	0.6	1.50	3.00	5.00

(7) 巡视保护室禁止使用移动通信工具，开、关保护屏门应小心谨慎，防止过大振动。

(8) 进入 GIS 设备室前应先通风 15min，且无报警信号，确认空气中含氧量不小于 18%，空气中 SF_6 浓度不大于 1000μL/L 后方可进入。

(9) 不要在 GIS 设备防爆膜附近停留，防止压力释放器突然动作，危及人身安全。

(10) 室外 SF_6 设备气体泄漏时，巡视人员站位要合适，应从上风接近检查；避免站在设备压力释放装置所对的方向。

(11) 雷雨天气，需要巡视室外高压设备时，应穿绝缘靴并不得靠近避雷器和避雷针。

(12) 高压设备发生接地时，室内不得接近故障点 4m 以内，室外不得接近故障点 8m 以内。进入上述范围人员应穿绝缘靴，接触设备外壳和架构时，应戴绝缘手套。

(13) 夜间巡视，应开启设备区照明，熄灯夜巡应带照明工具。

(14) 用红外线测温仪测温、继电保护巡视、绝缘杆等检查设备须由两人进行。若是非运行人员完成这些工作必须执行工作票制度。

(15) 巡视配电装置，进出高压室，应随手关门，防止小动物进入室内。

(16) 高压室的钥匙至少应有三把，由值班人员负责保管、移交。一把专供紧急时使用，一把专供值班员使用，其他可以借给单独巡视高压设备的人员和工作负责人使用，但登记签名，当日交回。高低压室的钥匙应严格管理，不得外借给非电业系统的人员使用。

(17) 运行人员在进行巡视检查中发现设备缺陷或异常运行情况，应详细记录在运行日志和缺陷记录簿上，班内要做好缺陷分析定性。对紧急缺陷及严重异常情况需立即向上级和有关调度汇报，加强对设备薄弱环节的监视，做好事故预想，并按值交接。

(18) 巡视检查时，遇有威胁人身和设备安全的情况，应按事故处理有关规定进行处理，并同时向上级和有关调度汇报。

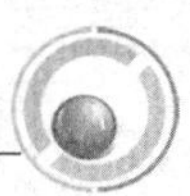

(19) 担任副值及以上岗位的运行人员允许单独巡视高压配电装置，新进人员不可单独巡视检查的，应由允许单独巡视高压配电装置的人员陪同。

(20) 经本单位批准允许单独巡视高压设备的人员巡视检查各发电厂、变电站，集控所运行人员巡视检查无人值班的变电站时，必须在出入登记簿上签名登记，离开时检查门窗、灯、水是否关好。

第四节　一次设备的正常巡视

一次设备是指发电厂及变电站生产、变换、输送、分配电能的高电压大电流设备。一次设备包括发电机、变压器、母线、断路器、隔离开关、互感器、避雷器、电力电容器、消弧线圈等。下面对这些设备的正常巡视进行介绍。

一、变压器的正常巡视

1. 变压器正常巡视的检查内容

(1) 变压器的油温和温度计应正常，储油柜的油位应与温度相对应。

(2) 变压器各部位无渗油、漏油。

(3) 套管油位应正常，套管外部无破损裂纹、无严重油污、无放电痕迹及其他异常现象。

(4) 变压器声响均匀、正常。

(5) 各冷却器手感温度应相近，风扇、油泵、水泵运转正常，油流继电器工作正常。

(6) 水冷却器的油压应大于水压（制造厂另有规定者除外）。

(7) 吸湿器完好，吸附剂干燥，油封油位正常。

(8) 引线接头、电缆、母线应无发热迹象。

(9) 压力释放器或防爆管的安全气道外观或防爆膜应完好无损。

(10) 有载分接开关的分接位置及电源指示应正常。

(11) 有载分接开关的在线滤油装置工作位置及电源指示应正常。

(12) 气体继电器内应无气体。

(13) 各控制箱和二次端子箱、机构箱应关严，无受潮；温控装置工作正常。

(14) 各类指示、灯光、信号应正常。

(15) 变压器室的门、窗、照明应完好，房屋不漏水，温度正常。

(16) 检查变压器各部件的接地应完好。

(17) 现场规程中根据变压器的结构特点补充检查的其他项目。

2. 变压器巡视检查的要求

(1) 变压器储油柜的油位应与制造厂提供的油温、油位曲线相对应，温度计指示清晰。

1) 储油柜如采用玻璃管油位计，储油柜上标有油位监视线，分别表示环境温度为−20℃、20℃、40℃时变压器对应的油位；如采用磁针式油位计，在不同环境温度下指针应停留的位置，由制造厂提供的曲线确定。

2) 变压器冷却方式不同，其上层油温或温升也不同，不能只以上层油温不超过规定为标准，而应该根据当时的负荷情况、环境温度及冷却装置投入的情况等，结合历史数据进行综合判断。就地与远方油温指示应基本一致。绕组温度仅作参考。

3) 由于在油温 40℃左右时，油流的带电倾向性最大，因此变压器可通过控制油泵运行数量来尽量避免变压器绝缘油运行在35～45℃温度区域。

(2) 检查变压器有无渗油、漏油，应重点检查变压器的油泵、压力释放阀、套管接线柱、各阀门、隔膜式储油柜等。

1) 油泵负压区渗油，容易造成变压器进水受潮和轻瓦斯有气而发信号，且此处渗漏要在停泵状态下才会发现。

2) 压力释放阀渗油、漏油，应检查是否动作过。

3) 套管接线柱处的渗油，检查外部引线的伸缩条及其热胀冷缩性能。

(3) 冷却器组数应按规定投入，分布合理，油泵运转应正常，无其他金属碰撞声，无漏油现象。运行中的冷却器的油流继电器应指示在"流动位置"，无颤动现象。

1) 油泵及风扇电动机声响是否正常，有无过热现象；风扇叶子有无抖动碰壳现象。

2) 冷却器连接管是否有渗漏油。

3) 油泵、风扇电动机电缆是否完好。

4) 冷却器检查和试验工作以及辅助、备用冷却器运转和信号是否正常，是否按月切换冷却器，是否每季进行一次电源切换并做好记录。

5) 运行中油流继电器指示异常时，应检查油流继电器挡板是否损坏脱落。

(4) 检查吸湿器，油封应正常，呼吸应畅通，硅胶潮解变色部分不应超过总量的2/3。浸有氯化钴的硅胶干燥时颜色为蓝色，受潮后将变成红色或粉白色。运行中如发现上部吸附剂发生变色，应注意检查吸湿器是否上部密封不严。如发现硅胶变色过快，应注意检查硅胶玻璃罐是否有裂纹、破损，油封内是否无油或油位过低，是否因安装不当造成密封不良。

(5) 有载分接开关操动机构中机械指示器与控制室内分接开关位置指示应一致。三相连动的应确保分接开关位置指示一致。

(6) 检查变压器铁心接地线和外壳接地线应良好，铁心、夹件通过小套管引出接地的变压器，应将接地引线引至适当位置，以便在运行中监测接地线中是否有环流。当运行中环流异常增长变化，应尽快查明原因，严重时应检查处理并采取措施，如环流超过300mA又无法消除时，可在接地回路中串入限流电阻作为临时性措施。

(7) 在线监测装置应保持良好状态，并及时对数据进行分析、比较。

(8) 事故储油坑的卵石层厚度应符合要求；保持储油坑的排油管道畅通，以便事故发生时能迅速排油。室内变压器应有集油池或挡油矮墙，防止火灾蔓延。

(9) 检查灭火装置状态应正常，消防设施应完善。

3. 变压器常见缺陷

(1) 本体部分缺陷：渗油、调压装置内渗、套管内渗、油位低、呼吸部分堵塞或开放、硅胶失效、接地不良、绝缘油参数有不合格项、设备电气参数有不合格项。

(2) 建筑方面缺陷：基础酥裂，电杆酥裂，门型架构焊接点、挂线点强度低，事故储油坑及管道塌陷、酥裂，事故储油坑杂物多、踩实。

(3) 外接部分缺陷：引线过热，引线振动大，挂有杂物，绝缘子表面放电、断裂，铁座酥裂，过压间隙故障。

(4) 附件部分缺陷：风冷电源故障，风扇电机故障，消防设备管道锈蚀、开裂、压力过高、不建压、不启泵，调压装置电源跳闸、拒调、连调，温度表及传感故障，在线监测故障。

(5) 二次部分缺陷：电流、电压回路断线、短路，误接线，直流回路接地，定值整定有

误，保护投切有误，指示仪表、电能表故障。

4. 变压器标准巡视卡举例

某变电站变压器标准巡视卡见表 2-2。

表 2-2　　变压器标准巡视卡

<table>
<tr><th>检查地点</th><th>设备名称</th><th>检查内容</th><th>检查结论</th><th>备注</th></tr>
<tr><td rowspan="22">变压器本体及各侧避雷器</td><td rowspan="5">本体及避雷器</td><td>本体温度计值与遥测值相符</td><td></td><td rowspan="22"></td></tr>
<tr><td>借助物体听本体内部声响无异常</td><td></td></tr>
<tr><td>各部件及压力释放无渗漏</td><td></td></tr>
<tr><td>避雷器无异常响声、动作指示正确、接地可靠</td><td></td></tr>
<tr><td>本体接地完好、无锈蚀</td><td></td></tr>
<tr><td rowspan="2">油枕</td><td>油位、油色正常，各连接管路无渗漏油现象，气体继电器内无残余气体</td><td></td></tr>
<tr><td>呼吸器硅胶颜色正常、无渗漏现象</td><td></td></tr>
<tr><td rowspan="2">各侧套管</td><td>绝缘套管清洁、完好，无裂纹、无放电痕迹</td><td></td></tr>
<tr><td>油位正常，无渗漏现象</td><td></td></tr>
<tr><td>调压机构</td><td>机构箱密封完好，内部无受潮锈蚀现象且锁具完好，现场挡位与主控室挡位一致</td><td></td></tr>
<tr><td rowspan="2">中性点</td><td>支柱绝缘子清洁、完好、无裂纹</td><td></td></tr>
<tr><td>隔离开关分、合位置与运行方式一致</td><td></td></tr>
<tr><td rowspan="4">冷却装置及端子箱</td><td>运行指示与实际挡位保持一致</td><td></td></tr>
<tr><td>冷控箱门关闭严实完好，各标示清晰完整，防火、防小动物封堵完好</td><td></td></tr>
<tr><td>冷却装置运行良好，且无渗、漏油</td><td></td></tr>
<tr><td>端子箱门关闭严实完好，各标示清晰完整，隔离开关电源保险取下，驱潮装置及防火、防小动物封堵完好</td><td></td></tr>
<tr><td>导线、引线</td><td>无散股抛股、且无发热现象</td><td></td></tr>
<tr><td>接地网</td><td>接地引下线焊接牢固、无锈蚀</td><td></td></tr>
<tr><td rowspan="3">场地</td><td>名称、标志齐全、完好</td><td></td></tr>
<tr><td>构架基础牢固且无锈蚀</td><td></td></tr>
<tr><td>场地、操作小道整齐整洁</td><td></td></tr>
</table>

二、高压开关设备的正常巡视

1. SF_6 封闭组合电器（GIS）的巡视检查项目及标

(1) 标志牌名称、编号齐全、完好，气隔标识清晰。

(2) 外观检查无变形、无锈蚀、连接无松动，传动元件的轴、销齐全无脱落、无卡涩，箱门关闭严密，无异常声音、气味等，相色标志正确，外部接头无过热。

(3) 检查气室压力在正常范围内，并记录压力值及当时的环境温度。

(4) 闭锁完好、齐全、无锈蚀。

(5) 断路器、隔离开关、接地开关位置指示器与实际运行状态相符。

(6) 套管完好、表面清洁、无裂纹、无损伤、无放电现象。

(7) 检查避雷器在线监测仪指示正常，并记录泄漏电流值和动作次数。

(8) 检查带电显示器指示正确，停电时巡视要对带电显示装置手动测试正常。

(9) 防护罩无异样，其释放出口无障碍物，防爆膜无破裂。

(10) 汇控柜指示正常，与实际位置相符，无异常信号发出；控制方式开关在“远方”位置，操动切换把手与实际运行位置相符；控制、信号电源开关位置正常；连锁位置指示正常；柜内运行设备正常，各继电器接点无抖动现象，无异味；封堵严密、良好，无积水，箱门关闭严密；加热器及驱潮电阻正常；接地线端子紧固，各接线端子无明显松脱现象；天气潮湿季节无凝露现象；呼吸孔应有纱网及防尘棉垫；保护连接片实际位置满足运行工况要求。

(11) 操动机构箱开启灵活，无变形，密封良好，无锈迹、无异味、无凝露；储能电源开关位置正确，弹簧机构储能指示器指示正确；液压机构油箱油位在上下限之间，各部位无渗漏油，压力正常并记录压力值；加热器正常完好，投停正确。

(12) 连通阀门均开启，取气阀应关闭。

(13) 记录断路器与操动机构动作次数。

(14) 线路电压互感器二次开关、熔断器投入完好，二次接线无松脱现象。

(15) 出线架构无杂物，无倾斜，安装牢固，接地良好。

(16) 接地线、接地螺栓表面无锈蚀，压接牢固。

(17) 设备室通风系统运转正常，氧量仪指示大于18%，SF_6 气体含量不大于 1000μL/L。无异常声音、异常气味等。

(18) 基础无下沉、倾斜。

2. SF_6 断路器巡视检查项目及标准

(1) 标志牌名称、编号齐全、完好。

(2) 套管、绝缘子无断裂、裂纹、损伤、放电现象。

(3) 分、合闸位置指示器与实际运行状态相符。

(4) 软连接及各导流压接点压接良好，无过热变色、断股现象。

(5) 控制、信号电源正常，无异常信号发出。

(6) 检查 SF_6 气体压力表或密度表在正常范围内，并记录压力值。

(7) 端子箱电源开关完好、名称标志齐全、封堵良好、箱门关闭严密。

(8) 各连杆、传动机构无弯曲、变形、锈蚀，轴销齐全。

(9) 接地螺栓压接良好，无锈蚀。

(10) 基础无下沉、倾斜。

3. 油断路器巡视检查项目及标准

(1) 标志牌名称、编号齐全、完好。

(2) 本体无油迹、无锈蚀、无放电、无异音。

(3) 套管、绝缘子完好，无断裂、裂纹、损伤放电现象。

(4) 引线连接部位无发热变色现象。

(5) 放油阀关闭严密，无渗漏。

(6) 检查油位在正常范围内，油色正常。

(7) 位置指示器与实际运行状态相符。

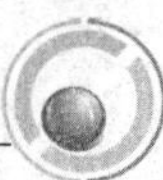

(8) 连杆、转轴、拐臂无裂纹、变形。

(9) 端子箱电源开关完好、名称标志齐全、封堵良好、箱门关闭严密。

(10) 接地螺栓压接良好，无锈蚀。

(11) 基础无下沉、倾斜。

4. 真空断路器巡视检查项目及标准

(1) 标志牌名称、编号齐全、完好。

(2) 灭弧室无放电、无异音、无破损、无变色。

(3) 绝缘子无断裂、裂纹、损伤、放电等现象。

(4) 绝缘拉杆完好、无裂纹。

(5) 各连杆、转轴、拐臂无变形、无裂纹，轴销齐全。

(6) 引线连接部位接触良好，无发热变色现象。

(7) 位置指示器与实际运行状态相符。

(8) 端子箱电源开关完好、名称标志齐全、封堵良好、箱门关闭严密。

(9) 接地螺栓压接良好，无锈蚀。

(10) 基础无下沉、倾斜。

5. 开关柜设备巡视检查项目及标准

(1) 标志牌名称、编号齐全、完好。

(2) 外观检查无异音，无过热，无变形等异常。

(3) 表计指示正常。

(4) 操作方式切换开关正常在“远控”位置。

(5) 操作把手及闭锁位置正确、无异常。

(6) 高压带电显示装置指示正确。

(7) 位置指示器指示正确。

(8) 电源小开关位置正确。

6. 液压操动机构巡视检查项目及标准

(1) 机构箱开启灵活无变形、密封良好，无锈迹、无异味、无凝露等。

(2) 计数器动作正确并记录动作次数。

(3) 储能电源开关位置正确。

(4) 机构压力正常，油箱油位在上下限之间，油箱、油泵、油管及接头无渗漏油。

(5) 行程开关无卡涩、变形，活塞杆、工作缸无渗漏。

(6) 加热器、除潮器正常完好，投、停正确。

7. 弹簧机构巡视检查项目及标准

(1) 机构箱开启灵活无变形、密封良好，无锈迹、无异味、无凝露等。

(2) 储能电源开关位置正确，储能电机运转正常，储能指示器指示正确。

(3) 行程开关无卡涩、变形。

(4) 分、合闸线圈无冒烟、异味、变色。

(5) 弹簧完好，正常。

(6) 二次接线压接良好，无过热变色、断股现象。

(7) 加热器、除潮器正常完好，投、停正确。

8. 电磁操动机构巡视检查项目及标准

(1) 机构箱开启灵活无变形、密封良好，无锈迹、无异味、无凝露等。

(2) 合闸电源开关位置正确，合闸熔断器完好，规格符合标准。

(3) 分、合闸线圈无冒烟、异味、变色，合闸接触器无异味、变色。

(4) 直流电源回路端子无松动、锈蚀。

(5) 二次接线压接良好，无过热变色、断股现象。

(6) 加热器、除潮器正常完好，投、停正确。

9. 气动机构巡视检查项目及标准

(1) 机构箱开启灵活无变形、密封良好，无锈迹、无异味。

(2) 压力表指示正常，并记录实际值。

(3) 储气罐无漏气，并按规定放水，接头、管路、阀门无漏气现象。

(4) 空压机运转正常，计数器动作正常并记录次数。

(5) 加热器、除潮器正常完好，投、停正确。

10. 隔离开关的巡视检查项目及标准

(1) 标志牌名称、编号齐全、完好。

(2) 绝缘子清洁，无破裂、无损伤放电现象；防污闪措施完好。

(3) 触头接触良好，无过热、变色及移位等异常现象；动触头的偏斜不大于规定数值。接点压接良好，无过热现象，引线弛度适中。

(4) 连杆无弯曲、连接无松动、无锈蚀，开口销齐全。轴销无变位脱落、无锈蚀、润滑良好。金属部件无锈蚀，无鸟巢。

(5) 法兰连接无裂痕，连接螺丝无松动、锈蚀、变形。

(6) 接地开关位置正确，弹簧无断股、闭锁良好，接地杆的高度不超过规定数值；接地引下线完整可靠接地。

(7) 机械闭锁装置完好、齐全，无锈蚀变形。

(8) 操动机构密封良好，无受潮。

(9) 应有明显的接地点，且标志色醒目。螺栓压接良好，无锈蚀。

11. 高压开关设备的常见缺陷

(1) 断路器本体：非全相动作；渗油；油断路器油位过高、过低；开关动作时喷火、喷油；SF_6 断路器 SF_6 气体压力低、漏气，SF_6 密度继电器整定有误。

(2) 操动机构：机构电源故障；机构储能故障；机构加热、驱潮电源故障，加热器、驱潮器损坏；防热设备损坏；机构压力表（上、下限）整定有误；渗漏；长时打压及打压频繁；防过压（油、气）装置动作。

(3) 断路器二次侧：控制、信号、电流、电压回路断线、短路，误接线；直流回路接地、串电；定值整定有误；保护投切有误；指示仪表、电能表故障（指示不准、反起）；断路器辅助触点与主触点动作不同期。

(4) 断路器附件：应有的电气连锁、闭锁等五防不健全；安全距离不足；机构箱、端子箱不严，凝露；标志及色标不健全。

(5) 隔离开关：接触面啮合不良；传动机构卡涩，轴承锈蚀，齿轮错位；合时不过支点，分时不到位；与辅助开关动作不同期；应有的电气连锁、闭锁不健全；安全距离不足；

接地不良；标志及色标不健全。

12. SF_6 断路器标准巡视卡举例

变电站（发电厂）SF_6 断路器标准巡视卡见表 2-3。

表 2-3　　变电站（发电厂）SF_6 断路器标准巡视卡

检查地点	设备名称	检查内容			检查结论	备注
SF_6 断路器	断路器、机构、端子箱	SF_6 气体压力	A	MPa		
			B			
			C			
		机构压力		MPa		
		高、低压油路无渗漏，油面正常				
		机构箱门关闭严实完好，各标示清晰完整，驱潮装置及防火、防小动物封堵完好				
		端子箱门关闭严实完好，各标示清晰完整，隔离开关电源熔断器取下，驱潮装置及防火、防小动物封堵完好				
		绝缘套管清洁、完好、无裂纹				
		断路器分、合位置指示正确				
	互感器及耦合电容器	TA 油位正常、无渗漏油现象				
		绝缘套管清洁、完好、无裂纹				
		无放电痕迹和异常声响				
		接线盒完好、完整				
	隔离开关、阻波器、结合滤波器	支持绝缘子清洁、完好、无裂纹				
		隔离开关分、合位置与运行方式一致				
		阻波器工作接地开关位置正确				
	避雷器	避雷器无异常响声				
		避雷器动作指示正确				
	导线、引线	无散股抛股、且无发热现象				
	接地网	接地引下线焊接牢固、无锈蚀				
	场地	名称、标志齐全、完好				
		构架基础牢固、且无锈蚀				
		场地、操作小道整齐整洁				

三、互感器的正常巡视

1. 互感器的巡视项目及要求

(1) 设备外观完整无损。

(2) 引线无松股、断股和弛度过紧、过松现象，接头接触良好，无松动、发热或变色现象。

(3) 外绝缘表面清洁、无裂纹及放电现象。

(4) 金属部位无锈蚀，底座、支架牢固，无倾斜变形。

(5) 架构、遮栏、器身外涂漆层清洁、无爆皮掉漆现象。

(6) 无异常振动、异常声音及异味。

(7) 瓷套、底座、阀门和法兰等部位应无渗漏油现象。

(8) 电压互感器端子箱中熔断器和二次低压断路器正常。

(9) 电流互感器端子箱引线端子无松动、过热、打火现象。

(10) 油色、油位正常。

(11) 有防爆膜的互感器要巡视防爆膜有无破裂。

(12) 吸湿器硅胶无受潮变色。

(13) 金属膨胀器膨胀位置指示正常，无渗漏。

(14) 各部位接地可靠。

(15) 电容式电压互感器二次侧电压（包括开口三角形电压）无异常波动。

(16) 安装有在线监测的设备应有维护人员每周对在线监测数据查看一次，以便及时掌握电压互感器的运行状况。

(17) SF_6 气体绝缘电流互感器除与油浸式互感器相关项目相同外，应注意检查项目如下：压力表指示应在正常规定范围，无漏气现象，密度继电器正常；复合绝缘套管表面清洁、完整、无裂纹、无放电痕迹、无老化迹象，憎水性良好。

(18) 树脂浇注互感器无过热，无异常振动及声响；无受潮，外露铁心无锈蚀；外绝缘表面无积灰、粉蚀、开裂，无放电现象。

2. 互感器常见缺陷

(1) 电流互感器：渗油；过热；油位过高、过低；电流回路断线、短路，误接线；无二次接地点；呼吸部分堵塞或开放；硅胶失效；膨胀器电晕放电。

(2) 电压互感器：渗油；油位过高、过低；电压回路断线、短路，误接线；无二次接地点；电容式电压互感器二次侧电压偏高或偏低。

3. 互感器标准巡视卡举例

110kV 母线电压互感器标准巡视卡见表 2-4。

表 2-4　110kV 母线电压互感器标准巡视卡

检查地点	设备名称	检查内容	检查结论	备　注
110kV 母线 TV 及避雷器	避雷器	绝缘套管清洁、完好、无裂纹		
		避雷器无异常响声		
		避雷器动作指示正确		
	TV 及端子箱	油位正常、无渗漏油现象		
		绝缘套管清洁、完好、无裂纹		
		接线盒完好且无异常声响		
		端子箱门关闭严实完好，各标示清晰完整，隔离开关电源熔断器取下，驱潮装置及防火、防小动物封堵完好		
	隔离开关	绝缘套管清洁、完好、无裂纹、无放电痕迹		
		隔离开关分、合位置与运行方式保持一致		
	导线、引线	无散股抛股、且无发热现象		
	接地网	接地引下线焊接牢固、无锈蚀		
	场地	名称、标志齐全、完好		
		构架基础牢固、且无锈蚀		
		场地、操作小道整齐整洁		

四、防雷设备的正常巡视

1. 避雷器正常巡视项目及内容

(1) 检查瓷套表面积污程度，应无放电现象，瓷套、法兰无裂纹、破损。

(2) 避雷器内部无异常声响。

(3) 与避雷器、计数器连接的导线及接地引下线无烧伤痕迹或断股现象，接地良好。

(4) 检查避雷器放电计数器指示数应正常，并做好记录，计数器内部应无积水。

(5) 对带有泄漏电流在线监测装置的避雷器检查泄漏电流的变化情况并记录数值。

(6) 避雷器引线无松股、断股和弛度过紧、过松现象，接头无松动、发热或变色现象。

(7) 带串联间隙的金属氧化物避雷器或串联间隙与原来位置不发生偏移。

(8) 避雷器均压环不歪斜。

(9) 低式布置的避雷器，遮栏内应无杂草。

2. 避雷针检查

避雷针应检查独立避雷针、构架或建筑物避雷针不歪斜、无锈烂，连接处无脱焊、开裂或法兰螺丝松动的现象，避雷针接地良好，接地引下线无断裂及锈蚀现象。

3. 防雷设备的常见缺陷

(1) 避雷针常见缺陷：锈蚀；基础酥裂；5m 内堆放易燃易爆物品，1m 内有其他设备；覆盖保护面积、高度不足；所附线路、接线无护管（一般不允许避雷针上附有其他线路，如用避雷针做照明的支撑，必须用铁管保护）；接地电阻不合格。

(2) 避雷器常见缺陷：锈蚀，铁座酥裂，电气参数（耐压、泄漏）不合格，在线监测电流超标，均压环歪斜，爆炸或压力释放，地线锈蚀，接地电阻不合格。

五、补偿装置的正常巡视

1. 消弧线圈装置的正常巡视

(1) 设备外观完整无损。

(2) 引线接触良好，接头无松动、发热、变色现象，电缆、母线应无发热迹象。

(3) 外绝缘表面清洁、无裂纹及放电现象。

(4) 接地良好，金属部位无锈蚀，底座、支架牢固，无倾斜变形。

(5) 干式消弧线圈表面平整，无裂纹和受潮现象。

(6) 无异常振动、异常声音及异味。

(7) 储油柜、绝缘子、套管、阀门、法兰、油箱应完好，无裂纹和漏油。

(8) 阻尼电阻端子箱内所有熔断器和二次低压断路器正常。

(9) 阻尼电阻箱内引线端子无松动、过热、打火现象。

(10) 设备的油温和温度计应正常，储油柜的油位应与温度相对应，各部位无渗油、漏油。

(11) 各控制箱和二次端子箱应关严，无受潮。

(12) 吸湿器完好，吸湿剂干燥。

(13) 各表计指示准确，中性点电压位移在规定范围内。

(14) 对调匝式消弧线圈，人为调节一挡分接头，检验有载开关动作是否正常。匝式消弧线圈采用有载调压开关调节电抗器的抽头以改变电感值。它是一种能根据电网当前运行方式下的对地电容电流，自动调节有载调压分接头到所需要的补偿挡位，对单相接地故障的接地电容电流进行补偿，使故障点的残流可以限制在规定的范围之内的一种消弧线圈。

2. 高压并联电容器的正常巡视

(1) 瓷绝缘应无破损裂纹、放电痕迹，表面清洁。

(2) 设备连接处无松动、过热。

(3) 设备外表涂漆应无变色，电容器外壳无鼓肚、膨胀变形，接缝无开裂、渗漏油现象，内部无异声，外壳温度不超过 50℃。

(4) 电容器编号正确，各接头无发热现象。

(5) 熔断器、放电线圈、接地装置完好，接地引线应无锈蚀、断股。

(6) 电容器室干净整洁，照明通风良好，室温不超过 40℃或低于－25℃。门窗关闭严密。

(7) 电缆挂牌齐全完整，内容正确，字迹清楚。电缆外皮无损伤，支撑牢固，电缆和电缆头无渗油漏胶，无发热放电、火花放电等现象。

(8) 电容器三相电流应平衡，运行电压和电流不超过规定值。

(9) 对串联电抗器，附近无磁性杂物存在，油漆无脱落、线圈无变形，无放电及焦味；撑条无错位，无异常振动和声响，油电抗器应无渗漏油。

3. 静止无功补偿装置巡视

静止无功补偿装置（SVC）是能进行自动投切的一次设备，主要由晶闸管阀组、相控电抗器、滤波器、电流互感器、断路器、隔离开关、氧化锌避雷器及水冷系统组成。该装置具有多种功能，包括改善系统电压，提高系统静态和动态稳定性，降低系统暂时过电压、阻尼系统的低频和次同步振荡，抑制谐波，提高功率因数等。

静止无功补偿装置巡视项目如下：

(1) 套管、绝缘子、瓷柱等瓷质表面应清洁，无损坏、裂纹、烧痕、放电现象。

(2) 设备温度应正常，无异音、冒烟、过热、变色等现象。

(3) 导线驰度合适，无挂落杂物，无烧伤断股及连接点发热现象。

(4) 设备各部螺栓连接应可靠、不松动、垫圈齐全。

(5) 室外电缆穿线管管口应密封良好，管内应无积水及冰冻现象。分线箱电缆孔应封闭良好，分线箱门应关好。箱内应保持干燥和清洁。

(6) 阀体管路无冷却水渗漏，无异常声响，各电气连接点及阀元件本体温度正常，阀室内空调工作正常。

(7) 水机各部件工作正常，管路无漏水。控制箱门应关好，装置平台清洁、无杂物、无积水。

4. 补偿装置常见缺陷

(1) 电容器组：渗油，过热，熔丝熔断，外壳变形，对某次谐波有放大。

(2) 电抗器：过热；振动大，噪声大，接地不良（接地有环路），表面有裂痕、闪络、龟裂、暴皮、鼓包，撑条错位，周围有杂物，与电容器不匹配（对某次谐波谐振）。

(3) 消弧线圈：渗油，过热，吸潮剂变色，中性点电压超过规定值。

5. 补偿装置标准巡视卡举例

变电站 10kV 电力电容器标准巡视卡见表 2－5。

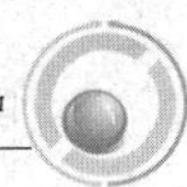

表 2-5　　变电站 10kV 电力电容器标准巡视卡

检查地点	设备名称	检查内容	检查结论	备注
10kV 电容器	电容器组	无渗漏油，箱壁无鼓肚		
		支持绝缘子无裂纹，无放电闪络痕迹		
		熔断器、放电回路、接地装置完好，接头接触良好，无过热现象		
		放电线圈正常		
		电容器外壳及架构的接地应可靠，外部油漆无脱落		
	电抗器	电抗器接头接触良好，无发红发热		
		支持绝缘子无裂纹，无放电闪络		
		电抗器外壳及架构的接地应可靠，外部油漆无脱落		
	避雷器	绝缘套管清洁、完好、无裂纹		
		避雷器无异常响声		
		避雷器动作指示正确		

六、母线的巡视

母线有软母线和硬母线两种。软母线主要用于屋外配电装置，硬母线主要用于屋内配电装置。

1. 软母线巡视

(1) 导线应无断股、松股、闪络烧伤、晃荡、锈蚀和弛度过紧过松现象。导线表面无麻面、毛刺、发热和变色现象，母线上无悬挂物。

(2) 母线绝缘子无裂缝、破损，无放电及闪络痕迹，外观清洁，导线和金具在晴天时无可见电晕。

(3) 线夹接头应紧固，无发热、变色、锈蚀、移动和变形现象。

(4) 母线架构接地良好，接地引下线（排）无断裂及锈蚀现象。

(5) 周围环境无杂草堆、塑料带等受风易飘的杂物。

2. 硬母线巡视

(1) 母线支持绝缘子应无裂缝、破损，无放电及闪络痕迹，外观清洁。

(2) 母线各连接处接头螺丝无松动，无发热、变色或示温蜡片熔化、相色漆变色等现象，伸缩节应完好，无断裂、过热现象。

(3) 母线排夹头不松动，母线排无异常放电声及振动声。

(4) 连接两段母线的穿墙套管、与母线隔离开关相连的套管应无裂纹、破损，无放电及闪络痕迹，外观清洁；穿墙套管接头无发热、变色或示温蜡片熔化等现象。

(5) 母线排及至回路设备的引排应平整无变形，相色漆清晰，无开裂、起层现象。

3. 母线常见缺陷

母线常见缺陷有振动（风偏）大，挂有杂物（冰挂），悬垂串卡簧、开口销锈蚀、脱落。

4. 母线标准巡视卡举例

某变电站 110kV 母线（双母线接线）标准巡视卡见表 2-6。

表 2-6　　某变电站 110kV 母线标准巡视卡

检查地点	设备名称	检查内容	检查结论	备注
110kV 母线	110kV Ⅰ母线	名称、标志齐全、完好		
		支持绝缘子清洁、无放电痕迹		
		母线无散股、抛股、断股现象		
		母线无发执迹象		
		本体接地完好、无锈蚀		
	110kV Ⅱ母线	名称、标志齐全、完好		
		支持绝缘子清洁、无放电痕迹		
		母线无散股、抛股、断股现象		
		母线无发执迹象		
		本体接地完好、无锈蚀		
	避雷针	基础构架牢固且无锈蚀		
	接地网	接地引下线焊接牢固、无锈蚀		
	场地	名称、标志齐全、完好		
		构架基础牢固、且无锈蚀		
		开关场各警示标牌完好无损		
		场地、操作小道整齐整洁		

七、高频通道设备的巡视及缺陷

1. 阻波器巡视

(1) 检查导线应无断股，接头无过热，螺丝无松动。

(2) 安装应牢固，无较大摆动。

(3) 阻波器应无变形，内部无鸟巢和其他外物。

(4) 阻波器上部与导线间的绝缘子应清洁，销子、螺丝应紧固。

(5) 支柱式阻波器的支持绝缘子无裂缝、破损，无放电及闪络痕迹，外观清洁，安装牢固，底架接地良好。

2. 耦合电容器巡视

(1) 引线应牢固，无断股、松股现象，接地应良好，接地开关位置正确（正常应在拉开位置），支持绝缘子清洁，无裂纹。

(2) 接头无松动、发热或变色现象。

(3) 套管无裂缝、破损，无放电及闪络痕迹，外观清洁。

(4) 耦合电容器运行无异声，不允许有渗油现象（耦合电容器渗油为紧急缺陷）。

3. 高频通道设备常见缺陷

(1) 耦合电容器常见缺陷：渗油，电压抽取装置、结合滤波器等辅件损坏，接线不规范，引线螺丝退扣。

(2) 阻波器常见缺陷：挂点强度低，挂点螺丝退扣，内部避雷器损坏，表面有龟裂、暴皮。

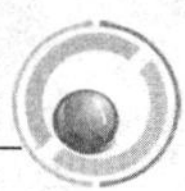

八、电力电缆的正常巡视

1. 电力电缆的巡视项目

(1) 检查电缆及终端盒应无渗漏油，绝缘胶无软化溢出。

(2) 对电缆中间头进行外观检查，表面不应有破损情况，运行温度不得超过规定的允许值。

(3) 绝缘子清洁完整，无裂纹及闪络痕迹，引线接头完好，无发热现象。

(4) 外露电缆的外皮完整，支撑牢固，外皮接地良好。

(5) 对敷设在地下的电力电缆，查看路面应正常，无挖掘痕迹，路线标志完整，线路上不应堆置瓦砾、建筑材料、酸碱性物质等杂物。

2. 电力电缆常见缺陷

电力电缆的常见缺陷有渗油、接头过热、走径上堆放杂物、接地不良、缆头爆裂、无护管、标志不全。

九、水轮发电机的正常巡视

水轮发电机的正常巡视项目应根据各水电厂的运行规程执行，不同水电厂巡视项目不一定相同。

1. 水轮发电机巡视项目

(1) 发电机声音正常，振动正常，轴向窜动不超标。

(2) 发电机定子绕组、铁心、转子绕组及励磁机各部分温度正常。

(3) 发电机滑环、电刷、弹簧安装牢固、压力适当，电刷无火花。

(4) 励磁系统各部接线牢固完整，无松动、发热现象。

(5) 各调节柜、整流柜运行正常，盘内各指示灯指示正常，盘内无焦臭味，整流柜风机运行正常。

(6) 发电机各连接部件无过热现象。

(7) 保护装置运行正常，无异常报警信号。

(8) 大轴接地电刷接触良好，电刷边缘仅允许微小火花。

(9) 发电机轴承温度正常。

另外，水轮发电机组还应检查与发电机相关联的辅助和附属系统设备运行正常。例如调速器；机组油、水、气系统；蜗壳进入门、尾水管进入门无异常渗漏水，尾水管无异常振动及水击声等。

2. 水轮发电机常见缺陷

(1) 发电机过负荷。

(2) 发电机定子、转子、铁心温度过高。

(3) 发电机电气二次回路故障，如操作电源消失、电压互感器二次回路断线等。

(4) 发电机转子一点接地。

第五节　二次设备的巡视及运行维护

一、二次设备的巡视检查项目

(1) 检查继电保护及二次回路各元件应接线紧固，无过热、异味、冒烟现象，标识清晰准确，继电器外壳无破损，连接点无抖动，内部无异常声响。

(2) 检查交直流切换装置工作正常。

(3) 检查继电保护及自动装置的运行状态、运行监视（包括液晶显示及各种信号灯指示）正常，无异常信号。

(4) 检查继电保护及自动装置屏上各小开关、切换把手的位置正确。

(5) 检查继电保护及自动装置的连接片投退情况符合要求，压接牢固，长期不用的连接片应取下。

(6) 检查高频通道测试数据应正常。

(7) 检查记录有关继电保护及自动装置计数器的动作情况。

(8) 检查屏内 TV、TA 回路无异常。

(9) 检查微机保护的打印机运行正常，不缺纸，无打印记录。

(10) 检查微机保护装置的定值区位和时钟正常。

(11) 检查电能表指示正常，与潮流一致。

(12) 检查试验中央信号正常，无光字、告警信息。

(13) 检查控制屏各仪表指示正常，无过负荷现象，母线电压三相平衡、正常，系统频率在规定的范围内。

(14) 检查控制屏各位置信号正常。

(15) 检查变压器远方测温指示和有载调压指示与现场一致。

(16) 检查保护屏、控制屏下电缆孔洞封堵严密。

二、继电保护及自动装置的运行维护

(1) 应定期对微机保护装置进行采样值检查、可查询的开关量状态检查和时钟校对，检查周期一般不超过一个月，并应做好记录。

(2) 每年在迎峰度夏前打印一次全厂、站各微机型保护装置定值，与存档的正式定值单核对，并在打印定值单上记录核对日期、核对人，保存该定值直到下次核对。

(3) 应每月检查打印纸是否充足、字迹是否清晰，负责加装打印纸和更换打印机色带。

(4) 加强对保护室空调、通风等装置的管理，保护室内相对湿度不超过 75%，环境温度应在 5～30℃范围内。

(5) 应按规定进行专用载波通道的测试工作。具体规定如下：

1) 有人值守厂、站按规定时间（该时间由本单位排定，线路两端一般应错开 4h 以上）进行一次通道测试，并填写记录，记录数据应包括天气、收发信信号灯、电平指示、告警灯情况等。

2) 无人值守站通过监控中心每日进行远方测试。运行人员对变电站进行常规巡视检查时，应进行一次各线路专用载波通道的测试，并做好记录。

3) 无论是否有人值守，在下列情况下应增加一次通道测试：①开关转代及恢复原开关运行时，对转代线路；②线路停电转运行时，对本线路；③保护工作完毕投入运行时，对本线路。

4) 天气情况恶劣（大雾或线路覆冰）时，通道测试工作由 24h 一次改为 4h 一次，直至天气状况恢复且通道测试正常。

(6) 母联电流相位比较式母差保护应定期检测差电流。

三、二次设备的缺陷分类

发现缺陷后，运行人员应对缺陷进行初步分类，根据现场规程进行应急处理，并立即报告值班调度及上级管理部门。

设备缺陷按严重程度和对安全运行造成的威胁大小，分为危急、严重、一般三类。

1. 危急缺陷

危急缺陷是指性质严重，情况危急，直接威胁安全运行的隐患，运行人员应当立即采取应急措施，并尽快予以消除。

一次设备失去主保护时，一般应停运相应设备；保护存在误动风险，一般应退出该保护；保护存在拒动风险时，应保证有其他可靠保护作为运行设备的保护。

以下缺陷属于危急缺陷：

(1) 电流互感器回路开路；

(2) 二次回路或二次设备着火；

(3) 保护、控制回路直流消失；

(4) 保护装置故障或保护异常退出；

(5) 保护装置电源灯灭或电源消失；

(6) 收发信机运行灯灭、装置故障、裕度告警；

(7) 控制回路断线；

(8) 电压切换不正常；

(9) 电流互感器回路断线告警、差流越限，线路保护电压互感器回路断线告警；

(10) 保护开入异常变位，可能造成保护不正确动作；

(11) 直流接地；

(12) 其他威胁安全运行的情况。

2. 严重缺陷

严重缺陷指设备缺陷情况严重，有恶化发展趋势，影响保护正确动作，对电网和设备安全构成威胁，可能造成事故的缺陷。

严重缺陷可在保护专业人员到达现场进行处理时再申请退出相应保护。缺陷未处理期间，运行人员应加强监视，保护有误动风险时应及时处置。

以下缺陷属于严重缺陷：

(1) 保护通道异常，如 3dB 告警等；

(2) 保护装置只发告警或异常信号，未闭锁保护；

(3) 录波器装置故障、频繁启动或电源消失；

(4) 保护装置液晶显示屏异常；

(5) 操作箱指示灯不亮，但未发控制回路断线信号；

(6) 保护装置动作后报告打印不完整或无事故报告；

(7) 就地信号正常，后台或中央信号不正常；

(8) 切换灯不亮但未发电压互感器断线告警；

(9) 母线保护隔离开关辅助触点开入异常，但不影响母线保护正确动作；

(10) 无人值守变电站保护信息通信中断；

(11) 频繁出现又能自动复归的缺陷；

(12) 其他可能影响保护正确动作的情况。

3. 一般缺陷

一般缺陷指上述危急、严重缺陷以外的，性质一般，情况较轻，保护能继续运行，对安全运行影响不大的缺陷。

以下缺陷属于一般缺陷：

(1) 打印机故障或打印格式不对；

(2) 电磁继电器外壳变形、损坏，不影响其内部；

(3) GPS 装置失灵或时间不对，保护装置时钟无法调整；

(4) 保护屏上按钮接触不良；

(5) 有人值守变电站保护信息通信中断；

(6) 能自动复归的偶然缺陷；

(7) 其他对安全运行影响不大的缺陷。

四、保护室、控制室标准巡视卡举例

保护室、控制室标准巡视卡见表 2-7。

表 2-7　　保护室、控制室标准巡视卡

<table>
<tr><th>检查地点</th><th>设备名称</th><th>检查内容</th><th>检查结论</th><th>备注</th></tr>
<tr><td rowspan="20">保护室、控制室</td><td rowspan="3">保护屏</td><td>保护屏连接片、切换开关位置与运行方式一致</td><td></td><td rowspan="20"></td></tr>
<tr><td>各保护信号、指示正确、完好</td><td></td></tr>
<tr><td>屏柜牢固且无锈蚀</td><td></td></tr>
<tr><td rowspan="3">电能表屏</td><td>电压监测表各功能完好</td><td></td></tr>
<tr><td>电能表屏各表计计度正常</td><td></td></tr>
<tr><td>屏柜牢固且无锈蚀</td><td></td></tr>
<tr><td rowspan="3">逆变器屏</td><td>交、直流及负载开关在合位</td><td></td></tr>
<tr><td>信号、指示正确、完好</td><td></td></tr>
<tr><td>屏柜牢固且无锈蚀</td><td></td></tr>
<tr><td rowspan="4">综合自动化柜屏</td><td>除中性点隔离开关遥控连接片在“投入”位置，其余断路器、隔离开关遥控连接片在“退出”位置</td><td></td></tr>
<tr><td>切换开关应摆在“远方”位置</td><td></td></tr>
<tr><td>各柜屏信号、指示正确、完好</td><td></td></tr>
<tr><td>屏柜牢固且无锈蚀</td><td></td></tr>
<tr><td rowspan="6">综自后台微机</td><td>后台微机各功能模块正常</td><td></td></tr>
<tr><td>后台微机主接线与一、二次设备运行方式和五防微机对位一致</td><td></td></tr>
<tr><td>后台微机各光字模块位号正常</td><td></td></tr>
<tr><td>后台微机与五防微机通信正常，且五防系统应在“投入”位置</td><td></td></tr>
<tr><td>后台微机报表打印正常</td><td></td></tr>
<tr><td>后台微机键盘、鼠标完好</td><td></td></tr>
</table>

续表

检查地点	设备名称	检查内容	检查结论	备注
保护室、控制室	五防微机	五防微机关、启正常		
		一、二次设备线运行方式与五防对位一致		
		五防逻辑条件完整、完善		
		五防微机传票、打印正常		
		五防微机键盘、鼠标完好		
	生产管理系统微机	微机关、启进入系统正常		
		微机与局域网连接正常		
		微机进入生产管理系统正常		
		微机所装杀毒软件杀毒正常		
		微机与打印连接打印正常		
		微机键盘、鼠标完好		
	场地	照明回路良好		
		名称、标志齐全、完好		
		室内防小动物短路措施完整、完好		
		消防器材完好		
		空调完好		
		室内整齐整洁		

第六节　厂、站用交、直流系统巡视与维护

一、厂、站用电交流系统的巡视与维护

厂、站用电交流系统包括厂、站用电母线及其母线上连接的各回路。厂、站用电交流系统为发电机和主变提供冷却等动力机械电源、变压器调压电源、消防水喷淋电源，为断路器提供储能、加热、驱潮电源，为隔离开关提供操作电源，为直流系统提供变换用电源，还提供厂、站内的照明、检修电源及生活用电，对厂、站的安全运行起着很重要的作用。

1. 厂、站用变压器的巡视检查项目及要求

(1) 高压进线穿墙套管及厂、站用变各侧套管无裂纹及放电闪络痕迹，无破损现象，外观清洁。

(2) 高压进线穿墙套管及厂、站用变各侧套管接头不松动，无发热、变色现象，示温蜡片无融化现象。

(3) 高压熔断器无熔断现象，支持绝缘子无裂纹和放电痕迹，无破损现象，外观清洁。

(4) 运行声音正常，无杂音或不均匀的放电声。

(5) 油枕油位正常，油色应为透明的淡黄色，油位计无破损，没有影响察看油位的油垢。

(6) 本体及各个部件无渗漏油现象。

(7) 外壳接地良好，无断裂、锈蚀现象。

(8) 限流电阻瓷套无裂纹及放电痕迹，无破损现象，外观整洁。

(9) 气体继电器无残余气体，无漏油现象。

(10) 呼吸器的硅胶变色不超过 2/3，硅胶罐无破损，油位正常。

(11) 散热片无碰瘪现象。

(12) 调压装置电源指示正常，分接头指示与实际相符，运行电压在正常范围内；调压机构清洁无渗、漏油，电缆完好无破损及腐蚀现象。

2. 380/220V 系统的巡视检查及运行维护

(1) 切换检查母线电压正常，负荷分配正常。

(2) 检查厂、站用电系统的控制屏、电源箱、动力箱铭牌必须齐全正确；回路中所有断路器、隔离开关及熔断器也必须有相应的铭牌，熔断器必须标明熔丝的容量；隔离开关灭弧罩齐全。

(3) 低压配电屏上各低压断路器、隔离开关接触良好，无发热现象，低压断路器位置指示正确；无异音、异味；低压熔断器接触良好，无熔断，容量符合负载要求；低压电缆接头良好，无发热现象；电缆孔洞封堵严密。

(4) 低压母线伸缩接头应无松动、断片，连接头线夹无变色、氧化、发热变红等现象。

(5) 两台厂、站用变低压侧分列运行时，严禁在低压回路环路运行。

(6) 生活及检修用电必须有漏电保护器并定期进行测试。

(7) 定期对厂、站用变压器及其回路设备连接点进行红外测温工作。

(8) 厂、站用电系统回路要有熔丝配置表，各类熔丝要有一定数量的备品。

(9) 负荷有双电源可切换的，应定期进行切换试验。

(10) 厂、站内要有正确的厂、站用电系统一次模拟图，健全的厂、站用电回路图纸、资料、说明书、设备台账。

(11) 运行人员利用厂、站用变压器停电机会，进行厂、站用变压器室清扫。

二、直流系统的巡视及运行维护

直流系统由充电机、蓄电池组、馈线屏、监测装置等组成。

(一) 直流系统的运行维护

1. 蓄电池的运行维护

(1) 铅酸蓄电池组运行维护。铅酸蓄电池是以铅板为极板，硫酸溶液为电解液的一种蓄电池。铅酸蓄电池组运行维护如下：

1) 正常应以浮充电方式运行，浮充电压值一般应控制为 (2.15～2.17)NV (N 为电池个数)。GFD 铅酸蓄电池组浮充电压值应控制在 2.23NV。

2) 在正常运行中主要监视端电压值、单体蓄电池电压值、电解液液面高度、电解液密度、电解液温度、蓄电池室温度、浮充电流值等。

3) 长期处于浮充电运行状态的铅酸蓄电池会使内阻增加，容量降低，应定期进行核对性放电，可使蓄电池极板有效物质得到活化，容量得到恢复，使用寿命得到延长。

4) 典型蓄电池密度和电压的测量。有人值班变电站每周至少一次，无人值班变电站每月至少一次。蓄电池组单体电压和电解液密度的测量，变电站每月最少一次，测量应填写记录，并记下环境温度。发电厂的电池密度和电压的测量根据其规程执行。

5) 运行中电解液的液面高度应保持在高位线和低位线之间，当液面低于低位线时应及时补充蒸馏水。调整电解液密度时，应在蓄电池组完全充电后进行。

(2) 阀控蓄电池组运行维护。阀控蓄电池是把所需分量的电解液注入极板和隔板中，没有游离的电解液。为防止电解液的减少，对蓄电池进行了密封。阀控蓄电池运行维护如下：

1) 正常应以浮充电方式运行，浮充电压值应控制为 (2.23～2.28)NV，一般宜控制在 2.25NV (25℃时)。

2) 运行中的阀控蓄电池组主要监视蓄电池组的端电压值、浮充电流值、每只单体蓄电池的电压值、运行环境温度、蓄电池组及直流母线的对地电阻值和绝缘状态等。

3) 备用搁置的阀控蓄电池，每三个月进行一次补充充电。

4) 根据现场实际情况，应定期对阀控蓄电池组进行外壳清洁工作。

(3) 蓄电池室的温度宜保持在 5～30℃，最高不应超过 35℃，并应通风良好。

(4) 蓄电池室应照明充足，并应使用防爆灯；凡安装在台架上的蓄电池组，应有防震措施。

(5) 应定期检查蓄电池室调温设备及门窗情况。每月应检查蓄电池室通风、照明及消防设施。

2. 充电装置的运行维护

(1) 应定期检查充电装置交流输入电压、直流输出电压、直流输出电流等各表计显示是否正确，运行噪声有无异常，各保护信号是否正常，绝缘状态是否良好。

(2) 当交流电源中断不能及时恢复，使蓄电池组放出容量超过其额定容量的 20%及以上时，在恢复交流电源供电后，应立即手动或自动启动充电装置，按照制造厂规定的正常充电方法对蓄电池组进行补充充电，或按恒流限压充电—恒压充电—浮充电方式对蓄电池组进行充电。

(3) 当微机监控装置故障时，若有备用充电装置，应先投入备用充电装置，并将故障装置退出运行。无备用充电装置时，应启动手动操作，调整到需要的运行方式，并将微机监控装置退出运行，经检查修复后再投入运行。

(二) 直流系统的正常巡视检查项目

(1) 蓄电池室通风、照明及消防设备完好，温度符合要求，无易燃、易爆物品。

(2) 蓄电池组外观清洁，无短路、接地。

(3) 各连片连接牢靠无松动，端子无生盐，并涂有中性凡士林。

(4) 蓄电池外壳无裂纹、漏液，呼吸器无堵塞，密封良好，电解液液面高度在合格范围内。

(5) 蓄电池极板无龟裂、弯曲、变形、硫化和短路，极板颜色正常，无欠充电、过充电，电解液温度不超过 35℃。

(6) 典型蓄电池电压、密度在合格范围内。

(7) 充电装置交流输入电压、直流输出电压、电流正常，表计指示正确，保护的声、光信号正常，运行声音无异常。

(8) 直流控制母线、动力母线电压值在规定范围内，浮充电流值符合规定。

(9) 直流系统的绝缘状况良好。

(10) 各支路的运行监视信号完好、指示正常，熔断器无熔断，低压断路器位置正确。

(三) 直流系统的特殊巡视检查

(1) 新安装、检修、改造后的直流系统投运后，应进行特殊巡视。

(2) 蓄电池核对性充放电期间应进行特殊巡视。

(3) 直流系统出现交、直流失压、直流接地、熔断器熔断等异常现象处理后，应进行特殊巡视。

(4) 出现低压断路器脱扣、熔断器熔断等异常现象后，应巡视保护范围内各直流回路元件有无过热、损坏和明显故障现象。

(四) 站用电室（蓄电池室）标准巡视卡举例

站用电室（蓄电池室）标准巡视卡见表2-8。

表2-8　站用电室（蓄电池室）标准巡视卡

检查地点	设备名称	检查内容	检查结论	备注
站用电室（蓄电池室）	场地	照明回路良好		
		名称、标志齐全、完好		
		室内防小动物短路措施完整、完好		
		消防器材完好		
		室内整齐、整洁		
		排气扇启动正常		
	配电屏	屏柜各开、关位置正确		
		各表计计度正常		
		各灯光、信号正确		
		配电柜牢固且无锈蚀		

三、交流不间断电源系统的巡视与维护

交流不间断电源系统（UPS）是指厂、站用电失压后能继续不间断供电的交流源，包括各种用途的UPS和逆变装置。

电力专用UPS工作方式：正常时，由厂、站用电交流电源输入，经装置内部整流和逆变电路输出高品质交流电；厂、站用电消失或异常时，由厂、站直流系统作输入，经装置逆变后输出交流电。

普通UPS工作方式：交流电源经过UPS内部整流，一方面给蓄电池（装置自带）充电，一方面又给逆变器供电；一旦交流断电，则自动由蓄电池向逆变器供电，输出交流从而保证对重要负载的不间断供电。

逆变工作方式：正常时，交流电经装置直接输出；交流电消失或异常时，由蓄电池向逆变器供电，输出交流。

(一) UPS的巡视检查

(1) 检查UPS电源交流输出电压表、交流输出电流表指示正常。

(2) 开关、把手位置符合运行要求，设备无异常音响，运行状况良好。

(3) 液晶面板显示电压、负载情况正常。

(4) 对UPS装置的告警信号应加强监视，如有异常应及时上报有关部门。

(二) UPS的停送电操作

UPS工作电源回路接线如图2-1所示。正常运行时UPS转维修，由旁路供电，其操作方法如下：

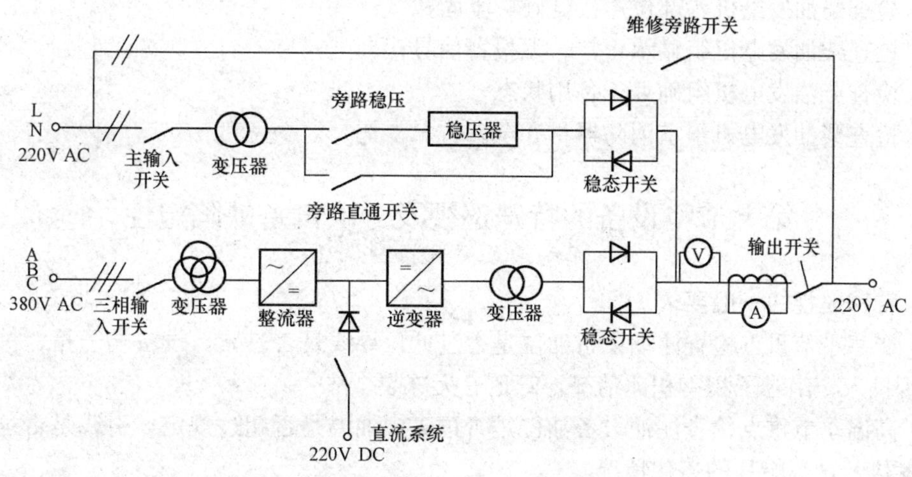

图 2-1　UPS 工作电源回路

(1) 合上旁路直通开关；

(2) 操作按键"OFF"，停止逆变器，转为自动旁路直通供电；

(3) 用万用表测维修旁路开关两侧电压是否相位相同；

(4) 如果相位相同即可合上维修开关；

(5) 断开输出开关；

(6) 断开其他开关（直流、三相交流输入、旁路主输入及旁路稳压开关、旁路直通开关）。

此时，只有交、直流输入端子排和交流输出负载开关及其输出端子排有电压，可以在此不停电状况下对 UPS 主体维修。

UPS 维修后，由旁路开关供电方式转正常方式操作方法如下：

(1) 合上旁路主输入开关；

(2) 合上旁路直通开关，等待风扇启动（自动旁路有输出）；

(3) 合上输出开关，断开维修旁路开关（负载由自动旁路的直通供电）；

(4) 合上三相输入开关，等待整流启动，前面板液晶屏亮；

(5) 操作"ON"，启动逆变器，等待同步后自动转为逆变器供电；

(6) 合上直流系统输入开关；

(7) 断开旁路直通开关，合上旁路稳压开关。

四、发电厂事故保安电源的巡视

发电厂除了有厂用工作电源（交流）和备用电源（交流）外，往往还设置有事故保安电源（快速启动的柴油发动机组）。这是为了保证水电厂全厂事故停电时，能安全可靠地停机或进行机组的黑启动等。

根据发电厂的规定应定期（一周或两周一次）对事故保安电源系统进行一次巡回检查。发电厂事故保安电源的巡视检查项目如下：

(1) 检查柴油发电机组油箱油位正常；

(2) 检查柴油机无漏油；

(3) 检查柴油发电机组上清洁、无杂物；

(4) 检查柴油发电机各部位连接良好、牢固；

(5) 检查柴油发电机组显示正常，无报警信号；

(6) 检查柴油发电机组确处于备用状态；

(7) 检查柴油发电机组室消防器材齐全。

第七节 设备的特殊巡视及一次设备缺陷定性

一、特殊巡视的一般要求

(1) 严寒季节重点检查注油设备油位是否过低，导线是否过紧，设备端子箱、机构箱加热器是否投入，绝缘子积雪积冰情况，管道有无冻裂。

(2) 高温季节重点检查注油设备油位是否过高，油温是否超过规定，引线是否过松，接头有无发热及示温蜡片的熔化情况。

(3) 大风天气重点检查户外设备区有无易被风刮起的杂物，导线及避雷针的晃动情况，接头有无异常，安全设施（标示牌、围栏等）是否牢固。

(4) 大雨天气重点检查门窗是否关好，户外设备端子箱、机构箱、检修电源箱是否关闭良好。

(5) 冬季重点检查防火、防风、防寒、防冻、防冰、防雾闪、防小动物措施执行情况。

(6) 雷击后重点检查绝缘子、套管有无闪络痕迹，检查避雷器的动作情况。

(7) 大雾霜冻季节和污秽地区重点检查设备瓷质部分的污秽程度，检查设备瓷质绝缘有无放电和严重电晕等异常情况，必要时进行熄灯巡视。

(8) 事故后重点检查保护动作情况，检查事故范围内设备，导线有无烧伤、断股，设备的油位、油色、压力是否正常，有无喷油，绝缘子有无闪络、断裂现象。

(9) 高峰负荷期间重点检查主变、线路是否超过额定值，过负荷的设备有无过热现象。

(10) 梅雨季节重点检查绝缘子积露情况，户外设备端子箱、机构箱、检修电源箱驱潮器是否投入，箱门是否严密，箱内有无凝露。

(11) 新设备投入运行后，应增加巡视次数，重点检查设备有无异常声响，接头是否发热，有无渗漏油现象等。

(12) 设备计划检修前，应对其进行全面巡视，及时发现隐患和缺陷，利用停电机会安排处理；重要设备停电操作前，对相关的运行设备应详细检查，防止设备停电后，运行设备带严重缺陷，可能引起全部停电的危险。

二、变压器的特殊巡视

（一）新投入或经过大修的变压器的巡视要求

(1) 变压器声音应正常，如发现响声特别大，不均匀或有放电声，应认为内部有故障。

(2) 油位变化应正常，随温度的增加略有上升，如发现假油面，应及时查明原因。

(3) 用手触摸每一组冷却器，温度应正常，以证实冷却器的有关阀门已打开。

(4) 油温变化应正常，变压器带负荷后，油温应缓慢上升。

(5) 应对新投运变压器进行红外测温。

（二）异常天气时的巡视项目和要求

(1) 气温骤变时，检查储油柜油位和瓷套管油位是否有明显变化，各侧连接引线是否有

断股或接头处发红现象，各密封处有无渗漏油现象。

(2) 大风、冰雹后，检查引线摆动情况及有无断股，设备上有无其他杂物，瓷套管有无放电痕迹及破裂现象。

(3) 雷雨、浓雾、毛毛雨、下雪天气时，检查瓷套管有无沿表面闪络和放电，各接头在小雨中和下雪后不应有水蒸气上升或立即熔化现象，否则表示该接头运行温度比较高，应用红外线测温仪进一步检查其实际情况。下雪天气检查引线积雪情况，应及时处理引线积雪过多和冰柱。

(4) 高温天气应检查油温、油位、油色和冷却器运行是否正常。必要时，可启动备用冷却器。温度高报警时，一般不提倡直接给变压器外壳冲水降温，因为用水冲洗主变外壳，温度的下降很明显，但那只是上层油温的暂时变化，实际铁心和绕组的温度仍然很高，会造成误判断。此时可以冲洗散热片，提高散热效率。

(三) 异常情况下的巡视项目和要求

(1) 系统发生外部短路故障后或中性点不接地系统发生单相接地时，应加强对变压器的监视。

(2) 运行中变压器冷却系统发生故障，切除全部冷却器时，应尽快查明原因，在许可时间内采取措施恢复冷却器正常运行，在处理过程中注意监视负载、油温。

(3) 变压器顶层油温异常升高时，检查变压器的负载和冷却介质的温度，并与在同一负载和冷却介质温度下正常的温度比较；检查温度测量装置是否正常；检查变压器冷却装置和变压器室的通风情况。

(4) 过载时应检查并记录负荷电流，检查油温和油位的变化，检查变压器声音是否正常，接头是否发热，冷却装置投入量是否足够，运行是否正常，防爆膜或压力释放器是否动作。在过负荷运行期间，应增加巡视次数，并监视变压器的温度。

(5) 变压器发生短路故障或穿越性故障时，应检查变压器有无喷油，油色是否变黑，油温是否正常，电气连接部分有无发热、熔断，瓷质外绝缘有无破裂，接地引下线等有无烧断。

(6) 母线电压超过变压器运行挡电压较长时间，应加强监测变压器的上层油温，注意还应监测变压器本体各部的温度，防止变压器局部过热。

(四) 带缺陷运行时巡视项目和要求

(1) 铁心多点接地而接地电流较大且色谱异常时，应安排检修处理。在缺陷消除前，可采取措施将电流限制在100mA以下，并加强监视。

(2) 变压器有部分冷却装置故障，应加强温度监视。

(3) 对存在其他缺陷的变压器应缩短巡视时间，若发现有明显变化时，则按照缺陷升级后的规定进行处理。

(4) 近期缺陷有发展时应增加巡视次数或派专人巡视。

三、高压开关设备的特殊巡视

(1) 设备新投运及大修后，巡视周期相应缩短，72h以后转入正常巡视。

(2) 大风天气检查引线摆动情况及有无搭挂杂物。

(3) 雷雨天气检查瓷套管有无放电闪络现象。

(4) 大雾天气检查瓷套管有无放电、打火现象，重点监视污秽瓷质部分。

(5) 大雪天气根据积雪融化情况，检查连接头发热部位，及时处理悬冰。

(6) 温度骤变时检查注油设备油位变化及设备有无渗漏油等情况，按规定投入加热器。

(7) 节假日时监视负荷及增加巡视次数。

(8) 高峰负荷期间增加巡视次数，监视设备温度，触头、引线连接头，特别是限流元件接头有无过热现象，设备有无异常声音。

(9) 短路故障跳闸后检查设备的位置是否正确，各附件有无变形，触头、引线连接头有无过热、松动现象，油断路器有无喷油，油色及油位是否正常，测量合闸熔丝是否良好，液压或 SF_6 压力是否正常，断路器内部有无异音。

(10) 设备重合闸后检查设备位置是否正确，动作是否到位，有无不正常的音响或气味。

(11) 严重污秽地区检查瓷质绝缘的积污程度，有无放电、爬电、电晕等异常现象。

四、互感器的特殊巡视

(1) 大负荷期间用红外测温设备检查互感器内部、引线接头发热情况。

(2) 大风扬尘、雾天、雨天检查外绝缘有无闪络。

(3) 冰雪、冰雹天气检查外绝缘有无损伤。

五、防雷设备的特殊巡视

(1) 对于带缺陷运行的避雷器，视缺陷程度增加巡视次数，着重检查异常现象或缺陷的发展变化情况。

(2) 阴雨天及雨后主要检查避雷器外套是否存在放电现象，对于安装有泄漏电流在线监测装置的避雷器检查泄漏电流变化情况。

(3) 大风及沙尘天气主要检查引流线与避雷器间连接是否良好，是否存在放电声音，垂直安装的避雷器是否存在严重晃动。对于悬挂式安装的避雷器还应检查风偏情况。沙尘天气中还应检查避雷器外套是否存在放电现象，对于安装有泄漏电流在线监测装置的避雷器应检查泄漏电流变化情况。

(4) 每次雷电活动后或系统发生过电压等异常情况后，应尽快进行特殊巡视。检查避雷器放电计数器的动作情况，检查瓷套与计数器外壳是否有裂纹或破损，与避雷器连接的导线及接地引下线有无烧伤痕迹，对于安装有泄漏电流在线监测装置的避雷器应检查泄漏电流变化情况。

(5) 对于运行 15 年及以上的避雷器应重点监视泄漏电流的变化，停运后应重点检查压力释放板是否有锈蚀或破损。

(6) 阴雨天及雨后、大风及沙尘天气，巡视时应注意与避雷器设备保持足够的安全距离，避雷器外套或引流线与避雷器间出现严重放电时应远离避雷器进行检查。

六、补偿装置的特殊巡视

(一) 消弧线圈装置的特殊巡视

(1) 必要时用红外测温设备检查消弧线圈、阻尼电阻、接地变压器的内部、引线接头发热情况。

(2) 高温天气应检查油温、油位、油色和冷却器运行是否正常。

(3) 气温骤变时，检查油枕油位和瓷套管油位是否有明显变化，各侧连接引线是否有断股或接头处发红现象，各密封处有无渗漏油现象。

(4) 大风、雷雨、冰雹后，检查引线摆动情况及有无断股，设备上有无其他杂物，瓷套

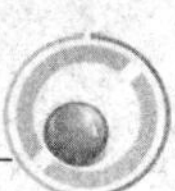

管有无放电痕迹及破裂现象。

(5) 浓雾、小雨、下雪时，检查瓷套管有无沿表面闪络或放电，各接头在小雨中或下雪后不应有水蒸气上升或立即熔化现象，否则表示该接头运行温度比较高，应用红外线测温仪进一步检查其实际情况。

(二) 高压并联电容器的特殊巡视

(1) 雨、雾、雪、冰雹天气应检查瓷绝缘有无破损裂纹、放电现象，表面是否清洁；冰雪融化后有无悬挂冰柱，接头有无发热；建筑物及设备构架有无下沉倾斜、积水、屋顶漏水等现象。

(2) 大风后应检查设备和导线上有无悬挂物，有无断线。

(3) 雷电后应检查瓷绝缘有无破损裂纹、放电痕迹。

(4) 环境温度超过或低于规定温度时，检查示温蜡片是否齐全或熔化，各接头有无发热现象。

(5) 断路器故障跳闸后应检查电容器有无烧伤、变形、移位等，导线有无短路；电容器温度、音响、外壳有无异常；熔断器、放电回路、电抗器、电缆、避雷器等是否完好。

(6) 系统异常（如振荡、接地、低周或铁磁谐振）运行消除后，应检查电容器有无放电，温度、音响、外壳有无异常。

(三) 静止无功补偿装置

(1) 雪天检查设备端子及接头处积雪是否融化，瓷表面有无冰瘤及放电现象。

(2) 大风天应该注意导线及引线有无损坏和摆动过大情况，观察端子处是否松动，设备上有无飘挂杂物，构架有无倾斜。

(3) 导线覆冰时，注意检查导线驰度及构架受力情况，及时消除导线冰瘤。

(4) 雷雨及过电压后，应注意检查套管、绝缘子、避雷器等瓷件有无放电痕迹和损坏情况，检查避雷器及接地引下线有无烧伤痕迹，并做好记录。

(5) 在高温、严寒、气温突变时，应检查设备油位、渗漏和导线驰度变化情况，对温度要求高的阀室、水机室、控制室加强巡视，防止由于空调设备异常导致温度超出正常范围。

七、一次设备缺陷的定性

(一) 缺陷分类的原则

(1) 危急缺陷：设备或建筑物发生了直接威胁安全运行并需立即处理的缺陷。如不立即处理，随时可能造成设备损坏、人身伤亡、大面积停电、火灾等事故。

(2) 严重缺陷：对人身或设备有严重威胁，暂时尚能坚持运行但需尽快处理的缺陷。

(3) 一般缺陷：危急、严重缺陷以外的设备缺陷，指性质一般，情况较轻，对安全运行影响不大的缺陷。

(二) 缺陷定性的一般规定

缺陷定性的依据是缺陷对人身、设备、电网造成的潜在危害程度，而已经因为缺陷造成事故的情况不再评价。

(1) 危急缺陷：系统方式调整有误，设备、保护不适应；小电流接地系统谐振、接地；直流接地；风冷系统全停；断路器拒跳（不满足分—合—分要求），系统备用断路器拒合（含本体气压低、机构液压低闭锁）；断路器非全相动作（含内部元件故障）；有地区间联络线采集量的录波器拒动或不打印；控制、信号、电流、电压、合闸等回路断线、短路、误接线可能造成保护、自动装置拒动（闭锁）、误动，同期回路不能正常工作；隔离开关支撑绝缘断裂；隔离开关合位锁不住（未过支点）；引线脱落；避雷器爆裂或压力释放；电池断路、充电机不启动、无输出。

（2）严重缺陷：有载调压装置拒动；充油设备呼吸系统开放或堵塞；断路器拒合，断路器不储能；断路器不满足重合闸（含该点断路电流大、动作次数超标）；录波器拒动或不打印，频繁启动；保护、自动装置误发信号；避雷器泄漏电流超标；悬垂有闪络、碎裂。

（三）电气设备的缺陷定性

1. 高压开关设备缺陷定性

（1）危急缺陷。高压开关设备有如下情况应定为危急缺陷：

1）安装地点的短路电流超过断路器的额定短路开断电流。

2）断路器开断故障电流超过允许的次数。

3）导电回路部件有严重过热或打火现象。

4）瓷套或绝缘子有开裂、放电声或严重电晕。

5）断口电容有严重漏油现象、电容量或介质损耗严重超标。

6）操动机构中，绝缘拉杆松脱、断裂；液压或气动机构失压到零或打压不停泵；气动机构加热装置损坏，管路或阀体结冰；气动机构压缩机故障；液压机构油压异常或严重漏油、漏氮；弹簧机构弹簧断裂或出现裂纹；弹簧机构储能电机损坏。

7）控制回路断线、辅助开关接触不良或切换不到位。

8）分合闸线圈引线断线或线圈烧坏。

9）接地引下线断开。

10）分、合闸位置不正确，与当时的实际运行工况不相符。

11）SF_6 气室严重漏气，发出闭锁信号；SF_6 断路器内部及管道有异常声音（漏气声、振动声、放电声等）；落地罐式断路器或 GIS 防爆膜变形或损坏。

12）油断路器严重漏油，油位不可见；多油断路器内部有爆裂声；少油断路器开断过程中喷油严重，灭弧室冒烟或内部有异常响声。

13）真空断路器灭弧室有裂纹；内部有放电声或因放电而发光；灭弧室耐压或真空度检测不合格。

（2）严重缺陷。高压开关设备有如下情况应定为严重缺陷：

1）安装地点的短路电流接近断路器的额定短路开断电流。

2）断路器开断故障电流接近允许的次数或操作次数接近断路器的机械寿命次数。

3）导电回路部件温度超过设备允许的最高运行温度。

4）瓷套或绝缘子严重积污。

5）断口电容有明显的渗油现象、电容量或介质损耗超标。

6）操动机构中，液压或气动机构频繁打压、打压超时；气动机构自动排污装置失灵。

7）分合闸线圈最低动作电压超出标准和规程要求。

8）接地引下线松动。

9）SF_6 气室严重漏气，发出报警信号或 SF_6 气体湿度严重超标。

10）油断路器油绝缘试验不合格或严重炭化。

11）真空灭弧室外表面积污严重。

2．互感器缺陷定性

（1）危急缺陷。互感器有如下情况应定为危急缺陷：

1）设备漏油，从油位指示器中看不到油位；

2）设备内部有放电声响；

3）主导流部分接触不良，引起发热变色；

4）设备严重放电或瓷质部分有明显裂纹；

5）绝缘污秽严重，有污闪可能；

6）电压互感器二次侧电压异常波动；

7）设备的试验、油化验等主要指标超过规定不能继续运行；

8）SF_6 气体压力表为零。

（2）严重缺陷。互感器有如下情况应定为严重缺陷：

1）设备漏油；

2）红外测量设备内部异常发热；

3）工作、保护接地失效；

4）瓷质部分有掉瓷现象，不影响继续运行；

5）充油设备油中有微量水分，呈淡黑色；

6）二次回路绝缘下降，但下降不超过30%者；

7）SF_6 气体压力表指针在红色区域。

3．避雷器缺陷定性

（1）危急缺陷。避雷器有如下情况应定为危急缺陷：

1）避雷器试验结果严重异常，在线监测装置指示泄漏电流严重增长；

2）红外检测发现温度分布明显异常；

3）瓷外套或硅橡胶复合绝缘外套在潮湿条件下出现明显的爬电或桥络；

4）均压环严重歪斜，引流线即将脱落，与避雷器连接处出现严重的放电现象；

5）接地引下线严重腐蚀或与地网完全脱开；

6）绝缘基座出现贯穿性裂纹；

7）密封结构金属件破裂等；

8）充气并带压力表的避雷器，当压力严重低于告警值等。

（2）严重缺陷。避雷器有如下情况应定为严重缺陷：

1）避雷器试验结果异常，红外检测发现温度分布异常，在线监测装置指示泄漏电流出现异常；

2）瓷外套积污严重并在潮湿条件下有明显放电的现象；

3）瓷外套或基座出现裂纹；

4）硅橡胶复合绝缘外套的憎水性丧失；

5）均压环歪斜，引流线或接地引下线严重断股或散股，一般金属件严重腐蚀；

6）连接螺丝松动，引流线与避雷器连接处出现轻度放电现象；

7）避雷器的引线及接地端子上以及密封结构金属件上出现不正常变色和熔孔等。

4. 支持绝缘子有裂纹的设备缺陷定性

支持绝缘子有裂纹的设备缺陷属于危急缺陷，必须立即更换。瓷裙表面有破损，单个面积超过 $40mm^2$，属于严重缺陷，应尽快安排修复或更换。

小　　结

本章主要介绍了发电厂及变电站电气设备的监控、巡视检查及维护。

厂、站值班人员必须对主控室控制屏上各种表计、指示灯和信号光字牌进行监视，随时掌握变电站一、二次设备的运行状态及电网潮流分布情况。

在电气运行过程中要随时保证电压不能太高和太低，因此要对电压进行及时的调整。电压的调整可以通过增减无功功率进行调压，也可通过改变有功和无功的分布进行调压，还可通过改变网络参数进行调压，特殊情况下还可采用调整用电负荷或采取限电的方法对电网电压进行调整。

电气设备的巡视方法包括眼观、耳听、鼻嗅、触试、仪器检测法等。通过采用各种方法对设备进行巡视，以便能准确发现设备的缺陷和异常，并及时处理，避免发展成为事故。在正常情况下能正确运用各种方法对一、二次设备进行正常的巡视，在特殊情况下对设备进行特殊的巡视检查。

在运行工作中，一旦发现设备异常，能准确对设备缺陷进行定性。

复习思考题

1. 设备运行工况监视的主要内容是什么?
2. 电网无功补偿的基本原则有哪些?
3. 电网的调压方式有哪些?
4. 设备巡视的种类和周期分别是什么?
5. 设备巡视的一般方法有哪些?
6. 设备巡视的安全要求有哪些?
7. 变压器的正常巡视项目有哪些?
8. 特殊巡视的一般要求有哪些?
9. 高温天气重点巡视的内容有哪些?
10. 设备缺陷分类的原则是什么?

第三章　电气设备的倒闸操作

教学要求

熟悉倒闸操作概念与内容；掌握电气设备状态及设备操作基本顺序；熟悉倒闸操作基本要求与管理规定；熟悉倒闸操作基本步骤及操作票管理要求；熟悉倒闸操作术语；掌握一般停送电的操作原则；能填写各设备停、送电倒闸操作票；能进行各设备的停送电操作。

第一节　倒闸操作基本知识

一、倒闸操作基本概念

（一）电气设备的状态

发电厂及变电站电气设备通常有以下四种状态：

(1) 运行状态。设备的断路器及隔离开关均在合位，保护及自动装置按规定投入或退出，控制、保护、信号、合闸、储能等二次电源均投入，设备的远方/就地开关在“远方”位置。

(2) 热备用状态。设备的断路器在分位，隔离开关在合位，保护和自动装置按规定投入或退出，控制、保护、信号、合闸、储能等二次电源均投入。对于小车断路器，小车柜应在工作位置，断路器在分位，控制小开关和二次插头投入。设备的远方/就地开关在“远方”位置。

(3) 冷备用状态。设备的断路器及隔离开关均在分位，保护和自动装置按规定投入或退出，控制、保护、信号、合闸、储能等二次电源均投入。对于小车断路器，小车柜应在实验位置，断路器在分位，控制小开关和二次插头投入。设备的远方/就地开关在“远方”位置。

(4) 检修状态。设备的断路器及隔离开关均在分位，重合闸装置退出，本路保护联跳他路断路器连接片应退出，他路保护、自动装置联跳本路断路器连接片应退出，本路其他保护连接片均按要求投入或退出，控制、保护、信号、合闸、储能等二次电源均退出，且按规定做好安全措施（接地、装设遮栏、悬挂标示牌等）。对于小车断路器，小车柜应在检修位置，断路器在分位，控制小开关分开，二次插头取下。设备的远方/就地开关在“就地”位置。

（二）倒闸操作

在进行电气运行的工作中，运行人员要随时根据设备的运行状态及调度的命令改变系统的运行方式或改变设备的状态，以保证电力生产的安全性及经济性。例如将××线路由运行转检修，将××母线由热备用转冷备用等，这种调节行为称之为倒闸操作。因此，倒闸操作就是将电气设备由一种状态转换为另一种状态，或改变系统的运行方式所进行的一系列操作。

二、倒闸操作的主要内容

倒闸操作有一次设备及二次设备的操作，主要内容如下：

(1) 电力线路的停电、送电操作；

(2) 变压器的停电、送电操作；

(3) 电网的解列、并列操作；

(4) 倒母线操作；

(5) 电力系统中性点接地方式的倒换；

(6) 继电保护和自动装置的启用、停用等。

三、与倒闸操作相关的专用术语

在电气运行过程中，发电厂及变电站的值班员要与当值调度员及其他人员进行联系和交流，为了准确地表达交流信息，克服语言障碍，避免误听、误操作等，必须采用统一的专用术语。

(一) 调度运行术语

1. 调度管理

调度指令：值班调度员对其管辖设备发布的操作指令。

许可操作：在改变电气设备的运行状态和运行方式前，根据有关规定，由有关人员提出操作项目的申请，值班调度员同意其操作。

2. 调度指令

发布指令：值班调度员正式给各值班人员发布的调度指令。

接受指令：值班人员正式接受值班调度员发布给他的调度指令。

复诵指令：值班人员在接受值班调度员发布给他的调度指令时，依照指令的步骤和内容，给值班调度员复诵一遍。

回复指令：值班人员在执行完值班调度员发布给他的调度指令后，向值班调度员报告已经执行完调度指令的步骤、内容和时间。

拒绝指令：值班人员发现值班调度员给他发布的调度指令是错误的，如果执行将危害人身、设备和系统的安全，可拒绝接受该项调度指令。

操作指令：值班调度员对所管辖设备进行的操作，给值班人员发布的有关操作指令。

逐项操作指令：值班调度员给值班人员发布的操作指令是具体的逐项操作项目，要求值班人员按照指令的操作步骤和内容逐项进行操作。

分项操作指令：对一个操作任务涉及两个及以上厂、站的操作（如联络线停、送电操作），采取由调度命令操作一项（或几项），有关厂、站操作一项（或几项），并立即汇报执行结果后，调度方能继续下达下一步操作命令的分项操作指令的操作指令。

综合操作指令：值班调度员给值班人员发布的操作指令，是综合的操作任务。其具体的逐项操作步骤、内容及安全措施，均由值班人员自行拟定。

调度业务联系时，数字 1、2、3、4、5、6、7、8、9、0 的读音分别为：幺、两、三、四、五、六、拐、八、九、洞。

（二）操作指令术语

1. 逐项操作指令术语（见表3-1）

表3-1　　逐项操作指令术语

被操作设备	操作术语	被操作设备	操作术语
断路器（二次小开关、跌落式熔断器）	合上、拉开	接地线	装设、拆除
隔离开关（二次小刀闸）	合上、拉开	继电保护及自动装置	投入、退出
熔断器	插上、取下	发电机（发变组）、联络线	并列、解列
切换小开关、双掷小刀闸	将××从××切至××	环形网络	解环、合环

2. 综合操作指令术语

(1) 变压器的综合操作指令。

将××号变压器由运行转热备用：拉开该变压器各侧断路器。

将××号变压器由运行转冷备用：拉开该变压器各侧断路器，拉开该变压器各侧隔离开关。

将××号变压器由运行转检修：拉开该变压器的各侧断路器、隔离开关和在该变压器上可能来电的各侧，装设接地线（或合接地隔离开关）。

将××号变压器由检修转运行：拆除该变压器上各侧地线（或拉开接地隔离开关），合上变压器各侧隔离开关和断路器。

(2) 母线的综合操作指令。

将××kV××母线由运行转检修：对单母线接线或双母线中的一台半断路器接线，应拉开该母线上所有的断路器、隔离开关，在该母线上装设接地线（或合上接地隔离开关）；对于双母线接线，应将该母线上所有运行和备用元件倒到另一母线，拉开母联断路器和隔离开关，在该母线上装设接地线（或合接地隔离开关）。

将××kV××母线由检修转运行：对单母线接线或双母线中的一台半断路器接线，应拆除该母线的地线（或拉开接地隔离开关），合上该母线上所有隔离开关（包括电压互感器隔离开关）和断路器（检修要求不能合或运行方式明确不合的隔离开关及断路器除外）；对于双母线接线，应拆除母线上的地线（或拉开接地隔离开关），合上电压互感器隔离开关和母联隔离开关，用母联断路器对该母线进行充电检查，无异常后将相关元件倒至该母线运行。

(3) 断路器的综合操作指令。

将××（设备或线路名称）的××断路器由运行转检修：拉开断路器及其两侧隔离开关，在断路器两侧装设接地线（或合上接地隔离开关）。

将××（设备或线路名称）的××断路器由检修转运行：拆除该断路器两侧地线（或拉开接地隔离开关）合上该断路器两侧隔离开关（母线隔离开关按方式规定合），合上断路器。

用××旁路××断路器由××母线热备用代××（设备或线路名称）的××断路器于××母线运行，××（设备或线路名称）的××断路器由运行转检修：用××旁路××断路器通过××旁路母线代××（设备或线路名称）的××断路器的运行方式，拉开被代断路器及其两侧隔离开关，并在该断路器两侧装设接地线（或合上接地隔离开关）。

（4）电压互感器的综合操作指令。

将××kV××母线电压互感器由运行转检修：倒出电压互感器负荷，拉开该电压互感器隔离开关，在电压互感器上装设接地线（或合上接地隔离开关）。

将××kV××母线电压互感器由检修转运行：拆除该电压互感器上地线（或拉开接地隔离开关），合上该电压互感器隔离开关，倒入电压互感器负荷。

四、倒闸操作的基本原则

进行倒闸操作时必须遵循一定的原则，否则就会造成设备事故及人身伤亡事故。倒闸操作原则的中心是：不能带负荷拉、合隔离开关。在倒闸操作原则中心下停电先停负荷侧，送电先送电源侧。

（一）线路的停、送电操作原则

1. 单电源线路的停、送电操作

停电操作按照断开断路器、负荷侧隔离开关、母线侧隔离开关的顺序依次进行。送电操作顺序与停电操作顺序相反。这样的操作顺序可以起到两方面作用：一是防止带负荷拉、合隔离开关；二是即使在断路器处于合闸状态，造成带负荷拉、合隔离开关的事故限制发生在线路侧隔离开关，只引起本线路短路事故，本线路保护动作将跳闸切除故障，不影响母线上其他线路运行，造成的事故范围及修复时间将大为缩小。

2. 双电源线路的停送电操作顺序

停电时，应先将线路两端的断路器断开，然后根据调度命令依次拉开线路侧隔离开关和母线侧隔离开关。送电操作顺序与此相反。

用断路器并列时，应经同期检定，严防非同期并列。

（二）变压器的停送电操作原则

（1）单电源变压器。停电时应先拉开负荷侧断路器，再拉开电源侧断路器，最后依照先负荷、后电源的原则拉开各侧隔离开关。送电操作顺序与此相反。

（2）双电源或三电源（包括两台及以上并列运行）变压器停电时，一般先拉开低压侧断路器，再拉开中压侧断路器，然后拉开高压侧断路器，最后依照先变压器侧（负荷）后母线侧（电源），按照低、中、高的顺序拉开各侧隔离开关。送电操作顺序与此相反。

（3）投入或断开中性点直接接地空载变压器，即电压为110kV及以上的空载变压器时，应将变压器的中性点接地，以防变压器线圈引起操作过电压。操作完后，根据调度要求，决定中性点接地隔离开关是否保持在合闸位置。

（4）中性点直接接地两台变压器的中性点的切换应遵循先合后拉的原则，中性点经消弧线圈接地两台变压器的中性点消弧线圈的切换应遵循先拉后合的原则。

（三）倒母线操作时的操作原则

在倒母线操作时，首先应使母联两侧隔离开关及断路器均在合闸位置，然后将母联断路器的操作断路器取下，使母联断路器成为死开关，以避免倒母线过程中母联断路器误跳闸，保证母线隔离开关倒闸操作满足等电位要求。

在倒同一元件母线侧不同隔离开关时，应遵循先合后拉原则。

（四）隔离开关的允许操作

回路中未装设断路器时，允许用隔离开关进行下列操作：

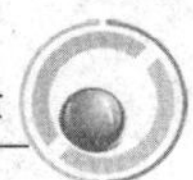

(1) 拉开或合上无故障的避雷器或电压互感器。

(2) 拉开或合上无故障的母线。

(3) 拉开或合上变压器中性点。

(4) 拉开或合上无故障的中性点消弧线圈。

(5) 拉开或合上励磁电流不超过 2A 的无故障的空载变压器和电容电流不超过 5A 的无故障空载线路。

(6) 拉开或合上 10kV 及以下电流在 70A 以下的环路均衡电流。

(7) 与断路器并联的旁路隔离开关，当断路器在合闸位置时，可拉、合该断路器的旁路电流。但在操作前，须将该断路器的操作熔断器取下。

(五) 单相隔离开关和跌落式熔断器的操作原则

水平排列时：停电拉闸应先拉中相，后拉两边相；若有风时按照中相、下风侧相、上风侧相的顺序进行。送电时操作顺序与此相反。

垂直排列时：停电拉闸应从上到下依次拉开各相。送电合闸操作顺序与此相反。

(六) 其他操作原则

(1) 在只有刀开关和熔断器的低压回路，停电时应先拉开隔离开关，后取下熔断器。送电时与此相反。

(2) 保护和自动装置的投退或改变定值，应遵照调度规程和现场规程的具体规定执行。

(3) 当由变压器向接有电压互感器的空载母线合闸充电时，如该系统未装设消谐器，则在可能条件下，应将变压器的中性点接地或经消弧线圈接地。如条件不许可时，可直接带一路送出线向母线充电，以防止谐振过电压而产生中性点自发位移。

(4) 母联兼旁路断路器代线路时，不允许用旁路隔离开关给旁母首先充电。正确操作方法有以下两种：一种是用断路器给旁母充电，充电良好后断开该断路器，合上需代路的线路旁路隔离开关，最后用断路器合环；另一种是用断路器充电良好后，再用需代路的线路旁路隔离开关合环（等电位法）。

五、电气设备的操作注意事项

倒闸操作既有典型性，又有特殊性，电网不同的运行方式，发电厂及变电站不同的主接线、继电保护及自动装置配置的差异以及不同的操作任务，都将影响到倒闸操作的每一具体步骤。因此，针对不同设备的操作，除应掌握倒闸操作的原则外，还应熟悉各设备的操作注意事项，掌握其正确的方法及步骤。

(一) 断路器的操作及注意事项

1. 断路器的操作

以 LW2 系列断路器控制开关拉、合断路器为例，合闸时应先将控制开关手柄由“分闸后”位置（绿灯亮）顺时针旋转 90°至“预备合闸”位置（绿灯闪），再将控制开关手柄切至“合闸”位置（红灯亮），当断路器可靠合闸后，手松开，控制开关手柄自动复归至“合闸后”位置（红灯亮）；分闸时应先将控制开关手柄由“合闸后”位置（红灯亮）逆时针旋转 90°至“预备分闸”位置（红灯闪），再将控制开关手柄切至“分闸”位置（绿灯亮），当断路器可靠分闸后，手松开，控制开关手柄自动复归至“分闸后”位置（绿灯亮）。

若在监控机上进行操作，只需用鼠标按照提示指令操作即可。

2. 断路器操作注意事项

用控制开关拉合断路器，不要用力过猛，以免损坏控制开关；操作时不要返回太快，以免断路器合不上或拉不开。

设备停役操作前，对终端线路，应先检查负荷是否为零；对并列运行的线路，在一条线路停役前应考虑有关整定值的调整，并注意在该线路拉开后另一线路是否过负荷。如有疑问应问清调度后再操作。断路器合闸前必须检查有关继电保护是否已按规定投入。

断路器操作后，应检查与其相关的信号，如红绿灯、光示牌的变化，测量表计（对装有三相电流表的设备，应检查三相表计）的指示，并到现场检查断路器的机械位置以判断断路器分合的正确性。至少应有两个及以上独立指示已同时发生对应变化时，才能确认该设备已操作到位。避免由于断路器假分、假合造成误操作事故。

断路器出现非全相合闸时，首先要恢复其全相运行（一般两相合上、一相合不上，应再合一次，如该相仍合不上则将合上的其他两相拉开；如一相合上、两相合不上，则将合上的一相拉开），然后再作其他处理。

断路器出现非全相分闸时，应立即设法将未分闸相拉开，如仍拉不开应利用母联或旁路进行倒换操作，之后通过隔离开关将故障断路器隔离。

对于储能机构的断路器，检修前必须将能量释放，以免检修时引起人员伤亡。检修后的断路器必须放在分开位置上，以免送电时造成带负荷合隔离开关的误操作事故。

断路器累计分闸或切断故障电流次数（或规定切断故障电流累计值）达到规定时，应停役检修。还要特别注意，当断路器跳闸次数只剩有一次时，应停用重合闸，以免故障重合时造成跳闸引起断路器损坏。

（二）隔离开关的操作注意事项

拉合隔离开关前必须检查有关断路器和隔离开关的实际位置，隔离开关操作后应检查实际分合位置。

手动合上隔离开关时，必须迅速果断。在隔离开关快合到底时，不能用力过猛，以免损坏支持绝缘子。当合到底时，发现有弧光或为误合时，不准再将隔离开关拉开，以免由于误操作而发生带负荷拉隔离开关，扩大事故。

手动拉开隔离开关时，应遵循“慢—快—慢”原则。刚开始时，将动触头从定触头中慢慢拉出，如触头刚分离时产生较大弧光，说明是误拉隔离开关，应迅速合上并停止操作；若电弧较小（或无电弧），应迅速将动触头拉开，以利于熄弧，以免烧坏触头。值班人员在操作隔离开关前，应先判断拉开该隔离开关是否会产生弧光，如切断环流、充电电流时也会产生弧光，这是正常弧光。

当装有电磁闭锁的隔离开关闭锁失灵时，应严格遵守防误装置解锁规定，认真检查设备的实际位置，在得到相关领导同意后，方可解除闭锁进行操作。

电动操作的隔离开关如遇电动失灵，应查明原因和检查与该隔离开关有闭锁关系的所有断路器、隔离开关、接地隔离开关的实际位置，正确无误才可拉开隔离开关操作电源而进行手动操作。

隔离开关操动机构的定位销操作后一定要销牢，以免滑脱发生事故。

隔离开关操作后，应检查操作完成情况：合闸时三相同期且接触良好，分闸时判断断口张开角度或闸刀拉开距离应符合要求。

（三）变压器的操作注意事项

变压器的操作通常包括对变压器充电、变压器接带负荷、变压器的并列、变压器的解列、拉开空载变压器等，是电气倒闸操作中最常见的典型操作之一。变压器在操作中的危险主要有：一是切合空载变压器过程中可能出现的操作过电压，危及变压器绝缘；二是变压器空载电压升高，使变压器绝缘遭受损坏。

变压器的操作注意事项如下：

(1) 主变停电操作按低、中、高压侧顺序进行，送电操作按高、中、低压侧顺序进行。停电操作时，低、中、高压侧必须按照先拉断路器，再拉主变侧隔离开关，最后拉母线侧隔离开关的顺序进行操作。送电操作顺序与此相反。按此顺序停、送电，主要考虑以下原因：

1) 可防止变压器反充电。多电源的情况下，若先停电源侧，遇有变压器故障，可能造成保护拒动或误动，延长切除故障时间。

2) 避免自动低频减载装置误动。当负荷侧母线电压互感器带有自动低频减载装置未装电流闭锁时，若先停电源侧，可能由于大型同步电动机的反馈，使自动低频减载装置误动。

3) 先合电源侧断路器从电源侧逐级送电对系统的冲击小，而且在操作过程中发生故障时也容易区别故障范围，便于处理故障。

(2) 当 110、220kV 旁路断路器代主变相应的总路断路器运行时，应注意差动保护电流回路的切换。切换时先退出差动保护连接片，并不得使电流回路开路，即先投入独立（断路器）电流互感器短接片，然后投入本体（套管）电流互感器连接片，再退出独立电流互感器连接片，最后退出本体电流互感器短接片。切换完毕并测试差流正常及差动保护连接片两端对地无异极性电压后，再投入差动保护连接片。在主变断路器恢复正常运行时，其操作顺序与此相反。

(3) 在大电流接地系统中，为防止操作过电压，在主变高、中压侧停、送电时，操作前应先将操作侧中性点接地。中性点隔离开关合上（中性点直接接地）操作顺序：应先投入该侧的中性点零序过流保护，再合上中性点直接接地隔离开关，最后停用间隙零序过压及零序过流保护；变压器中性点隔离开关断开时（中性点经间隙接地）操作顺序与此相反。运行中变压器的中性点是否接地由调度确定。

(4) 变压器冷备用转运行前，应先投入保护，投入有载调压、测温电源，并将变压器通风冷却装置投“自动”启动方式。

(5) 新装或变动过内外接线以及改变过接线组别的变压器，并列运行前一定要核相，以免造成短路。在两台主变并列前，应清楚并列条件，并考虑两台主变的调压抽头在同一挡位和备自投的投退情况。变压器的通风电源应完整，相互切换良好。

(6) 大修后的变压器应进行 3 次空载冲击合闸。对新投入运行的变压器进行全电压冲击合闸 5 次，每次冲击间隔时间不小于 5min，操作前应派人到现场对变压器进行监视，如有异常立即停止操作。

(7) 若两台变压器共用一台高压断路器，当一台变压器运行时，将备用变压器重瓦斯保护连接片投至信号位置，防止备用变压器重瓦斯保护误动作将运行变压器跳开；并将备用变压器跳其他设备的保护连接片退出。

（四）变压器的调压操作注意事项

变压器调压方式分为无载调压和有载调压两种。

无载调压的操作，必须在变压器停电状态下由检修人员进行，调整分接头方法应严格按照制造厂规定的调整方法进行，防止将分接头调乱。为消除触头上的氧化膜及油污，调压操作时必须在使用挡的前后挡切换两次，以保证接触良好。分接头调整好后，检查和核对三相分接头位置应一致，并应测量线圈的直流电阻。各相线圈直流电阻的相间差别不应大于三相平均值的2%，并与历史记录比较，相对变化也不应大于2%。测得的数值应记入现场试验记录簿和变压器专档内。无载调压变压器调整分接头，应根据调度命令进行。

有载调压变压器的调压操作可以在变压器运行状态下进行。调整分接头后不必测量直流电阻，但调整分接头时应无异声。每调整一挡运行人员应检查相应三相电压表指示情况，电流和电压应平衡。在分接头切换过程中有载调压的气体继电器有规律地发出信号是正常的，可将继电器中聚积的气体放掉。如分接头切换次数很少即发出信号，应查明原因。调压装置操作5000次后，应进行检修。

对于有载调压变压器，运行人员可根据调度颁发的电压曲线自行调整电压。分接头的位置应有专门记录，在模拟图上应有标志，并在分接头调整后及时更正有载调压变压器分接头的变动，应记入变压器挡位切换和值班操作记录簿。

（五）旁路代路操作

旁路代路操作是指采用旁路断路器代替线路或主变断路器所进行的一系列操作。

通过旁路代路操作，可以实现线路或主变断路器停役时，线路或主变不停电。其操作方法为：旁路断路器代路操作前，若旁路母线在充电状态，则拉开断路器后即可进行代路操作；若旁路母线不带电则应先将旁路保护投入（重合闸停用），对旁路母线进行充电，检验旁路母线的完好性，然后再将旁路断路器拉开进行代路操作。

旁路所代线路或主变原来在哪条母线运行，旁路一般也应在该条母线运行。如不对应，一般应先将旁路冷倒（即先将旁路断路器转冷备用，再进行下步操作的操作方式）至对应母线，并将旁路母差电流互感器也切换至对应位置。

旁路代线路时，旁路保护定值应调整至被代线路整定值。如被代线路装有纵差保护，应将纵差电流互感器切换至旁路。对于装有双高频保护的线路，在旁路代路时一般将第二套高频保护停用，第一套高频保护切至旁路。

旁路代主变时，应将主变纵差电流互感器切换至旁路，应特别注意主变纵差保护在该侧所用的电流互感器，是主变套管电流互感器还是单独电流互感器，以免差流分量不平衡引起保护误动。

以上保护调整和切换工作均应在旁路断路器拉开时进行。

六、同期并列操作

为了防止并列操作时发生不同期并列的恶性事故，一般都装有同期并列装置。同期并列是电力系统运行中一项非常重要的操作任务，必须由具有正值以上资格的运行人员进行。

1. 同期并列应符合的条件

(1) 待并列断路器两侧相序、相位基本一致，相角差小于30°。

(2) 待并列断路器两侧电压差：一般情况下，500kV系统，<10%；220、330kV系统，<20%。

(3) 待并列断路器两侧频率差：<0.5Hz。

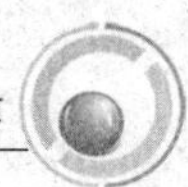

2. 同期并列装置的组成

同期并列装置由同期测量表计、同期开关、同期电压小母线组成。

(1) 同期测量表计。同期测量表计有两种方式。一种是同期小屏，其中包括一只同期表、两只电压表和两只频率表。两只电压表分别指示运行系统及待并系统的电压大小。两只频率表分别指示运行及待并系统的频率。同期表反映两个系统的频率差和相位角差，同期表指针能按顺时针或逆时针方向不断旋转，指针顺时针方向旋转说明待并系统频率高、相角不断超前；逆时针方向旋转说明待并系统频率低、相角不断滞后。指针旋转的速度反映频差的大小。指针指在红线处说明两系统电压相位相同。

另一种是组合式同期表，其中包括电压差表、频率差表和同期表三部分。电压差表和频率差表反映两个系统的电压差值和频率差值，表针指示正向（向上）或反向（向下）偏转，即为待并系统高于或低于运行系统的电压和频率值。同期表指针转向顺时针为待并系统相角超前运行系统，逆时针为待并系统相角滞后运行系统。

(2) 同期检查继电器。用来鉴定两个系统的同期条件。当同相的相角差在 0～±30°范围内时触点闭合并列，可防止操作人员对整步表判断不正确，在相角差较大时误并列。

(3) 同期表计转换开关。该开关有“断开”、“粗略”、“精确”三个位置。平时断路器处在“断开”位置，同期表计退出，以防止同期表和同期继电器因长时间带电而损坏；开关在“粗略”位置时，分别接入电压表和频率表，以监视电压和频率，而同期表不接入，此时比较的是电压的大小和频率，如果是发电厂则可以通过粗调使电压的大小和频率相同；将同期表计转换开关置于“精确”位置时，分别接入电压表、频率表和同期表，此时比较的是电压的大小、频率及相位，如果是发电厂则可以通过细调使相位也一致。

(4) 同期闭锁解除转换开关。置同期闭锁解除转换开关于投入同期闭锁位置，同期监测继电器的触点串接于合闸小母线之间，当同期并列条件不满足时，继电器动作，其动断触点断开，闭锁了断路器控制回路。置同期闭锁解除转换开关于解除闭锁位置，同期监测继电器触点被短接，从而解除断路器闭锁回路。

(5) 同期开关。同期开关有“投入”和“断开”两个位置，切至“投入”位置时是将同期电压引致同期电压小母线。由于在同一时间内只允许对一台断路器进行并列操作，每个同期点断路器均装有同期开关，并共用一个操作把手。操作把手只有在同期开关位于“断开”位置时才能抽出，以保证在同一时间内只对一台断路器进行并列操作。

(6) 断路器控制开关。手动操作断路器分、合闸的控制开关。

3. 变电站（发电厂）手动准同期的操作步骤

(1) 将同期开关切至“投入”位置，将两侧电压引致同期小母线上。

(2) 同期闭锁解除转换开关切至同期闭锁投入位置，即投入同期检查继电器。

(3) 将同期表计转换开关切到“粗略”位置，使电压表和频率表投入，监测电压表和频率表读数。对于水力发电厂，还要根据电压表和频率表的读数进行粗调（粗调励磁电流和进水量)，使发电机电压和频率与系统接近相等。

(4) 然后将同期表计转换开关切至“精确”位置，使同期表投入，同期表指针开始旋转。对于发电厂，要根据同期表的指针旋转方向进行细调（调节水轮机进水量），调至同期表的指针向顺时针方向缓慢旋转（3～4r/min）。

(5) 将断路器控制开关切至“预备合闸”位置，同时观察同期表，待指针快靠近红线时

（提前5°～10°，是因为发出合闸命令到断路器合闸需要一定的时间），将断路器控制开关切至“合闸”位置，实现同期操作。

(6) 合闸成功后红灯闪光，将断路器控制开关置于“合闸后”位置，红灯停止闪光而发平光。

(7) 最后退出同期表计转换开关和同期开关。

七、直流系统的操作注意事项

直流系统的操作，是指改变硅整流装置对蓄电池组充电方式及更换直流熔断器等的操作。这些操作同样存在危险，如操作方法不正确，将造成某些保护及自动装置误动作，因此直流回路操作同样应遵守相关规定。

1. 蓄电池的接线方式

目前蓄电池组一般有两种接线方式：一种是采用双环换接器，另一种是不用双环换接器。

采用双环换接器的方式，是将蓄电池组分为基本电池和端电池，用两台硅整流装置充电。硅整流装置1正常工作于浮充状态，它一方面带直流负载，另一方面以一小电流对蓄电池浮充电，以补偿蓄电池组的自放电电流。硅整流装置2的工作电流为补充其余电池的自放电电流。硅整流装置1正常运行时，一般放在自动稳压状态，负荷变化时输出电压基本不变。平时调节直流母线电压时，只需适当调节硅整流装置1的充电电流即可。若双环换接器电压变动后，调节硅整流装置1和硅整流装置2的充电电流，即可使工作状态正常。

不用双环换接器的接线方式，一般应用于非220V直流系统蓄电池组的充电。

2. 硅整流装置的启停方法

(1) 启用操作：①接通交流电源，此时停止灯亮；②将直流充电隔离开关合于“充电”位置；③将自动/手动转换开关和稳压/稳流转换开关放到“空挡”位置，手动调压、自动稳压、自动稳流电位器均逆时针旋到底；④按下运行按钮，此时运行灯亮，停止灯灭，直流电压表有读数，其值应小于调压范围的下限值，直流电流表可能有少许读数；⑤当用手动调压时，将自动/手动转换开关置于“手动”位置，然后顺时针方向缓缓旋动手动调压电位器，使直流电压升至要求值；⑥当用自动稳压时，将自动/手动转换开关置于“自动”位置，稳压/稳流转换开关置于“稳压”位置，缓缓旋动自动稳压电位器，使直流电压、电流升至要求值；⑦当用自动稳流时，将自动/手动转换开关置于“自动”位置，稳压/稳流转换开关置于“稳流”位置，缓缓旋动自动稳流电位器使直流电压、电流升至要求值；⑧旋动电位器的调节应缓慢进行，以免电压、电流迅速上升至超过范围而损坏元件；⑨正常运行时，充进蓄电池的电流应控制在0.5A左右。

(2) 停用操作：①将手动调压、自动稳压、自动稳流电位器均逆时针旋到底；②将自动/手动转换开关和稳压/稳流转换开关到“空挡”位置；③按停止按钮，此时停止灯亮，运行灯灭；④将直流充电开关置于“断开”位置；⑤如硅整流装置本身无检修工作，交流电源可不必断开。

3. 更换直流熔断器操作注意事项

根据反事故措施的要求，取下直流控制熔断器时，应先取正极，后取负极；插上时，应先插负极，后插正极。这样做的目的是防止产生寄生回路，避免保护装置误动作。

八、母线操作的注意事项

母线操作是指母线的送电、停电操作，以及母线上的设备在两条母线间的倒换等。母线

是设备的汇合场所，连接元件多，操作工作量大，操作前必须做好充分的准备，填写好倒闸操作票，操作时严格按倒闸操作票顺序进行。母线操作潜在的危险：一是可能发生的带负荷拉刀闸事故；二是继电保护及自动装置切换错误引起的误动；三是向空载母线充电时充电断路器断开并联的电容与电磁式电压互感器形成的串联谐振。

母线操作的注意事项如下：

(1) 对于双母线接线，母线电压互感器运行转冷备用前，应检查两组母线一次侧是否在并列位置，将母联断路器作为死开关运行（取下母联断路器控制熔断器）或用隔离开关硬联，母差保护改为大差（非选择性）运行；并将电压互感器二次并列把手切至“投入”位置，检查各馈路保护屏上的电源位置指示正常，电压互感器二次并列上后，方可进行操作。

(2) 对于电容式电压互感器，在母线冷备用转运行前，应先将该母线的电压互感器投入，这是因为当电压互感器有故障时可以通过上级（母联、分段）断路器将故障切除。对于电磁式电压互感器，如果没有装设消谐装置，则母联断路器断口电容可能与母线上电磁式电压互感器发生谐振，引起谐振过电压，因此投母线时后投电压互感器、停母线时先停电压互感器。

(3) 在对母线进行送电之前，先投入母线的充电保护连接片，然后用断路器对母线进行充电。母线充电后，在未将电源元件倒至投运母线前，应将母差保护的电压互感器并列把手切至“投入”位置，母线倒换操作结束后，将该切换把手切至“停用”位置。

(4) 用旁路断路器经旁路母线代其他断路器运行前，应先将旁路断路器的保护定值改为所代的保护定值后再对旁母充电，或用旁路断路器小定值快速充电保护对旁母充电检查。

九、电压互感器操作的注意事项

电压互感器投入运行时，应遵循先一次再二次的原则，即应先插上电压互感器高压熔断器（插上高压熔断器之前还应先在其两侧验电、装设接地线），然后合上一次侧隔离开关，最后插上电压互感器低压熔断器（或合上二次侧快速开关）。电压互感器退出运行时，应遵循先二次再一次的原则，即应先取下电压互感器二次侧熔断器（或拉开二次侧快速开关），然后拉开电压互感器一次侧隔离开关，最后取下电压互感器高压熔断器（取下高压熔断器之前还应先在其两侧验电、装设接地线）。当然，在实际工作中往往在电压互感器转检修时才取下高压熔断器，如果只是将电压互感器停电（随母线等一次设备停电或单独由运行转冷备用）时，只需取下低压侧熔断器和拉开一次侧隔离开关即可。

电压互感器退出运行时，如果二次可以并列的（如双母线接线的母线电压互感器），首先应使一次先并列，如果高压侧母联断路器没有投入运行，则严禁将两台电压互感器二次并列；如果二次不可以并列的，应先退出相应的保护及自动装置，为防止其所带的保护及自动装置误动作。

电压互感器二次侧带有切换把手的，在将其退出运行时，必须先将电压互感器所带继电保护和自动装置的相关连接片退出，待继电保护电源切换至正常运行母线电压互感器上以后，再投入继电保护和自动装置的连接片，然后拉开电压互感器高压侧隔离开关。如果电压互感器装有自动切换装置的，在停用时可以不进行任何操作。

双母线接线或双母线分段接线方式下，在停用一段母线时，不但需将电压互感器一次侧断开，而且还应将二次侧快速开关断开或将二次侧熔断器取下，防止二次向一次侧反充电。电压互感器二次侧快速开关上并有电容的，当电压互感器退出运行时，还应该拆掉电容器接线，以免通过并联电容器向一次侧反充电。

十、操作电容器的注意事项

电容器在合闸操作过程中，如果没有合好，断路器拉开后，应间隔 3min，再将电容器投入运行。

电容器的投入与退出运行，必须根据系统无功分布及电压情况来决定，并按调度规程执行。

有电容器组运行的母线运行转冷备用时，应先拉电容器断路器，后拉各馈路断路器。母线冷备用转运行时，先合各馈路断路器，后合电容器断路器。

无失压保护的电容器组，在母线失压后，应立即将电容器断路器断开。

十一、环网的并、解列操作

环形网络（或称环网）的并、解列也称合环、解环操作。环网常由同一电压等级的线路组成，有的也包括变压器，由不同电压等级的线路组成。环网的并解列操作，除应符合线路和变压器本身操作的一般要求外，还具有本身的特点，其中最主要的是正确预计操作中每一步骤的潮流分布，及如何在操作中控制其不超过各元件允许范围。为确保环网并、解列操作后电力系统的安全运行，必须满足下述条件：

(1) 相位一致。在初次合环或进行可能引起相位变化的检修之后合环操作时，必须进行相位测定。

(2) 调整其电压差，最大允许电压差为 20%。特殊情况下，环网并列最大电压差不应超过 30%。

(3) 系统环状并列时，应注意并列处两侧电压相量间的角度差，对整个环网内变压器接线角度差必须为 0°。对潮流分布产生的功率角，其允许数值应根据环内设备容量、继电保护等限制而定。有条件时，操作前应检查相角差和电压差并估算合环潮流。

(4) 合环后各元件不过载，各点电压不超出规定值。

(5) 系统继电保护应适应环网的方式。

(6) 进行解环操作时，首先应满足解环后各元件不过载，各点电压不超过规定值，解环操作引起的事故大多是解环后设备的负荷过大，使继电保护动作造成的；其次是对某些稳定储备较低的系统，连接电厂的环网解环以后联系减弱，储备更加下降，因此应按系统稳定的要求进行操作。

十二、其他操作

停电操作时，应先操作一次设备，后停用继电保护、自动装置；送电操作时，先投入继电保护、自动装置，后操作一次设备。

严禁约时停电、送电，严禁约时拆装安全措施。

送电操作若涉及并网操作时，则操作过程中必须使用同期装置。一般情况下，应使用自动方式进行同期合闸，由同期装置按照自动方式自动合上断路器后，再将断路器操作控制开关状态对应、同期装置恢复手动方式。若调度命令或其他情况需采取手动方式同期合闸时，运行人员必须在满足同期条件后，方能进行同期合闸操作。

送电操作前先插上直流操作熔断器（应按先负后正的原则），在操作设备过程中始终保证不脱离保护，一旦发生故障能立即切除故障；停电操作后应取下直流控制熔断器（应按先正后负的原则），是为了防止断路器误动而威胁检修人员和设备的安全，同时也防止工作人员在二次回路上工作，造成直流接地、短路和不慎触电等。

第二节　倒闸操作票的填写及操作流程

运行人员要完成一项操作任务一般都要进行十几项甚至是上百项的操作，为了保证倒闸操作的安全性，避免出现人身及设备事故，必须将倒闸操作的先后顺序详细地记录下来，形成我们称之为的倒闸操作票，作为操作人员的行为标准。

一、倒闸操作票的填写要求

(1) 操作票应用钢笔或圆珠笔填写（也可用微机防误的专家系统制票），票面整洁、字迹清楚，重要文字（如拉合、调度编号、操作时间）不能涂改；有错字，在错字上打"×"，接着书写，但一页中不得超过三处；如有一项发生错误，则在该错项上盖"此项作废"章，接着书写。

以下三种情况错字不得涂改，应重新填票：

1) 设备名称、编号；

2) 时间及保护定值等参数；

3) 操作动词，如拉、合等。

(2) 填写操作票时设备的名称应使用中文，母线、母线电压互感器、保护的段别应使用罗马数字，设备的编号、消弧线圈和主变分接头的挡位、操作票的编号、时间等应使用阿拉伯数字。

(3) 在填写操作票时，应严格使用电力系统统一的调度、操作术语。

(4) 在填写操作票时，下列项目应填入操作票：

1) 应拉合的断路器和隔离开关；

2) 检查断路器和隔离开关的位置；

3) 装拆接地线；

4) 检查接地线是否拆除；

5) 插上或取下控制回路或电压互感器回路的熔断器（熔丝、小开关）；

6) 切换保护回路（启用或停用继电保护、自动装置及改变保护定值区间）；

7) 用验电器检验停电的导电部分确无电压；

8) 检查负荷分配（如停送主变、线路并解列、联络线路的停送等）；

9) 设备检修后合闸送电前，检查送电范围内接地隔离开关已拉开，接地线已拆除。

(5) 为防止误操作，下列项目在操作票中应作为单独项目填写：

1) 在操作隔离开关前检查断路器确在"分闸"位置；

2) 断路器、隔离开关操作后应检查其实际位置（分闸或合闸位置）；

3) 合上、拉开接地隔离开关后（或装设、拆除接地线后）应检查其实际位置；

4) 在回路转热备用前检查所有安全措施确已拆除，具备带电条件；

5) 在冷备用转检修之前检查该设备确在冷备用状态（即该设备各隔离开关均在"分闸"位置）；

6) 如果设备由运行转检修操作中，未退出保护，送电时检查该设备"所有保护确已正确投入"，不必分项检查（主变大修后主保护应分项检查）；

7) 合上或切换母线隔离开关时，检查二次侧电压切换正常；

8) 在投入、退出设备保护时，按类别、段别（如Ⅱ段、Ⅲ段）分项填写清楚，处于运行状态的设备的保护或自动装置切换前，应用高内阻电压表检测出口连接片两端确无异常电压；

9) 对有遥控功能的变电站，在就地停、送电操作前，必须切换该回路的"远方"、"就地”控制切换开关；

10）母线停电时，在拉开母联、分段断路器前，可用一项检查该母线上各母线隔离开关均在“分闸”位置；

11）在合上接地隔离开关装设接地线前，应填写“验明××与××间三相确无电压”；

12）对装有 VQC 装置的变电站，在操作电容回路前必须退出 VQC 装置上该回路出口连接片，在操作主变前必须退出 VQC 装置上主变挡位调节出口连接片。

13）在下列情况应填写抄录三相电流或电压：

①合上母联断路器后，应抄录三相电流，如检查××断路器三相电流正常（__ A、__ A、__ A）；②合上分段断路器后，应抄录三相电流；③在拉开母联、分段断路器前后，应抄录三相电流；④旁路代出线或主变，在合上旁路断路器后，应抄录三相电流；⑤线路或主变由旁路代改本线运行，在合上本线断路器后，抄录三相电流；⑥解、合环操作时，抄录有关回路的三相电流；⑦主变投运时，抄录主变各侧断路器三相电流；⑧母线电压互感器送电后，抄录母线三相电压，如检查××kV××母线三相电压正常（__ kV、__ kV、__ kV）；⑨用主变开关或母联（分段）开关充空母线时，应抄录该侧母线三相电压。

14）合线路侧接地隔离开关或装设接地线前检查旁路隔离开关确在分闸位置。

（6）断路器检修时应分项先取控制电源、后取信号电源、合闸电源熔断器。

（7）母线停电时，母线电压互感器作为母线上最后一个停电设备退出运行。送电时作为第一个送电设备投入运行。

二、倒闸操作票填写举例

下面以变电站（发电厂）的倒闸操作票为例，说明倒闸操作票具体填写方法见表 3-2。

表 3-2　　变电站（发电厂）倒闸操作票

单位________				编号________	
发令人		受令人		发令时间	年 月 日 时 分
操作开始时间： 年 月 日 时 分			操作结束时间： 年 月 日 时 分		
（ ）监护下操作		（ ）单人操作		（ ）检修人员操作	
操作任务：					
顺序	操作项目				√
备注：					
操作人：	监护人：	值班负责人（值长）：			

（一）单位栏（第一栏）

第一项单位填写××kV××变电站，第二项编号按现场规定填写。同一操作任务有多页的情况下编号相同。

（二）命令栏（第二栏）

(1) 发令人填写发布正式调度操作命令的调度员姓名。非调度管辖设备的操作填写发出操作命令的站长或副站长（操作队队长或副队长）或当班值班负责人姓名。

(2) 受令人填写接受正式调度操作命令的值班员姓名。

(3) 发令时间填写调度员发布正式调度操作命令时间，时间精确到分，年采用四位阿拉伯数字填写，月、日、时、分均采用两位阿拉伯数字填写。

（三）操作时间栏（第三栏）

(1) 操作开始时间在实际操作开始时填写。

(2) 操作结束时间在本操作票所列操作项目全部执行完并进行操作质量检查后填写，在操作任务未全部执行完但因故不再执行其余项目时，以操作的最后一项时间为操作终了时间。

（四）操作分类选择栏（第四栏）

在实际操作类型前的括号内打“√”即可，发电厂及变电站一般都采用“监护下操作”。

（五）操作任务栏（第五栏）

用统一的调度术语简明扼要说明要执行的操作任务，操作任务栏内必须写明设备的电压等级及双重名称。操作任务不得涂改。停电和送电操作应分别填写操作票。母线、母线分段（母联）断路器、旁路断路器、母线电压互感器、主变中性点，均应在其设备名称和编号前面加上相应的电压等级。一份操作票只能填写一个操作任务。

（六）操作项目栏（第六栏）

(1) 第一列为顺序栏，分项书写文字可占用数行，顺序号不变，并连续。

(2) 第二列为操作项目栏，应填写设备的双重名称（可不填写电压等级，但主变侧断路器、母线、旁路母线、旁路断路器、母线电压互感器等应填写电压等级），根据操作任务，按操作顺序及操作票的要求、规定，依次填写分项内容；可占用数页，但应在前一页备注栏内中间写“接下页”，在后一页的操作任务栏中间写“接上页”。操作票填写完毕，在操作项目栏最后一项下面一行左边平行盖“以下空白”章，操作票填写刚好一篇，在备注栏相同位置盖“以下空白”章。

(3) 第三列为检查栏，每操作完一项，检查无误后应打上“√”。电气设备操作后的位置检查应以设备实际位置为准，无法看到实际位置时，可通过检查设备的机械位置指示、电气指示和仪表及各种遥测、遥信的变化，且至少应有两个及以上有效指示同时发生对应变化时，才能确认该设备已操作到位。

(4) 操作执行完毕，在操作票操作项目栏最后一项下面一行右边加盖“已执行”章。若有废票（票面正确，因故未操作），则在操作任务栏右边盖“作废”章。操作票因故中断操作时，如果同一页中操作项目已执行了一部分，剩余部分因故未执行，则在已执行的操作项目最后一栏右边盖“已执行”章，在未执行的操作项目第一栏右边盖“作废”章，其原因应在备注栏注明。

（七）备注栏（第七栏）

在操作票因故作废或在执行过程中中断操作时，在未执行操作票的各页任务栏右边盖“作废”章，作废原因应在备注栏注明。当作废页数较多且作废原因注明内容较多时，可自第二张作废页开始只在备注栏中注明“作废原因同上页”。

（八）签名栏（第八栏）

操作人填写操作票完毕并审查后签名；监护人根据模拟图板，核对所填的操作任务和项目，确认无误后签名；如果监护人不是值班负责人的，最后还要由值班负责人审核签名。正班负责制的站和监控中心人员在站端所写的操作票，可由正班担任监护人和值班负责人。无论何种方式填写的操作票，均应由本人亲笔签名，不准代签或打印。

三、倒闸操作流程

（一）倒闸操作所需条件

要进行倒闸操作工作，必须要有相应的设备设施，所需设备设施如下：

(1) 调度电话、电话录音设备，以便与调度进行通信，接受调度命令及报告调度执行情况，并将与调度的通话进行录音（便于核对调度命令或事故对责任人进行追查）；

(2)《运行工作记录簿》等相关记录簿，用于记录倒闸操作情况等；

(3) 合格的安全工器具、安全防护用具、操作工具，以保证操作人员的安全；

(4) 电脑钥匙、录音笔、操作票及夹板等。

（二）倒闸操作流程

1. 接受调度预发命令

在取消“预令”的单位，此项为“接受调度正式命令”。

(1) 倒闸操作必须根据值班调度或值班负责人的命令进行。

(2) 发布和接受调度命令，应由上级批准的人员进行。

调度管辖设备应由具备发令权的所属当值调度发令；调度部门授权或调规允许由变电站自行进行操作管理的设备，由当值值班负责人发令。

接受当值值班负责人操作命令的运行人员（监护人）必须具备正值资格，凡副班以下人员无权接受操作命令。因故离岗三个月以上的运行人员必须重新认定其值班资格。资格认定应进行安规、调规、现场规程考试，必要时应进行技术考试。

(3) 发布及接受操作任务的双方人员应主动互报单位（站名、哪一级调度）、岗位（值班长或正值班员）、姓名。发布命令时应冠以××时××分及“调令编号”，发布命令应准确、清晰，使用规定的调度术语和设备调度双重名称，同时应说明操作目的和注意事项。发布的操作任务如涉及继电保护及二次运行方式的改变，在发布操作任务的同时，要将继电保护及二次运行方式的改变向受令人交待清楚。

(4) 受令人在接受命令时应随听随记，接令后受令人应按照记录的全部内容逐字逐句向下令人进行复诵，并得到下令人的确认。

(5) 在接受命令的过程中，安排专人（运行人员）进行监听。

(6) 接受调度命令全过程应录音，因此应随时保持录音设备正常运行。

(7) 调度下令过程的录音应重放，参与操作的值班员均应重听核对。

2. 审核调令、通告全值

(1) 如果受令人不是当值值班负责人，应立即向值班负责人汇报调度命令全文内容。如调度命令有特殊要求，受令人应解释清楚，如解释不清，值班负责人必须主动联系调度，询问清楚。如认为调度命令有疑点，值班负责人必须主动联系调度，核实清楚。

(2) 进行现场查勘，结合当时的运行方式核对调度命令。

(3) 如果认为该命令不正确时，应向调度员报告，由调度员决定原调度命令是否执行。但当执行该项命令将威胁人身、设备和电网安全时，必须拒绝执行，同时将拒绝执行的理由及改正指令内容的建议报告给发令的值班调度员，并向本单位领导汇报。

(4) 确认调度命令后，值班负责人应立即召集当值人员，向全值人员通告调度命令的内容及要求，并进行分析倒闸操作方案。

(5) 值班负责人根据操作任务的要求，指定合格的监护人和操作人，并根据当时的运行方式和设备状况，全面详细地向他们布置操作任务，交待安全注意事项，并安排操作人员填写倒闸操作票。认真开展“三查”工作（查安全思想、查安全工器具、查安全措施）。

3. 填写操作票

(1) 操作票由操作人填写，有操作票专家系统的变电站必须在图形开票栏里进行，禁止直接提取“典型倒闸操作票”和“预存倒闸操作票”。运行人员在填票前，应检查专家系统的一、二次设备与实际运行方式是否一致。

(2) 操作人通过操作票的填写，对将要进行的整个操作应做到心中有数，在执行操作过程中，应具有判断是否正确的能力，不能依赖监护人。

(3) 填票过程中出现的错票、废票，应立即销毁，不得继续使用。

4. 对操作票进行三级审核

(1) 操作人填写操作票完毕后，在操作项目栏内容的最后一项下面一行空格最左方盖“以下空白”章。

(2) 操作人对操作票进行自行核对正确后，交监护人再次进行审核签名，值班负责人进行最后审核签名。

(3) 对审核中发现的错误应由操作人重新填写倒闸操作票，错票应立即销毁；特别重要和复杂的操作还应由站长或上级技术人员进行审核。

5. 明确操作目的，做好危险点分析和预控

操作人和监护人对此次操作的目的、内容和过程进行相互考问，以熟悉操作的全过程，并根据操作的类型、设备现存的问题、可能会出现的危险进行预测、预控。要求尽可能将倒闸操作中的危险点全部列举出来，并制定相应的防范措施。例如，本次操作主要危险点主要有三个：①本次待操作的设备是××，相邻带电间隔为××，停电范围为××，操作中一定要保持与带电设备的安全距离；②操作中可能走错间隔，一定要注意核对设备名称和编号，避免出现误操作；③操作时必须使用安全工器具，注意安全防护等，以保证人身安全。

6. 操作准备

(1) 准备好操作过程中需要的物品、钥匙（断路器、隔离开关、间隔、高压室等）、操作用具（电脑钥匙、录音笔、操作票夹板）、安全工器具。

(2) 操作用具和安全工器具的检查试验，应按操作用具和安全工器具的标准化检查流程进行。

7. 接受正式调度命令

在取消“预令”的单位，无此项内容。

由值班负责人主动和调度联系，汇报操作任务的准备工作已做好。接受正式调度命令，监护人填写发令人、受令人、发令时间并在“监护下操作”栏对应的括号内打“√”。

接受正式调度命令的要求（录音、监听、记录等）与接受预令相同。

8. 模拟预演

在操作实际设备前，监护人和操作人必须先在五防机（或模拟图板）上进行模拟预演。操作预演由监护人按操作票所列步骤逐项下令，由操作人复诵并模拟操作。

(1) 打开录音笔，从模拟预演开始直至正式操作结束均应使用录音笔进行全过程录音。

(2) 当监护人唱票，操作人应手指五防机（或模拟图板）上的设备进行复诵，监护人审核复诵内容和手指部位正确后，下达执行令——"对，执行!"，操作人在五防机（或模拟图板）上进行模拟操作。模拟操作完成后操作人应认定设备已操作到位，向监护人汇报"已执行"，监护人与操作人再次共同核查操作无误后，方可进行下一步的操作。

(3) 对于五防机（或模拟图板）上无法预演的操作步骤，如投退保护连接片、检查操作后的设备位置、检查负荷分配、检验设备确无电压等也应进行唱票、复诵。

(4) 操作预演后应再次核对新运行方式与调度预令相符。

(5) 监护人插入电脑钥匙进行五防传票。

9. 现场操作

(1) 戴好安全帽，穿好操作服和绝缘靴，操作人携带操作用具和安全工具，监护人携带操作票、钥匙（包括电脑钥匙）、录音笔、操作票夹板。

(2) 进入操作现场，监护人记录本次操作的开始时间。操作人在前，监护人在后，操作人应按操作项目有顺序地走到应操作设备的位置，等候监护人唱票。操作过程必须严肃认真，集中思想，不准闲谈或做与操作无关的事。

(3) 操作人应站在操作设备的正面，不得超过 0.5m 以上距离，操作中要求监护人站在操作人的左后侧或右后侧，其位置以能看清被操作设备的双重名称及操作人的动作为宜，便于纠正操作人的错误动作。

(4) 核对设备。在执行每项操作前，监护人和操作人应共同核对设备的名称、编号和实际位置。

(5) 唱票复诵。监护人手指设备标示牌大声地进行唱票，操作人应手指设备标示牌大声地进行复诵，经监护人确认，发出"对，执行!"的命令，监护人将电脑钥匙交予操作人。

(6) 操作人用电脑钥匙打开防误闭锁装置进行操作。严禁监护人亲自动手操作。

(7) 操作完成后，操作人应检查操作质量，确认设备已操作到位，再向监护人汇报"已执行"，并交还电脑钥匙。

(8) 操作质量检查。每操作完一项，监护人和操作人应再次核对设备名称、编号和位置是否与操作任务相符；操作人与监护人在现场检查操作的正确性，如设备的机构指示，信号指示灯、表计变化等，确定设备实际分、合位置。核查无误后，监护人方可在操作票上该步骤后划"√"。

(9) 每操作完一项，监护人应提示操作人下一步操作的内容。

(10) 操作复查。全部操作完毕后，由监护人和操作人共同进行复查，确认设备无异常，未发现任何不正常现象和声光信号；仔细核对操作票上的项目是否已全部执行，每个步骤后都划了执行钩（√）。

(11) 复查无误后，由监护人填写操作终了时间，在操作票上盖"已执行"章。

10. 核对

将电脑钥匙回传五防机，核对五防机一、二次设备状态是否符合现场实际。有模拟图板的变电站应更改模拟图板接线方式。

11. 正确归放

正确归放钥匙、安全用具和操作用具。

12. 汇报调度、做好记录

(1) 操作完毕后，监护人和操作人向值班负责人汇报操作情况。

(2) 由值班负责人及时向调度汇报操作情况及操作终了时间，此过程必须进行录音、监听。

(3) 将汇报情况记入运行记录簿中，并做好其他相关记录。

13. 操作评价

由值班负责人（或站长）组织对本次操作情况进行评价，重点应包括操作中发现的问题以及整改措施。

四、倒闸操作危险点分析及注意事项

(一) 无令操作

无令操作包括以下两方面内容：

(1) 无调度命令进行操作。其产生的原因一般包括：①安全意识淡漠；②业务不精，对设备的管辖范围不清楚，越权操作。

(2) 操作人未经监护人下令而进行操作。倒闸操作中并非唱票复诵后操作人就可以进行操作，“监护人下令”的概念是唱票复诵后，监护人在审核操作人复诵内容和手指部位正确后，发出的“对，执行!”命令才是执行令。

(二) 调度命令接受不清

(1) 通话不互报单位、姓名。

(2) 操作发令前不讲清操作意图、目的，尤其是涉及二次回路方面的内容。

(3) 发令内容和汇报内容不复诵。

(4) 正式令和预发操作任务含糊不清。

(5) 不使用标准术语。

(6) 受令人不是值班负责人，受令人在向值班负责人汇报调度命令时含糊不清。

(三) 操作票填写不规范

填写操作票没有使用专用的术语，填写出现错、漏等。工作人员应加强责任心，提高自身业务水平。

(四) 操作前的检查工作不规范

(1) 操作前对电力系统运行方式不清楚，没有按模拟图核对设备的运行方式。

(2) 未认真审核上一班移交的未完成操作票，未认真核对调度命令和操作票。

(3) 操作前不核对保护定值，不检查保护连接片。

(4) 检修过程配合检修人员的操作及检修完工后的送电操作，未到现场检查。

(5) 废票未及时销毁，与正式操作票混淆。

(五) 操作过程行为不规范

(1) 唱票复诵和核对设备铭牌时，未一字一句地核对。

(2) 未执行逐项打钩的操作程序，造成操作漏项。

(3) 操作人没有独立操作意识，监护人指令怎么做就怎么做，起不到相互监督作用。

(4) 无监护操作。

(5) 无操作票操作，操作后补写操作票以应付检查，使操作票流于形式。

（6）挂接地线（合接地隔离开关）前未先验电或验完电后未立即挂接地线（合接地隔离开关）。

（7）操作中擅自更改操作票。

（六）违反防误装置管理规定的行为失误

（1）过分信任五防装置，不持操作票进行操作。

（2）自行解锁。操作中发生疑问时，应立即停止操作并向值班调度员或值班负责人报告，弄清问题后，再进行操作。由于设备原因不能操作时，应停止操作，检查原因，履行有关手续后方可解锁操作，不能处理时应报告调度和生产管理部门。

（七）未认真完成操作后的质量检查

（1）每操作完一项操作，操作人与监护人应到现场再次核对设备名称、编号和位置，检查操作的正确性，确认无误后在该步骤后划执行钩（√）。特别是对“检查”项目，绝不能敷衍了事。

（2）全部操作完毕后，应由监护人和操作人对以下项目共同进行复查、确认：

1）设备无异常，光字信号复归；

2）操作票上的项目是否已全部执行，每个步骤后都划了执行钩（√）。

3）模拟图板的复位情况。

第三节 线路的倒闸操作

一、线路倒闸操作票填写原则

（一）线路停电操作

线路由运行转检修操作按照以下几个步骤并按照先后顺序进行。

1. 线路由运行转热备用

（1）若调度规定需首先退出线路主保护（采用不带通道异常闭锁功能的高频保护），则应先退出线路主保护连接片，主要是为避免通道异常时发生区外故障保护误动作。若调度规定在断路器断开后停用主保护（采用带通道异常闭锁功能的高频保护），则在线路转冷备用后将高频保护由跳闸切至信号位置。

（2）停用线路重合闸。对于110kV及以下电压等级的线路，断路器采用三相操动机构，配置三相重合闸装置；对于220kV及以上电压等级的线路，断路器采用分相操动机构，配置单相重合闸或综合重合闸装置，且采用双重化保护。当采用三相、单相重合闸时，停用重合闸只需退出重合闸出口连接片即可；当采用综合重合闸时，停用重合闸时应包含投入闭锁重合闸连接片、将重合闸方式切至停用、退出重合闸出口连接片三项。对于双重线路保护，若正常运行时投入一套，另一套备用，则备用重合闸的重合方式应与运行重合闸相同，仅断开备用重合闸合闸出口连接片。

（3）拉开线路断路器。

2. 线路由热备用转冷备用

按照倒闸操作原则拉开断路器两侧隔离开关。

3. 线路由冷备用转检修

线路冷备用转检修包括两种情况：一种是转线路（包括线路电压互感器、避雷器检修）检修，另一种是转线路的断路器检修。下面分两种情况讨论。

（1）线路由冷备用转线路检修。

1）停用相关保护（母差保护、失灵保护和安控装置），即退出本路保护联跳他路断路器

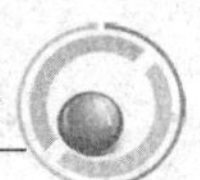

连接片，他路保护、自动装置联跳本路断路器连接片。110kV 系统一般配置有母差保护；220kV 系统一般配置有母差保护、失灵保护和安控装置。

2）停用线路电压互感器（取下电压互感器二次熔断器）。

3）验明线路侧隔离开关的线路侧三相确无电压，在该处装设接地线（或合上线路侧接地隔离开关）。

（2）线路由冷备用转断路器检修。

1）停用相关保护。其方法与冷备用转线路检修相同。

2）验明断路器两侧三相确无电压，立即在断路器两侧装设接地线（或合上线路侧接地隔离开关）。

3）切断断路器的控制电源、信号电源、合闸电源、保护装置交直流电源。目的是为了避免检修过程中保护误发信号，检修人员因误碰、误动使断路器分、合闸而受伤。

（二）线路的送电操作

线路的送电操作与停电相反，但是要注意在投入保护之前，要增加一项测试所投入保护出口、启动失灵连接片两端无脉冲电压，测试的目的是避免因保护异常使连接片有脉冲电压而让断路器跳闸。在将高频保护由信号切至跳闸位置之前，应测试高频通道正常。

二、线路倒闸操作实例

（一）线路的停电操作

图 3－1 所示为某 220kV 变电站电气主接线，220kV 侧的正常运行方式为：Ⅰ母、Ⅱ母通过 212 断路器并列运行；1 号主变、天青线、天怀线、218 电压互感器运行于Ⅰ母；2 号主变、天大线、228 电压互感器运行于 Ⅱ 母；旁路断路器 215 热备用于 Ⅰ 母；1 号保护屏重合闸装置投入，重合闸方式为“单重”，2 号保护屏重合闸装置备用。Ⅰ 母上的天青线停电操作票见表 3－3。

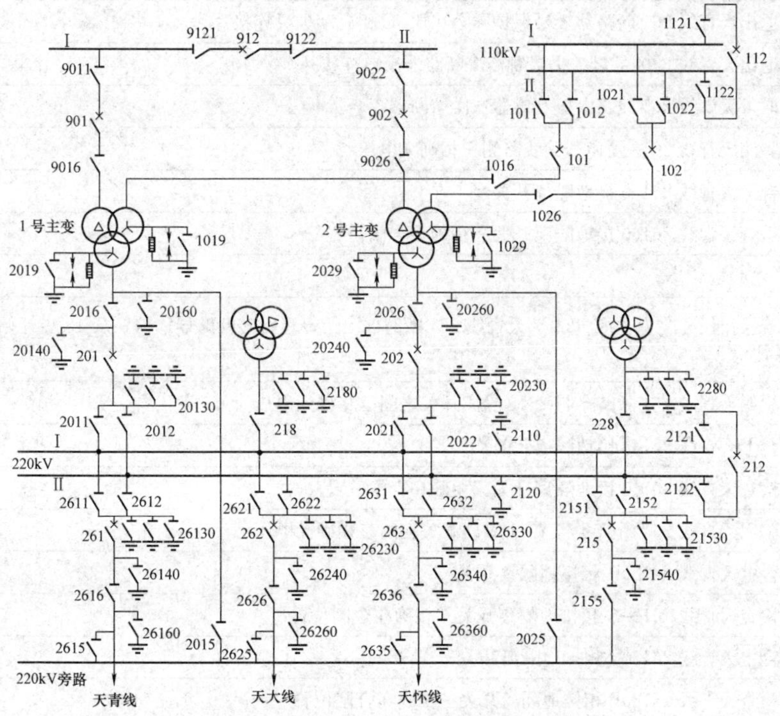

图 3－1　某 220kV 变电站电气主接线图

表 3-3　　Ⅰ母上的天青线停电操作票

<table>
<tr><td colspan="6">变电站（发电厂）倒闸操作票
单位________　　编号________</td></tr>
<tr><td>发令人</td><td></td><td>受令人</td><td></td><td>发令时间</td><td>年　月　日　时　分</td></tr>
<tr><td colspan="3">操作开始时间：
年　月　日　时　分</td><td colspan="3">操作结束时间：
年　月　日　时　分</td></tr>
<tr><td colspan="6">（　）监护下操作　　（　）单人操作　　（　）检修人员操作</td></tr>
<tr><td colspan="6">操作任务：将 220kV 天青线 261 断路器由Ⅰ母运行转线路检修</td></tr>
<tr><td>顺序</td><td colspan="4">操作项目</td><td>√</td></tr>
<tr><td>1</td><td colspan="4">退出天青线 261 断路器 1 号保护屏投主保护连接片</td><td></td></tr>
<tr><td>2</td><td colspan="4">退出天青线 261 断路器 2 号保护屏投主保护连接片</td><td></td></tr>
<tr><td>3</td><td colspan="4">退出天青线 261 断路器 1 号保护屏重合闸出口连接片</td><td></td></tr>
<tr><td>4</td><td colspan="4">检查天青线 261 断路器 2 号保护屏重合闸出口连接片确已退出</td><td></td></tr>
<tr><td>5</td><td colspan="4">拉开天青线 261 断路器</td><td></td></tr>
<tr><td>6</td><td colspan="4">检查天青线 261 断路器确在分闸位置</td><td></td></tr>
<tr><td>7</td><td colspan="4">将天青线 261 断路器“远方/就地”切换开关由“远方”切至“就地”位置</td><td></td></tr>
<tr><td>8</td><td colspan="4">拉开天青线 2616 隔离开关</td><td></td></tr>
<tr><td>9</td><td colspan="4">检查天青线 2616 隔离开关确在分闸位置</td><td></td></tr>
<tr><td>10</td><td colspan="4">拉开天青线 2611 隔离开关</td><td></td></tr>
<tr><td>11</td><td colspan="4">检查天青线 2611 隔离开关确在分闸位置</td><td></td></tr>
<tr><td>12</td><td colspan="4">退出天青线 261 断路器 1 号保护屏 A、B、C 相启动失灵连接片</td><td></td></tr>
<tr><td>13</td><td colspan="4">退出天青线 261 断路器 2 号保护屏 A、B、C 相启动失灵连接片</td><td></td></tr>
<tr><td>14</td><td colspan="4">退出天青线 220kV 母差失灵跳 261 断路器出口连接片</td><td></td></tr>
<tr><td>15</td><td colspan="4">取下天青线 261 线路电压互感器二次熔断器</td><td></td></tr>
<tr><td>16</td><td colspan="4">验明天青线 2616 隔离开关线路侧三相确无电压</td><td></td></tr>
<tr><td>17</td><td colspan="4">合上天青线 26160 接地隔离开关</td><td></td></tr>
<tr><td>18</td><td colspan="4">检查天青线 26160 接地隔离开关三相确在合闸位置</td><td></td></tr>
<tr><td></td><td colspan="4"></td><td></td></tr>
<tr><td></td><td colspan="4">若操作任务改为“将 220kV 天青线 261 断路器由Ⅰ母运行转断路器检修”从 15 步开始如下：</td><td></td></tr>
<tr><td>15</td><td colspan="4">验明天青线 261 断路器与 2616 隔离开关之间三相确无电压</td><td></td></tr>
<tr><td>16</td><td colspan="4">合上天青线 26140 接地隔离开关</td><td></td></tr>
<tr><td>17</td><td colspan="4">检查天青线 26140 接地隔离开关三相确在合闸位置</td><td></td></tr>
<tr><td>18</td><td colspan="4">验明天青线 261 断路器与 2611 隔离开关之间三相确无电压</td><td></td></tr>
<tr><td>19</td><td colspan="4">合上天青线 26130A 相接地隔离开关</td><td></td></tr>
<tr><td>20</td><td colspan="4">检查天青线 26130A 相接地隔离开关三相确在合闸位置</td><td></td></tr>
<tr><td>21</td><td colspan="4">合上天青线 26130B 相接地隔离开关</td><td></td></tr>
<tr><td>22</td><td colspan="4">检查天青线 26130B 相接地隔离开关三相确在合闸位置</td><td></td></tr>
</table>

续表

顺序	操作项目	√
23	合上天青线 26130C 相接地隔离开关	
24	检查天青线 26130C 相接地隔离开关三相确在合闸位置	
25	拉开天青线 261 断路器信号隔离开关	
26	取下天青线 261 断路器控制熔断器	
27	拉开天青线 261 断路器油泵电源隔离开关	
28	拉开天青线 261 断路器 1 号保护装置直流电源开关	
29	拉开天青线 261 断路器 2 号保护装置直流电源开关	
备注：		
操作人：　　　　监护人：　　　　值班负责人（值长）：		

（二）线路的送电操作

如图 3－1 所示，若 220kV 天青线 261 断路器由线路检修转Ⅰ母运行，该线路的送电操作票见表 3－4。

表 3－4　　　220kV 天青线 261 断路器由线路检修转Ⅰ母运行的送电操作票

变电站（发电厂）倒闸操作票					
单位________　　　　编号________					
发令人		受令人		发令时间	年　月　日　时　分
操作开始时间：年　月　日　时　分			操作结束时间：年　月　日　时　分		
（　）监护下操作　　（　）单人操作　　（　）检修人员操作					
操作任务：220kV 天青线 261 断路器由线路检修转Ⅰ母运行					

顺序	操作项目	√
1	拉开天青线 26160 接地隔离开关	
2	检查天青线 26160 接地隔离开关三相确在分闸位置	
3	测试 220kV 母差失灵跳 261 断路器出口连接片两端确无跳闸脉冲	
4	投入 220kV 母差失灵跳 261 断路器出口连接片	
5	测试天青线 261 断路器 1 号保护屏 A、B、C 相启动失灵连接片两端确无跳闸脉冲	
6	投入天青线 261 断路器 1 号保护屏 A、B、C 相启动失灵连接片	
7	测试天青线 261 断路器 2 号保护屏 A、B、C 相启动失灵连接片两端确无跳闸脉冲	
8	投入天青线 261 断路器 2 号保护屏 A、B、C 相启动失灵连接片	
9	插上天青线 261 断路器线路电压互感器二次熔断器	
10	检查天青线 261 断路器确在分闸位置	
11	合上天青线 2611 隔离开关	
12	检查天青线 2611 隔离开关确在合闸位置	
13	合上天青线 2616 隔离开关	
14	检查天青线 2616 隔离开关确在合闸位置	

续表

顺序	操作项目	√
15	将天青线 261 断路器“远方/就地”切换开关由“就地”切至“远方”位置	
16	合上天青线 261 断路器	
17	检查天青线 261 断路器确在合闸位置	
18	合上天青线 261 断路器 1 号保护屏重合闸出口连接片	
19	测试天青线 261 断路器 1 号保护屏投主保护连接片确无跳闸脉冲	
20	投入天青线 261 断路器 1 号保护屏投主保护连接片	
21	测试天青线 261 断路器 2 号保护屏投主保护连接片确无跳闸脉冲	
22	投入天青线 261 断路器 2 号保护屏投主保护连接片	
备注：		
操作人： 监护人： 值班负责人（值长）：		

第四节　双母线的倒闸操作

一、双母线倒闸操作票填写原则

（一）双母线停电操作

对于双母线接线方式，其中一段母线由运行转检修的倒闸操作按照以下几个步骤依次进行。

1. 倒母线

倒母线即是将需要停电的母线上的所有（电源和负荷）进出线倒至另一段母线，方法如下：

（1）将母线保护由选择性改为非选择性。

（2）取下母联断路器的控制熔断器（拉开控制电源低压断路器），使母联断路器作死开关，防止母联断路器偷跳，以避免造成非等电位操作。

（3）倒换母线上的一次设备。采用先合后拉（先合需倒至的母线隔离开关，后拉需停电的母线隔离开关）的方式将需停电的母线上的所有一次设备（包括旁路断路器）倒至另一母线，每一设备倒至另一母线后都应检查二次侧电压切换正常。检查内容有：检查母差保护屏对应隔离开关辅助触点确在合闸位置；检查本保护屏Ⅰ母或Ⅱ母电压指示灯亮；若采用重动继电器进行电压切换，还要检查相应母线重动继电器触点应闭合。

（4）插上母线断路器控制熔断器。

2. 母线由运行转热备用

（1）检查母联断路器无电流。

（2）检查需停电母线所有回路母线侧隔离开关确已拉开。

（3）退出母线母差保护电压闭锁连接片。母差保护电压闭锁是复合电压闭锁元件，以电流判据为主的差动元件，可以用电压闭锁元件来配合，提高保护整体的可靠性。差动元件与失灵元件动作出口经相应母线段的相关复合电压元件闭锁。母差保护电压闭锁连接片通常应是在停用一段母线时，退出该段母线的母差保护电压闭锁元件。

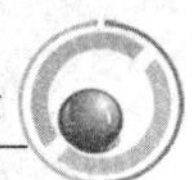

(4) 停用母线电压互感器（没有装设消谐装置的母线上的电磁式电压互感器）。停用时遵循先停二次、后停一次的原则。

(5) 拉开母联断路器。

3. 母线由热备用转冷备用

(1) 按照停送电原则依次拉开母联断路器两侧的隔离开关。

(2) 停用母线电压互感器（电容式电压互感器或装设了消谐装置的电磁式电压互感器）。停用时遵循先停二次，后停一次的原则。

(3) 停用母联断路器相关保护：①退出母差保护跳母联断路器连接片；②退出1号、2号主变后备保护跳母联断路器连接片。

4. 母线由冷备用转检修

(1) 检查需停电母线所有回路母线侧隔离开关确在分闸位置。

(2) 对母线进行三相验电并接地。

(二) 双母线的送电操作

双母线的送电操作与停电相反，在投入保护之前，运行值班人员要增加一项，即测试所投入保护出口、启动失灵连接片两端无脉冲电压；在对母线进行充电检查时，应在充电前投入母联开关充电保护连接片，充电正常后退出充电保护连接片。

二、母线倒闸操作实例

如图3-1所示，220kV系统按正常运行方式，且220kV母线电压互感器属于电容式。根据双母线停送电操作票填写原则，将Ⅰ母由运行转检修的倒闸操作票见表3-5。

表3-5　　Ⅰ母由运行转检修的倒闸操作票

<table>
<tr><td colspan="6">变电站（发电厂）倒闸操作票
单位________　　　　编号________</td></tr>
<tr><td>发令人</td><td></td><td>受令人</td><td></td><td>发令时间</td><td>年　月　日　时　分</td></tr>
<tr><td colspan="4">操作开始时间：
年　月　日　时　分</td><td colspan="2">操作结束时间：
年　月　日　时　分</td></tr>
<tr><td colspan="6">（　）监护下操作　　（　）单人操作　　（　）检修人员操作</td></tr>
<tr><td colspan="6">操作任务：220kV Ⅰ母及电压互感器由运行转检修</td></tr>
<tr><td>顺序</td><td colspan="4">操作项目</td><td>√</td></tr>
<tr><td>1</td><td colspan="4">投入220kV母差保护强制互联连接片</td><td></td></tr>
<tr><td>2</td><td colspan="4">检查220kV母联212断路器确在合闸位置</td><td></td></tr>
<tr><td>3</td><td colspan="4">检查220kV母联2121隔离开关确在合闸位置</td><td></td></tr>
<tr><td>4</td><td colspan="4">检查220kV母联2122隔离开关确在合闸位置</td><td></td></tr>
<tr><td>5</td><td colspan="4">拉开220kV母联212断路器控制电源低压断路器</td><td></td></tr>
<tr><td>6</td><td colspan="4">合上220kV旁路2152隔离开关</td><td></td></tr>
<tr><td>7</td><td colspan="4">检查220kV旁路2152隔离开关确在合闸位置</td><td></td></tr>
<tr><td>8</td><td colspan="4">检查220kV旁路215断路器二次侧电压切换正常</td><td></td></tr>
<tr><td>9</td><td colspan="4">拉开220kV旁路2151隔离开关</td><td></td></tr>
<tr><td>10</td><td colspan="4">检查220kV旁路2151隔离开关确在分闸位置</td><td></td></tr>
</table>

续表

顺序	操作项目	√
11	合上天怀线 2632 隔离开关	
12	检查天怀线 2632 隔离开关确在合闸位置	
13	检查天怀线 263 断路器二次电压切换正常	
14	拉开天怀线 2631 隔离开关	
15	检查天怀线 2631 隔离开关确在分闸位置	
16	合上天青线 2612 隔离开关	
17	检查天青线 2612 隔离开关确在合闸位置	
18	检查天青线 261 断路器二次侧电压切换正常	
19	拉开天青线 2611 隔离开关	
20	检查天青线 2611 隔离开关确在分闸位置	
21	合上 1 号主变 2012 隔离开关	
22	检查 1 号主变 2012 隔离开关确在合闸位置	
23	检查 1 号主变 201 断路器二次侧电压切换正常	
24	拉开 1 号主变 2011 隔离开关	
25	检查 1 号主变 2011 隔离开关确在分闸位置	
26	合上 220kV 母联 212 断路器控制电源低压断路器	
27	退出 220kV 母差保护强制互联连接片	
28	检查 220kV Ⅰ母线上除 2121、218 隔离开关外其余所有回路母线侧隔离开关均在分闸位置	
29	检查 220kV 母联 212 断路器三相电流正常（ A， A， A）	
30	拉开 220kV 母联 212 断路器	
31	检查 220kV 母联 212 断路器三相无流	
32	检查 220kV 母联 212 断路器确在分闸位置	
33	拉开 220kV 母联 2121 隔离开关	
34	检查 220kV 母联 2121 隔离开关确在分闸位置	
35	拉开 220kV 母联 2122 隔离开关	
36	检查 220kV 母联 2122 隔离开关确在分闸位置	
37	拉开 220kV Ⅰ母电压互感器二次空气断路器	
38	拉开 220kV Ⅰ母电压互感器 218 隔离开关	
39	检查 220kV Ⅰ母电压互感器 218 隔离开关确在分闸位置	
40	退出 1 号主变Ⅰ屏后备保护跳 212 断路器连接片	
41	退出 1 号主变Ⅱ屏后备保护跳 212 断路器连接片	
42	退出 2 号主变Ⅰ屏后备保护跳 212 断路器连接片	
43	退出 2 号主变Ⅱ屏后备保护跳 212 断路器连接片	
44	退出 220kV 母差保护跳 212 断路器出口连接片	
45	投入 220kV 母差保护双母线分裂运行连接片	
46	验明 220kV Ⅰ母三相确无电压	
47	合上 220kV Ⅰ母 2110 接地隔离开关	

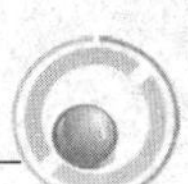

续表

顺序	操作项目	√
48	检查 220kV Ⅰ母 2110 接地隔离开关确在合闸位置	
49	验明 220kV Ⅰ母电压互感器与 218 隔离开关之间三相确无电压	
50	合上 220kV Ⅰ母电压互感器 2180A 相接地隔离开关	
51	检查 220kV Ⅰ母电压互感器 2180A 相接地隔离开关确在合闸位置	
52	合上 220kV Ⅰ母电压互感器 2180B 相接地隔离开关	
53	检查 220kV Ⅰ母电压互感器 2180B 相接地隔离开关确在合闸位置	
54	合上 220kV Ⅰ母电压互感器 2180C 相接地隔离开关	
55	检查 220kV Ⅰ母电压互感器 2180C 相接地隔离开关确在合闸位置	
备注：		
操作人： 监护人： 值班负责人（值长）：		

第五节 旁路断路器代替出线断路器的倒闸操作

一、旁路断路器代替出线断路器操作票填写原则

对于带旁路接线的电气主接线，若其中一条出线断路器需要检修时，为了提高供电的可靠性，可以用旁路断路器代替出线断路器运行，下面介绍操作票的填写原则。

1. 旁代路准备

(1) 更改保护定值。将旁路断路器的保护定值改为与被代线路保护定值一致。

(2) 检查保护定值。检查旁路断路器代线路断路器保护定值正确。

(3) 正确投入旁路断路器保护，但应停用旁路断路器重合闸。

(4) 确认旁路断路器的运行状态。要确认旁路断路器与被代线路断路器所在母线一致，若不一致应将旁路断路器冷倒（即先将旁路断路器转冷备用，再进行下步操作的操作方式）为一致。

2. 检查旁母

(1) 启用解除同期装置。置该断路器的同期开关、同期屏上的同期表计切换开关于投入位置、置同期闭锁解除转换开关于退出同期闭锁位置三项称为启用解除同期装置，反之则是退出解除同期装置。

(2) 合上旁路断路器，对母线进行充电检查。

(3) 退出解除同期装置。

(4) 拉开旁路断路器。

(5) 合上被代线路断路器旁路隔离开关。

3. 合环

(1) 停用环内断路器重合闸。

(2) 环内断路器为分相操动机构的在合环前应停用零序保护，这是因为合环过程中存在环流，若三相合闸不一致会产生零序电流，造成零序保护动作。

(3) 启用检查同期装置。置该断路器的同期开关、同期屏上的同期表计切换开关于投入位置两项称为启用检查同期装置，反之则是退出解除同期装置。

(4) 合环前检查被代断路器的三相电流。

(5) 合上旁路断路器。

(6) 退出检查同期装置。

(7) 合环后检查旁路断路器及被代线路断路器的三相电流。

4. 解环

(1) 拉开被代线路断路器进行解环。

(2) 解环后检查旁路断路器的三相电流。

(3) 投入旁路断路器零序保护。

(4) 启用旁路断路器重合闸。

5. 被代断路器的其他操作

(1) 投入被代线路断路器的零序保护。

(2) 将被代线路断路器由热备用转冷备用或检修。其操作方法与线路停电操作方法一致。

二、旁代路操作举例

如图 3-1 所示，220kV 侧按正常运行方式。根据旁代路操作票填写原则，220kV 旁路断路器代替天大线 262 断路器运行的倒闸操作票见表 3-6。

表 3-6　220kV 旁路断路器代替天大线 262 断路器运行的倒闸操作票

<table>
<tr><td colspan="6">变电站（发电厂）倒闸操作票
单位________　　编号________</td></tr>
<tr><td>发令人</td><td></td><td>受令人</td><td></td><td>发令时间</td><td>年　月　日　时　分</td></tr>
<tr><td colspan="4">操作开始时间：
年　月　日　时　分</td><td colspan="2">操作结束时间：
年　月　日　时　分</td></tr>
<tr><td colspan="6">（　）监护下操作　　（　）单人操作　　（　）检修人员操作</td></tr>
<tr><td colspan="6">操作任务：220kV 旁路 215 断路器由Ⅰ母热备用代天大线 262 断路器于Ⅱ母运行，天大线 262 断路器由Ⅱ母运行转冷备用</td></tr>
<tr><td>顺序</td><td colspan="4">操作项目</td><td>√</td></tr>
<tr><td>1</td><td colspan="4">将 220kV 旁路 215 断路器保护定值由正常（　区）改为备用（　区）</td><td></td></tr>
<tr><td>2</td><td colspan="4">检查 220kV 旁路 215 断路器代天大线 261 断路器　区保护定值正确</td><td></td></tr>
<tr><td>3</td><td colspan="4">检查 220kV 旁路 215 断路器所有保护已正确投入</td><td></td></tr>
<tr><td>4</td><td colspan="4">检查 220kV 旁路 215 断路器确在分闸位置</td><td></td></tr>
<tr><td>5</td><td colspan="4">拉开 220kV 旁路 2155 隔离开关</td><td></td></tr>
<tr><td>6</td><td colspan="4">检查 220kV 旁路 2155 隔离开关确在分闸位置</td><td></td></tr>
<tr><td>7</td><td colspan="4">拉开 220kV 旁路 2151 隔离开关</td><td></td></tr>
<tr><td>8</td><td colspan="4">检查 220kV 旁路 2151 隔离开关确在分闸位置</td><td></td></tr>
<tr><td>9</td><td colspan="4">合上 220kV 旁路 2152 隔离开关</td><td></td></tr>
<tr><td>10</td><td colspan="4">检查 220kV 旁路 2152 隔离开关确在合闸位置</td><td></td></tr>
<tr><td>11</td><td colspan="4">检查 220kV 旁路 215 断路器二次侧电压切换正常</td><td></td></tr>
<tr><td>12</td><td colspan="4">合上 220kV 旁路 2155 隔离开关</td><td></td></tr>
<tr><td>13</td><td colspan="4">检查 220kV 旁路 2155 隔离开关确在合闸位置</td><td></td></tr>
<tr><td>14</td><td colspan="4">检查 220kV215 旁路断路器一次回路无接地、短路及异常</td><td></td></tr>
</table>

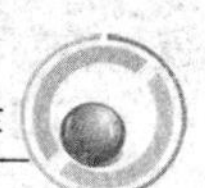

续表

顺序	操作项目	√
15	检查 220kV 旁路母线一次回路无接地、短路及异常	
16	检查 220kV 旁母上除 2155 隔离开关外其余所有回路旁路侧隔离开关均在分闸位置	
17	启用解除同期装置	
18	合上 220kV 旁路 215 断路器	
19	检查 220kV 旁路母线三相电压正常（　kV，　kV，　kV）	
20	退出解除同期装置	
21	检查 220kV 旁路 215 断路器确在合闸位置	
22	拉开 220kV 旁路 215 断路器	
23	检查 220kV 旁路 215 断路器确在分闸位置	
24	合上天大线 2625 隔离开关	
25	检查天大线 2625 隔离开关确在合闸位置	
26	退出天大线 262 断路器 1 号保护屏重合闸出口连接片	
27	检查天大线 262 断路器 2 号保护屏重合闸出口连接片确已退出	
28	检查 220kV 旁路 215 断路器重合闸出口连接片确已退出	
29	退出 220kV 旁路 215 断路器零序保护连接片	
30	退出天大线 262 断路器 1 号保护屏零序保护连接片	
31	退出天大线 262 断路器 2 号保护屏零序保护连接片	
32	检查天大线 262 断路器三相电流正常（　A，　A，　A）	
33	启用检查同期装置	
34	合上 220kV 旁路 215 断路器	
35	检查 220kV 旁路 215 断路器三相电流正常（　A，　A，　A）	
36	检查天大线 262 断路器三相电流正常（　A，　A，　A）	
37	退出检查同期装置	
38	检查 220kV 旁路 215 断路器确在合闸位置	
39	拉开天大线 262 断路器	
40	检查 220kV 旁路 215 断路器三相电流正常（　A，　A，　A）	
41	检查天大线 262 断路器确在分闸位置	
42	投入 220kV 旁路 215 断路器零序保护连接片	
43	投入天大线 262 断路器 1 号保护屏零序保护连接片	
44	投入天大线 262 断路器 2 号保护屏零序保护连接片	
45	拉开天大线 2626 隔离开关	
46	检查天大线 2626 隔离开关确在分闸位置	
47	拉开天大线 2622 隔离开关	
48	检查天大线 2622 隔离开关确在分闸位置	
49	将 262 断路器 1 号高频保护收发信机信号接口由“本线”切至“旁路”	
50	退出 220kV 母差失灵保护跳 262 断路器出口连接片	

续表

顺序	操作项目	√
51	退出天大线 262 断路器 1 号 A 相启动失灵连接片	
52	退出天大线 262 断路器 1 号 B 相启动失灵连接片	
53	退出天大线 262 断路器 1 号 C 相启动失灵连接片	
54	退出天大线 262 断路器 2 号 A 相启动失灵连接片	
55	退出天大线 262 断路器 2 号 B 相启动失灵连接片	
56	退出天大线 262 断路器 2 号 C 相启动失灵连接片	
备注：		
操作人： 监护人： 值班负责人（值长）：		

第六节 主变的倒闸操作

一、主变倒闸操作票填写原则

若两台变压器并列运行，一台主变中性点接地运行，另一台主变间隙接地运行，其停电操作票的填写原则如下。

1. 中性点操作

(1) 根据变压器的停送电操作原则，为避免出现操作过电压，不管是停电还是送电，只要操作主变均应将未接地变压器中性点接地。例如，停中性点接地主变的电时，应将中性点不接地的主变中性点接地；若停中性点不接地主变的电时，也应将中性点不接地主变的中性点接地，此时系统中性点短时内有两个接地点。

(2) 若变压器中性点接地隔离开关与间隙是共用电流互感器，则合接地隔离开关前，应启用变压器对应侧（高、中压侧）中性点零序电流保护；合接地隔离开关后，退出变压器对应侧中性点间隙零序保护。若变压器中性点接地隔离开关与间隙是独立的电流互感器，则不需要切换保护。

2. 主变由运行转热备用

(1) 拉开各断路器前检查环内断路器三相电流正常。

(2) 按照低、中、高顺序拉开主变各侧断路器。对于单电源变压器，应先拉负荷侧断路器，再拉电源侧断路器。

(3) 拉开各断路器后检查环内未拉开断路器三相电流正常。

3. 主变由热备用转冷备用

(1) 按照低、中、高顺序拉开主变各侧隔离开关，且先拉变压器侧隔离开关，再拉母线侧隔离开关。

(2) 停用相关保护：

1) 停用主变保护的失灵启动连接片；

2) 停用主变各侧后备保护跳母联断路器的出口连接片。

4. 主变由冷备用转检修

(1) 拉开主变各侧中性点接地隔离开关。

(2) 主变各侧进行验电接地。

二、主变倒闸操作实例

如图 3－1 所示，此接线中有两台变压器，分别是 1 号和 2 号主变，假设根据调度的命令正常运行时 1 号主变中性点接地运行，2 号主变间隙接地运行，变压器中性点接地隔离开关与间隙是独立的电流互感器，220kV Ⅰ母和Ⅱ母通过 212 断路器并列运行，110kV Ⅰ母和Ⅱ母通过 100 断路器并列运行，10kV Ⅰ母和Ⅱ母通过 910 断路器并列运行，则 1 号主变停电的倒闸操作票见表 3－7。

表 3－7　　1 号主变停电的倒闸操作票

变电站（发电厂）倒闸操作票		
单位＿＿＿＿＿＿＿＿　编号＿＿＿＿＿＿＿＿		
发令人　　　受令人　　　发令时间　　年　月　日　时　分		
操作开始时间：年　月　日　时　分　　操作结束时间：年　月　日　时　分		
（　）监护下操作　（　）单人操作　（　）检修人员操作		
操作任务：1 号主变由运行转冷备用		
顺序	操作项目	√
1	合上 2 号主变 220kV 侧中性点 2029 接地隔离开关	
2	检查 2 号主变 220kV 侧中性点 2029 接地隔离开关确在合闸位置	
3	合上 2 号主变 110kV 侧中性点 1029 接地隔离开关	
4	检查 2 号主变 110kV 侧中性点 1209 接地隔离开关确在合闸位置	
5	检查 1 号主变 220kV 侧中性点 2019 接地隔离开关确在合闸位置	
6	检查 1 号主变 110kV 侧中性点 1019 接地隔离开关确在合闸位置	
7	检查 1 号主变 901 断路器三相电流正常（　A，　A，　A）	
8	检查 2 号主变 902 断路器三相电流正常（　A，　A，　A）	
9	拉开 1 号主变 901 断路器	
10	检查 2 号主变 902 断路器三相电流正常（　A，　A，　A）	
11	检查 1 号主变 901 断路器确在分闸位置	
12	检查 1 号主变 101 断路器三相电流正常（　A，　A，　A）	
13	检查 2 号主变 102 断路器三相电流正常（　A，　A，　A）	
14	拉开 1 号主变 101 断路器	
15	检查 2 号主变 102 断路器三相电流正常（　A，　A，　A）	
16	检查 1 号主变 101 断路器确在分闸位置	
17	检查 1 号主变 201 断路器三相电流正常（　A，　A，　A）	
18	检查 2 号主变 202 断路器三相电流正常（　A，　A，　A）	
19	拉开 1 号主变 201 断路器	
20	检查 2 号主变 202 断路器三相电流正常（　A，　A，　A）	
21	检查 1 号主变 201 断路器确在分闸位置	
22	拉开 1 号主变 9016 隔离开关	
23	检查 1 号主变 9016 隔离开关确在分闸位置	
24	拉开 1 号主变 9011 隔离开关	

续表

顺序	操作项目	√
25	检查1号主变9011隔离开关确在分闸位置	
26	拉开1号主变1016隔离开关	
27	检查1号主变1016隔离开关确在分闸位置	
28	拉开1号主变1011隔离开关	
29	检查1号主变1011隔离开关确在分闸位置	
30	检查1号主变1012隔离开关确在分闸位置	
31	拉开1号主变2016隔离开关	
32	检查1号主变2016隔离开关确在分闸位置	
33	检查1号主变2015隔离开关确在分闸位置	
34	拉开1号主变2011隔离开关	
35	检查1号主变2011隔离开关确在分闸位置	
36	检查1号主变2012隔离开关确在分闸位置	
37	退出1号主变保护Ⅰ屏201起动失灵保护连接片	
38	退出1号主变保护Ⅱ屏201起动失灵保护连接片	
39	退出220kV母差失灵保护跳201开关出口连接片	
40	退出110kV母差保护跳101出口连接片	
41	退出1号主变保护Ⅰ屏后备保护跳212开关出口连接片	
42	退出1号主变保护Ⅱ屏后备保护跳212开关出口连接片	
43	退出1号主变保护Ⅰ屏后备保护跳112开关出口连接片	
44	退出1号主变保护Ⅱ屏后备保护跳112开关出口连接片	
备注：		
操作人：	监护人： 值班负责人（值长）：	

第七节 发电厂及变电站自用电系统的倒闸操作

与变电站的自用电系统比较，大型发电厂特别是火电厂的自用电系统比较复杂，它包括高压厂用电系统和低压厂用电系统，因此发电厂厂用电的倒闸操作也较复杂。

一、变电站站用电倒闸操作

某500kV变电站自用电电气接线图如图3-2所示。正常运行时变电站35kV Ⅰ段母线通过1号站用变（工作变）向0.4kV Ⅰ段负荷供电；变电站35kV Ⅱ段母线通过2号站用变向0.4kV Ⅱ段负荷供电；站外10kV系统为备用电源，0号站用变为备用变压器（简称备用变）且处于空载状态，9001隔离开关、900断路器合上，400、410、420断路器断开。

站用变与备用变的切换倒闸操作票见表3-8。

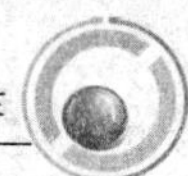

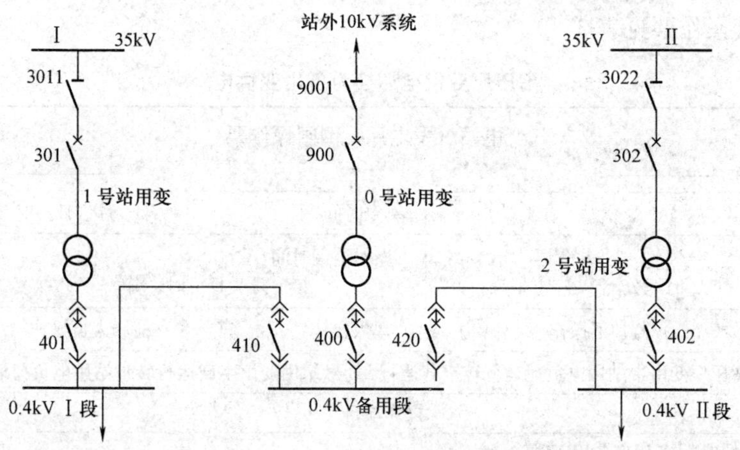

图3-2　某500kV变电站自用电电气接线图

表3-8　　站用变与备用变切换倒闸操作票

<table>
<tr><td colspan="6">变电站（发电厂）倒闸操作票
单位________　　　　　　　　　　编号________</td></tr>
<tr><td>发令人</td><td></td><td>受令人</td><td></td><td>发令时间</td><td>年　月　日　时　分</td></tr>
<tr><td colspan="3">操作开始时间：
年　月　日　时　分</td><td colspan="3">操作结束时间：
年　月　日　时　分</td></tr>
<tr><td colspan="6">（　）监护下操作　　（　）单人操作　　（　）检修人员操作</td></tr>
<tr><td colspan="6">操作任务：2号站用变由带站用电Ⅱ段负荷运行转空载运行，0号站用变由空载运行转带站用电Ⅱ段负荷运行</td></tr>
<tr><td>顺序</td><td colspan="4">操作项目</td><td>√</td></tr>
<tr><td>1</td><td colspan="4">检查0号站用变380V侧三相电压正常</td><td></td></tr>
<tr><td>2</td><td colspan="4">拉开2号站用变402断路器</td><td></td></tr>
<tr><td>3</td><td colspan="4">检查2号站用变402断路器确在分闸位置</td><td></td></tr>
<tr><td>4</td><td colspan="4">检查备自投装置已正确启动合上2号站用变400断路器</td><td></td></tr>
<tr><td>5</td><td colspan="4">检查备自投装置已正确启动合上站用变420断路器</td><td></td></tr>
<tr><td>6</td><td colspan="4">检查0.4kV Ⅱ母线三相电压正常（　V，　V，　V）</td><td></td></tr>
<tr><td>7</td><td colspan="4">检查站用电Ⅱ段负荷正常</td><td></td></tr>
<tr><td>8</td><td colspan="4">检查2号站用变400断路器确在合闸位置</td><td></td></tr>
<tr><td>9</td><td colspan="4">检查站用变420断路器确在合闸位置</td><td></td></tr>
<tr><td></td><td colspan="4"></td><td></td></tr>
<tr><td colspan="6">备注：</td></tr>
<tr><td colspan="6">操作人：　　　监护人：　　　值班负责人（值长）：</td></tr>
</table>

二、发电厂厂用电倒闸操作

某发电厂厂用电部分高压厂用电接线图如图1-12所示。正常运行时1号高压厂变通过61A1、61B1断路器分别向6kV ⅠA、ⅠB段母线供电，61A0、61B0断路器断开，01号备用变充电备用。

若1号机正常停机，则6kV ⅠA段、ⅠB段母线应由1号高压厂变供电切换为由01号备用变供电，其操作票见表 3－9。

表 3－9　　　　　　　　高压厂变供电切换为备用变供电

变电站（发电厂）倒闸操作票					
单位＿＿＿＿＿＿＿＿				编号＿＿＿＿＿＿＿＿	
发令人		受令人		发令时间	年　月　日　时　分
操作开始时间： 年　月　日　时　分			操作结束时间： 年　月　日　时　分		
（　）监护下操作　　（　）单人操作　　（　）检修人员操作					
操作任务：1 号高压厂变由带站用电负荷运行转空载运行，0 号站用变由空载运行转带站用电负荷运行					

顺序	操作项目	√
1	检查 01 号备用变备用正常	
2	调整 01 号备用变分接头，使其符合并列要求	
3	检查 1 号机有功出力减至 100MW 左右（规程规定此时进行厂用电切换）	
4	启用检查同期装置	
5	合上 61A0 断路器	
6	退出检查同期装置	
7	检查 61A0 断路器三相电流正常（　A，　A，　A）	
8	检查 61A0 断路器确在合闸位置	
9	将 6kV ⅠA 段的备自投运行方式切换开关由“投入”切至“停用”	
10	拉开 61A1 断路器	
11	检查 6kV ⅠA 段母线三相电压正常（　V，　V，　V）	
12	检查 61A1 断路器确在分闸位置	
13	启用检查同期装置	
14	合上 61B0 断路器	
15	退出检查同期装置	
16	检查 61B0 断路器三相电流正常（　A，　A，　A）	
17	检查 61B0 断路器确在合闸位置	
18	将 6kV ⅠB 段的备自投运行方式切换开关由“投入”切至“停用”	
19	拉开 61B1 断路器	
20	检查 6kV ⅠB 段母线三相电压正常（　V，　V，　V）	
21	检查 61B1 断路器确在分闸位置	
22	取下 61A1 断路器控制、合闸熔断器	
23	取下 61B1 断路器控制、合闸熔断器	
24	取下 61A1 断路器二次插头	
25	将 61A1 断路器拉至检修位置	
26	取下 61B1 断路器二次插头	
27	将 61B1 断路器拉至检修位置	
备注：		
操作人：　　　监护人：　　　值班负责人（值长）：		

第八节　水轮发电机组正常运行操作

一、水轮发电机组正常开机操作

水轮发电机组正常开机前应作正常巡视检查，检查机组具备开机条件。对于立式机组，如果停机时间较长，开机前需要顶转子，目的是让立式机组的推力轴承建立起油膜，使机组的轴承在启动过程中不至于因干摩擦而损坏。随着水电厂自动化程度的提高，水电厂开机操作已经由主厂房的手动开机转换为在中控室进行自动开机。

下面以立式机组自并励晶闸管励磁发电机为例，说明水轮发电机组正常开机步骤。

(1) 进行开机前的检查：

1) 检查调速器导叶开度为零；

2) 检查机组刹车装置已经复位；

3) 检查发电机出口断路器断开；

4) 检查发电机灭磁开关断开。

(2) 启动机组的油、水、气系统，检查油、水、气系统设备运行正常，油、水、气系统建压正常。

(3) 解除调速器闭锁装置，打开导水叶至空载开度，使转子转速升至额定转速。

(4) 合上发电机灭磁开关，起励建压，升压至额定电压。

(5) 同期合上发电机断路器，使发电机并入系统运行。发电机同期并列的方法同前（本章第一节介绍的电气设备的操作注意事项中的第六点）。

(6) 按照规定带上有功（增加进水量）和无功（增加励磁电流）负荷。

(7) 检查机组各部分运行情况，并做好记录。

二、水轮发电机组正常停机操作

水轮发电机组的正常停机操作与开机操作基本上相反，其操作步骤如下：

(1) 减有功负荷（减小进水量）、减无功负荷（减小励磁电流），减至为零；

(2) 拉开发电机断路器，使发电机与系统解列；

(3) 减小发电机励磁电流，使发电机机端电压降至为零；

(4) 关闭导水机构；

(5) 当机组转速降至额定转速的35%左右时，刹车；

(6) 关闭冷却水，关闭发电机风机；

(7) 投入调速器闭锁装置；

(8) 对机组进行检查并记录。

三、水轮发电机组倒闸操作实例

由于发电厂机组设备差异较大，其倒闸操作票也存在较大差异，但是总原则仍按照上面开停机操作步骤进行。

随着发电厂自动化程度的不断提高，或采用综合自动化系统，其开停机倒闸操作也越来越简单，通过点击鼠标和输入指令机组正常操作就能自行完成。表3-10所示为某水电厂的机组在计算机监控系统上自动开机并网的倒闸操作票。

表 3-10　　某水电厂机组在计算机监控系统上自动开机并网的倒闸操作票

变电站（发电厂）倒闸操作票 单位＿＿＿＿＿＿＿＿　　　　编号＿＿＿＿＿＿＿＿					
发令人		受令人		发令时间	年 月 日 时 分
操作开始时间： 年 月 日 时 分				操作结束时间： 年 月 日 时 分	
（　）监护下操作　　（　）单人操作　　（　）检修人员操作					
操作任务：01 号机开机并网					
顺序	操作项目				√
1	在计算机监控系统上检查 1 号机满足开机条件				
2	点击 01 号机组控制画面“开机到并网”按钮				
3	点击 01 号机组控制画面“执行”按钮				
4	监视 01 号机自动开机过程正常				
5	检查 01 号机出口断路器 1GQF 确在合闸位置				
6	点击 01 号机调速器调节画面“闭环调节投入”按钮				
7	点击 01 号机调速器调节画面“自动方式”按钮				
8	点击 01 号机调速器调节画面“功率反馈方式”按钮				
9	检查 01 号机并网运行正常				
备注：					
操作人：　　监护人：　　值班负责人（值长）：					

小　　结

本章主要是对发电厂及变电站倒闸操作工作任务进行了阐述。

本章从电气设备的四种状态（运行、热备用、冷备用、检修）入手，说明了倒闸操作就是将电气设备由一种状态转换为另一种状态，或改变系统的运行方式所进行的一系列操作。

倒闸操作必须采用统一的专用术语。与倒闸操作相关的专业术语有调度运行术语和操作指令术语。

倒闸操作原则的中心是不能带负荷拉合隔离开关。倒闸操作的基本原则是在不带负荷拉合隔离开关的情况下，停电先停负荷侧、送电先送电源侧，它包括线路的停送电原则、变压器停送电原则、母线倒闸操作原则等。各电气设备的操作注意事项是对倒闸操作原则进行的详细说明和补充。

为了保证倒闸操作的安全性，倒闸操作票的填写必须遵循填写要求。倒闸操作必须根据操作流程进行，这也是电气运行的标准化作业流程。倒闸操作的流程为：①接受调度预发命令；②审核调令、通告全值；③填写操作票；④对操作票进行三级审核；⑤明确操作目的，做好危险点分析和预控；⑥操作准备；⑦接受正式调度命令；⑧模拟预演；⑨现场操作；

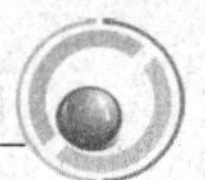

⑩回传电脑钥匙，核对模拟屏与实际现场的一致性；⑪正确归放钥匙、安全用具和操作用具；⑫汇报调度、做好记录；⑬操作评价。

本章还对线路停送电操作、变压器停送电操作、母线倒闸操作、旁带路操作、发电机正常运行操作、自用电系统等操作举例进行了说明。

复习思考题

1. 名词解释

(1) 倒闸操作。

(2) 调度指令。

(3) 逐项操作指令。

(4) 综合操作指令。

2. 填空题

(1) 电气设备通常有__________、__________、__________和检修四种状态。

(2) 用 LW2 系列断路器控制开关进行手动操作断路器时，当控制开关由跳闸后位置切至预备合闸位置时，此时是__________灯闪。

(3) 主变停电操作时，低、中、高压侧必须按照先拉__________，再拉__________，最后拉__________的顺序进行操作。

(4) 旁路代路操作是指采用旁路断路器代替__________断路器所进行的一系列操作。

(5) 同期并列装置由__________、__________、__________组成。

(6) 母线冷备用转运行前，先将__________投运，并投入母线的__________连接片，然后用断路器对母线进行充电。

(7) 电压互感器投入运行时，应先插上电压互感器__________熔断器，然后插上电压互感器__________熔断器，最后合上__________。

3. 判断题（正确画“ ”，错误画“ ”）

(1) 停电操作时，应先操作一次设备，后停用继电保护、自动装置。 (　　)

(2) 严禁约时停电送电，严禁约时拆装安全措施。 (　　)

(3) 倒闸操作票可以用铅笔填写。 (　　)

(4) 操作票填写过程中设备名称、编号错误可以进行涂改。 (　　)

(5)“以下空白”章应在操作项目栏最后一项下面一行左边平行盖。 (　　)

4. 问答题

(1) 倒闸操作的主要内容有哪些？

(2) 线路停送电操作原则有哪些？

(3) 变压器停送电操作原则有哪些？

(4) 隔离开关允许进行哪些操作？

(5) 同期并列应符合哪些条件？

(6) 哪些项目应填入操作票？

(7) 倒闸操作中哪些情况应填写抄录三相电流或电压？

(8) 倒闸操作的流程有哪些？

(9) 水轮发电机组正常开机步骤有哪些?

5. 操作题

(1) 结合图3-1写出220kV天大线262断路器由断路器检修转Ⅱ母运行操作票。

(2) 结合图3-1写出220kV Ⅰ母及电压互感器由检修转运行操作票。

(3) 结合图3-1写出2号主变由运行转冷备用操作票。

第四章　电气设备异常及处理

教学要求

熟悉高压断路器异常现象，能发现高压断路器上异常；熟悉变压器异常现象，能发现变压器上异常；熟悉母线异常现象，能发现母线上异常；熟悉互感器异常现象，能发现互感器上异常；熟悉厂、站用交、直流系统异常现象，能发现厂、站用交、直流系统上异常；熟悉发电机常见异常现象，能对发电机异常现象进行处理；能根据厂、站内各种信息、现象发现小电流接地系统异常，并根据上级调度和主管部门指令进行处理。

发电厂及变电站电气设备在运行过程中会出现各种异常现象，如油断路器过热、油位异常，断路器拒绝分闸、合闸，SF_6 断路器中 SF_6 气体泄漏，变压器声音异常、油位异常、温度异常、过负荷，母线连接处过热，母线绝缘子闪络，避雷器绝缘子表面污闪、破裂，发电机温度过高，发电机转子一点接地，发电机非同期并列，厂、站用交、直流电源异常等。电气设备异常运行，会直接影响到设备的安全、电力系统的安全，甚至是人身安全。因此，当设备出现异常运行时，必须及时进行处理，避免发展成为事故，造成更大的影响和损失。

当电气设备发生异常时，运行人员应详细记录异常情况及当时的运行状况，汇报调度和上级相关部门，加强对设备的监视，根据调度和上级主管部门的指令进行异常处理，并将处理结果汇报调度和上级有关部门。当设备异常需要一次设备停电或转移负荷、退出保护连接片时，必须经调度指令处理；当设备异常而一次设备不停电时，根据上级主管部门的指令进行异常处理。

第一节　高压断路器异常及处理

一、油断路器过热及处理

在我国油断路器分为多油式和少油式断路器。多油式断路器油起绝缘和灭弧的作用，少油式断路器的油起灭弧作用。目前多油式断路器已经淘汰；少油式断路器还在少数发电厂厂、变电站使用，正逐步被真空断路器和 SF_6 断路器代替。

（一）油断路器过热现象及原因

油断路器过热的现象表现为油箱外部颜色异常、气味异常、引线接头试温蜡片融化等。

油断路器过热会引起油位升高，使断路器内部缓冲空间缩小，当切除故障电流时容易引起断路器喷油、爆炸；温度的升高会加速绝缘材料的老化；油断路器过热会使绝缘子受热膨胀破裂等。引起油断路器过热的原因有：

（1）过负荷；

（2）导电杆与设备接线夹连接松动；

（3）断路器各过流部件松动、氧化，造成接触不良。

（二）油断路器过热处理

进行缺陷记录，汇报上级调度和相关部门，根据调度命令减少或转移缺陷断路器的负荷，或根据调度命令进行停电处理。

二、油断路器油位、油色异常及处理

（一）油断路器油位、油色异常

1. 油断路器油位异常

少油断路器中的油位要适当，油位不能过高或过低。油位过高，可能造成在切除故障电路时由于电弧的作用使油分解出大量气体，产生压力过高而发生喷油现象，甚至由于缓冲空间过小而发生断路器油箱变形或爆炸事故。油位过低，可能使断路器的灭弧室暴露在空气中，造成绝缘部件受潮，甚至在开断负荷电流或短路电流时，弧光冲击油面，游离气体混入空气燃烧，引起爆炸。

引起油位过高的原因有：断路器过负荷，油温升高膨胀引起油位过高；气温突然升高引起断路器油膨胀使油位升高；修试人员加油过多。

引起油位过低的原因有：放油阀门胶垫老化龟裂或关闭不严漏油；油标玻璃管破裂漏油；修试人员多次放油后未补油；气温突降引起油断路器油位降低。

2. 油断路器油色异常

正常情况下，断路器油呈透明的浅黄色。油断路器在多次切除故障电流后油色变黑，造成油断路器灭弧性能下降。

（二）油断路器油位、油色异常处理

油位过低时应进行缺陷记录，并汇报调度，根据调度命令停电后由检修人员处理（如有缺陷应对缺陷进行处理后补油至正常油位，如无缺陷应补油至正常油位）；油位过高时应进行缺陷记录，并汇报调度，根据调度命令由检修人员放油，保证在正常油位。当看不到油面并伴有严重漏油情况时，应视为严重缺陷。此时的断路器已不具有灭弧能力，禁止将其断开，同时应设法使断路器退出运行，以防断路器突然跳闸，造成设备的更大损坏。此时应采取如下措施：

(1) 立即断开缺油断路器的操作电源，避免保护动作使该断路器跳闸。

(2) 进行倒闸操作或采用转移负荷的方法将缺油断路器退出运行。首先考虑改变运行方式的方法停用缺油断路器（具体方法见本节“断路器拒绝分闸的处理”部分），不能倒运行方式时，则应汇报调度和有关上级，根据调度指令将负荷转移完毕后将缺油断路器断开。

断路器油色变黑，应根据下列原则进行处理：

(1) 油断路器切断故障电流的次数达到规定值的应进行记录，并汇报上级调度和相关部门，根据调度指令停用重合闸，并安排换油或检修；

(2) 油断路器切断故障电流的次数未达到规定值而油变黑，应进行缺陷记录，汇报上级调度和相关部门，由检修人员取油样进行分析，根据油的击穿电压和油质化验分析来确定是否对断路器进行换油。

三、断路器拒绝合闸及处理

断路器拒绝合闸是指在发出合闸命令后断路器不合闸或合不上。

（一）断路器拒绝合闸原因

断路器的机构异常和电气控制回路故障都可能造成其拒绝合闸。

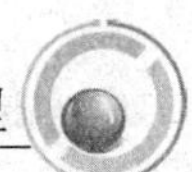

1. 断路器机构异常

(1) 合闸机构卡涩。

(2) 连杆销子脱落。

(3) 液压操动机构压力低于定值或弹簧操动机构弹簧未储能，合闸回路被闭锁。如图 4-1所示，K1 为液压操动机构跳闸压力微动开关触点，K2 为液压操动机构合闸压力微动开关触点，K3 为跳闸压力闭锁继电器（该继电器的动断触点与断路器的跳闸线圈串联），K4 为合闸压力闭锁继电器（该继电器的动断触点与断路器的合闸线圈串联）。当液压操动机构的油压低于合闸压力时，合闸压力继电器 K2 动作，接通 K4 线圈回路，K4 的动断触点断开，让断路器的合闸回路被断开，闭锁断路器的合闸。

(4) SF_6 断路器气体压力过低，使合闸（和分闸）回路被闭锁。如图 4-1 所示，K5 为 SF_6 断路器的 SF_6 气体密度继电器，当 SF_6 气体压力低于密度继电器 K5 动作值时，该触点闭合，同时接通 K4 和 K3 线圈回路，K4 和 K3 的动断触点同时断开，让断路器的合闸、分闸线圈回路同时被断开，同时闭锁断路器的合闸和分闸。

(5) 断路器与辅助触点联动机构脱落，造成合闸回路相连的断路器动断辅助触点断开而不能合闸。

2. 断路器电气控制回路故障

断路器简化的基本跳、合闸控制回路如图 4-2 所示。图中+WC、－WC 是控制电源小母线，+WOM、－WOM 为合闸电源小母线，YC 是断路器合闸线圈，YT 是断路器跳闸线圈，KMC 是合闸接触器，FU1～FU2 是控制熔断器，FU3～FU4 是合闸熔断器，K1 是自动重合闸出口继电器的动合触点，K2 是继电保护出口继电器的动合触点，SA 是断路器的控制开关（PC、C、CD 分别是 SA 的预备合闸、合闸、合闸后位置，PT、T、TD 分别是 SA 的预备分闸、分闸、分闸后位置），QF1 和 QF2 分别是断路器 QF 带机械联动的动合和动断辅助触点。当断路器的控制开关切至合闸 C 位时，SA 5-8 接通，发合闸命令；当断路器的控制开关 SA 切至合闸 T 位时，SA 6-7 接通，发分闸命令。结合图 4-1，分析断路器电气控制回路故障的原因如下：

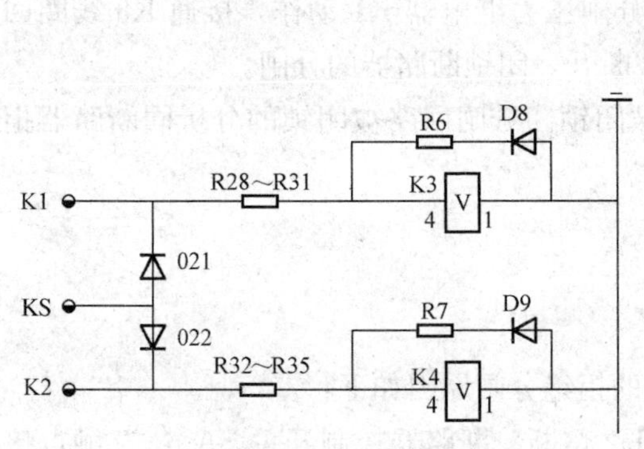

图 4-1　SF_6 断路器压力闭锁示意图

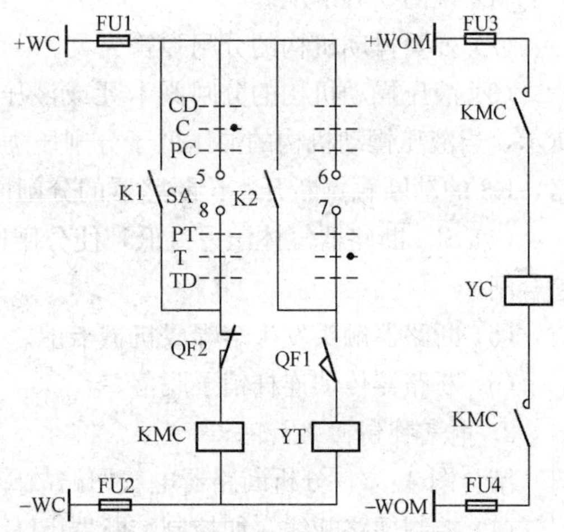

图 4-2　简化的断路器基本跳、合闸控制回路

(1) 控制回路断线，如控制熔断器 FU1 或 FU2 熔断、断路器控制开关 SA 5－8 触点接触不良、断路器动断辅助触点 QF2 接触不良等；

(2) 合闸电压（＋WOM、－WOM 之间的电压）太低甚至为零；

(3) 合闸回路断线，如合闸线圈 YC 烧毁，合闸接触器 KMC 的触点接触不良等。

(二) 断路器拒绝合闸处理

(1) 运行人员应检查控制熔断器、合闸熔断器是否完好，如有损坏应及时更换。

(2) 运行人员应检查合闸电源电压是否太低，若电压太低，应进行缺陷记录，汇报上级调度和相关部门，由检修人员处理。

(3) 检查是否已将断路器的“远方/就地”切换开关把手由“就地”切至“远方”位置。

(4) 检查弹簧储能机构是否未储能闭锁断路器合闸，检查液压或气动机构是否压力过低、闭锁断路器是否合闸。如确有上述现象，应进行缺陷记录，汇报上级调度和相关部门，由检修人员处理。

(5) 检查 SF_6 断路器气体压力是否过低而造成密度继电器闭锁控制回路。若 SF_6 断路器气体压力过低，应汇报上级调度和相关部门，由检修人员处理。

若上述检查均正常，仍合不上闸，可能是断路器辅助触点接触不良、合闸线圈烧坏或断线、断路器机构故障，应进行缺陷记录，汇报上级调度和相关部门，由检修人员处理。

四、断路器拒绝分闸及处理

断路器拒绝分闸是指在发出分闸命令后断路器不分闸或分不开。断路器拒绝分闸对系统安全运行威胁很大，一旦设备发生故障，将会造成越级跳闸，扩大停电范围，甚至可能造成系统瓦解，造成大面积停电的恶性事故。

(一) 断路器拒绝分闸的原因

与断路器拒绝合闸相同，断路器的机构异常和电气控制回路故障都可能造成其拒绝分闸。

1. 断路器机构异常

(1) 跳闸铁心卡涩。

(2) 弹簧操动机构的分闸弹簧失灵。

(3) 液压操动机构的分闸阀卡死或液压操动机构压力低至跳闸回路被闭锁。如图 4－1 所示，当液压操动机构的油压低于分闸压力时，分闸压力继电器 K1 动作，接通 K3 线圈回路，K3 的动断触点断开，让断路器的分闸回路被断开，闭锁断路器的分闸。

(4) SF_6 断路器气体压力过低，使分闸回路被闭锁。分闸回路被闭锁的分析同断路器拒绝合闸。

(5) 断路器触头发生熔焊或机械卡涩。

(6) 断路器传动连杆销子脱落。

2. 电气控制回路故障

结合图 4－2，分析断路器电气回路故障造成的拒绝分闸原因如下：

(1) 控制回路断线，如控制熔断器 FU1 或 FU2 熔断、断路器控制开关 SA 6－7 触点接触不良、断路器动断辅助触点 QF1 接触不良等；

(2) 跳闸线圈 YT 接头接触不良或烧毁。

（二）断路器拒绝分闸的处理

断路器拒绝分闸应进行缺陷记录，立即汇报上级调度和相关部门，迅速采取相关措施。

（1）检查控制熔断器，若损坏则由运行人员进行更换。

（2）检查直流母线电压，若直流母线电压过低，应由运行人员调节电压达到允许值。

（3）检查是否已将断路器的“远方/就地”切换开关把手由“就地”切至“远方”位置。若未切至“远方”位置，由运行人员进行切换。

（4）检查 SF_6 气体压力是否正常。若 SF_6 气体确实压力异常，应汇报上级调度和相关部门，由检修人员处理。

（5）运行人员检查液压机构压力是否正常。若确属液压机构压力异常，应汇报上级调度和相关部门，由检修人员处理。

经检查若属上述熔断器熔断或母线电压过低或“远方/就地”切换开关把手未切至“远方”位置，运行人员处理后可以手动远方跳闸一次，若不成功，请示调度隔离故障断路器，由检修人员进行处理。

（6）若需隔离拒分的故障断路器时，应根据调度的命令转移负荷，然后将拒分断路器停电。下面介绍转移负荷的方法。

1）断开断路器控制电源。

2）断开断路器机构储能电源。

3）根据调度指令改变运行方式，将故障断路器停电隔离。停电隔离的方法如下：

a. 对于单母线接线，可将上一级电源断路器断开，隔离故障断路器后，再恢复其他部分供电；

b. 对于双母线接线，可将除故障断路器以外的其他断路器倒至另一条母线上，用母联断路器断开故障断路器电源，再拉开故障断路器的两侧隔离开关而将之隔离；

c. 对于 3/2 接线，故障断路器在环网运行时可直接用两侧隔离开关将之隔离；

d. 对于双母线接线的母联断路器，可将某设备的两条母线隔离开关同时合上，再断开母联断路器的两侧隔离开关将之隔离，但母联隔离开关的容量应满足开断母联回路的要求；

e. 带旁路母线接线，可用旁路断路器代替故障断路器的方法将故障断路器停电，不过此时由于故障断路器拒绝分闸，需要用故障断路器两侧的隔离开关解环。

五、SF_6 断路器气压降低及处理

（一）SF_6 断路器气压降低原因

SF_6 气体是 SF_6 断路器的绝缘和灭弧介质，其绝缘强度和灭弧能力取决于 SF_6 气体的密度。如果 SF_6 断路器漏气，将直接影响断路器的灭弧和绝缘性能。运行中用 SF_6 气体密度继电器监视气体密度（压力）的变化，它分为两级信号：当 SF_6 气压低至第一报警值时，密度继电器动作发补气（压力降低）信号；当 SF_6 气压低至第二报警值时，发闭锁压力信号，此时会伴随有压力降低及控制回路断线信号，自动闭锁跳、合闸回路。SF_6 断路器压力闭锁示意图如图 4－1 所示。

引起 SF_6 断路器气压降低的主要原因有：

（1）密封面紧固螺栓松动；

（2）焊缝渗漏；

（3）瓷套与法兰胶合处胶合不良；

(4) 瓷套的胶垫连接处胶垫老化;

(5) 压力表接头处密封垫损伤;

(6) SF_6 密度继电器失灵。

(二) SF_6 断路器气压降低的处理

1. 发补气信号

SF_6 气体压力一般比额定工作气压低 5%~10%发补气信号。

运行人员应检查断路器 SF_6 气体压力表指示，与以前的检查结果比较初步分析是否有漏气现象。运行人员初步检查和分析没有漏气现象，则属气压正常下降，应进行缺陷记录，汇报上级调度和相关部门，由检修人员补气；若有漏气现象，应进行缺陷记录，立即汇报上级调度和相关部门，根据调度命令及时转移负荷或改变运行方式后，将故障断路器拉开（此时该断路器的 SF_6 气体压力还具有开断负荷电流的能力，分、合闸回路还未闭锁），停电处理。

2. 发 SF_6 气体闭锁压力信号

SF_6 气体压力一般比额定工作气压低 8%~15%发 SF_6 气体闭锁压力信号。

这时，断路器已经不具备灭弧能力，断路器的跳、合闸回路已被闭锁，应进行缺陷记录，立即汇报上级调度和相关部门，根据调度命令将该断路器隔离，隔离的方法同断路器拒绝分闸的处理。

六、断路器缺相运行及处理

(一) 断路器的缺相运行

220kV 及以上电压等级的断路器，其操动机构采用分相操动机构。若线路单相接地时，则线路断路器单相跳闸，重合闸不重合，其余两相运行；若其中一相机构存在缺陷，则会造成断路器在进行停、送电的操作过程中一相分不开（单相运行）或一相合不上（两相运行），这些情况称为断路器缺相运行（或非全相运行）。

断路器的缺相运行，将使两系统之间的阻抗增大，两系统联系不再紧密而异步运行，造成系统振荡，甚至瓦解；还将在系统中产生零序电流和电压，造成零序保护动作。

(二) 断路器缺相运行的处理

断路器缺相运行的处理方法，应视缺相的情况不同而不同。

(1) 断路器在进行操作时出现缺相运行，现场值班人员应立即断开断路器并报告上级调度和相关部门，由检修人员处理。

(2) 联络线断路器缺相运行，需要将缺相运行断路器断开无效后，汇报上级调度和相关部门。待线路对侧断路器断开后，根据调度命令将缺相运行断路器停电隔离，停电隔离方法同断路器拒绝分闸。缺相断路器隔离后由检修人员处理。

(3) 母联断路器非全相运行时，应汇报上级调度和相关部门，根据调度命令立即降低母联断路器电流，将缺相母联断路器拉开。如缺相母联断路器不能拉开，再次汇报调度，根据调度命令冷倒为单母线运行方式，将一条母线停电，然后由检修人员对缺相断路器进行处理。

(4) 发电机出口断路器缺相运行时，应迅速将发电机有功、无功降至为零，然后将该断路器停电隔离（停电隔离方法同断路器拒绝分闸的处理），由检修人员处理。

七、真空断路器真空度降低及处理

真空断路器是利用将断路器灭弧室抽成真空，空气稀薄，不能形成碰撞游离而灭弧的。

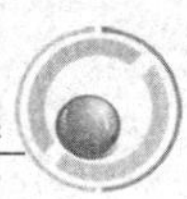

因此必须保证断路器真空灭弧室的真空度，才能保证断路器的可靠运行。真空断路器真空度降低的原因主要有：

（1）真空断路器本体缺陷造成漏气，如焊缝不严密、密封部位微观漏气等；

（2）在真空断路器运行过程中，由于外力造成灭弧室损坏漏气。

真空断路器在运行中，运行人员很难发现真空度降低，只能对真空断路器进行简单判别，通过观察涂在真空玻璃泡内表面的吸气剂薄膜的颜色变化来判断真空度的变化。真空度良好时，吸气剂的薄膜像镜面一样亮；如果真空度降低，吸气剂薄膜变成乳白色。这种判断方法只有在真空度降到很低时才能被发现，并且无法用于陶瓷外壳的真空灭弧室。除此之外只能由检修人员通过交流耐压法或电磁法等进行检验是否存在真空度降低现象。

若发现真空度降低，严禁对断路器进行分、合闸操作，此时应进行缺陷记录，立即汇报上级调度和相关部门，根据调度命令将该断路器停电隔离，停电隔离方法同断路器拒绝分闸的处理。

八、断路器异常处理案例

（一）异常现象

××月××日××时××分，某变电站，警铃响，110kV Ⅰ母××线161断路器发出“SF_6气体压力降低闭锁分闸”、“控制回路断线”光字信号。经检查为161断路器SF_6气压闭锁且不能恢复。

（二）异常的处理

该变电站110kV系统为双母线接线方式，其中112断路器为母联断路器。异常处理步骤如下：

（1）复归音响，抄录异常现象；

（2）检查161断路器本体SF_6气压表压力确已降低至闭锁值；

（3）取下161断路器控制熔断器；

（4）汇报调度和上级；

（5）根据调度命令将110kV母差保护改投大差（非选择性）方式，检查母联112断路器确在合闸位置，取下母联112断路器控制熔断器，将110kV Ⅰ母线上除161断路器以外的其他出线热倒至110kV Ⅱ母线运行，形成112断路器串联161断路器运行的方式；

（6）投入112断路器控制熔断器，拉开112断路器，将161线路停电；

（7）检查161断路器电流为零后，拉开161断路器两侧隔离断路器，停用其相关保护；

（8）在161断路器两侧验电、挂接地线或合上接地开关，做好安全措施，待检修人员处理；

（9）将处理过程和结果汇报调度和上级部门。

第二节　变压器异常及处理

变压器属于重要的电气设备，一旦发生故障就会中断对部分用户的供电，且其修复周期长，会造成严重的经济损失。值班人员应随时对变压器进行监视、检查，通过对变压器的声音、油位、油温、油色、气味等现象的变化，判断变压器是否出现异常，从而采取相应的处理措施，避免发展为变压器事故。变压器的故障一般都发生在绕组、铁心、套管、分接开关、油箱、冷却装置等部件上。

一、变压器声音异常及处理

变压器正常运行时，应是均匀的“嗡嗡”声，主要是励磁电流产生的磁场作用使硅钢片振动，以及铁心的接缝和叠层之间的电磁力作用引起振动的声音。若变压器声音不均匀或有异音，说明变压器异常。

(1) 变压器内部发出均匀而沉重的“嗡嗡”声，可能是变压器出现过负荷，由于电流增大，铁心振动增大引起。此时运行人员应加强监视，且变压器不能超过过负荷倍数的允许运行时间。

(2) 变压器内部短时的“哇哇”声，可能是电弧炉等整流设备投入，由于高次谐波作用，使变压器瞬间发生“哇哇”的声音，此时运行人员应加强监视。

(3) 变压器内部有“叮当”声，应是变压器内部零件松动而发出异响。此时仪表一般正常，变压器油温与油位也无大变化，运行人员应汇报调度，将变压器停运，由检修人员进一步检查处理。

(4) 变压器内部有“噼啪”或“吱吱”声，可能是内部有放电现象。例如内部线圈或引出线对外壳放电；或是铁心接地线断线，使铁心对外壳感应高电压放电；或分接开关接触不良放电。此时应汇报调度，将变压器停运，由检修人员进一步检查处理。

(5) 变压器内部有“咕噜咕噜”的沸腾声，可能是变压器绕组发生短路故障，或分接开关因接触不良引起局部严重过热。此时应汇报调度，立即停运变压器，由检修人员处理。

二、变压器外形异常及处理

1. 防爆管防爆膜破裂

防爆管防爆膜的作用是当变压器油箱油压在超过一定值时防爆膜将破裂，从而减少油压，保护了油箱。

引起防爆管防爆膜破裂的原因有：防爆管防爆膜材质不符合要求，检修人员安装防爆膜时工艺不符合要求，呼吸器堵塞，外力损伤，变压器内部故障等。防爆膜破裂将引起水和潮气进入变压器油箱内，导致绝缘油劣化及变压器的绝缘强度降低。

若发现防爆管防爆膜破裂，运行人员应做好缺陷记录并汇报调度；若是内部故障造成防爆管向外喷油引起防爆膜破裂，应将变压器停运并汇报调度。

2. 压力释放阀异常

变压器压力释放装置的作用与防爆膜相类似，当变压器油压在超过一定标准时释放器动作进行溢油或喷油，从而减少油压，保护了油箱。设置压力释放阀的主要作用是避免变压器内部故障时压力骤增引起变压器油箱破裂或爆炸。压力释放阀具有电接点，用于信号报警，以便运行人员迅速检查处理。

在正常运行过程中变压器压力释放阀也会出现溢油的异常情况，引起溢油的主要原因如下：

(1) 呼吸系统堵塞且外界环境温度出现高温，变压器内部压力超过压力释放阀开启值时，引起压力释放阀溢油；

(2) 对于胶囊式油枕变压器，冷却系统故障造成冷却效果差，引起变压器油温和油位上升，变压器内部压力超过压力释放阀开启值时，引起压力释放阀溢油。

当变压器压力释放阀出现异常时，运行人员应进行异常情况记录，汇报上级调度和相关

部门，由检修人员处理。

3. 套管闪络

套管表面脏污和系统出现过电压都有可能引起套管闪络放电。套管闪络放电会造成套管发热，导致套管绝缘老化受损，甚至引起套管爆炸。

若套管闪络放电，运行人员应做好缺陷记录，汇报调度，将变压器停运，由检修人员处理。

4. 渗漏油

渗漏油是变压器常见的缺陷。造成渗漏油的原因有：阀门故障，密封脚垫老化、龟裂，绝缘子破损，各法兰制造缺陷等。

变压器轻微漏油，油位计看不到油，运行人员应做好缺陷记录并汇报调度，加强监视。严重漏油，油位计和气体继电器内看不到油面，运行人员应做好缺陷记录并汇报上级调度和相关部门，根据调度命令将变压器停运，由检修人员处理。

三、变压器过负荷处理

变压器出现过负荷，电流表指示超过额定值，有功、无功指示增大，发“过负荷”报警信号。此时运行人员应做如下处理：

(1) 复归信号，做好记录，立即向调度汇报。

(2) 按照变压器特殊巡视的要求及巡视项目，对变压器进行巡视。检查变压器的油温、油位是否正常，冷却器是否全部正确投入。

(3) 联系调度，及时调整运行方式，启用备用变压器，调整负荷分配，降低负荷等。

(4) 如属变压器正常过负荷（在正常情况下，以不损坏变压器绕组绝缘和使用寿命为前提的过负荷）或事故过负荷（事故时，为保证用户的供电和不限制发电厂出力，允许变压器短时过负荷），应依照制造厂规定的过负荷倍数的允许运行时间执行，并加强监视变压器油位、油温。过负荷倍数的允许运行时间不得超过允许值，若超过时间则应立即减少负荷。

(5) 过负荷结束后，应及时向调度汇报，并记录过负荷结束时间。

四、变压器油温异常及处理

1. 变压器温度异常的原因

变压器温度参数有允许温度和温升。

变压器的允许温度是指变压器在运行过程中绕组允许达到的最高温度。变压器允许温度是由变压器绕组的绝缘材料决定的，油浸式变压器绕组一般采用A级绝缘材料，A级绝缘材料允许最高温度为105℃。监视变压器绕组的温度常常是通过监视变压器上层油温来实现的，变压器绕组平均温度一般比油的温度高10℃，故变压器上层油温最高允许温度为95℃。而在运行规程中规定变压器长期运行的上层油温不超过85℃，这是因为考虑到油温每增加10℃，油的氧化速度将增加一倍。

变压器的允许温升是指变压器上层油温与周围环境温度差值的极限值。在电气运行中监视变压器上层油温的同时还要监视变压器上层油的温升。这是因为变压器内部绕组（浸泡在油中）与变压器外壳的传热能力不成正比，当外界环境温度下降比较大时，变压器外壳散热能力大，变压器上层油温未超过允许值，但是变压器上层油的温升已经超过允许值，即变压器绕组温度已经超过允许值。对于油浸自冷或风冷变压器，在额定负荷下，上层油温升不超过55℃；对于强迫油循环风冷变压器，在额定负荷下，上层油温升不超过45℃。

若在相同运行条件（冷却条件、负荷、环境温度）下，上层油温比平时高出10℃以上，或负载不变而油温不断上升，则可认为是变压器温度异常。引起变压器温度异常的原因如下：

(1) 变压器冷却装置运行不正常，如变压器风机停运、强油循环油泵停运等；

(2) 变压器长期过负荷运行；

(3) 变压器散热器异常，如散热器阀门部分关闭，散热管被油垢、污物堵塞；

(4) 变压器内部故障引起温度异常。

2. 变压器温度异常的处理

当变压器温度异常时，运行人员应记录异常情况及当时的运行状况，汇报调度和上级相关部门，进行相应的处理。

(1) 检查变压器的负载大小和冷却介质的温度，并与在同一负载及冷却介质温度下的正常温度进行比较核对。如果判断变压器温度异常是由变压器过负载引起，在上层油温超过允许温度或温升时，则应汇报调度和上级相关部门，根据调度命令安排转移负荷，降低该变压器负载，使变压器上层油温和温升下降到允许值。

(2) 检查变压器冷却装置运行情况。若冷却系统故障在运行中无法修复，超出允许温度时，将检查结果汇报调度，根据调度命令将变压器停运，由检修人员进行处理。

(3) 若判断温度上升是变压器内部故障造成，则应将分析结果汇报调度，根据调度命令将变压器停运，由检修人员处理。

五、变压器油位异常及处理

变压器油枕的玻璃管油位计一般标有40、20、－20℃三条刻度线，分别表示环境温度在40、20、－20℃时变压器的正常油位。根据这三条刻度线结合环境温度及变压器所带负载情况，从变压器油位高低可以判定变压器油位是偏高还是偏低，从而决定变压器应该加油还是放油。

变压器运行时油位受温度影响而变化，而温度取决于环境温度、变压器所带负荷及冷却器运行情况等。变压器油位异常的表现有三种形式。

1. 油位过高

油位过高是指油位超过最高油位线，甚至油位高到顶部看不见油位。造成油位过高的原因及处理如下：

(1) 变压器出现过负荷，变压器绕组温度上升引起变压器油温上升，变压器油受热膨胀，造成油位上升，导致油位过高。此时按照变压器过负荷的处理方法处理。

(2) 加油过多，一旦气温升高过多，造成油温上升，油受热膨胀造成油位过高。运行人员应进行异常情况记录，汇报调度，由检修人员放油，使油位降至与当时油温相对应的高度，以免溢油。变压器常采用在运行中放油，此时运行人员应将重瓦斯保护改投信号，避免重瓦斯保护误动作跳闸。

(3) 变压器冷却器运行异常，散热能力差，变压器油温上升，油膨胀造成油位过高。此时运行人员应进行异常情况记录，汇报调度和相关部门，根据调度命令将变压器停运，由检修人员进行处理。

2. 油位过低

变压器油位较同等环境温度及负荷情况下显著下降，或油位在最低油位线以下，甚至看

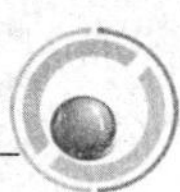

不见油位，应视为变压器油位过低。油位过低可能造成变压器轻瓦斯保护动作，严重降低时可能造成变压器绕组和铁心暴露在空气中，使绕组和铁心受潮而绝缘能力下降，形成绝缘击穿或短路事故。造成变压器油位过低的原因及处理如下：

（1）变压器渗漏油造成油位过低。其处理方式同变压器的渗漏油处理。

（2）变压器本来油位就偏低，又遇环境温度突然降低或负荷突然下降，变压器油温度降低收缩，造成油位过低。运行人员应进行异常情况记录，汇报上级调度和相关部门，由检修人员带电补油至正常油位。在检修人员补油之前，运行人员应将重瓦斯保护改投信号，避免重瓦斯保护误动作跳闸。

（3）检修人员多次放油后未及时补油造成油位过低。运行人员应进行异常情况记录，汇报上级调度和相关部门，由检修人员带电补油至正常油位。

3．假油位

若变压器温度变化正常，而油位不正常或不变，则说明是假油位。造成假油位的原因有：

（1）非胶囊密封式油枕油标管堵塞；

（2）呼吸器堵塞。

若判断为假油位，应汇报上级调度和相关部门，由检修人员进行处理，处理时应先将重瓦斯保护改投信号。

六、冷却装置异常运行的处理

运行中的变压器绕组和铁心要产生热能，可以利用变压器油流将热能带走，变压器冷却装置是增加散热效果而设置的装置。变压器冷却装置常见的故障有冷却器工作电源中断（此时冷却器全停）、冷却器控制电源消失、单台冷却器自动开关事故跳闸、冷却风扇或水泵机械或电气故障、备用冷却器不能正常切换、散热器管路堵塞等。

当变压器冷却器故障时，冷却效果变差，变压器运行温度迅速上升，继而变压器绕组和铁心温度上升，变压器的绝缘在高温下其寿命急剧减少。因此，对冷却设备的故障必须高度重视，迅速处理。

变压器冷却设备发生故障时，运行人员应进行如下处理：

（1）进行缺陷记录。

（2）立即检查故障情况，投入备用冷却设备，保证对变压器的冷却效果。

（3）运行人员对冷却系统进行全面检查，根据查明的情况作进一步处理。如属于冷却装置电源熔断器熔断，则运行人员更换即可；若分析为冷却系统机械故障或控制回路故障，则应汇报调度及相关部门，待检修人员处理。

在冷却设备故障期间，运行人员要密切监视变压器的温度和负荷，随时向上级调度部门和相关部门报告。如变压器负荷超过冷却设备故障条件下规定的限值（例如规定在20min油温达75°要跳各侧开关）时，应按现场规程的规定报调度申请减负荷。

在环境温度较低、过负荷时间不长、油温上升不太多的情况下，变压器还是可以运行的。即使冷却装置全停，按照发电厂及变电站规程规定，仍然允许变压器带额定负荷运行一定时间。

七、有载分接开关异常的处理

有载分接开关是能够进行带负荷调压的一种装置，它包括有选择开关和切换开关（这两个开关都需要电机及控制回路对它们进行操作)，选择开关的作用是选择所需调压的挡位；切换开关的作用是当选择开关选择好挡位后进行挡位的切换，切换开关在进行挡位的切换时是要产生电弧的，因此有载分接开关有灭弧装置。有载分接开关与变压器本体一样，里面还有变压器油、油枕和呼吸器，由于切换开关切换时电弧的影响，该油很容易劣化，因此有载调压机构中的油是与本体油箱中的油隔离的，以避免影响变压器的安全。

有载分接开关常见的异常及处理方法如下。

(1) 分接开关拒动。

1) 操作方式选择开关（如远方或就地操作选择开关、手动或自动选择开关等）位置不正确。运行人员应将它们置于正确位置上。

2) 操作回路直流电源异常。经检查若属熔断器熔断，则运行人员应及时更换；若属其他电气故障不能处理，则应汇报上级调度和相关部门，由检修人员处理。

3) 操动机构交流电源异常。可能引起的原因及处理如下：

a. 操动机构动力电源一相、两相或三相无电压（断路器未合或熔断器熔断），将可能造成电动机不能启动。运行人员合上断路器或更换熔断器后，再启动调压。

b. 操动机构控制回路熔断器熔断，控制回路不能工作。运行人员应更换熔断器后，再启动调压。

(2) 分接开关瓦斯保护动作。运行人员应进行缺陷记录，汇报调度及相关部门，由检修人员处理。

(3) 分接开关内部有异响。运行人员应进行缺陷记录，立即汇报调度及相关部门，根据调度命令决定是否将变压器停运。

八、变压器异常处理案例

1. 异常现象

某发电厂的主变为强迫油循环冷却方式，其中一台主变大修后，投运一段时间，轻瓦斯保护动作。

2. 异常的处理

(1) 对异常现象进行详细记录，将故障情况汇报调度和相关部门。

(2) 对变压器气体继电器本体及冷却器进行全面检查。经检查变压器气体继电器有气体，同时发现一组冷却器入口阀门关闭。

(3) 将关闭的一组冷却器入口阀门打开。

(4) 将检查和处理结果汇报调度和相关部门，申请对气体继电器进行排气和取油样进行色谱分析。

(5) 检修人员到场进行排气，并取油样进行色谱分析，分析结果油样正常，判断变压器内部无故障。判断结果应是冷却器入口阀门堵塞，相当于潜油泵向变压器注入空气，造成气体继电器动作。

第三节　母线异常及处理

母线是配电装置的核心元件，其作用是汇集并分配电能。

母线分为软母线和硬母线两种。软母线由钢芯铝绞线或多股铜绞线组成，主要用于

110kV 及以上电压等级的屋外配电装置。硬母线由铜排或铝排组成，主要用于 35kV 及以下电压等级的屋内配电装置中。目前电力系统中又出现了大量的管形母线，由于管形母线具有表面光滑、抗拉强度大、不易产生放电和变形、对流散热条件好、温升低、损耗小、导电能力强、载流量大、耐热性能高等优点，是取代矩形、槽形母线的全新导体。管形母线主要用于大电流、110kV 及以上电压等级的户外配电装置。

高压母线的常见异常现象有母线连接处发热、母线绝缘子放电闪络、软母线出现散股或断股等。

一、母线连接处发热原因及处理

母线连接处发热原因主要是接触不良，连接处接触电阻过大，发热严重而过热。连接处发热会加速接触部位的氧化和腐蚀，造成恶性循环，若不及时处理，最终会使母线熔焊甚至熔断，造成停电事故。

当母线连接处装有试温蜡片时，蜡片出现融化现象或母线连接处变色，应判断为母线连接处发热。此时应进行缺陷记录，尽快报告调度员，采取倒换母线或转移负荷的方法，减小流过发热点的电流，并加强监视，必要时停电处理。

二、母线绝缘子放电闪络及处理

母线绝缘子放电闪络的原因有：

(1) 表面污秽严重引起，尤其在污秽严重的地区，如化工企业、钢铁企业等附近厂、站空气中含有大量的粉尘和腐蚀性气体，粉尘落在母线绝缘子表面形成污垢层。阴雨或潮湿天气，湿润的粉尘使绝缘子表面耐压降低，泄漏电流增大，导致绝缘子表面对地放电。

(2) 系统短路冲击产生的很大应力，造成绝缘子断裂破损而放电闪络。

(3) 气温骤变绝缘子表里膨胀系数不一致产生的应力，使绝缘子破裂而放电闪络。

(4) 母线绝缘子表面脏污引起放电闪络。

(5) 系统出现大气过电压造成绝缘子表面闪络。

当发生母线绝缘子放电闪络时，应详细记录异常信息，分析闪络原因，并汇报上级调度和相关部门。若是由于绝缘子表面脏污引起的闪络，应根据上级命令由检修人员进行清污；若是绝缘子破损放电，则应根据调度命令将母线停电，由检修人员更换绝缘子，在停电更换绝缘子前，应加强对破损绝缘子的监视，增加巡视检查次数。

三、母线异常处理案例

1. 异常现象

××年××月××日××时××分，某 220kV 变电站在进行正常巡视过程中发现 35kV 高压室内有焦臭味，经仔细检查发现 35kV Ⅱ母线与其中一条线路的母线侧隔离开关连接处 60℃、70℃和 80℃试温蜡片都已融化。

2. 异常的处理

该变电站 35kV Ⅰ母和Ⅱ母线在正常运行时带有站用负荷，35kV Ⅰ母站用负荷由 1 号站用变供电，35kV Ⅱ母站用负荷由 2 号站用变供电，0 号站用变备用。异常处理步骤如下：

(1) 进行异常情况记录，将异常情况汇报调度和上级相关部门。调度命令将 35kV Ⅱ母由运行转检修处理。

(2) 按倒闸操作步骤将 2 号站用变所带负荷倒至 0 号站用变，退出备自投。

(3) 拉开 35kV Ⅱ母线上所有的断路器及断路器两侧隔离开关，将 35kV Ⅱ母线转冷备用。

(4) 在35kV Ⅱ母线上验电，装设接地线，做好安全措施，待检修人员处理。

(5) 将故障处理过程和结果汇报调度和上级。

第四节　防雷设备异常及处理

一、避雷器常见异常及处理

(一) 避雷器常见异常现象

(1) 避雷器爆炸。

(2) 避雷器外绝缘污闪或冰闪。

(3) 避雷器断裂。

(4) 避雷器瓷套破裂。

(5) 避雷器在正常情况下（系统无内过电压和大气过电压）计数器动作。

(6) 引线断损或松脱。

(7) 氧化锌避雷器的泄漏电流超标。

(8) 泄漏电流表内部积水。

(二) 避雷器常见异常原因

(1) 当避雷器连接导线紧固不良时，因风的压力或积雪等会使引线脱落，或加上雷击过电压产生电火花，有时会造成导线熔断。

(2) 由于避雷器是密封性结构，如果瓷套管上发生裂缝，则外部的潮气会侵入瓷套管内部，引起绝缘能力降低，导致事故。

(3) 瓷套管表面有污损时会使避雷器的放电特性降低，严重的情况下避雷器会击穿。同时，污损也会成为瓷套表面闪络的原因。

(4) 对于运行于小电流接地系统的避雷器来说，它不仅要承受雷电过电压和操作过电压，还要耐受正常的持续工作电压和工频暂态过电压及弧光接地、铁磁谐振和断线谐振等较长时间的过电压，单相接地时非故障相的电压也会超过系统的额定电压，给氧化锌避雷器的运行造成不利，使氧化锌元件老化和热稳定性能变差，伏安特性曲线变平，保护特性变低，运行电压下的工频泄漏电流增加，最终引起氧化锌元件的“热崩溃”，造成避雷器的损坏。

(三) 避雷器常见异常的处理

1. 避雷器异常处理原则

(1) 避雷器设备发生故障后，运行人员在初步判断故障类别后立即向调度及上级主管部门汇报。

(2) 详细记录异常发生时间，是否有异常信号。

(3) 若一时不能停电进行处理，应加强对避雷器的监视。

(4) 若属于避雷器故障，应申请停电处理。

2. 避雷器爆炸及阀片击穿或内部闪络故障的处理

(1) 运行人员应立即到现场对设备进行检查，在初步判断故障的类别、故障相别，巡视避雷器引流线、均压环、外绝缘、放电动作计数器及泄漏电流在线检测装置、接地引下线的状态后，向调度及上级主管部门汇报。

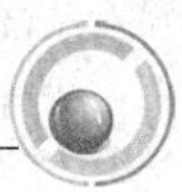

(2) 对粉碎性爆炸事故，还应巡视故障避雷器附近的设备外绝缘的损伤状况。

(3) 在事故调查人员到来前，运行人员不得接触故障避雷器及其附件。

(4) 对粉碎性爆炸的避雷器，运行人员不得擅自将碎片挪位或丢弃。

(5) 避雷器爆炸尚未造成接地时，在雷雨过后拉开相应隔离开关，停用、更换避雷器。

(6) 避雷器爆炸已造成接地者，需停电更换。禁止用隔离开关停用故障的避雷器。

(7) 运行人员要做好现场的安全措施，以便检修人员对故障设备进行检查。

3. 避雷器瓷套裂纹的处理

(1) 如天气正常，应请示调度停下缺陷相避雷器，更换为合格的避雷器。暂时无备件，在考虑到不至于威胁安全运行的条件下，可在裂纹深处涂漆和环氧树脂防止受潮，并安排在近期内更换。

(2) 如天气不正常（雷雨），应尽可能不使避雷器退出运行，待雷雨后再处理。如果因瓷套裂纹已造成闪络，但未接地者，在可能条件下应将避雷器停用。

(3) 避雷器瓷套裂纹严重，可能造成接地者，需停电更换，禁止用隔离开关停用故障的避雷器。

4. 避雷器外绝缘套的污闪或冰闪故障的处理

(1) 立即到现场对设备进行检查，在初步判断故障的类别、故障相和巡视避雷器引流线、均压环、外绝缘、放电动作计数器及泄漏电流在线检测装置、接地引下线的状态后，向调度及上级汇报。

(2) 若不能停电处理，应用红外线检测设备对避雷器进行检测，并加强对避雷器的监视。

(3) 若闪络严重，应申请停电进行处理。

5. 避雷器断裂故障的处理

(1) 立即到现场对设备进行检查，在初步判断故障的类别、故障相后，向调度及上级主管部门汇报，申请停电处理。

(2) 在确认已不带电并做好相应的安全措施后，对避雷器的损伤情况进行巡视。

(3) 在事故调查人员到来前，运行人员不得挪动故障避雷器的断裂部分，也不得对断口部分做进一步的损伤。

(4) 运行人员要做好现场的安全措施，以便检修人员对故障设备进行检查。

6. 引线脱落故障的处理

(1) 运行人员应立即到现场对设备进行检查，在初步判断故障的类别、故障相后，向调度及上级主管部门汇报，申请停电处理。

(2) 在确认已不带电并做好相应的安全措施后，对引线连接端部、均压环的状况进行巡视。

(3) 检查故障避雷器周围的设备是否有放电或损伤。

(4) 在事故调查人员到来前，运行人员不得接触引线的连接端部，也不得攀爬避雷器或构架检查连接端子。

(5) 运行人员要做好现场的安全措施，以便检修人员对故障设备进行检查。

7. 避雷器的泄漏电流值异常的处理

避雷器的泄漏电流值在正常时应该在规定值以下，当运行人员发现避雷器的泄漏电流值明显增大时，说明避雷器内部有故障，这时运行人员应当进行如下处理：

（1）立即向调度及上级主管部门汇报；

（2）对近期的巡视记录进行对比分析；

（3）用红外线检测仪对避雷器的温度进行测量；

（4）若确认不属于测量误差，经分析确认为内部故障，应申请停电处理。

二、避雷针常见异常

避雷针由于结构简单，运行中的异常较少，主要异常现象有：

（1）避雷针锈蚀；

（2）避雷针倾斜；

（3）基础损坏；

（4）避雷针断裂。

避雷针的异常主要是由运行时间较长、防腐处理不合格、外力破坏、安装工艺不合格、通过过大的雷电流或者外力破坏等原因造成的。

三、接地装置常见异常及原因

1. 接地装置的异常现象

（1）接地体、设备接地引下线锈蚀、断裂。

（2）接地电阻不合格等。

接地网起着工作接地和保护接地的作用，如果接地电阻过大，会造成很大危害，具体危害有：①发生接地故障时，使中性点电压偏移增大，可能使健全相和中性点电压过高，超过绝缘要求的水平而造成设备损坏；②在雷击或雷电波袭击时，由于电流很大，会产生很高的残压，使附近的设备遭受到反击的威胁，并降低接地网本身保护设备带电导体的耐雷水平，使设备损坏；③设备外壳和架构接地不良，可能带电运行，造成人身触电。

2. 接地装置异常的原因

（1）运行时间较长，防腐处理不够。

（2）外力破坏。

（3）通过过大的接地故障电流。

第五节　水轮发电机异常及处理

发电机由定子和转子构成。发电机定子由定子铁心和定子绕组构成，发电机转子由转子铁心和转子绕组构成。定子和转子铁心是磁通的通路，定子和转子绕组是电流的通路。转子绕组通以直流电，建立磁场，该磁场通过转子铁心、转子与定子间的气隙、定子铁心形成闭合的路径，在水轮机转子的带动下，该磁场旋转，与定子绕组作相对切割运动，在定子绕组上产生感应电动势，通过调节水轮机的进水量和励磁电流就可以源源不断地向负荷提供有功和无功电能。

下面介绍水轮发电机常见的异常及处理。

一、转子回路一点接地

发电机转子一点接地不会对发电机造成危害，但是如不及时处理，随着时间的推移会发展成为两点接地，导致转子绕组流过较大的短路电流烧伤转子绕组和铁心；同时由于部分绕

组被短接，使气隙磁通失去平衡从而引起机组振动，甚至可能造成发电机失磁保护动作，形成事故。

1. 发电机转子回路一点接地现象

(1) 发“转子回路一点接地”报警信号。

(2) 测量发电机转子绕组正、负极对地电压不平衡，即一极对地电压升高，一极降低。

2. 发电机转子回路一点接地处理

(1) 复归信号，记录异常现象，汇报上级调度和相关部门。

(2) 测量转子绕组正、负极对地电压，若发电机转子绕组正、负极对地电压不平衡，判明转子绕组是真的接地。

(3) 如转子回路有人工作应立即停止其工作。

(4) 检查励磁装置是否正常，检查转子、滑环及绝缘支座有无异常情况。

(5) 通知检修人员对励磁回路进行清扫、检查。

(6) 经检修人员确认转子一点接地无法消除，经上级调度或发电厂相关部门同意投入转子两点接地保护，并立即申请停机处理。运行人员应根据调度指令立即转移负荷、停机处理。

二、发电机过负荷

发电机过负荷是指发电机负荷超过了额定值。发电机过负荷时，保护延时发过负荷信号。

1. 发电机过负荷现象

(1) 发“发电机过负荷”报警信号。

(2) 发电机定子电流超过规定值。

2. 发电机过负荷处理

(1) 复归信号，做好发电机过负荷记录，立即向调度和上级相关部门汇报。

(2) 记录过负荷达到允许值所经过的时间。

(3) 降低发电机的无功负荷，以降低发电机定子电流，但功率因数不应超过规定值，电压不得低于规定值。

(4) 若无功负荷降至极限，发电机仍然过负荷，应汇报调度和上级，根据调度的指令降低有功负荷。

(5) 发电机过负荷期间应严密监视发电机各部件温度不得超过允许值。

(6) 严格控制发电机事故过负荷下发电机过负荷的倍数和运行时间。

三、发电机温度异常

发电机定子、转子各部件都有允许的温度，如果发电机定子、转子各部件温度超过允许值，则为发电机温度异常。

1. 发电机温度异常现象

(1) 发电机定、转子绕组或铁心的温度异常升高，发相应部位温度高报警信号。

(2) 发电机冷却系统可能异常。

(3) 发电机定、转子电流可能增大。

2. 发电机温度异常处理

(1) 复归信号，进行异常情况记录，汇报上级调度和相关部门。

(2) 检查发电机进、出风温度和进、出风温差是否正常，检查空冷器的冷却水压力、流量是否正常。

(3) 检查发电机是否过负荷，在不影响全厂出力的条件下，适当增加其他机组有功和无功功率，减少过负荷机组有功和无功功率。

(4) 以上措施不能降低温度时，应向调度申请减少机组负荷，直到温度降至运行允许温度以内为止。

若经以上方法仍不能降低发电机温度，则向调度申请停机处理。

四、发电机非同期并列

发电机同期并列是指把发电机调整至满足同期条件时，将发电机并入系统运行的一系列操作过程。发电机不满足同期条件的并列为非同期并列，发电机非同期并列的现象和处理如下。

1. 发电机非同期并列现象

(1) 发电机有极大冲击电流，电流表计突然升高后并来回摆动。

(2) 发电机定子电压来回摆动。

(3) 发电机有轰鸣声等异常声音，机组产生强烈振动，振动与表计摆动合拍。

2. 发电机非同期并列处理

(1) 若机组已被拉入同步，应严密监视机组各部温度、振动、摆度、声音、气味，在系统负荷允许时向调度员申请解列停机，并汇报生产领导。

(2) 若机组未能拉入同步，机组发生剧烈振荡，则应不待调度指令立即解列停机，并立即汇报调度。

(3) 当机组解列停机后，由检修人员对机组进行全面检查（发电机定子绕组端部有无变形）和试验（测试发电机绝缘电阻等）。

(4) 待检修人员检查处理后，报生产领导批准，对发电机进行零起升压检查无异常，向调度申请重新将机组并网运行。

五、发电机定子一点接地

为安全起见，发电机外壳和定子铁心都要接地。发电机组在运行中，由于振动的缘故，发电机定子绕组与铁心之间的绝缘会被破坏，常常形成发电机定子绕组一点接地故障。由于发电机中性点为小电流接地系统，所以当发生一点接地且接地电流比较小时，保护作用于发信号；当一点接地电流比较大时，保护作用于跳闸、灭磁和停机。下面以保护动作于发信号的发电机说明定子一点接地的现象和处理。

1. 发电机定子绕组一点接地现象

(1) 警铃响，发“发电机定子接地”信号。

(2) 发电机三相定子电压不平衡，一相电压降低甚至到零，另两相电压升高或升高至线电压。

2. 发电机定子绕组一点接地处理

(1) 复归音响，记录异常现象，汇报调度和上级相关部门领导。

(2) 对发电机机端电压系统进行全面检查，检查是否有明显接地点。

(3) 将接地系统厂用电倒至备用变压器运行，由检修人员进行处理。

(4) 发电机带一点接地运行时间不得超过规程的规定，否则可能发展成为两点接地。

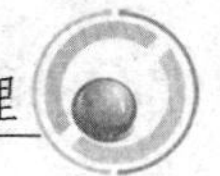

第六节 厂、站用交、直流系统异常及处理

一、厂、站用电交流系统常见异常现象及原因

厂、站用电交流系统常见的异常是交流电消失。

(一) 厂、站用交流电消失的主要现象

(1) 正常照明全部或部分失去。

(2) 直流硅整流装置跳闸，事故照明切换。

(3) 发电机、变压器冷却电源失去，风扇停转。

(4) 厂、站用交流电压表、电流表指示为零。

(二) 厂、站用电部分或全部失电的原因

(1) 高压侧电源中断。

(2) 厂、站用变或者高压侧引线故障，高压侧断路器跳闸。

(3) 低压母线故障，造成厂、站用变低压侧断路器跳闸。

(4) 厂、站用电低压回路故障。

(三) 厂、站用变常见异常及原因分析

(1) 厂、站用变内有放电声，原因有内部分接头接触不良、内部局部绝缘性能下降、变压器油绝缘性能下降等。

(2) 厂、站用变冒烟着火，可能是由变压器内部故障引起。

(3) 厂、站用变渗漏油，原因是密封件老化，四周螺栓吃力不均、有砂眼等。

(4) 油位降低，油色变黑。油位降低可能有两方面原因，一是假油位，由油标管堵塞、油枕呼吸器堵塞或防爆管通气孔堵塞所致；二是变压器严重漏油，修试人员因工作需要多次放油后未做补充，或气温过低油量不足所致。油色变黑是油内杂质和氧化物增多所致。

(四) 厂、站用交流系统异常的处理

1. 厂、站用交流失电的处理原则

(1) 厂、站用交流全部失去时，事故照明应自动切换，主控盘显示厂、站用负荷失电信号，如“主变风冷全停”、“交流电源故障”等光字牌。运行人员应首先分清失压是由于本厂(站)电源进线失电导致的，还是因为厂(站)用交流故障引起的。若是本厂(站)电源进线失电导致的低压停电，应投入备用变压器，或通过联络线恢复送电；若是因为厂(站)用交流故障引起的全厂(站)停电，应迅速查找故障点。

(2) 对厂、站内交流负荷失电进行紧急处理，主要有监视主变温度、监视直流系统电压等。

(3) 查找故障点时，运行人员应先做好安全措施，用万用表、绝缘电阻表对失电设备进行检查。查找厂、站内故障点应采用分段查找的方法，同时根据各种故障现象判断故障点可能的范围。在分段隔离后，用万用表测量绝缘电阻，逐步缩小范围，直至找到故障点。运行人员短时无法查找事故原因的，应尽快通知有关专业人员进一步查找。

(4) 若是环路供电，应先检查工作电源跳闸后备用电源是否已正常切换，若未自动切换应手动切换，保证厂、站用负荷正常供电。

(5) 进一步检查失电分支交流熔断器是否熔断，或低压断路器是否跳开，可试送一次，若送电正常，则可判断该分支无故障；若试送不成功，则拉开分支隔离开关，用万用表测量分支绝缘，查明故障点，报上级部门检修、处理。

2. 工作厂（站）用变失压备自投装置不动作的处理

(1) 若因自投断路器没有打在投入位置，则应立即将其打到投入，使备用电源能正常投入运行。

(2) 若因自投回路故障使分段断路器自投失败，则应手动拉开工作变低压侧断路器，手合低压分段断路器，使停电母线恢复供电。

(3) 电源恢复正常后，运行人员应当对各回路的设备进行巡查，检查各设备是否已正常投入运行，对没有投入运行的则应手动投入。事后汇报调度及有关部门。

3. 配电屏各支路失电事故处理

(1) 当交流配电屏各支路的低压断路器跳闸时，允许立即强送一次，如不成功，则查明事故原因。

(2) 各分支路配电箱的熔丝熔断时，允许用相同规格的熔丝更换一次。在更换之前，应先将该回路的低压断路器或隔离开关退出，换上熔丝后，再合上。严禁带负荷或在带电回路换熔丝，以免电弧伤人。若熔丝再次熔断则应查明原因，消除故障后再送。更换熔丝时严禁增大规格或使用铜、铁丝代替。

4. 一厂（站）用电电压消失的现象及处理方法

一厂（站）用电电压消失的现象如下：

(1) 一厂（站）用电消失时发 1 号或 2 号厂、站用电消失、备自投动作信号；

(2) 厂（站）用电自动切换到另一厂（站）用电运行。

一厂（站）用电电压消失的处理如下：

(1) 检查厂（站）内照明、直流系统，保护、主变风冷系统运行正常，查找厂、站用电消失的原因；

(2) 将故障的厂、站用变隔离。

5. 两厂（站）用电消失的处理方法

厂、站用电不能自动切换到另一台厂、站用电运行，全厂、站失去交流电源，此时处理如下：

(1) 检查厂、站用电的隔离开关是否在合位，厂、站用变是否带电，切换继电器是否正常，高压熔断器是否熔断等，尽快查找出原因；

(2) 在厂、站用电失去期间要注意减少直流负荷，检查厂、站内主变负荷及温度，保护运行情况；

(3) 厂、站用电系统发生故障全停，在恢复厂、站用电时，必须首先保证尽快恢复主变强油循环冷却装置和直流充电机电源。

6. 厂、站用变压器故障处理

(1) 厂、站用变有下列情况之一者，应立即投入备用变，停下故障厂、站用变检修：

1) 厂、站用变内部音响很大，很不正常，有爆裂声；

2) 在正常负荷和冷却条件下，厂、站用变温度不正常并不断上升；

3) 套管有严重的破损和放电现象。

(2) 厂、站用变有油位降低、渗漏油、油色变黑或者呼吸器硅胶变色等缺陷时，应加强

监视，尽快安排处理。

二、直流系统常见异常现象

（一）蓄电池组常见异常现象

(1) 铅酸蓄电池比重过高或过低。

(2) 单只电池电压过低或过高。

(3) 过充电。过充电会造成正极板提前损坏。过充电的现象是：正极板的颜色较鲜艳，电池的气泡较多，电压高于 2.2V，脱落物大部分是从正极板脱落的。

(4) 欠充电。欠充电将使负极板硫化，使容量降低。欠充电的现象是：正极板的颜色不鲜明，电池的气泡较多，电压低于 2.1V，脱落物大部分是从负极板脱落的，比重低，放电时端电压下降快。

（二）直流接线常见异常现象

(1) 直流接地。

(2) 直流熔断器熔断。

(3) 直流断线。

(4) 直流母线电压过高或过低。直流母线电压过低会造成断路器保护动作不可靠及自动装置动作不可靠现象；若电压过高又会使长期带电的电气设备过热损坏或增加继电保护、自动装置误动的可能。

（三）厂、站直流消失的现象和原因

1. 直流消失的现象

(1) 直流消失伴随有电源指示灯灭，发出“直流电源消失”、“控制回路断线”、“保护直流电源消失”或“保护装置异常”等光字信号及熔丝熔断等现象。

(2) 控制盘上指示灯、信号、音响等全部或部分失去功能。

2. 直流消失的危害

厂、站直流消失将直接导致控制回路、保护及自动装置等设备不能正常工作，在操作或系统发生故障、设备异常时，控制回路不能正常动作，引起事故无法有效切除，事故范围会扩大并使一次设备受到损害。

3. 直流消失的原因

(1) 熔断器容量小或不匹配，在大负荷冲击下造成熔丝熔断，导致部分回路直流消失。

(2) 熔断器质量不合格，接触不良导致直流消失。

(3) 由直流两点接地或断路造成熔丝熔断导致直流消失。

(4) 由于酸腐蚀、脱焊或烧熔使得直流蓄电池之间接片断路，使后备电源失去，导致在充电机（或称硅整流）故障或厂（站）用交流失去时引起全厂（站）直流消失。

（四）直流系统接地现象和原因

1. 直流接地的现象

(1)“直流接地”光字牌亮。

(2) 直流绝缘装置显示对地电压降低，另外一极电压升高。

(3) 发生其他异常现象，如直流熔断器熔断、误信号、断路器误动、拒动。

2. 直流系统接地的危害

直流系统发生一点接地是常见的异常运行状态，虽不直接产生恶果，但危害性很大。例

如直流系统发生一点接地后，在同一极的另一地点再发生接地或另一极的一点发生接地时，就构成两点接地短路，将造成继电保护、信号、自动装置误动作或拒绝动作，或造成电源熔断器熔断、保护及自动装置失去电源。

(1) 直流正极接地，有使保护及自动装置误动的可能。因为一般跳合闸线圈、继电器线圈正常与负极电源接通，若这些回路中再发生一点接地，就可能引起误动作（因两接地点使正极电源被接通构成回路）。

如图 4-3 所示，当直流接地发生在 A、B 两点时，将电流继电器动合触点 KA1、KA2 短接，中间继电器 KM1 启动，动合触点 KM1 闭合，由于断路器在合闸位置，所以直流正电源 L+→FU1→KM1→KS→XB→Q2→Y2→L-回路接通使断路器跳闸，当 A、D 两点或 F、D 两点接地时，都能使断路器误跳闸。同理，两点接地还可以导致误合闸、误报信号。

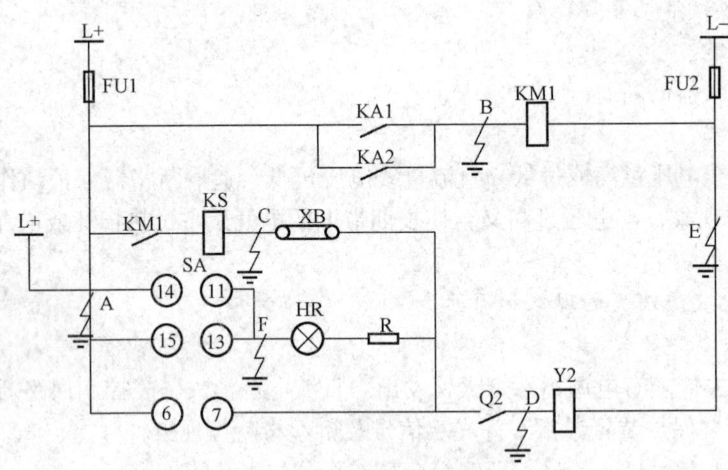

图 4-3 直流接地示意图

(2) 直流负极接地，可能使继电保护、自动装置拒绝动作。因为回路中若再发生某一点接地时，则合（跳）闸线圈被接地点短接而不能动作。

在图 4-3 中，B、E 两点接地，KM1 线圈被短接，保护动作时，KM1 不动作，断路器不跳闸；D、E 两点或 C、E 两点接地时，Y2 被短接，保护动作时，断路器不跳闸，易造成越级跳闸以致扩大事故。同理，两点接地，也可能使断路器拒合，不能报信号。

(3) 直流系统正、负极各有一点接地，会造成短路使熔断器熔断，使保护及自动装置、控制回路失去电源。

在图 4-3 中，直流接地故障发生在 A、E 两点或 F、E 两点时，即形成短路使熔断器熔断。B、E 两点和 C、E 两点接地时，在保护动作时，不但断路器拒跳，而且使熔断器熔断，同时还会烧坏继电器触点。

3. 直流接地的原因

直流接地的原因有人为原因、绝缘损坏、回路脏污、受潮等。

(1) 人为接线有误、工具使用不当等。

(2) 设备回路绝缘材料不合格、老化，绝缘受损引起直流接地。例如磨伤、砸伤、压伤或过电流引起的烧伤，靠近发热元件（如灯泡、加热器）引起的烧伤等。

(3) 设备回路严重污秽、受潮，接线盒、端子箱、机构箱进水造成直流绝缘下降或

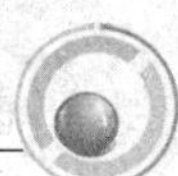

接地。

(4) 小动物爬入或异物跌落造成直流接地。

(5) 直流系统运行方式不当，如一个直流系统中两套绝缘监测装置同时投入造成直流假接地现象。

(五) 直流系统异常处理

1. 直流接地的处理

(1) 直流接地查找和处理的原则。直流接地的查找，应先判明故障的极性，利用故障直流绝缘监测装置测量正、负对地电压，判明是正极接地或负极接地，然后按如下顺序和方法查找。

1) 分清接地极性，初步分析故障原因。例如，二次回路是否有人工作或设备相关操作，是否因天气影响（如梅雨、潮湿、进水等）。若二次回路上有人工作或检修试验工作，应立即停止，检查接地现象是否消失。

2) 直流接地时，直流屏直流接地检测仪有时能自动检测出接地回路，可直接拉开接地回路。拉路时，应先请示调度，经同意后方可进行。保护直流电源停用前，需退出保护跳闸连接片，必要时停用一次设备。

3) 若二次回路上无人工作，可先将直流系统分开各成相对独立的系统，即应用“分网法”，缩小查找范围。应注意查找过程中不能使保护或控制直流失去。

4) 对不重要的直流馈线，可采用“瞬时停电法”查找分支馈线有无接地点。断开保护或控制回路中，应汇报调度，做好安全措施，分回路按顺序瞬时断开直流熔断器，每一回路的查找均应与调度联系一次，防止查找过程中造成保护或控制回路的误动作。直流接地拉路查找的顺序为①先找事故照明、信号回路、通信用电源回路，后找其他回路；②先找主合闸回路，后找保护回路；③先找室外设备，后找室内设备；④先找简单保护回路，后找复杂回路。

5) 对于较为重要的直流馈线，可采用“转移负荷法”查找支路上有无接地点。

6) 若查找不成功，未找出接地点，应通知上级有关部门，联系专业人员进行查找。

用以上试停的方法查找直流接地，有时找不到接地点，可能的原因是：

1) 当直流接地发生在充电设备、蓄电池本身和直流母线上时。

2) 当直流采取环网供电方式时，如不先使环网解列，是不能找到接地点的。

3) 发生直流窜电（寄生回路）、同极两点接地、直流系统绝缘不良、多处出现虚接地点，形成很高的接地电压，在表计上出现接地指示。在拉路查找时，往往不能一下全部拉掉接地点，因而仍然有接地现象存在。

遇到以上这些情况要具体分析，再进行相应处理。

(2) 直流接地查找处理的注意事项：

1) 瞬拔熔断器时应经调度员同意，断开电源的时间一般不应超过 3s，不论回路中有无故障、接地信号是否消失，均应及时投入；

2) 尽量避免在高峰负荷时进行；

3) 防止人为造成短路或另一点接地，导致误跳闸；

4) 禁止使用灯泡查找直流接地故障；

5) 使用仪表检查时，表计内阻应不低于 2000Ω/V；

6）直流接地发生时，禁止在二次回路上工作；

7）查找直流接地时，必须由两人及以上配合进行，其中一人操作，一人监护，防止人身触电，做好安全监护；

8）防止保护误动作，在瞬断操作电源前，解除可能误动的保护，操作电源给上后再投入保护；

9）运行人员不得打开继电器和保护箱。

2. 直流电压消失的处理

(1) 当直流消失后，应汇报调度，停用相关保护，防止查找处理过程中保护误动。

(2) 检查熔断器是否熔断，如有熔断，则应更换容量满足要求的合格熔断器。

(3) 对蓄电池接线断路，应到蓄电池室内对蓄电池逐个进行检查，发现接线断开时，可临时采用容量满足要求的跨线将断路的蓄电池跨接，即将断路电池相邻两个电池正、负极相连，并立即通知专业人员检查处理。

3. 直流母线电压过低或过高的处理

(1) 直流系统运行中，若出现母线电压过低的信号时，值班人员应检查并消除。检查浮充电流是否正常、直流负荷是否突然增大、蓄电池运行是否正常等。若属直流负荷突然增大时，应迅速调整直流母线电压，使母线电压保持在正常值。

直流电压显著下降的处理如下：

1）检查充电装置是否正常，是否有直流输出；

2）检查直流馈线熔断器是否熔断；

3）检查蓄电池是否有严重损坏；

4）若值班员不能及时处理，应汇报工区，通知专业人员处理。

(2) 当出现母线电压过高的信号时，应降低浮充电流，使母线电压恢复正常。

(3) 交流窜入直流回路的处理；

1）故障现象表现为直流盘表指示正常，但有直流电压过高、过低、接地等信号同时不规则出现；

2）处理方法与查找直流接地方法相同，但此时很容易造成保护误动，应做好事故预想。

4. 蓄电池组异常处理

(1) 蓄电池在运行中发现下列异常应通知检修人员进行处理：

1）容器破损、电解液漏出；

2）蓄电池组绝缘能力降低，造成直流接地，清扫后仍不能消除。

(2) 防酸蓄电池故障及处理：

1）防酸蓄电池内部极板短路或开路，应更换蓄电池。

2）长期处于浮充运行方式的防酸蓄电池，极板表面逐渐会产生白色的硫酸铅结晶体，通常称为“硫化”。处理方法是对故障蓄电池加强监视，增加对其电压、比重的测试次数，报缺陷处理。

3）防酸蓄电池底部沉淀物过多，用吸管清除沉淀物，并补充配置的标准电解液。

4）防酸蓄电池极板弯曲、龟裂、变形，若经核对性充放电容量仍然达不到80%以上，此蓄电池应更换。

5）防酸蓄电池绝缘能力降低，当绝缘电阻值低于现场规定时，将会发出接地信号，且

正对地或负对地均能测到电压时，应对蓄电池外壳和绝缘支架用酒精擦拭，改善蓄电池室的通风条件，降低湿度，绝缘将会得到提高。

(3) 阀控密封铅酸蓄电池故障及处理：

1) 阀控密封铅酸蓄电池壳体变形，造成此故障的原因有充电电流过大、充电电压超过了2.4*N*V、内部有短路或局部放电、温升超标、安全阀动作失灵等使得内部压力升高。处理方法是减小充电电流，降低充电电压，检查安全阀是否堵死。

2) 运行中浮充电压正常，但一放电，电压很快下降到终止电压值，一般原因是蓄电池内部失水干涸、电解物质变质。处理方法是更换蓄电池。

(4) 镉镍蓄电池故障及处理。镉镍蓄电池容量下降，放电电压低。处理办法是更换电解液，更换无法修复的电池。

三、厂、站用交流系统异常处理危险点及控制措施

厂、站用交流系统异常处理危险点及控制措施有如下几点。

(1) 交流触电。交流触电控制措施如下：

1) 低压交流系统工作应由两人一起进行；

2) 工作前断开工作地点的电源、熔断器，在电源操作把手上挂"禁止合闸，有人工作!"标示牌；

3) 工作前必须验电；

4) 工作人员应站在绝缘凳或登在绝缘梯上。

(2) 带负荷拉、合隔离开关，造成弧光短路。其控制措施如下：

1) 拉、合各回路隔离开关前，应尽量减小回路电流；

2) 拉、合低压侧总隔离开关前应先断开各分路隔离开关，使低压侧负荷为零；

3) 在厂、站用变高压侧采用隔离开关时，只能用隔离开关进行空载厂、站用变的停、送电操作，并且禁止使用隔离开关投入或退出异常运行的厂、站用变。

(3) 带负荷投、退熔断器造成烧伤或灼伤。其控制措施如下：

1) 取下或投入熔断器前应检查回路以断开电源。严禁带负荷投、退熔断器。

2) 更换熔断器应带绝缘手套和护目镜。

(4) 主变冷却器失电全停，主变温升过高。其控制措施为：当低压交流失电造成主变冷却器全停后，应监视主变负荷和温度，按照现场规程中规定的负荷和温度极限掌握，超出规定的负荷和温度时，汇报调度采取限制负荷的措施，或者将主变停运。

(5) 厂、站用变损坏。其控制措施为：厂、站用变有过热、内部有异常响声、套管严重破损放电等异常现象时，应立即停运处理。

(6) 交流短路或接地。其控制措施如下：

1) 使用的工具做好绝缘；

2) 检查工作中禁止随意拆接交流回路接线；

3) 使用万用表测量交流电压时，应使用万用表的交流电压挡，禁止使用电流或电阻挡进行测量。

四、直流系统异常处理危险点及控制措施

(1) 直流短路或接地。其控制措施如下：

1) 使用的工具做好绝缘；

2）检查工作中禁止随意拆接直流接线；

3）查找直流回路异常应使用高内阻电压表，禁止使用灯泡查找；

4）使用万用表测量直流电压时，应使用万用表的直流电压挡，禁止使用电流或电阻挡进行测量。

(2) 直流电压严重下降。其控制措施为：厂、站用交流失压后，应严密监视直流系统电压，尽量减小直流负荷，发现直流电压下降严重应调整电压。

(3) 人身触电。其控制措施如下：

1）应由两人一起进行检查和处理，加强监护；

2）使用工具应合格并绝缘良好；

3）不得徒手接触直流回路的导电部分。

(4) 保护和自动装置拒动或误动。其控制措施如下：

1）断开、投入控制和保护回路直流电源前应经调度同意，并尽量缩短直流断开时间；

2）断开保护回路直流电源前应经调度同意退出保护和自动装置，投入直流电源后再投入；

3）处理过程中避免造成直流接地；

4）运行人员不得打开继电器和保护箱。

(5) 微机保护及自动装置损坏。其控制措施为：断开微机保护或自动装置直流电源前先将装置停用，投入直流电源后再启动，禁止未将装置停运就直接断开直流电源。

(6) 蓄电池室氢气爆炸。其控制措施如下：

1）蓄电池室内严禁烟火；

2）进入蓄电池室前应先开启通风装置，通风 15min。

(7) 蓄电池因过充电或欠充电损坏。其控制措施如下：

1）非自动控制的充电机应每月由浮冲电倒全充电运行 48h；

2）自动控制充电装置应监视其运行情况，防止由于充电装置故障造成蓄电池过充电或欠充电运行时间过长而损坏；

3）每月按照规定时间进行蓄电池电压（和比重）的测试，根据测试结果判断蓄电池运行状态，进行适当维护。

小　　结

本章主要介绍了发电厂及变电站电气一次设备和自用电交直流系统常见的异常现象及处理。

断路器根据灭弧介质不同可以分为油断路器、真空断路器和 SF_6 断路器。油断路器常见的异常有过热、油色及油位异常；真空断路器异常主要有真空度降低；SF_6 断路器异常主要有气压降低，各种断路器拒分、拒合等。

变压器常见异常有声音异常、外观变形、过负荷、油温油位异常、冷却装置异常、调压机构异常等。

母线的作用是汇集并分配电能。母线分为软母线和硬母线两种。母线常见异常有母线连接处发热、母线绝缘子放电闪络、软母线出现散股或断股等。

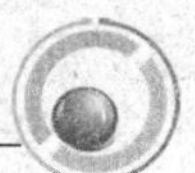

避雷器常见异常有避雷器爆炸、外绝缘污闪或冰闪、避雷器断裂、瓷套破裂、引线断损或松脱等。避雷针常见异常有避雷针锈蚀、倾斜、基础损坏等。接地装置常见异常有避雷针断裂、接地引下线锈蚀或断裂、接地电阻不合格等。

发电机常见异常有转子回路一点接地、过负荷、温度异常、非同期并列、定子一点接地等。

厂、站用电交、直流系统常见的异常有交流电源消失、蓄电池组电压过高或过低、直流系统接地等。

电气一次设备及自用电系统异常的处理过程中，要对异常现象进行详细记录，将异常现象汇报调度及相关部门；对异常设备进行详细检查，将检查结果汇报调度后再做进一步处理。

复习思考题

1. 油断路器有哪些常见异常现象？应怎样进行处理？
2. SF_6 断路器气压降低应如何处理？
3. 真空断路器真空度降低应如何处理？
4. 变压器有哪些异常现象？应如何处理？
5. 母线有哪些异常现象？应如何处理？
6. 避雷设备有哪些常见异常现象？应如何处理？
7. 水轮发电机有哪些常见异常现象？应如何处理？
8. 厂、站用交流系统有哪些常见现象？应如何处理？
9. 厂、站用直流系统有哪些常见现象？应如何处理？

第五章 电气设备事故处理

教学要求

掌握电气设备事故处理的基本原则和步骤，熟悉调度规程中关于电气设备事故的规定和要求；熟悉输电线路发生跳闸事故时变电站站端的事故现象，会检查、复归事故信号，能根据事故现象和各类事故信号分析判断输电线路故障的类型、性质和范围，熟悉输电线路跳闸事故时厂、站内设备的巡视检查项目和范围，能准确地向上级调度汇报事故情况，能在调度的指挥下进行输电线路跳闸事故处理；熟悉主变发生事故跳闸时的事故现象，会检查、复归事故信号，能根据事故现象和各类事故信号分析判断主变故障的类型、性质和范围，熟悉主变事故时厂、站内设备的巡视检查项目和范围，能准确地向上级调度汇报事故情况，能在调度的指挥下进行主变跳闸事故处理；熟悉厂、站母线发生事故跳闸时的事故现象，会检查、复归事故信号，能根据事故现象和各类事故信号分析判断母线故障的类型、性质和范围，熟悉母线事故时厂、站内设备的巡视检查项目和范围，能准确地向上级调度汇报事故情况，能在调度的指挥下进行母线跳闸事故处理；熟悉厂、站用交、直流系统事故的事故现象，会检查、复归事故信号，能根据事故现象和各类事故信号分析判断厂、站用交、直流系统事故的类型、性质和范围，熟悉厂、站用交、直流系统事故时设备的巡视检查项目和范围，能准确地向上级调度汇报事故情况，能在调度的指挥下进行厂、站用交、直流系统事故处理；熟悉厂、站发生事故时运行人员应进行的紧急处理项目，会进行事故时的紧急处理。

发电厂及变电站电气设备在运行过程中会发生各种严重故障，分别介绍如下。

(1) 输电线路各种类型的短路和接地故障、线路断线故障。

(2) 变压器内部故障：绕组故障（绕组的匝间短路、接地短路、相间短路、不同电压等级之间的击穿等）和铁心故障（铁心多点接地等）。变压器外部故障：套管、引线故障和系统短路电流引起的变压器故障跳闸；套管故障（常见的是爆炸、闪络放电及严重漏油等）；有载调压装置故障；变压器保护误动、误整定、误碰造成主变误跳闸。

(3) 母线各种类型的短路和接地故障（引线接头松动接地、所连接的电压互感器、避雷器故障，以及连接在母线上的隔离开关支持绝缘子损坏或发生闪络），母线绝缘子及断路器套管绝缘损坏或发生闪络，母线保护用电流互感器发生故障。误操作，如带负荷拉、合母线侧隔离开关、带地线合母线侧隔离开关或带电挂接地线引起的母线故障。母线差动保护或失灵保护误动、误整定。

(4) 各种原因造成的站用交流系统失电、直流系统接地和故障等。

引起电气设备事故的原因是多方面的，如自然灾害、设备缺陷、频率和电压维护不当、检修质量不好、外力破坏、运行方式不合理、继电保护误动和人员工作失误等。

电气设备出现故障，即电力系统出现事故，会直接影响到设备、电力系统和人身的安

全，因此必须正确及时对故障进行处理，以减小事故对设备的损害以及对人身的伤害，提高电力系统稳定性和对用户供电的可靠性。事故处理必须根据相关的原则和规定，并按照一定的程序和方法进行。

第一节　事故处理的基本原则及步骤

一、事故处理的基本原则

电气设备发生事故时，各级当值调度员是事故处理的指挥人，运行值班负责人是事故处理现场领导人。发电厂、变电站当值负责人应及时将事故现象和处理情况向当值调度员汇报并迅速而准确地执行调度命令。运行值班负责人应对事故处理的正确性、迅速性负责。为此值班调度员和厂、站值班人员应紧密配合，并做到以下几个方面：

(1) 事故处理必须严格遵守《电力安全工作规程》、调度规程、现场运行规程及有关安全工作规定，服从调度指挥，正确执行调度命令。

(2) 迅速限制事故发展，消除事故根源并解除对电网、人身、设备安全的威胁。如果对人身、设备和电网安全没有构成威胁时，应尽力设法保证其设备运行，一般情况下，不得轻易停运设备。如果对人身、设备和电网安全构成威胁时，应尽力设法解除这种威胁。如果危及人身和设备的安全时，应立即停止设备运行。

(3) 用一切可能方法保持设备继续运行，以保证对用户的供电正常。在处理事故时，应根据现场情况和有关规定启动备用设备运行，采取必要的安全措施，对未造成事故的设备进行必要的安全隔离，保持其正常运行，防止事故扩大。

(4) 应首先保证厂、站用电的安全运行和正常供电，当事故造成厂、站用电停电时，应首先处理和恢复厂、站用电的运行，以确保其供电。

(5) 值班人员应根据事故当时的运行方式、天气、工作情况、继电保护及自动装置的动作情况、光字牌信号、事故报告、故障录波报告、表计指示和设备情况，判断事故的性质和范围并及时向各级调度值班员和上级领导汇报。

(6) 为防止事故的扩大，在事故处理过程中，值班人员应与调度员保持联系，主动将事故处理进展情况报告调度员。

(7) 尽快对已停电的用户特别是重要用户恢复供电。

(8) 做好详细的记录，整理好现场事故处理报告、继电保护和自动装置事故报告、故障录波报告。

二、事故处理的一般规定

(1) 如事故处理涉及省调（地调）调度管辖范围的，凡涉及对系统有重大影响的操作应征得省调（地调）调度员的同意才能进行。事故处理时，调度系统运行值班人员应迅速正确地执行上级值班调度员的调度指令，凡对系统有重大影响的操作需取得上级值班调度员的指令或许可。上级值班调度员必要时可越级发布调度指令，但事后应尽快通知有关下级值班调度员。

(2) 为防止事故扩大，运行值班人员应不待调度指令自行进行以下紧急操作，但事后需尽快汇报值班调度员：

1) 将直接对人身和设备安全有威胁的设备停电；

2）将故障停运已损坏的设备隔离；

3）当厂、站用电部分或全部停电时，恢复其电源；

4）电压互感器或电流互感器发生异常情况时，厂、站运行值班人员迅速按现场规程规定调整保护；

5）系统事故造成频率严重偏差时，各发电厂调整机组出力和启、停机组协助调频；

6）其他在厂、站现场规程中规定可以不待调度指令自行处理者。

(3) 设备出现故障跳闸后，设备能否送电，厂、站值班人员应根据现场规程规定，向值班调度员汇报并提出要求。

(4) 事故发生时，值班人员应坚守岗位，正确执行当值调度命令，处理事故。此时，除有关领导和专业人员外，其他人员均不得进入控制室和事故地点。事前进入的人员应立即离开，便于处理事故。

(5) 发生事故时，运行值班人员应立即向值班调度员简要汇报事故情况，以及相关设备的状态和潮流情况，经检查后再详细汇报如下内容：

1）保护装置动作及通道运行情况；

2）设备外部有无明显缺陷及事故象征；

3）故障录波器、故障测距装置动作情况；

4）有关事故的其他现象等。

(6) 事故处理时，运行人员必须留在自己的工作岗位上集中精力保持设备的正常运行，迅速正确地执行调度命令；只有在接到当值调度员、直接领导的命令以后，或者在对于人身安全有明显和直接的危险时，方可离开工作岗位。

(7) 事故处理时，各单位负责人对本单位调度系统值班人员发布的指示不应与上级值班调度员的调度指令相抵触。

(8) 处理事故时，必须严格执行接令、监护、复诵、汇报、录音和记录制度，正确使用调度术语和操作术语。

(9) 事故处理完毕后，事故单位应整理现场事故处理报告、继电保护和自动装置事故报告、故障录波报告、事故录音及时上报有关部门。

(10) 事故处理时，不得进行交接班，如果在交接班时发生事故，而交接班手续尚未完成，交班人员应留在自己的岗位上进行事故处理，接班人员可在当值值班负责人的指挥下协助处理，待事故处理告一段落，方可进行交接班。

(11) 事故处理全过程应录音。

三、事故处理的步骤

1. 检查简要的事故信号

运行人员应及时检查记录事故时间、断路器变位情况、表计指示等事故信号。

2. 向值班调度员进行事故初步汇报

向上级值班调度员简要汇报检查到的事故现象。此次汇报为事故处理的初步汇报，主要目的是让上级调度清楚事故的初步情况，了解系统运行方式。在与调度联系时应遵守《电力安全工作规程》相关规定，应先互报单位和姓名，使用规范的调度术语和设备双重名称，即设备名称和编号。全过程双方都要录音并做好记录。须向调度汇报内容包括：

(1) 事故发生时间；

(2) 开关变位情况；

(3) 相关表计指示。

3. 检查详细的事故信号

及时检查记录保护及自动装置动作情况、光字牌信号、事故报告、故障录波报告及事故特征等事故信号。出现事故时，往往会引起系统的振荡和干扰，将会发出各种由于系统振荡和干扰引起的保护信号（多为预告信号），这些信号会影响到值班员对重要事故信号的收集和检查，这就要求值班员能分辨出与本次事故有关的重要信号进行重点检查和记录。

4. 对事故厂或站内的设备进行检查

值班人员应穿戴好合格的安全工器具，对事故时变电站内的设备进行检查。检查时应遵守《电力安全工作规程》相关规定。检查站内设备的目的：一是检查现场断路器的实际位置与监控机上的断路器变位情况是否一致；二是检查事故范围内有无明显的故障点，并及时将其隔离；三是检查由于事故跳闸造成停电的完好设备是否具备恢复送电的条件；四是检查完好运行设备的运行工况是否良好，如有无过负荷等情况。设备检查项目见第三章。

5. 进行事故分析判断

根据检查到的所有事故现象和设备情况分析、判断事故的原因、性质、范围。

6. 采取措施限制事故的发展，解除对电网、人身、设备安全的威胁

为防止事故扩大，运行值班人员应不待调度指令自行将直接对人身和设备安全有威胁的设备停电、隔离故障停运已损坏的设备、恢复厂（站）用电等，但事后需尽快汇报值班调度员。

7. 再次向上级值班调度汇报事故处理情况

向上级值班调度员补充汇报检查到的事故现象。此次汇报为事故处理的详细汇报，主要目的是让上级调度清楚厂（站）内事故的具体情况，了解系统运行方式。需向调度汇报的内容如下。

(1) 事故发生时间。

(2) 保护、自动装置及故障录波装置动作情况：

1) 保护动作情况；

2) 故障参数，如短路电流、电压，保护动作时间，故障选相，故障测距等。

(3) 现场设备检查情况。

(4) 进行的紧急操作。

(5) 对事故的初步判断。

(6) 需向调度申请的事故处理操作：

1) 设备有过负荷时，向调度申请转移负荷；

2) 系统失去中性点时，向调度申请转移中性点。

8. 根据上级调度值班员的指令进行事故处理操作

将故障设备隔离（即转为冷备用），尽一切可能恢复正常设备送电。事故处理操作的要点包括：

(1) 明确故障设备；

(2) 隔离故障设备应彻底；

(3) 尽一切可能恢复其余正常设备运行。

9. 检查确认事故处理操作完成情况、再次汇报上级值班调度员

事故处理告一段落后，检查事故处理情况，故障设备是否彻底隔离，完好设备是否已恢复送电，相关保护运行方式是否合理。向调度汇报事故处理结果及厂（站）内现在的运行方式。

10. 整理事故处理相关记录、资料，进行事故处理总结

(1) 检查一次模拟接线图与实际运行方式一致。

(2) 安全工器具擦拭干净，定置摆放。

(3) 做好相关运行记录。

(4) 整理现场事故处理报告、继电保护和自动装置事故报告、故障录波报告、事故录音并及时上报有关部门。

(5) 总结本次事故处理。

第二节 线路事故处理

输电线路故障是电力系统常见事故，输电线路故障原因有很多，情况也比较复杂。因此掌握输电线路的事故处理原则、处理步骤是对厂、站值班运行人员的基本要求。

一、输电线路故障类型

1. 按故障性质分类

按故障的性质一般可以分为短路故障和断线故障，短路故障又可以分为相间短路和接地短路故障。详细分类如下：

(1) 单相接地；

(2) 两相相间短路；

(3) 两相接地短路；

(4) 三相相间短路；

(5) 三相接地短路；

(6) 线路断线故障。

上述前四种是常见故障，后两种是非常见故障。

2. 按故障持续时间分类

按故障持续时间分类，可分为瞬时性故障和永久性故障。

运行经验表明，单相接地故障占输电线路故障的80%左右。由于线路上普遍采用自动重合闸，线路发生瞬时故障时，自动重合闸动作，使线路在极短时间内恢复运行，这大大提高了线路的供电可靠性。

二、线路事故处理的基本原则

(1) 线路保护动作跳闸时，运行值班人员应认真检查保护及自动装置动作情况，检查故障录波动作情况，分析保护及自动装置的动作行为。

(2) 及时向调度汇报，便于调度及时、全面地掌握情况，进行分析判断。

(3) 线路保护动作跳闸，无论重合闸装置是否动作或重合是否成功，均应对故障跳闸的

断路器进行外部检查。主要检查断路器的三相位置、油位、油色、油压（SF_6 气体压力、空气压力、弹簧压力等压力指示）及有无泄漏等异常情况。

(4) 线路保护动作跳闸，应检查断路器所连接设备，特别是线路保护用电流互感器靠出线侧设备（包括线路侧隔离开关、旁路隔离开关、线路电压互感器、避雷器、高频阻波器、耦合电容器、结合滤波器、支持绝缘子及相连的短引线等线路设备）有无故障现象。

(5) 下列情况线路跳闸后不宜强送：

1）充电运行的线路。

2）试运行线路。

3）电缆线路。

4）线路跳闸后，经备用电源自投入装置已将负荷转移到其他线路上，不影响供电。

5）有带电作业并声明不能强送电的线路。

6）线路变压器组断路器跳闸，重合不成功。

7）运行人员已发现明显故障现象。

8）线路断路器有缺陷或遮断容量不够，事故跳闸次数累计超过规定，重合闸装置退出运行，保护动作跳闸后，一般不能试送。

9）已掌握有严重缺陷的线路。

10）低频减载装置、事故联切装置、远切装置是保证电力系统安全、稳定运行的重要保护装置。线路断路器由上述装置动作跳闸，说明系统中发生了事故。虽然被切除的线路上没有故障，但在系统还没有恢复正常、没有得到上级调度的命令前，不准合闸送电。

(6) 其他线路跳闸后，值班调度员可下令对线路强送电一次。如强送不成功，需再次强送，应经本调度机构分管领导同意，有条件时可对故障线路零起升压。

(7) 线路发生故障后，值班调度员应及时通知有关部门进行事故巡线，巡线有结果后应及时汇报值班调度员。

(8) 由于线路断路器本体故障引起断路器偷跳、误跳等，应充分考虑旁路带路等运行方式。

(9) 根据上级调度值班员的指令进行事故处理操作。

1）瞬时性故障，重合闸动作重合成功。此时不需要进行故障隔离，运行人员应详细检查故障线路间隔的所有设备，如发现异常及时向上级调度值班员和相关领导汇报。

2）永久性故障，重合闸动作重合不成功：①值班调度员通知线路运行管理单位对故障线路进行巡视检查；②若未发现明显故障点，应根据调度指令进行试送电或将故障跳闸的线路隔离，即将其转为冷备用状态；③发现故障点后，根据调度命令将故障线路转为线路检修状态。

3）重合闸未动作的情况，由于无法判断是永久性还是瞬时性故障，应视为永久性故障进行处理。

三、各类线路故障的区别

为更好地掌握各类故障的区别，下面通过表 5－1 和表 5－2 从保护、自动装置动作情况、开关动作情况和故障跳闸时间几方面进行分析说明。

表 5-1　　瞬时性故障和永久性故障的区别

故障性质 区别项目	瞬时性故障	永久性故障
保护动作情况	线路保护动作 1 次	线路保护动作两次
重合闸动作情况	重合闸动作，重合成功	重合闸动作，重合不成功
故障录波情况	故障录波 1 次	故障录波 1 次
断路器动作情况	断路器跳闸 1 次，合闸 1 次	断路器跳闸两次，合闸 1 次
故障时间	保护动作时间＋断路器跳闸时间＋重合闸动作时间＋断路器合闸时间	保护动作时间＋断路器跳闸时间＋重合闸动作时间＋断路器合闸时间＋断路器保护动作时间＋断路器三相跳闸时间

表 5-2　　重复性故障和永久相故障的区别

故障性质 区别项目	永久性故障	重复性故障
故障主要动作过程	线路故障→断路器跳闸→重合闸动作→断路器合闸故障线路→断路器三相跳闸	线路故障→断路器跳闸→重合闸动作→①断路器合闸、恢复正常运行→②线路故障（从①到②的时间小于重合闸充电复归时间，约 15s）→断路器三相跳闸 注：若恢复正常运行时间大于重合闸装置充电时间，第二次线路故障后，重合闸仍会动作
保护动作情况	线路保护动作（主保护动作）→重合闸动作→线路保护动作（主保护和加速保护动作）→断路器三相跳闸	线路保护动作（主保护动作）→重合闸动作（重合成功）→线路保护动作（主保护动作）→断路器三相跳闸
保护动作报告	动作报告 1 次	动作报告两次
故障录波情况	故障录波 1 次	故障录波可能两次，重合闸重合成功后，故障消除，录波器返回，当第二次故障发生后，录波器再次启动录波；也可能 1 次，应根据第二次故障发生的时间确定
故障、跳闸时间	保护动作时间＋断路器跳闸时间＋重合闸动作时间＋断路器合闸时间＋保护动作时间＋断路器三相跳闸时间	保护动作时间＋断路器跳闸时间＋重合闸动作时间＋断路器合闸时间＋正常运行时间＋断路器保护动作时间＋断路器三相跳闸时间

若线路事故跳闸后重合闸装置未动作，则无法从变电站的事故信息中判断线路故障为永久性还是瞬时性故障，则应按永久性故障处理。

线路事故跳闸后重合闸装置未动作的原因有：

(1) 重合闸装置异常；

(2) 重合闸停用；

(3) 启用单相重合闸，而线路发生相间短路故障。

四、线路事故典型案例分析

220kV 仿真舒平变电站监控系统主接线如图 5-1 所示。该变电站分为三个电压等级，其中 220kV 和 110kV 电压等级均为双母线带旁路母线接线，10kV 为单母线接线。

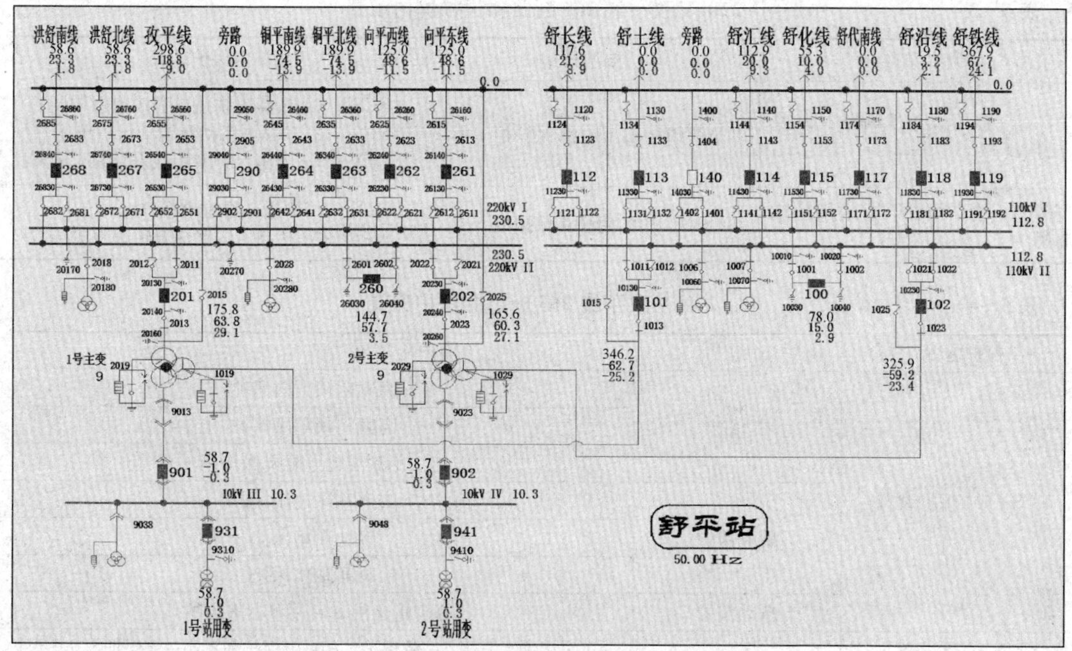

图 5-1 220kV 仿真舒平变电站监控系统主接线

1. 220kV 仿真舒平变电站事故前运行情况

(1) 一次运行方式。1、2 号主变并列运行，1 号主变 220kV、110kV 侧中性点接地；220kV 202、262、264、268 断路器投Ⅱ母线运行，201、261、263、265、267 断路器投Ⅰ母线运行，母联 260 并列Ⅰ、Ⅱ母线，旁路 290 断路器热备用于Ⅰ母线；110kV 101、113、115、117、119 断路器投Ⅰ母线运行，102、112、114、118 断路器投Ⅱ母线运行，母联 100 并列Ⅰ、Ⅱ母线，旁路 140 断路器热备用于Ⅰ母线；10kV 901 断路器投Ⅲ母线向 1 号站用变 931 断路器供电，902 断路器投Ⅳ母线向 2 号站用变 941 供电；0.4kV 站用电系统 1 号站用变低压侧 41B 断路器运行，2 号站用变低压侧 42B 断路器热备用，1、2 号站用变装设有备自投。

(2) 二次运行方式。220kV 线路配备常规线路保护，投单相重合闸；220kV 断路器配备失灵保护、非全相保护；220kV 母线配备常规母线差动保护。110kV 线路配备常规线路保护，投检无压重合闸；110kV 母线配备常规母线差动保护。10kV 站用变配备限时电流速断、定时限过电流、备用电源自动投入装置。1、2 号主变配置常规主变保护。

(3) 设备情况。220kV 开关：SF_6 断路器、三相分相操动机构、弹簧操动机构。110kV 断路器：SF_6 断路器、三相联动机构、弹簧操动机构。10kV 断路器：小车式真空断路器，弹簧操动机构。

2. 事故处理案例一

2010 年 12 月 12 日 09 时 20 分，仿真舒平变电站 220kV 孜平线 265 断路器线路发生 A 相瞬时性接地故障，265 断路器线路保护动作，265 断路器 A 相跳闸，重合闸动作成功。

220kV 孜平线 265 断路器配置共有两面保护屏，屏内配置见表 5-3，265 断路器保护配置见表 5-4。

表 5-3　　220kV 孜平线 265 断路器保护屏内配置

调度命名	屏型号	屏内保护装置
220kV 孜平线 265 断路器保护Ⅰ屏	PRC01-13 型线路保护柜	RCS-901 超高压线路成套快速保护装置 RCS-923A 失灵启动及辅助保护单元 LFX-912 继电保护专用收发信机
220kV 孜平线 265 断路器保护Ⅱ屏	PRC02-22 型线路保护柜	CZX-12R2 操作继电器箱 RCS-902 超高压线路成套快速保护装置

表 5-4　　220kV 孜平线 265 断路器保护配置

保护装置	保护配置	
RCS-901 保护装置	主保护	高频闭锁方向保护
		高频闭锁零序保护
		工频变化量阻抗保护
	后备保护	方向零序过流保护
		接地距离保护
		相间距离保护
	自动装置	综合重合闸（启用单相重合闸）
RCS-923 装置	失灵启动、三相不一致保护、相过流保护和零序过流保护、充电保护	
RCS-902 保护装置	主保护	高频闭锁距离保护
		高频闭锁零序保护
		工频变化量阻抗保护
	后备保护	方向零序过流保护
		接地距离保护
		相间距离保护
	自动装置	综合重合闸（启用单相重合闸）

下面介绍该事故的处理步骤。

（1）事故发生后，应立即启动事故录音，记录事故发生时间：2010 年 12 月 12 日 09 时 20 分。

（2）运行值班人员应先检查监控系统主接线图断路器出现变位闪光，以及故障线路的电流、功率等遥测信息等简要事故信息。监控系统主要信号如图 5-2 所示。

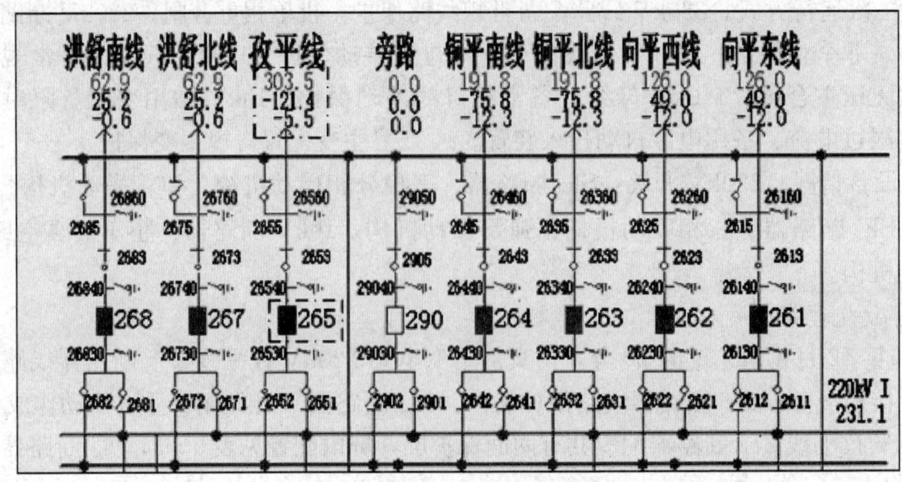

图 5-2　监控系统主要信号（线路事故处理案例一）

1）检查监控系统主接线图 220kV 孜平线 265 断路器发出合闸位置闪光信号。

2）检查 220kV 孜平线 265 断路器电流、有功、无功表计指示正常。

3）做好记录并复归所有断路器变位闪光信号。

（3）将以上简要事故信息及时汇报调度和有关部门，便于调度及有关人员及时、全面地掌握事故情况，进行分析判断。本次事故应汇报省调值班调度员及运行管理单位生产领导。

注：220kV 系统及以上电压等级设备均为省调管辖范围，110kV 及以下电压等级设备包括 220kV 变压器为地调管辖范围，220kV 变压器高压侧断路器为省调管辖设备。

1）启动电话录音，安排同值人员监听，并做好记录。

2）互报单位、岗位、姓名。

3）2010 年 12 月 12 日××时××分（本次汇报时间），舒平变电站 220kV 孜平线 265 断路器于 09 时 20 分跳闸，重合闸动作成功，265 断路器电流、有功、无功表计指示正常，事故具体情况待进一步详细检查后汇报。

4）值班调度员复诵，并做好记录。

（4）对事故信号进行全面详细的检查，做好记录并复归事故信号。

1）检查监控系统告警窗、记录监控系统报文，如图 5－3 所示。

全部确认　清除所有　暂停刷新　信息筛选

类型	发生时间	描述	动作情况
操作	2010年12月12日09:20:48:837	舒平站220kV孜平线265断路器储能电机启动	复归
操作	2010年12月12日09:20:48:837	舒平站220kV孜平线265断路器弹簧未储能	复归
操作	2010年12月12日09:20:44:837	舒平站220kV孜平线265断路器储能电机启动	动作
操作	2010年12月12日09:20:44:337	舒平站220kV孜平线265断路器弹簧未储能	动作
操作	2010年12月12日09:20:43:837	舒平站220kV孜平线265断路器A相	合闸
操作	2010年12月12日09:20:43:787	舒平站孜平线RCS902A重合闸动作	动作
操作	2010年12月12日09:20:43:787	舒平站孜平线RCS901A重合闸动作	动作
操作	2010年12月12日09:20:43:787	舒平站孜平线RCS901A保护动作	动作
操作	2010年12月12日09:20:43:487	舒平站220kV孜平线265断路器A相	分闸
操作	2010年12月12日09:20:43:467	舒平站220kV孜平线265断路器第二组出口跳闸	动作
操作	2010年12月12日09:20:43:467	舒平站220kV孜平线265断路器第一组出口跳闸	动作
操作	2010年12月12日09:20:43:437	舒平站孜平线RCS902A接地距离I段动作	动作
操作	2010年12月12日09:20:43:437	舒平站孜平线RCS902A纵联零序动作	动作
操作	2010年12月12日09:20:43:437	舒平站孜平线RCS902A纵联距离动作	动作
操作	2010年12月12日09:20:43:437	舒平站孜平线RCS901A接地距离I段动作	动作
操作	2010年12月12日09:20:43:437	舒平站孜平线RCS901A纵联零序动作	动作
操作	2010年12月12日09:20:43:437	舒平站孜平线RCS901A纵联方向动作	动作
操作	2010年12月12日09:20:43:437	舒平站孜平线RCS901A保护动作	动作
操作	2010年12月12日09:20:43:437	舒平站事故总信号	动作
操作	2010年12月12日09:20:43:437	舒平站220kV1号故障录波	动作
操作	2010年12月12日09:20:43:437	舒平站向平西线(第2套)FSF631装置动作	动作
操作	2010年12月12日09:20:43:437	舒平站向平西线(第1套)FSF631装置动作	动作
操作	2010年12月12日09:20:43:437	舒平站洪舒南线(第2套)LFX912装置动作	动作
操作	2010年12月12日09:20:43:437	舒平站洪舒南线(第1套)LFX912装置动作	动作
操作	2010年12月12日09:20:43:437	舒平站洪舒北线(第2套)LFX912装置动作	动作
操作	2010年12月12日09:20:43:437	舒平站洪舒北线(第1套)LFX912装置动作	动作
操作	2010年12月12日09:20:43:437	舒平站孜平线(第2套)LFX912装置动作	动作
操作	2010年12月12日09:20:43:437	舒平站孜平线(第1套)LFX912装置动作	动作
操作	2010年12月12日09:20:43:437	舒平站铜平南线(第2套)WGC装置动作	动作
操作	2010年12月12日09:20:43:437	舒平站铜平南线(第1套)WGC装置动作	动作
操作	2010年12月12日09:20:43:437	舒平站向平东线(第2套)WGC装置动作	动作
操作	2010年12月12日09:20:43:437	舒平站向平东线(第1套)WGC装置动作	动作
操作	2010年12月12日09:20:43:437	舒平站铜平北线(第2套)WGC装置动作	动作
操作	2010年12月12日09:20:43:437	舒平站铜平北线(第1套)WGC装置动作	动作
操作	2010年12月12日09:20:43:437	舒平站预告信号	动作

265断路器机构补压

265断路器重合闸动作情况

265断路器跳闸情况

265断路器保护装置动作情况

220 kV故障录波器启动

事故时由于系统振荡发出的信号（预告）

图 5－3　监控系统告警窗（线路事故处理案例一）

监控系统报文应根据报文发生时间顺序进行查看（图 5－3 应按由下往上的顺序查看）。

从监控系统报文中可以检查到：

a. 事故时由于系统振荡发出的预告信号。

b. 220kV1 号故障录波器启动。

c. 220kV 孜平线 265 断路器 1 号保护装置（RCS901A）接地距离Ⅰ段动作、纵联零序保护动作、纵联方向保护动作；2 号保护装置（RCS902A）接地距离Ⅰ段动作、纵联零序保护动作、纵联距离保护动作。

d. 220kV 孜平线 265 断路器 A 相出口跳闸。

e. 220kV 孜平线 265 断路器 1、2 号保护装置重合闸动作。

f. 220kV 孜平线 265 断路器 A 相出口合闸。

g. 220kV 孜平线 265 断路器弹簧机构储能正常。

其中 b～f 项为本次事故重要信号，应做好记录。

从保护动作情况可以判断 265 断路器线路发生的应是接地故障，从 265 断路器跳闸情况可以判断故障相别为 A 相，从重合闸动作情况可以判断为瞬时性故障。此时为事故的初步判断，运行人员还应结合保护装置动作信号、故障录波报告、现场设备检查情况进行综合分析和验证，才能做出最后的准确判断。

2）检查监控系统上光字牌信号，本事故应重点检查 220kV 孜平线 265 断路器及 220kV 1 号故障录波装置的光字信号。

a. 检查 220kV 孜平线 265 断路器光字信号，如图 5－4 所示。检查的内容包括：220kV 站孜平线保护动作；220kV 孜平线出口跳闸；220kV 孜平线重合闸；220kV 孜平线弹簧未储能；220kV 孜平线储能电机运转。检查、记录好所有光字信号后，复归光字牌。

图 5－4　220kV 孜平线 265 断路器光字信号（线路事故处理案例一）

b. 检查 220kV 1 号故障录波装置光字信号。如图 5－5 所示，在公用测控信号界面中检查有“220kV 1 号故障录波器录波启动”光字信号亮。检查、记录好所有光字信号后，复归光字牌。

3）检查故障线路保护装置液晶屏显示保护动作情况、故障参数。本次事故应重点检查 220kV 孜平线 265 断路器 1、2 号保护装置信号。

a. 检查 220kV 孜平线 265 断路器 1 号保护装置动作信号，如图 5－6 所示。

220kV 孜平线 265 断路器 1 号保护装置动作信息：纵联方向保护动作出口、纵联零序保护动作出口、接地距离Ⅰ段保护动作出口、重合闸出口，故障选相为 A 相，故障测距为 7.25km。A 相保护出口跳闸灯、重合闸动作灯亮。检查、记录好所有保护信息后，进行复归，并打印事故报告。

b. 检查 220kV 孜平线 265 断路器 2 号保护装置动作信号，如图 5－7 所示。

公用测控信号

主接线　返回

110kV母线保护屏母差跳I母	110kV母线保护屏母差跳II母	110kV母线保护屏跳母联	220kV母差保护屏母差、失灵、母联保护动作
110kV故障录波屏录波启动	110kV故障录波屏装置失电	110kV故障录波屏装置告警	220kV1号故障录波器录波启动
220kV1号故障录波器装置失电	220kV 1号故障录波器装置告警	110kV母线保护屏报警闭锁	110kV母线保护屏交流断线异常
110kV母线保护屏隔离开关位置异常	110kV母线保护屏其他异常	220kV母差保护屏装置异常	220kV母差保护屏直流消失
220kV母差保护屏开入变位	220kV母差保护屏TA、TV断线	220kV母差保护屏互联	220kV 2号故障录波器录波启动
220kV 2号故障录波器装置失电	220kV 2号故障录波器装置告警	川电东送安控装置TV断线	川电东送安控装置装置动作
川电东送安控装置回路异常	川电东送安控装置直流消失	川电东送安控装置载波机异常	故障测距装置直流消失
故障测距装置GPS信号消失			

图 5-5　公用测控信号（线路事故处理案例一）

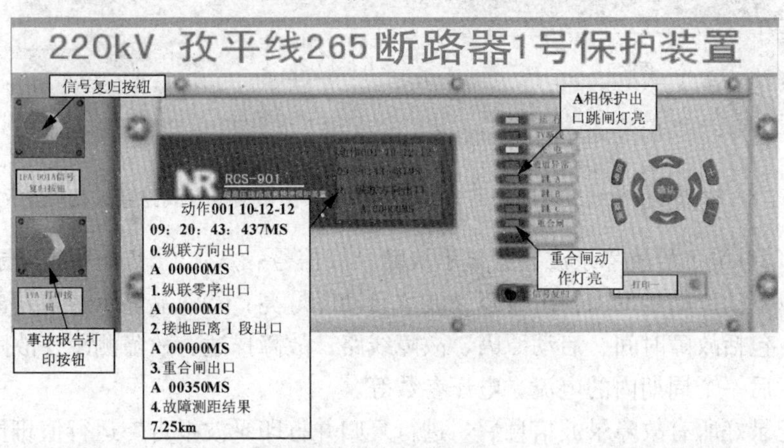

图 5-6　220kV 孜平线 265 断路器 1 号保护装置动作信号（线路事故处理案例一）

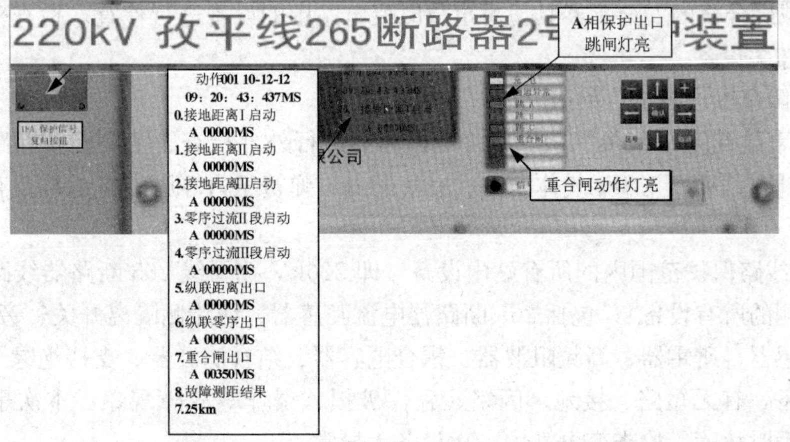

图 5-7　220kV 孜平线 265 断路器 2 号保护装置动作信号（线路事故处理案例一）

220kV 孜平线 265 断路器 2 号保护装置动作信息：接地距离Ⅰ段保护启动、接地距离Ⅱ段保护启动、接地距离Ⅲ段保护启动、零序过流Ⅱ段保护启动、零序过流Ⅲ段保护启动、纵联距离保护动作出口、纵联零序保护动作出口，重合闸出口，故障选相为 A 相，故障测距为 7.25km（距离和零序后备段仅为启动但未出口跳闸）。A 相保护出口跳闸灯、重合闸动作灯亮。

检查、记录好所有保护信息后，进行复归，并打印事故报告。

4）检查 220kV 孜平线 265 断路器 2 号保护装置操作箱信号，如图 5－8 所示。220kV 孜平线 265 断路器 A 相跳闸线圈Ⅰ、Ⅱ动作指示灯亮；220kV 孜平线 265 断路器重合闸动作指示灯亮。检查、记录好所有保护信号灯后，进行复归。

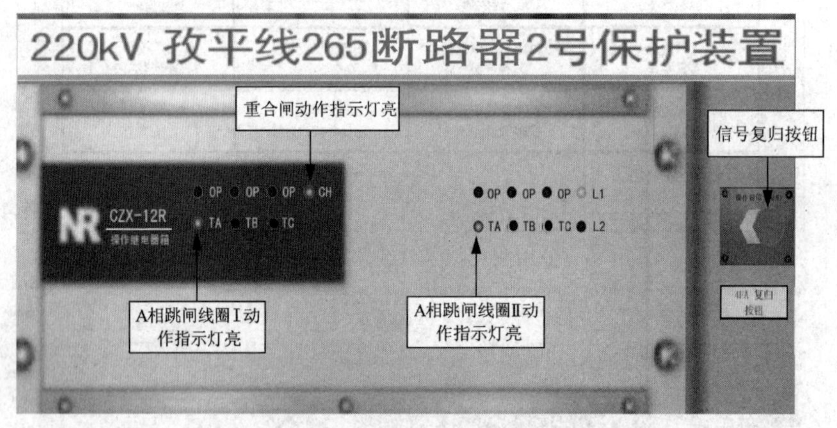

图 5－8　220kV 孜平线 265 断路器 2 号保护装置操作箱信号（线路事故处理案例一）

5）检查 220kV 1 号故障录波装置显示故障录波信号。从 220kV 1 号故障录波装置上可以检查到有以下动作信号发出：①故障录波“启动”灯亮；②液晶显示屏上发出本次事故故障录波信息，包括故障时间、启动原因、故障线路、故障描述、故障测距、故障波形，以及故障前、中、后一个周期内的电流、电压参数等。

检查、记录好所有故障录波信息后，进行复归并打印录波报告。运行值班员可以结合故障录波和保护动作情况对事故进行更加准确的分析判断。

（5）穿戴好合格的安全工器具，对事故时变电站内的设备进行检查。检查范围包括故障范围设备和相关设备。

1）对故障范围设备进行检查。

a. 应对事故跳闸的 220kV 孜平线 265 断路器进行外部检查。主要检查断路器的三相位置、油位、油色、油压（SF_6 气体压力、空气压力、弹簧压力等压力指示）及有无泄漏等异常情况。

b. 检查线路保护范围内的所有站内设备（即 220kV 孜平线 265 断路器线路保护用电流互感器出线侧的所有设备），包括 265 断路器电流互感器、线路侧隔离开关、旁路隔离开关、线路电压互感器、避雷器、高频阻波器、耦合电容器、结合滤波器、支持绝缘子以及相连的短引线等设备，有无短路、接地、闪络、瓷件破损、爆炸等故障现象。本次事故为 220kV 孜平线线路瞬时故障，检查变电站内一次设备无异常。

c. 检查220kV孜平线265断路器1、2号保护装置运行情况：保护装置运行正常，保护连接片、切换开关投退正确，无保护装置误动作的可能。

2）检查站内其他相关设备有无异常。本次事故为单一线路故障，故障的220kV孜平线为单回供电线路，对其他设备未造成任何影响。

(6) 根据事故现象结合现场设备检查结果，对事故进行分析判断：本次事故为220kV孜平线265断路器线路7.25km处A相发生瞬时性单相接地故障，265断路器1、2号保护装置主保护动作跳开265断路器A相，单相重合闸动作A相重合，重合成功。

(7) 采取措施限制事故的发展，解除对电网、人身、设备安全的威胁。由于本次事故为瞬时性的线路故障，在220kV孜平线265断路器重合闸动作后故障点已消失，无需运行值班人员进行相关的事故紧急处理措施。

(8) 再次向上级值班调度汇报站内事故处理情况。具体如下：

1）启动电话录音，安排同值人员监听，并做好记录。

2）互报单位、岗位、姓名。

3）2010年12月12日××时××分（本次汇报时间），舒平变电站220kV孜平线265断路器1号保护装置：接地距离Ⅰ段动作、纵联零序保护动作、纵联方向保护动作；2号保护装置纵联零序保护动作、纵联距离保护动作；故障选相为A相，故障测距为7.25km。220kV孜平线265断路器A相出口跳闸，重合闸动作成功，现220kV孜平线265断路器在运行状态，检查站内一、二次设备无异常。事故初步判断为220kV孜平线265断路器线路7.25km处发生A相瞬时性单相接地故障。

4）值班调度员复诵，并做好记录。

(9) 根据上级调度值班员的指令进行事故处理操作。由于本次事故属于线路瞬时性故障，重合闸动作成功的情况，不需要进行相关事故隔离的操作。

(10) 整理事故处理相关记录、资料，进行事故处理总结：

1）检查一次模拟接线图与实际运行方式一致；

2）安全工器具擦拭干净，定置摆放；

3）做好相关运行记录，包括《运行记录簿》、《高压断路器跳（合）闸记录簿》、《保护及故障录波动作记录簿》、《接地线（接地开关）装（合）拆（拉）记录簿》等；

4）整理现场事故处理报告、继电保护和自动装置事故报告、故障录波报告、事故录音并及时上报有关部门；

5）总结本次事故处理。

3. 事故处理案例二

2010年11月18日21时40分，仿真舒平变电站220kV孜平线265断路器线路发生A相永久性接地故障，265断路器线路保护动作跳闸，重合闸动作不成功，造成220kV孜平线265断路器线路失电。

(1) 事故发生后，应立即启动事故录音，记录事故发生时间：2010年11月18日21时40分。

(2) 运行值班人员首先检查监控系统主接线图断路器出现变位闪光和故障线路的电流、功率等遥测信息等简要事故信息。监控系统主要信号如图5-9所示。

1）检查监控系统主接线图220kV孜平线265断路器发出跳闸位置闪光信号。

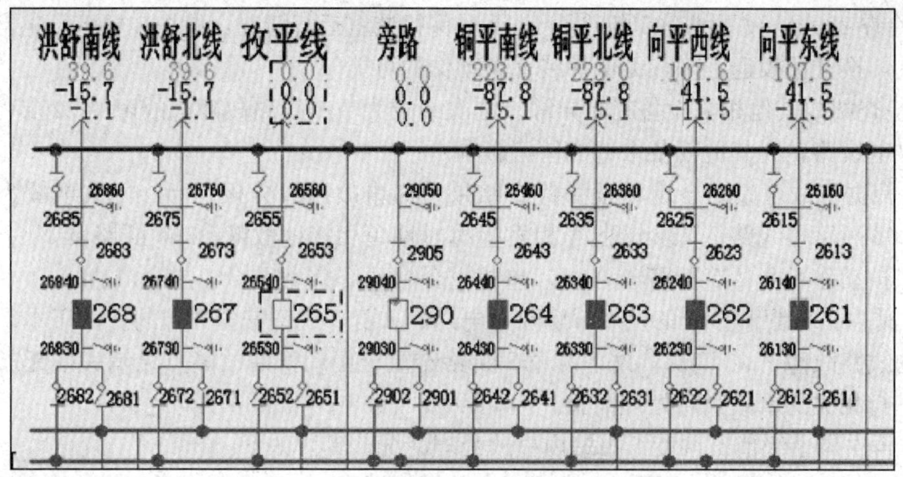

图 5-9 监控系统主要信号（线路事故处理案例一）

2）检查 220kV 孜平线 265 断路器电流、有功、无功表计指示为零。

3）做好记录并复归所有断路器变位闪光信号。

(3) 将以上简要事故信息及时汇报调度和有关部门，便于调度及有关人员及时、全面地掌握事故情况，进行分析判断。本次事故应汇报省调值班调度员及运行管理单位生产领导。

1）启动电话录音，安排同值人员监听，并做好记录。

2）互报单位、岗位、姓名。

3）2010 年 11 月 18 日××时××分（本次汇报时间），仿真舒平变电站 220kV 孜平线 265 断路器于 21 时 40 分三相跳闸，265 断路器电流、有功、无功表计指示为零，事故具体情况待进一步详细检查后汇报。

4）值班调度员复诵，并做好记录。

(4) 对事故信号进行全面详细的检查，做好记录并复归事故信号。

1）检查监控系统告警窗、记录监控系统报文，如图 5-10 所示。

简报

全部确认　清除所有　暂停刷新　信息筛选

类型	发生时间	描述	动作情况
操作	2010年11月18日21:40:36:094	舒平站220kV孜平线265断路器储能电机启动	复归
操作	2010年11月18日21:40:36:094	舒平站220kV孜平线265断路器弹簧未储能	复归
操作	2010年11月18日21:40:32:094	舒平站220kV孜平线265断路器储能电机启动	动作
操作	2010年11月18日21:40:31:594	舒平站220kV孜平线265断路器弹簧未储能	动作
操作	2010年11月18日21:40:31:224	舒平站220kV孜平线265断路器 ABC相	分闸
操作	2010年11月18日21:40:31:194	舒平站孜平线RCS-902A装置RCS902A后加速动作	动作
操作	2010年11月18日21:40:31:194	舒平站孜平线RCS-901A装置RCS901A后加速动作	动作
操作	2010年11月18日21:40:31:094	舒平站220kV孜平线265断路器A相	合闸
操作	2010年11月18日21:40:31:064	舒平站孜平线RCS-902A装置RCS902A重合闸动作	动作
操作	2010年11月18日21:40:31:064	舒平站孜平线RCS-901A装置RCS901A重合闸动作	动作
操作	2010年11月18日21:40:30:764	舒平站220kV孜平线265断路器A相	分闸
操作	2010年11月18日21:40:30:754	舒平站220kV孜平线265断路器第二组出口跳闸	动作
操作	2010年11月18日21:40:30:754	舒平站220kV孜平线265断路器第一组出口跳闸	动作
操作	2010年11月18日21:40:30:734	舒平站孜平线RCS-902A装置RCS902A接地距离I段动作	动作
操作	2010年11月18日21:40:30:734	舒平站孜平线RCS-902A装置RCS902A纵联零序动作	动作
操作	2010年11月18日21:40:30:734	舒平站孜平线RCS-902A装置RCS902A纵联距离动作	动作
操作	2010年11月18日21:40:30:734	舒平站孜平线(第2套)LFX912装置LFX912装置动作	动作
操作	2010年11月18日21:40:30:734	舒平站孜平线RCS-901A装置RCS901A接地距离I段动作	动作
操作	2010年11月18日21:40:30:734	舒平站孜平线RCS-901A装置RCS901A纵联零序动作	动作
操作	2010年11月18日21:40:30:734	舒平站孜平线RCS-901A装置RCS901A纵联方向动作	动作
操作	2010年11月18日21:40:30:734	舒平站孜平线RCS-901A装置RCS901A保护动作	动作
操作	2010年11月18日21:40:30:734	舒平站孜平线(第1套)LFX912装置LFX912装置动作	动作
操作	2010年11月18日21:40:30:734	舒平站220kV 1号故障录波	动作
操作	2010年11月18日21:40:30:734	舒平站预告信号	动作
操作	2010年11月18日21:40:30:734	舒平站事故总信号	动作

265断路器机构补压
265断路器三相跳闸
265后加速保护动作
265断路器A相合闸
265重合闸动作情况
265断路器A相跳闸
265 2号保护装置动作情况
265 2号高频收发信机动作
265 1号保护装置动作情况
265 1号高频收发信机动作
故障录波器启动

图 5-10 监控系统告警窗（线路事故处理案例一）

监控系统报文应根据报文发生时间顺序进行查看（图 5-10 中应按由下往上的顺序查看）。

从监控系统报文中可以检查到如下信息：

a. 220kV 1 号故障录波器启动；

b. 舒平站孜平线 1、2 号高频收发信机动作；

c. 220kV 孜平线 265 断路器 1 号保护装置，包括接地距离Ⅰ段动作、纵联零序保护动作、纵联方向保护动作；2 号保护装置接地距离Ⅰ段动作、纵联零序保护动作、纵联距离保护动作；

d. 220kV 孜平线 265 断路器 A 相出口跳闸；

e. 220kV 孜平线 265 断路器 1、2 号保护装置重合闸动作；

f. 220kV 孜平线 265 断路器 A 相出口合闸；

g. 220kV 孜平线 265 断路器 1、2 号保护装置后加速保护动作；

h. 220kV 孜平线 265 断路器三相出口跳闸；

i. 220kV 孜平线 265 断路器弹簧机构储能正常。

其中 a~h 项为本次事故重要信号，应做好记录。

从保护动作情况可以判断 265 断路器线路发生的应是接地故障，从 265 断路器跳闸情况可以判断故障相别为 A 相，从重合闸动作后加速保护动作跳开 265 三相断路器可以判断为永久性故障。此时为事故的初步判断，运行人员还应结合保护装置动作信号、故障录波报告、现场设备检查情况进行综合分析和验证，才能做出最后的准确判断。

2）检查监控系统上光字牌信号，本事故应重点检查 220kV 孜平线 265 断路器及 220kV 1 号故障录波装置的光字信号。

a. 检查 220kV 孜平线 265 断路器光字信号。如图 5-11 所示，检查的内容包括：舒平站孜平线保护动作；220kV 孜平线出口跳闸；220kV 孜平线重合闸；220kV 孜平线弹簧未储能；220kV 孜平线储能电机运转。

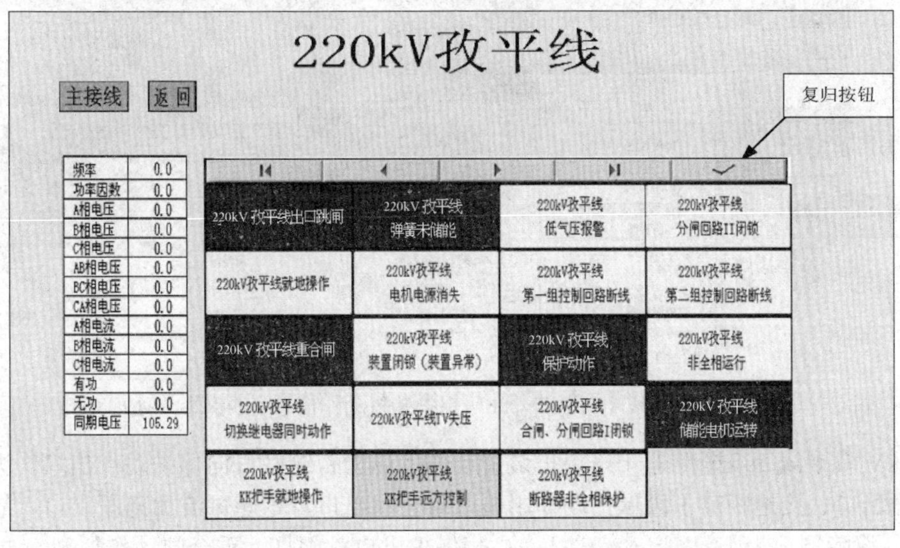

图 5-11 220kV 孜平线 265 断路器光字信号（线路事故处理案例二）

检查、记录好所有光字信号后，复归光字牌。

b. 检查 220kV 1 号故障录波装置光字信号。如图 5－12 所示，在公用测控信号界面中检查有“220kV 1 号故障录波器录波启动”光字信号亮。

主接线　返回　公用测控信号

110kV母线保护屏母差跳I母	110kV母线保护屏母差跳II母	110kV母线保护屏跳母联	220kV母差保护屏母差、失灵、母联保护动作
110kV故障录波屏录波启动	110kV故障录波屏装置失电	110kV故障录波屏装置告警	220kV1号故障录波器录波起动
220kV1号故障录波器装置失电	220kV1号故障录波器装置告警	110kV母线保护屏报警闭锁	110kV母线保护屏交流断线异常
110kV母线保护屏隔离开关位置异常	110kV母线保护屏其他异常	220kV母差保护屏装置异常	220kV母差保护屏直流消失
220kV母差保护屏开入变位	220kV母差保护屏TA、TV断线	220kV母差保护屏互联	220kV2号故障录波器录波启动
220kV2号故障录波器装置失电	220kV2号故障录波器装置告警	川电东送安控装置PT断线	川电东送安控装置装置动作
川电东送安控装置回路异常	川电东送安控装置直流消失	川电东送安控装置载波机异常	故障测距装置直流消失
故障测距装置GPS信号消失			

图 5－12　公用测控信号（线路事故处理案例二）

检查、记录好所有光字信号后，复归光字牌。

3）检查故障线路保护装置液晶屏显示保护动作情况、故障参数。本次事故应重点检查 220kV 孜平线 265 断路器 1、2 号保护装置信号。

a. 检查 220kV 孜平线 265 断路器 1 号保护装置动作信号，如图 5－13 所示。

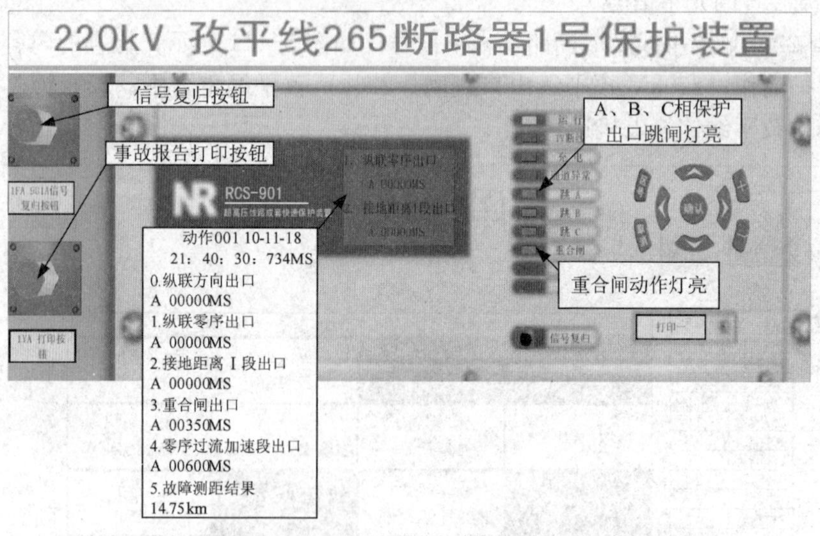

图 5－13　220kV 孜平线 265 断路器 1 号保护装置动作信号（线路事故处理案例二）

220kV 孜平线 265 断路器 1 号保护装置动作信息为：纵联方向保护动作出口、纵联零序保护动作出口、接地距离Ⅰ段保护动作出口、重合闸出口、零序过流加速段出口，故障选相为 A 相，故障测距为 14.75km；A、B、C 相保护出口跳闸灯、重合闸动作灯亮。

检查、记录好所有保护信息后，进行复归并打印事故报告。

b. 检查 220kV 孜平线 265 断路器 2 号保护装置动作信号，如图 5－14 所示。

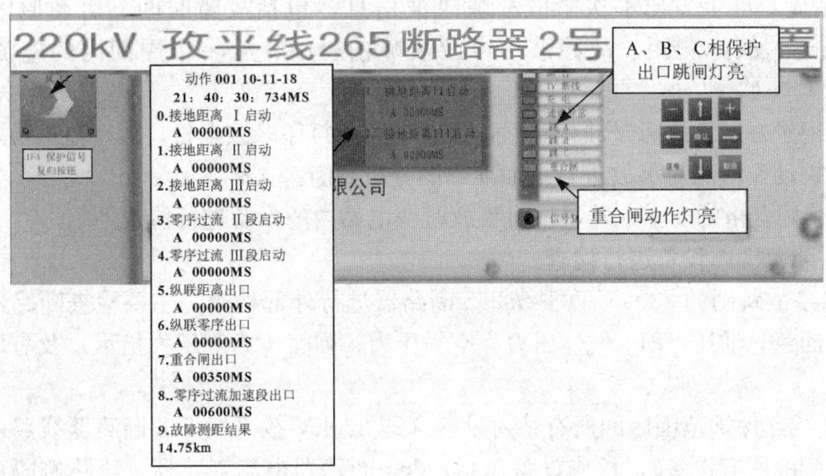

图 5－14　220kV 孜平线 265 断路器 2 号保护装置动作信号（线路事故处理案例二）

220kV 孜平线 265 断路器 2 号保护装置动作信息为：接地距离Ⅰ段保护启动、接地距离Ⅱ段保护启动、接地距离Ⅲ段保护启动、零序过流Ⅱ段保护启动、零序过流Ⅲ段保护启动、纵联距离保护动作出口、纵联零序保护动作出口，重合闸出口、零序过流加速段出口，故障选相为 A 相，故障测距为 14.75km；A、B、C 相保护出口跳闸灯、重合闸动作灯亮。

检查、记录好所有保护信息后，进行复归并打印事故报告。

4）检查 220kV 孜平线 265 断路器 2 号保护装置操作箱上信号灯，如图 5－15 所示。

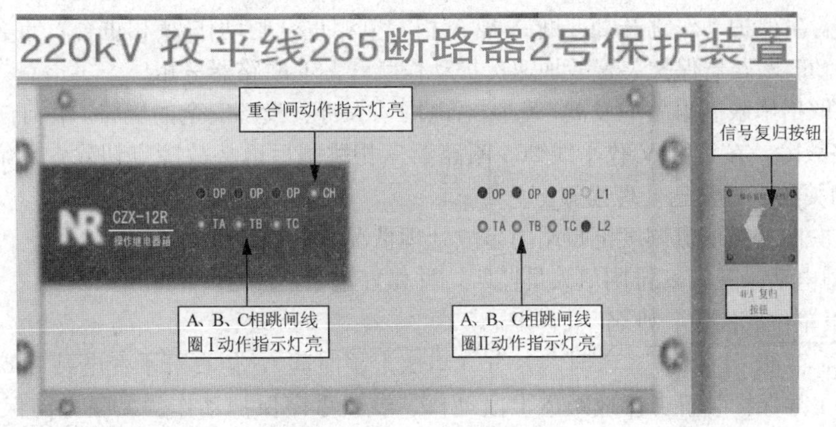

图 5－15　220kV 孜平线 265 断路器 2 号保护装置操作箱信号（线路事故处理案例二）

保护装置动作信息如下：①220kV 孜平线 265 断路器 ABC 相跳闸线圈Ⅰ、Ⅱ动作灯亮；②220kV 孜平线 265 断路器重合闸动作指示灯亮。

检查、记录好所有保护信号灯后，进行复归。

5）检查 220kV 1 号故障录波装置显示故障录波信号。从 220kV 1 号故障录波装置上可以检查到以下动作信号发出：

a. 故障录波“启动”灯亮；

b. 液晶显示屏上发出本次事故故障录波信息，包括故障时间、启动原因、故障线路、故障描述、故障测距、故障波形以及故障前、中、后一个周期内的电流、电压参数等。

检查、记录好所有故障录波信息后，进行复归并打印录波报告。运行值班员可以结合故障录波和保护动作情况对事故进行更加准确的分析判断。

(5) 穿戴好合格的安全工器具，对事故时变电站内的设备进行检查。

1) 对故障范围内设备进行检查。

a. 应对事故跳闸的220kV孜平线265断路器进行外部检查，主要检查断路器的三相位置、油位、油色、油压（SF_6气体压力、空气压力、弹簧压力等压力指示）及有无泄漏等异常情况。

b. 检查线路保护范围内的所有站内设备（即220kV孜平线265断路器线路保护用电流互感器出线侧的所有设备），检查设备包括：265断路器电流互感器、线路侧隔离开关、旁路隔离开关、线路电压互感器、避雷器、高频阻波器、耦合电容器、结合滤波器、支持绝缘子以及相连的短引线等线路设备，有无短路、接地、闪络、瓷件破损、爆炸等故障现象。本次事故为220kV孜平线线路故障，故检查变电站内一次设备无异常。

c. 检查220kV孜平线265断路器1、2号保护装置运行情况，检查结果保护装置运行正常，保护连接片、切换开关投退正确，无保护装置误动作的可能。

2) 检查站内其他相关设备有无异常。本次事故为单一线路故障，故障的220kV孜平线为单回供电线路，对其他设备未造成任何影响。

(6) 根据事故现象结合现场设备检查结果，对事故进行分析判断。分析结果为本次事故为220kV孜平线265断路器线路14.75km处A相发生永久性单相接地故障，265断路器1、2号保护装置主保护动作跳开265断路器A相，单相重合闸动作A相重合，重合于线路永久性故障，265断路器保护装置后加速保护动作跳开265断路器三相。

(7) 采取措施限制事故的发展，解除对电网、人身、设备安全的威胁。由于本次事故为单一的线路故障，在220kV孜平线265断路器三相跳闸后已将故障点切除，无需运行值班人员进行相关的事故紧急处理措施。

(8) 再次向上级值班调度汇报站内事故处理情况。汇报步骤如下：

1) 启动电话录音，安排同值人员监听，并做好记录。

2) 互报单位、岗位、姓名。

3) 2010年11月18日××时××分（本次汇报时间），仿真舒平变电站220kV孜平线265断路器1号保护装置，接地距离Ⅰ段动作、纵联零序保护动作、纵联方向保护动作；2号保护装置纵联零序保护动作、纵联距离保护动作；故障选相均为A相，故障测距为14.75km。220kV孜平线265断路器A相出口跳闸，重合闸动作，265断路器1、2号保护装置零序过流加速段保护动作，265开关三相出口跳闸，重合闸动作不成功，现220kV孜平线265断路器在热备用状态，检查站内一、二次设备无异常。事故初步判断为220kV孜平线265断路器线路14.75km处发生A相永久性单相接地故障。

4) 值班调度员复诵，并做好记录。

(9) 根据上级调度值班员的指令进行事故处理操作。本次事故属于线路永久性故障，重

合闸动作重合不成功的情况，处理如下：

1）值班调度员应通知线路运行管理单位重点对 220kV 孜平线线路 A 相进行巡视检查；

2）若未发现明显故障点应根据调度指令对 220kV 孜平线 265 断路器进行试送电或将 265 断路器由热备用转为冷备用；

3）发现故障点后，根据调度命令将 220kV 孜平线 265 断路器转为线路检修状态。

（10）事故处理告一段落（往往指故障设备已经隔离，正常设备恢复送电）后，检查确认事故处理操作完成情况，再次汇报上级值班调度员。

1）220kV 孜平线 265 断路器运行状态应与调度命令一致。

2）所有事故信号已复归。

3）向调度汇报事故处理结果以及站内现在的运行方式：

a. 启动电话录音，安排同值人员监听，并做好记录；

b. 互报单位、岗位、姓名；

c. 2010 年 11 月 18 日××时××分（本次汇报时间），已将仿真舒平变电站 220kV 孜平线 265 断路器由热备用转为冷备用（或线路检修），故障点已隔离；

d. 值班调度员复诵，并做好记录。

（11）整理事故处理相关记录、资料，进行事故处理总结：

1）检查一次模拟接线图与实际运行方式一致；

2）安全工器具擦拭干净，定置摆放；

3）做好相关运行记录，包括《运行记录簿》、《高压断路器跳（合）闸记录簿》、《保护及故障录波动作记录簿》、《接地线（接地开关）装（合）拆（拉）记录簿》等；

4）整理现场事故处理报告、继电保护和自动装置事故报告、故障录波报告、事故录音，并及时上报有关部门；

5）总结本次事故处理。

4. 事故处理案例三

2010 年 11 月 27 日 09 时 50 分，仿真舒平变电站 220kV 向平东线 261 断路器线路发生 A、B 两相短路故障，261 断路器线路保护动作三相跳闸，重合未动作，造成 220kV 向平东线 261 断路器线路失电。

220kV 向平东线 261 断路器配置共有两面保护屏，屏内配置见表 5－5，261 断路器保护配置见表 5－6。

表 5－5　　220kV 向平东线 261 断路器保护屏内配置

调度命名	屏型号	屏内保护装置
220kV 向平东线 261 断路器保护Ⅰ屏	GXW102A－101W 型微机线路保护柜	WGC－1B 型微机高频信号传输装置 CSL102A 数字式线路保护装置
220kV 向平东线 261 断路器保护Ⅱ屏	GXW101A－H122W 型线路保护柜	FCX－12H 型分相操作箱 CSI101A 数字式重合闸装置 WGC－1B 型微机高频信号传输装置 CSL101A 数字式线路保护装置

表 5-6　220kV 向平东线 261 断路器保护配置

保护装置	保护配置	
CSL102A 数字式线路保护装置	主保护	高频方向保护
		高频闭锁距离保护
	后备保护	方向零序过流保护
		接地距离保护
		相间距离保护
CSI101A 数字式重合闸装置		失灵启动保护、三相不一致保护、综合重合闸（启用单相重合闸功能）
CSL101A 数字式线路保护装置	主保护	高频闭锁距离保护
		高频闭锁零序保护
	后备保护	方向零序过流保护
		接地距离保护
		相间距离保护

(1) 事故发生后，应立即启动事故录音，记录事故发生时间：2010 年 11 月 27 日 09 时 50 分。

(2) 运行值班人员首先检查监控系统主接线图断路器出现变位闪光和故障线路的电流、功率等遥测信息等简要事故信息。监控系统主要信号如图 5-16 所示。

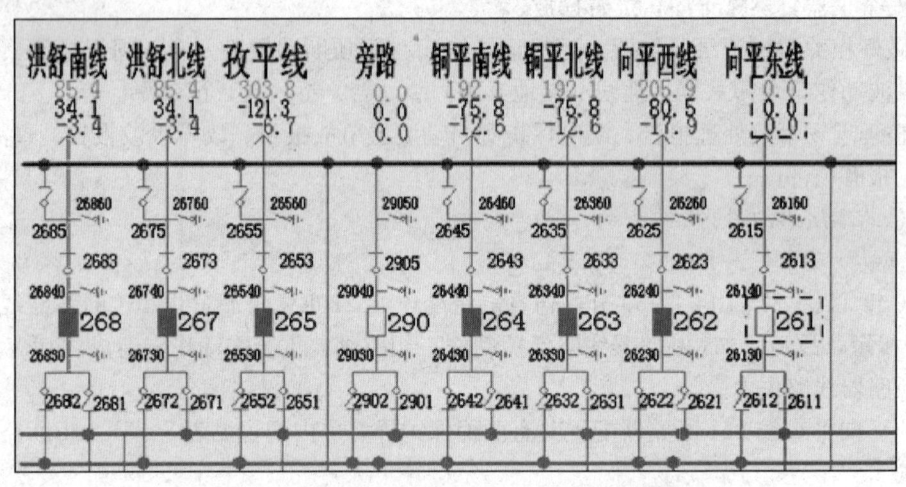

图 5-16　监控系统主要信号（线路事故处理案例三）

1）检查监控系统主接线图 220kV 向平东线 261 断路器发出跳闸位置闪光信号。

2）检查 220kV 向平东线 261 断路器电流、有功、无功表计指示为零。

3）做好记录并复归 220kV 向平东线 261 断路器变位闪光信号。

(3) 将以上简要事故信息及时汇报调度和有关部门，便于调度及有关人员及时、全面地掌握事故情况，进行分析判断。本次事故应汇报省调值班调度员及运行管理单位生产领导。

1）启动电话录音，安排同值人员监听，并做好记录。

2）互报单位、岗位、姓名。

3）2010 年 11 月 27 日××时××分（本次汇报时间），仿真舒平变电站 220kV 向平东线 261 断路器于 09 时 50 分三相跳闸，261 断路器电流、有功、无功表计指示均为零，事故具体情况待进一步详细检查后汇报。

4）值班调度员复诵，并做好记录。

(4) 对事故信号进行全面详细的检查，做好记录并复归事故信号。

1）检查监控系统告警窗、记录监控系统报文，如图 5－17 所示。

全部确认　清除所有　暂停刷新　信息筛选

类型	发生时间	描述	动作情况
操作	2010年11月27日09:50:53:705	舒平站事故总信号	动作
操作	2010年11月27日09:50:53:675	舒平站220kV向平东线261断路器ABC相	分闸
操作	2010年11月27日09:50:53:625	舒平站向平东线(第2套)CSL101A相间距离I段动作	动作
操作	2010年11月27日09:50:53:625	舒平站向平东线(第2套)CSL101A高频距离动作	动作
操作	2010年11月27日09:50:53:625	舒平站向平东线(第2套)CSL101A保护动作	动作
操作	2010年11月27日09:50:53:625	舒平站向平东线(第1套)CSL101A相间距离I段动作	动作
操作	2010年11月27日09:50:53:625	舒平站向平东线(第1套)CSL101A高频距离动作	动作
操作	2010年11月27日09:50:53:625	舒平站向平东线(第1套)CSL101A保护动作	动作
操作	2010年11月27日09:50:53:625	舒平站220kV 2号故障录波	动作
操作	2010年11月27日09:50:53:625	舒平站向平西线(第2套)PSF631装置动作	动作
操作	2010年11月27日09:50:53:625	舒平站向平西线(第1套)PSF631装置动作	动作
操作	2010年11月27日09:50:53:625	舒平站洪舒南线(第2套)LFX912装置动作	动作
操作	2010年11月27日09:50:53:625	舒平站洪舒南线(第1套)LFX912装置动作	动作
操作	2010年11月27日09:50:53:625	舒平站洪舒北线(第2套)LFX912装置动作	动作
操作	2010年11月27日09:50:53:625	舒平站洪舒北线(第1套)LFX912装置动作	动作
操作	2010年11月27日09:50:53:625	舒平站孜平线(第2套)LFX912装置动作	动作
操作	2010年11月27日09:50:53:625	舒平站孜平线(第1套)LFX912装置动作	动作
操作	2010年11月27日09:50:53:625	舒平站铜平南线(第2套)WGC装置动作	动作
操作	2010年11月27日09:50:53:625	舒平站铜平南线(第1套)WGC装置动作	动作
操作	2010年11月27日09:50:53:625	舒平站向平东线(第2套)WGC装置动作	动作
操作	2010年11月27日09:50:53:625	舒平站向平东线(第1套)WGC装置动作	动作
操作	2010年11月27日09:50:53:625	舒平站铜平北线(第2套)WGC装置动作	动作
操作	2010年11月27日09:50:53:625	舒平站铜平北线(第1套)WGC装置动作	动作
操作	2010年11月27日09:50:53:625	舒平站预告信号	动作

图 5－17　监控系统告警窗（线路事故处理案例三）

监控系统报文顺序应根据报文发生时间进行查看（图 5－17 中应按由下往上的顺序查看）。从监控系统报文中可以检查到：

a. 事故时由于系统振荡发出的预告信号；

b. 220kV 2 号故障录波器启动；

c. 220kV 向平东线 261 断路器 1 号保护装置：高频距离动作、相间距离 I 段动作；

d. 220kV 向平东线 261 断路器 2 号保护装置：高频距离动作、相间距离 I 段动作；

e. 220kV 向平东线 261 断路器三相出口跳闸。

其中 b～e 项为本次事故重要信号，应做好记录。

从保护动作情况可以判断 261 断路器线路发生的应是相间短路故障，此时为事故的初步判断，运行人员还应结合保护装置动作信号、故障录波报告、现场设备检查情况进行综合分析和验证，才能做出最后的准确判断。故障相别应通过保护装置或故障录波进行判断，由于重合闸未动作则无法判断是否为永久性故障。（注：由于线路发生相间短路故障，261 断路器线路重合闸方式为单相重合闸，断路器直接三相跳闸不重合）

2）检查监控系统上光字牌信号，本事故应重点检查 220kV 向平东线 261 断路器及 220kV 2 号故障录波装置的光字信号。

a. 检查 220kV 向平东线 261 断路器光字信号，如图 5－18 所示，检查的内容包括：220kV 向平东线保护动作；220kV 向平东线出口跳闸。

图 5-18　220kV 向平东线 261 断路器光字信号（线路事故处理案例三）

检查、记录好所有光字信号后，复归光字牌。

b. 检查 220kV 2 号故障录波装置的光字信号。如图 5-19 所示，在公用测控信号界面中检查有“220kV 2 号故障录波器录波启动”光字信号亮。

公用测控信号

主接线　返回

110kV母线保护屏母差跳I母	110kV母线保护屏母差跳II母	110kV母线保护屏跳母联	220kV母差保护屏母差、失灵、母联保护动作
110kV故障录波屏录波启动	110kV故障录波屏装置失电	110kV故障录波屏装置告警	220kV1号故障录波器录波启动
220kV1号故障录波器装置失电	220kV1号故障录波器装置告警	110kV母线保护屏报警闭锁	110kV母线保护屏交流断线异常
110kV母线保护屏隔离开关位置异常	110kV母线保护屏其他异常	220kV母差保护屏装置异常	220kV母差保护屏直流消失
220kV母差保护屏开入变位	220kV母差保护屏TA、TV断线	220kV母差保护屏互联	220kV2号故障录波器录波启动
220kV2号故障录波器装置失电	220kV2号故障录波器装置告警	川电东送安控装置TV断线	川电东送安控装置装置动作
川电东送安控装置回路异常	川电东送安控装置直流消失	川电东送安控装置载波机异常	故障测距装置直流消失
故障测距装置GPS信号消失			

图 5-19　公用测控信号（线路事故处理案例三）

检查、记录好所有光字信号后，复归光字牌。

3）检查故障线路保护装置液晶屏显示保护动作情况、故障参数。本次事故应重点检查 220kV 向平东线 261 断路器 1、2 号保护装置信号。

a. 检查 220kV 向平东线 261 断路器 1 号保护装置动作信号，如图 5-20 所示。

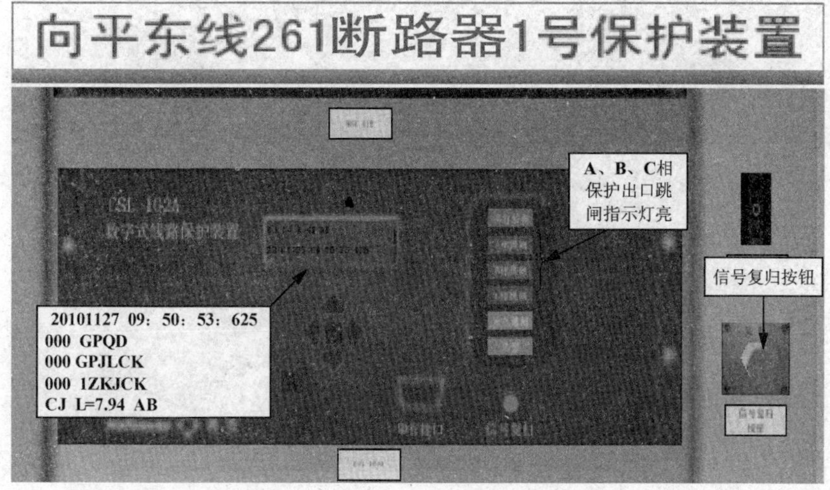

图 5-20　220kV 向平东线 261 断路器 1 号保护装置动作信号（线路事故处理案例三）
GPQD—高频启动；GPJLCK—高频距离出口；1ZKJCK—相间距离Ⅰ段出口；CJ—测距

220kV 向平东线 261 断路器 1 号保护装置：高频启动、高频距离保护动作、相间距离Ⅰ段保护动作，故障选相为 AB 相，故障测距为 7.94km。ABC 保护出口跳闸指示灯亮。

检查、记录好所有保护信息后，进行复归并打印事故报告。

b. 检查 220kV 向平东线 261 断路器 2 号保护装置动作信号，如图 5-21 所示。

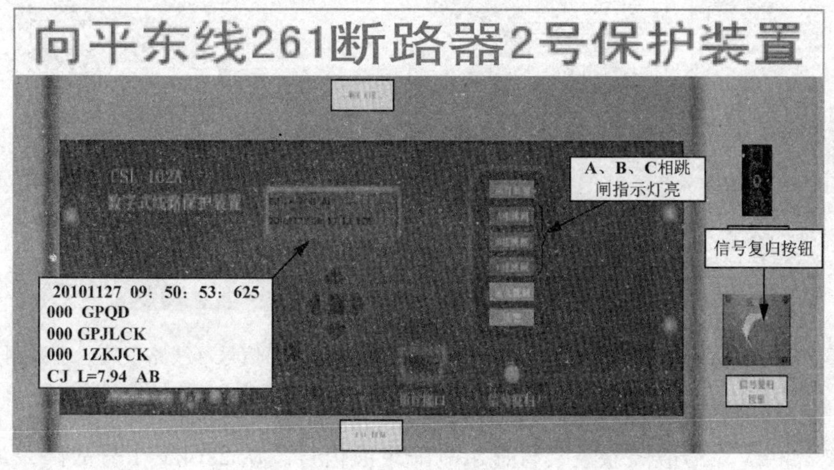

图 5-21　220kV 向平东线 261 断路器 2 号保护装置动作信号（线路事故处理案例三）
GPQD—高频启动；GPJLCK—高频距离出口；1ZKJCK—相间距离Ⅰ段出口；CJ—测距

220kV 向平东线 261 断路器 2 号保护装置包括高频启动、高频距离保护动作、相间距离Ⅰ段保护动作，故障选相为 AB 相，故障测距为 7.94km。ABC 保护出口跳闸指示灯亮。

检查、记录好所有保护信息后，进行复归并打印事故报告。

c. 检查 220kV 向平东线 261 断路器自动重合闸装置显示重合闸动作情况，如图 5-22 所示。

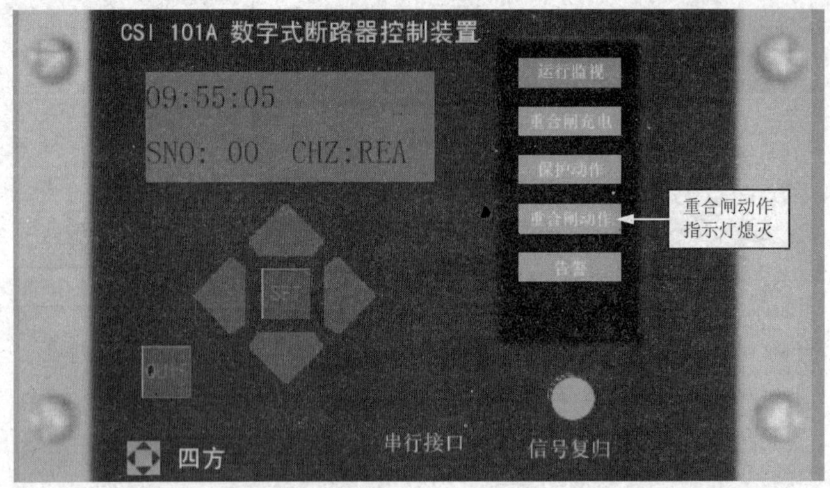

图 5-22 220kV 向平东线 261 断路器重合闸装置动作信号（线路事故处理案例三）

220kV 向平东线 261 断路器重合闸未动作（指示灯熄灭）。

4）检查 220kV 向平东线 261 断路器 2 号装置操作箱上信号灯，如图 5-23 所示。220kV 向平东线 261 断路器 ABC 相跳闸线圈Ⅰ、Ⅱ动作指示灯亮。

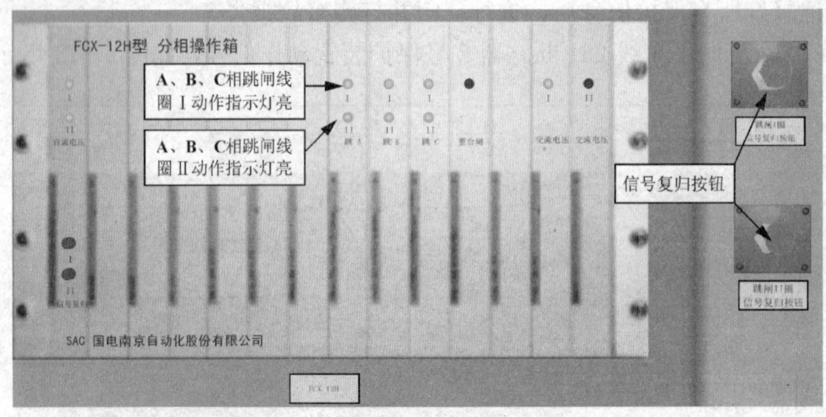

图 5-23 220kV 向平东线 261 断路器 2 号保护装置操作箱信号（线路事故处理案例三）

检查、记录好所有保护信号灯后，进行复归。

5）检查 220kV 1 号故障录波装置显示故障录波信号。从 220kV 1 号故障录波装置上可以检查到以下动作信号发出：

a. 故障录波“启动”灯亮；

b. 液晶显示屏上发出本次事故故障录波信息，包括故障时间、启动原因、故障线路、故障描述、故障测距、故障波形以及故障前、中、后一个周期内的电流、电压参数等。

检查、记录好所有故障录波信息后，进行复归并打印录波报告。运行值班员可以结合故障录波和保护动作情况对事故进行更加准确的分析判断。

（5）穿戴好合格的安全工器具，对事故时变电站内的设备进行检查。

1）对故障范围设备进行检查。

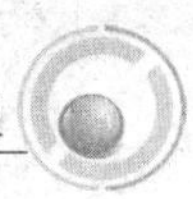

a. 应对事故跳闸的 220kV 向平东线 261 断路器进行外部检查，主要检查断路器的三相位置、油位、油色、油压（SF_6 气体压力、空气压力、弹簧压力等压力指示）及有无泄漏等异常情况。

b. 检查线路保护范围内的所有站内设备（即 220kV 向平东线 261 断路器线路保护用电流互感器出线侧的所有设备），包括 261 断路器电流互感器、线路侧隔离开关、旁路隔离开关、线路电压互感器、避雷器、高频阻波器、耦合电容器、结合滤波器、支持绝缘子以及相连的短引线等线路设备，有无短路、接地、闪络、瓷件破损、爆炸等故障现象。本次事故为 220kV 向平东线线路故障，故检查变电站内一次设备无异常。

c. 检查 220kV 向平东线 261 断路器 1、2 号保护装置运行情况，检查结果保护装置运行正常，保护连接片、切换开关投退正确，无保护装置误动作的可能。

2）检查站内其他相关设备有无异常。由于故障的 220kV 向平东线 261 与向平西线 262 为双回供电线路，应检查 262 断路器有无过负荷情况。

（6）根据事故现象结合现场设备检查结果，对事故进行分析判断。本次事故为 220kV 向平东线 261 断路器线路 7.94km 处发生 AB 相相间短路故障，261 断路器 1、2 号保护装置主保护动作跳开 261 断路器三相开关，由于线路发生相间短路故障，重合闸装置未动作。

（7）采取措施限制事故的发展，解除对电网、人身、设备安全的威胁。由于本次事故为单一的线路故障，在 220kV 向平东线 261 断路器三相跳闸后已将故障点切除，无需运行值班人员进行相关的事故紧急处理措施。

（8）再次向上级值班调度汇报站内事故处理情况。汇报程序及内容如下：

1）启动电话录音，安排同值人员监听，并做好记录。

2）互报单位、岗位、姓名。

3）2010 年 11 月 27 日××时××分（本次汇报时间），仿真舒平变电站 220kV 向平东线 261 断路器 1 号保护装置，高频距离保护动作、相间距离Ⅰ段保护动作；2 号保护装置：高频距离保护动作、相间距离Ⅰ段保护动作；故障选相均为 A、B 相，故障测距为 7.94km。220kV 向平东线 261 断路器三相出口跳闸，重合闸未动作，现 220kV 向平东线 261 断路器在热备用状态，检查站内一、二次设备无异常。事故初步判断为 220kV 向平东线 261 断路器线路 7.94km 处发生 AB 相相间短路故障。（由于重合闸装置未动作，变电站端运行人员无法判断故障是永久性还是瞬时性）

4）值班调度员复诵，并做好记录。

（9）根据上级调度值班员的指令进行事故处理操作。本次事故重合闸未动作，故障性质不明确。事故处理如下：

1）值班调度员应通知线路运行管理单位重点对 220kV 向平东线线路 A、B 相进行巡视检查；

2）若未发现明显故障点应根据调度指令对 220kV 向平东线 261 断路器进行试送电或将 261 断路器由热备用转为冷备用；

3）发现故障点后，根据调度命令将 220kV 向平东线 261 断路器转为线路检修状态。

（10）事故处理告一段落后，检查确认事故处理操作完成情况、再次汇报上级值班调度员。

1）220kV 向平东线 261 断路器运行状态应与调度命令一致。

2）所有事故信号已复归。

3）向调度汇报事故处理结果以及站内现在的运行方式。汇报处理如下：

a. 启动电话录音，安排同值人员监听，并做好记录；

b. 互报单位、岗位、姓名；

c. 2010年11月27日××时××分（本次汇报时间），已将仿真舒平变电站220kV向平东线261断路器由热备用转为运行（或冷备用、线路检修，故障点已隔离）；

d. 值班调度员复诵，并做好记录。

(11) 整理事故处理相关记录、资料，进行事故处理总结：

1）检查一次模拟接线图与实际运行方式一致；

2）安全工器具擦拭干净，定置摆放；

3）做好相关运行记录，包括《运行记录簿》、《高压断路器跳（合）闸记录簿》、《保护及故障录波动作记录簿》、《接地线（接地开关）装（合）拆（拉）记录簿》等；

4）整理现场事故处理报告、继电保护和自动装置事故报告、故障录波报告、事故录音，并及时上报有关部门；

5）总结本次事故处理。

5. 事故处理案例四

2010年11月27日10时44分，仿真舒平变电站110kV舒沿线118断路器线路发生永久性A相单相接地故障，118断路器线路保护动作跳闸，重合闸动作重合不成功，造成110kV舒沿线118断路器线路失电。

110kV舒沿线118断路器配置共有1面保护屏，屏内配置见表5-7，118断路器保护配置见表5-8。

表5-7　110kV舒沿线118断路器保护屏内配置

调度命名	屏型号	屏内保护装置
110kV舒沿线118断路器保护屏	PRC941A-01线路保护柜	RCS-941数字式输电线路成套快速保护装置

表5-8　110kV舒沿线118断路器保护配置

RCS-941保护装置	主保护	相间距离保护
		接地距离保护
		零序方向过流保护
		低周保护
		三相一次重合闸
		过负荷告警
	自动装置	综合重合闸

(1) 事故发生后，应立即启动事故录音，记录事故发生时间：2010年11月27日10时44分。

(2) 运行值班人员首先检查监控系统主接线图断路器出现变位闪光，故障线路的电流、功率等遥测信息等简要事故信息。监控系统主要信号，如图5-24所示。

1）检查监控系统主接线图110kV舒沿线118断路器发出跳闸位置闪光信号。

2）检查110kV舒沿线118断路器电流、有功、无功表计指示为零。

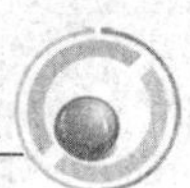

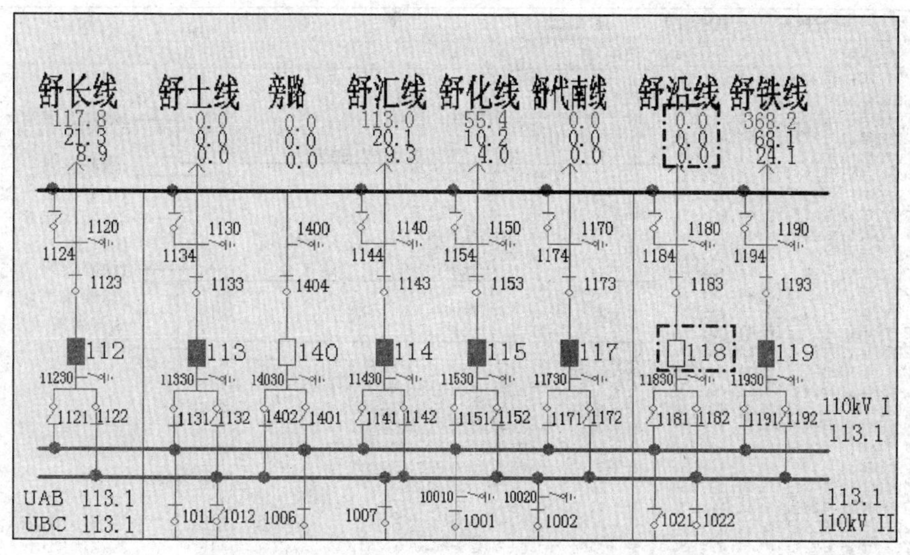

图 5-24 监控系统主要信号（线路事故处理案例四）

3）做好记录并复归所有断路器变位闪光信号。

(3) 将以上简要事故信息及时汇报调度和有关部门，便于调度及有关人员及时、全面地掌握事故情况，进行分析判断。本次事故应汇报地调值班调度员及运行管理单位生产领导。

1）启动电话录音，安排同值人员监听，并做好记录。

2）互报单位、岗位、姓名。

3）2010 年 11 月 27 日××时××分（本次汇报时间），仿真舒平变电站 110kV 舒沿线 118 断路器于 10 时 44 分三相跳闸，118 断路器电流、有功、无功表计指示均为零，事故具体情况待进一步详细检查后汇报。

4）值班调度员复诵，并做好记录。

(4) 对事故信号进行全面详细的检查，做好记录并复归事故信号。

1）检查监控系统告警窗、记录监控系统报文，如图 5-25 所示。

监控系统报文顺序应根据报文发生时间进行查看（图 5-25 应按由下往上的顺序查看）。从监控系统报文中可以检查到：

a. 事故时由于系统振荡发出的预告信号；

b. 110kV 故障录波器启动；

c. 110kV 舒沿线 118 断路器保护装置：接地距离Ⅰ段保护动作、零序Ⅰ段保护动作；

d. 110kV 舒沿线 118 断路器三相出口跳闸；

e. 110kV 舒沿线 118 断路器重合闸装置动作；

f. 110kV 舒沿线 118 断路器三相出口合闸；

g. 110kV 舒沿线 118 断路器保护装置后加速保护动作；

h. 110kV 舒沿线 118 断路器三相出口跳闸；

i. 110kV 舒沿线 118 断路器弹簧机构储能正常。

其中 b～h 项为本次事故重要信号，应做好记录。

从保护动作情况可以判断 118 断路器线路发生的应是接地故障，从重合闸动作后加速保

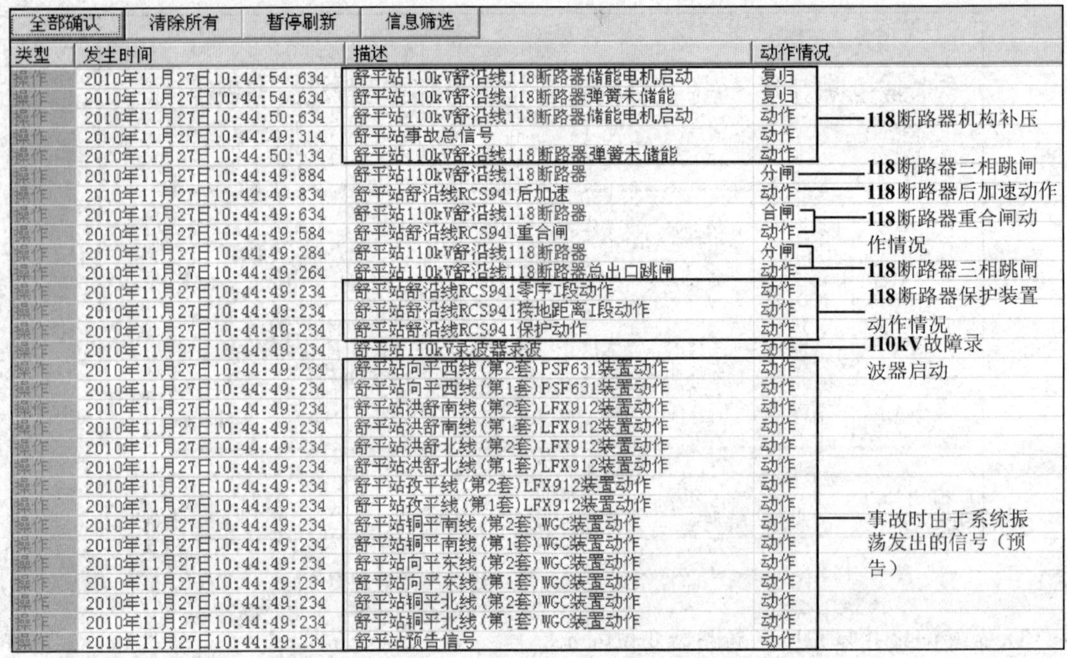
全部确认 清除所有 暂停刷新 信息筛选

类型	发生时间	描述	动作情况
操作	2010年11月27日10:44:54:634	舒平站110kV舒沿线118断路器储能电机启动	复归
操作	2010年11月27日10:44:54:634	舒平站110kV舒沿线118断路器弹簧未储能	复归
操作	2010年11月27日10:44:50:634	舒平站110kV舒沿线118断路器储能电机启动	动作
操作	2010年11月27日10:44:49:314	舒平站事故总信号	动作
操作	2010年11月27日10:44:50:134	舒平站110kV舒沿线118断路器弹簧未储能	动作
操作	2010年11月27日10:44:49:884	舒平站110kV舒沿线118断路器	分闸
操作	2010年11月27日10:44:49:834	舒平站舒沿线RCS941后加速	动作
操作	2010年11月27日10:44:49:634	舒平站110kV舒沿线118断路器	合闸
操作	2010年11月27日10:44:49:584	舒平站舒沿线RCS941重合闸	动作
操作	2010年11月27日10:44:49:284	舒平站110kV舒沿线118断路器	分闸
操作	2010年11月27日10:44:49:264	舒平站110kV舒沿线118断路器总出口跳闸	动作
操作	2010年11月27日10:44:49:234	舒平站舒沿线RCS941零序Ⅰ段动作	动作
操作	2010年11月27日10:44:49:234	舒平站舒沿线RCS941接地距离Ⅰ段动作	动作
操作	2010年11月27日10:44:49:234	舒平站舒沿线RCS941保护动作	动作
操作	2010年11月27日10:44:49:234	舒平站110kV录波器录波	动作
操作	2010年11月27日10:44:49:234	舒平站向平西线（第2套）PSF631装置动作	动作
操作	2010年11月27日10:44:49:234	舒平站向平西线（第1套）PSF631装置动作	动作
操作	2010年11月27日10:44:49:234	舒平站洪舒南线（第2套）LFX912装置动作	动作
操作	2010年11月27日10:44:49:234	舒平站洪舒南线（第1套）LFX912装置动作	动作
操作	2010年11月27日10:44:49:234	舒平站洪舒北线（第2套）LFX912装置动作	动作
操作	2010年11月27日10:44:49:234	舒平站洪舒北线（第1套）LFX912装置动作	动作
操作	2010年11月27日10:44:49:234	舒平站孜平线（第2套）LFX912装置动作	动作
操作	2010年11月27日10:44:49:234	舒平站孜平线（第1套）LFX912装置动作	动作
操作	2010年11月27日10:44:49:234	舒平站铜平南线（第2套）WGC装置动作	动作
操作	2010年11月27日10:44:49:234	舒平站铜平南线（第1套）WGC装置动作	动作
操作	2010年11月27日10:44:49:234	舒平站向平东线（第2套）WGC装置动作	动作
操作	2010年11月27日10:44:49:234	舒平站向平东线（第1套）WGC装置动作	动作
操作	2010年11月27日10:44:49:234	舒平站铜平北线（第2套）WGC装置动作	动作
操作	2010年11月27日10:44:49:234	舒平站铜平北线（第1套）WGC装置动作	动作
操作	2010年11月27日10:44:49:234	舒平站预告信号	动作

图 5-25　监控系统告警窗（线路事故处理案例四）

护动作跳开 118 三相开关可以判断为永久性故障。此时为事故的初步判断，运行人员还应结合保护装置动作信号、故障录波报告、现场设备检查情况进行综合分析和验证，才能做出最后的准确判断。故障相别应通过保护装置或故障录波进行判断。

2）检查监控系统上光字牌信号，本事故应重点检查 110kV 舒沿线 118 断路器及 110kV 故障录波装置的光字信号。

a. 检查 110kV 舒沿线 118 断路器光字信号。如图 5-26 所示，检查的内容包括：110kV 舒沿线保护跳闸；110kV 舒沿线重合闸；110kV 舒沿线弹簧未储能。

检查、记录好所有光字信号后，复归光字牌。

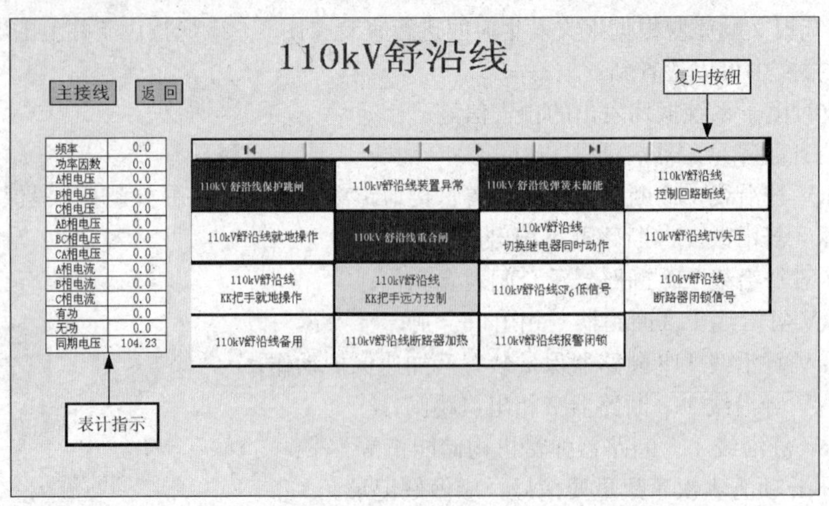

图 5-26　110kV 舒沿线 118 断路器光字信号（线路事故处理案例四）

b. 检查 110kV 故障录波装置的光字信号。如图 5－27 所示，在公用测控信号界面中检查有“110kV 故障录波器录波启动”光字信号亮。

主接线　返回　**公用测控信号**

110kV母线保护屏母差跳I母	110kV母线保护屏母差跳II母	110kV母线保护屏跳母联	220kV母差保护屏母差、失灵、母联保护动作
110kV故障录波屏录波启动	110kV故障录波屏装置失电	110kV故障录波屏装置告警	220kV1号故障录波器录波启动
220kV1号故障录波器装置失电	220kV1号故障录波器装置告警	110kV母线保护屏报警闭锁	110kV母线保护屏交流断线异常
110kV母线保护屏隔离开关位置异常	110kV母线保护屏其他异常	220kV母差保护屏装置异常	220kV母差保护屏直流消失
220kV母差保护屏开入变位	220kV母差保护屏TA、TV断线	220kV母差保护屏互联	220kV2号故障录波器录波启动
220kV2号故障录波器装置失电	220kV2号故障录波器装置告警	川电东送安控装置TV断线	川电东送安控装置装置动作
川电东送安控装置回路异常	川电东送安控装置直流消失	川电东送安控装置载波机异常	故障测距装置直流消失
故障测距装置GPS信号消失			

图 5－27　公用测控信号（线路事故处理案例四）

检查、记录好所有光字信号后，复归光字牌。

3）检查故障线路保护装置液晶屏显示保护动作情况、故障参数。本次事故应重点检查 110kV 舒沿线 118 断路器保护装置动作信号，如图 5－28 所示。

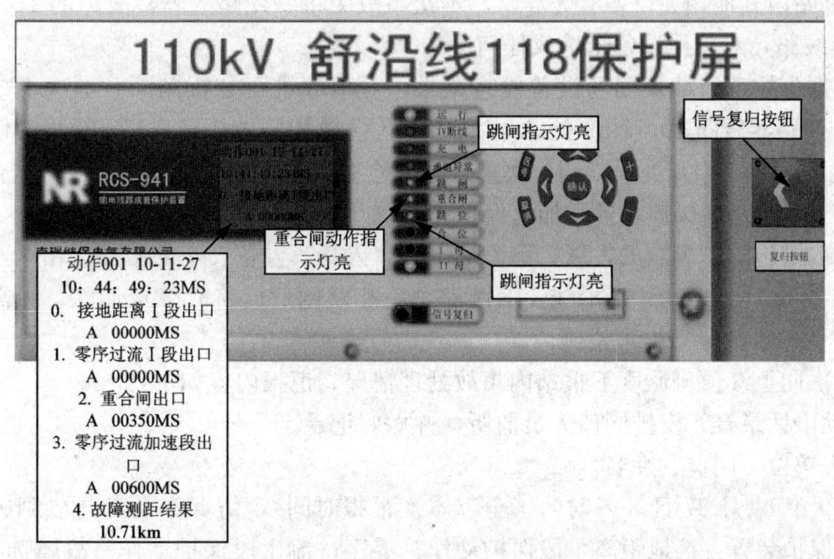

图 5－28　110kV 舒沿线 118 断路器保护装置动作信号（线路事故处理案例四）

a. 110kV 舒沿线 118 断路器保护装置，接地距离Ⅰ段出口、零序过流Ⅰ段出口、重合闸出口、零序过流加速段出口，故障选相为 A 相，故障测距为 10.71km。

b. 110kV 舒沿线 118 断路器保护装置，保护出口跳闸指示灯亮、重合闸动作指示灯亮、跳闸位置指示灯亮。

检查、记录好所有保护信息后，进行复归。

4）检查 110kV 故障录波装置显示故障录波信号。从 110kV 故障录波装置上可以检查到以下动作信号发出：

a. 故障录波“启动”灯亮；

b. 液晶显示屏上发出本次事故故障录波信息，包括故障时间、启动原因、故障线路、故障描述、故障测距、故障波形以及故障前、中、后一个周期内的电流、电压参数等。

检查、记录好所有故障录波信息后，进行复归。运行值班员可以结合故障录波和保护动作情况对事故进行更加准确的分析判断。

（5）穿戴好合格的安全工器具，对事故时变电站内的设备进行检查。

1）对故障范围设备进行检查。

a. 应对事故跳闸的 110kV 舒沿线 118 断路器进行外部检查，主要检查断路器的三相位置、油位、油色、油压（SF_6 气体压力、空气压力、弹簧压力等压力指示）及有无泄漏等异常情况。

b. 检查线路保护范围内的所有站内设备（即 110kV 舒沿线 118 断路器线路保护用电流互感器出线侧的所有设备），包括 118 断路器电流互感器、线路侧隔离开关、旁路隔离开关、线路电压互感器、避雷器、高频阻波器、耦合电容器、结合滤波器、支持瓷瓶以及相连的短引线等线路设备，有无短路、接地、闪络、瓷件破损、爆炸等故障现象。本次事故为 110kV 舒沿线线路故障，故检查变电站内一次设备无异常。

c. 检查 110kV 舒沿线 118 断路器保护装置运行情况：保护装置运行正常，保护连接片、切换开关投退正确，无保护装置误动作的可能。

2）检查站内其他相关设备有无异常。本次事故为单一线路故障，故障的 110kV 舒沿线为单回供电线路，对其他设备未造成任何影响。

（6）根据事故现象结合现场设备检查结果，对事故进行分析判断。本次事故为 110kV 舒沿线 118 断路器线路 10.71km 处 A 相发生永久性单相接地故障，118 断路器保护装置主保护动作跳开 118 三相开关，三相一次重合闸（检无压方式）动作三相重合，重合于线路永久性故障，118 断路器保护装置后加速保护动作跳开 118 三相开关。

（7）采取措施限制事故的发展，解除对电网、人身、设备安全的威胁。由于本次事故为单一的线路故障，在 110kV 舒沿线 118 断路器三相跳闸后已将故障点切除，无需运行值班人员进行相关的事故紧急处理措施。

（8）再次向上级值班调度汇报站内事故处理情况。汇报内容如下：

1）启动电话录音，安排同值人员监听，并做好记录。

2）互报单位、岗位、姓名。

3）2010 年 11 月 27 日××时××分（本次汇报时间），仿真舒平变电站 110kV 舒沿线 118 断路器保护装置：接地距离Ⅰ段保护动作、零序过流Ⅰ段保护动作；故障选相为 A 相，故障测距为 10.71km。110kV 舒沿线 118 断路器三相出口跳闸，重合闸动作，118 断路器保护装置零序过流加速段保护动作，118 断路器三相出口跳闸，重合闸动作不成功，现 110kV 舒沿线 118 断路器在热备用状态，检查站内设备无异常。事故初步判断为 110kV 舒沿线 118

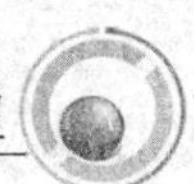

断路器线路10.71km处发生A相永久性单相接地故障。

4）值班调度员复诵，并做好记录。

（9）根据上级调度值班员的指令进行事故处理操作。本次事故属于线路永久性故障，重合闸动作重合不成功的情况，处理如下：

1）值班调度员应通知线路运行管理单位重点对110kV舒沿线线路A相进行巡视检查。

2）若未发现明显故障点应根据调度指令对110kV舒沿线118断路器进行试送电或将118断路器由热备用转为冷备用。

3）发现故障点后，根据调度命令将110kV舒沿线118断路器转为线路检修状态。

（10）事故处理告一段落后，检查确认事故处理操作完成情况，再次汇报上级值班调度员。

1）110kV舒沿线118断路器应为冷备用状态或线路检修状态（根据调度命令执行）。

2）118断路器重合闸出口连接片应退出。

3）向调度汇报事故处理结果以及站内现在的运行方式：

a. 启动电话录音，安排同值人员监听，并做好记录；

b. 互报单位、岗位、姓名；

c. 2010年11月27日××时××分(本次汇报时间)，已将仿真舒平变电站110kV舒沿线118断路器由热备用转为冷备用（线路检修），故障点已隔离；

d. 值班调度员复诵，并做好记录。

（11）整理事故处理相关记录、资料，进行事故处理总结；

1）检查一次模拟接线图与实际运行方式一致；

2）安全工器具擦拭干净，定置摆放；

3）做好相关运行记录，包括《运行记录簿》、《高压断路器跳（合）闸记录簿》、《保护及故障录波动作记录簿》、《接地线（接地开关）装（合）拆（拉）记录簿》等；

4）整理现场事故处理报告、继电保护和自动装置事故报告、故障录波报告、事故录音并及时上报有关部门；

5）总结本次事故处理。

第三节 变压器事故处理

变压器是电网中非常重要的设备，变压器事故对电网影响巨大，因此，正确、快速地处理事故，防止事故的扩大，减小事故的损失，显得尤为重要。

一、变压器故障类型

变压器的故障主要有以下几种：

（1）变压器内部故障，包括绕组故障（绕组的匝间短路、接地短路、相间短路、不同电压等级之间的击穿等）和铁心故障（铁心多点接地等）；

（2）变压器外部故障，包括变压器套管、引线故障和系统短路电流引起的变压器故障跳闸；

（3）套管故障，常见的有爆炸、闪络放电及严重漏油等；

（4）有载调压装置故障；

（5）变压器保护误动、误整定、误碰造成主变误跳闸。

二、变压器事故处理的基本原则

变压器事故处理时必须遵照下列原则进行。

(1) 并列运行的变压器事故跳闸后，应立即采取措施消除运行变压器的过载情况，并按保护要求调整变压器中性点接地方式。

(2) 变压器跳闸后应密切关注站用电的供电，确保站用电、直流系统的安全稳定运行。

(3) 变压器的主保护（重瓦斯保护或差动保护或有载重瓦斯保护）动作跳闸，应对变压器及保护进行全面检查，未查明原因并消除故障前，不得对变压器强送电。

(4) 变压器后备保护动作跳闸的同时，伴有明显的故障现象（如电压电流突变，系统有冲击、弧光、声响等）应对变压器进行全面检查，必要时应对变压器进行绝缘测定检查，如未发现异常可试送一次。

(5) 变压器轻瓦斯保护动作发信号，应立即进行检查，从气体继电器中采集气体进行分析，确认变压器能否运行。

(6) 若主变重瓦斯保护误动作，两套差动保护中其中一套差动保护误动作或者后备保护（如相间过流保护）误动作造成变压器故障跳闸，应根据调度命令，停用误动作保护，将主变压器送电。

(7) 变压器故障跳闸造成电网解列时，在试送变压器或投入备用变压器时，要防止非同期并列。

(8) 如因线路或母线故障，保护越级动作引起变压器跳闸，则在故障线路断路器或母线隔离后，可立即恢复变压器运行。

(9) 对于不同的接线方式，应及时调整不同的运行方式，本着无故障变压器尽快恢复送电的原则。

(10) 变压器起火时，首先应检查变压器各侧断路器是否已跳闸，否则应立即手动拉开故障变压器各侧断路器，立即停运冷却装置，立即拉开变压器各侧电源，立即切除变压器所有二次控制电源并向消防部门报警。在确保人身安全的情况下采取必要的灭火措施，并立即将情况向调度及有关部门汇报。

(11) 变压器在遇有以下情况时，应立即停止运行：

1) 变压器内部声音异常或声响明显增大，并伴有爆裂声；

2) 在正常负荷和冷却条件下，变压器温度不正常并不断上升；

3) 压力释放装置动作或向外喷油；

4) 严重漏油使油面降低，并低于油位计的指示限度；

5) 油色变化过大，油内出现大量杂质等；

6) 套管有严重的破损和放电现象；

7) 冷却系统故障，断水、断电、断油的时间超过了变压器允许的时间；

8) 变压器冒烟、着火、喷油；

9) 变压器已出现故障，而保护装置拒动或动作不明确；

10) 变压器附近着火、爆炸对变压器构成严重威胁。

(12) 根据上级调度值班员的指令进行事故处理操作。

1) 变压器主保护动作：

a. 根据值班调度员命令，进行将故障变压器隔离即转为冷备用的操作；

b. 若气体继电器动作，运行人员应从气体继电器中采集气体进行分析。

2）变压器后备保护动作：

a. 若是由于线路或母线故障，保护越级动作引起变压器跳闸，则在故障线路断路器或母线隔离后，可立即恢复变压器运行；

b. 若是由于变压器主保护拒动而引起的后备保护动作，则应根据调度命令将故障变压器隔离即转为冷备用。

3）若主变重瓦斯保护误动作，两套差动保护中一套差动保护误动作或者后备保护（如相间过流保护）误动作造成变压器故障跳闸，应根据调度命令，停用误动作保护，将主变压器送电。

三、变压器事故典型案例分析

下面以220kV仿真舒平变电站为例进行分析，220kV仿真舒平变电站监控系统主接线及运行方式同图5-1。

仿真舒平变电站主变压器保护装置详细情况为：1、2号主变保护配置相同，1、2号主变保护各配置有两面保护屏，屏内配置见表5-9，1、2号主变保护配置见表5-10、表5-11。

表5-9　　主变保护屏内配置

调度命名	屏型号	屏内保护装置
1、2号主变保护Ⅰ屏	PRC78E-23SA保护柜	CZX-12R操作继电器箱 RCS-978变压器成套保护装置
1、2号主变保护Ⅱ屏	PRC78E-21SB保护柜	LFP-974BR电压切换及操作回路装置 RCS-978变压器成套保护装置 RCS-974非电量辅助保护装置

表5-10　　主变压器RCS-978保护装置

保护类型		段数	每段时限数	备　注
主保护	差动速断			无时限跳主变三侧
	比率差动			无时限跳主变三侧
	工频变化量比率差动			无时限跳主变三侧
220kV侧	复压闭锁方向过流（主变指向母线为正方向）	Ⅰ	2	T11（带方向）跳220kV母联 T12（带方向）跳主变220kV侧断路器
		Ⅱ	2	T21（带方向）跳主变三侧断路器 T22（停用）
		Ⅲ	2	T31（不带方向）跳主变三侧断路器 T32（停用）
	零序方向过流（主变指向母线为正方向）	Ⅰ	2	T11（带方向）跳220kV母联 T12（带方向）主变220kV侧断路器
		Ⅱ	3	T21（带方向）跳主变220kV侧断路器 T22（带方向）跳主变三侧断路器 T23（停用）
		Ⅲ	2	T31（不带方向）跳主变三侧断路器 T32（停用）

续表

<table>
<tr><th colspan="2">保护类型</th><th>段数</th><th>每段时限数</th><th>备注</th></tr>
<tr><td rowspan="7">220kV侧</td><td>间隙零序过流</td><td>Ⅰ</td><td>2</td><td rowspan="2">间隙过流、零序过压以“或”方式出口，T11=T12均跳主变三侧断路器</td></tr>
<tr><td>零序过压</td><td>Ⅰ</td><td>2</td></tr>
<tr><td rowspan="2">*过负荷</td><td>Ⅰ</td><td>1</td><td>（二次侧电流3.1A，时限9s）报警</td></tr>
<tr><td>Ⅱ</td><td></td><td>（停用）</td></tr>
<tr><td rowspan="2">*启动冷却器</td><td>Ⅰ</td><td>1</td><td>（二次侧电流1.7A，时限5s）起用备用冷却器</td></tr>
<tr><td>Ⅱ</td><td></td><td>（停用）</td></tr>
<tr><td>*闭锁有载调压</td><td>Ⅰ</td><td>1</td><td>（二次侧电流3A，时限7s）闭锁有载调压装置</td></tr>
<tr><td rowspan="13">110kV侧</td><td rowspan="3">复压闭锁方向过流（主变指向母线为正方向）</td><td>Ⅰ</td><td>2</td><td>T11（带方向）跳110kV母联
T12（带方向）跳主变110kV侧断路器</td></tr>
<tr><td>Ⅱ</td><td>2</td><td>T21（带方向）跳主变三侧断路器
T22（停用）</td></tr>
<tr><td>Ⅲ</td><td>2</td><td>T31（不带方向）跳主变三侧断路器
T32（停用）</td></tr>
<tr><td rowspan="3">零序方向过流（主变指向母线为正方向）</td><td>Ⅰ</td><td>2</td><td>T11（带方向）跳110kV母联
T12（带方向）主变110kV侧断路器</td></tr>
<tr><td>Ⅱ</td><td>3</td><td>T21（带方向）跳主变110kV侧断路器
T22（带方向）跳主变三侧断路器
T23（停用）</td></tr>
<tr><td>Ⅲ</td><td>2</td><td>T31（不带方向）跳主变三侧断路器
T32（停用）</td></tr>
<tr><td>间隙零序过流</td><td>Ⅰ</td><td>2</td><td rowspan="2">间隙过流、零序过压可以“或”方式出口，T11=T12均跳主变三侧断路器</td></tr>
<tr><td>零序过压</td><td>Ⅰ</td><td>2</td></tr>
<tr><td rowspan="2">*过负荷</td><td>Ⅰ</td><td>1</td><td>Ⅰ段（二次侧电流3A，时限9s）报警</td></tr>
<tr><td>Ⅱ</td><td></td><td>（停用）</td></tr>
<tr><td rowspan="2">*启动冷却器</td><td>Ⅰ</td><td>1</td><td>（二次侧电流1.7A，时限5s）起用备用冷却器</td></tr>
<tr><td>Ⅱ</td><td></td><td>（停用）</td></tr>
<tr><td>*闭锁有载调压</td><td></td><td></td><td>（二次侧电流2.9A，时限7s）闭锁有载调压装置</td></tr>
<tr><td rowspan="5">10kV侧</td><td rowspan="3">复压闭锁方向过流（主变指向母线为正方向）</td><td>Ⅰ</td><td>1</td><td>T11（带方向）跳主变10kV侧断路器</td></tr>
<tr><td>Ⅱ</td><td>1</td><td>T21（带方向）跳主变三侧断路器</td></tr>
<tr><td>Ⅲ</td><td>1</td><td>T31（不带方向）跳主变三侧断路器</td></tr>
<tr><td>*过负荷</td><td></td><td></td><td>（二次电流6.7A，时限9s）报警</td></tr>
<tr><td>*零序过压</td><td></td><td></td><td>（零序电压25V，时限5s）报警</td></tr>
</table>

* 表示具有异常报警功能。

表 5-11　　　　主变压器 RCS-974 装置保护配置

保护类型		段数	每段时限数	备注
非电量	本体重瓦斯			无时限跳主变三侧
	调压重瓦斯			无时限跳主变三侧
	冷控失电			跳主变三侧
	油温过高			跳主变三侧
	压力释放、油位异常、轻瓦斯			发信号
非全相		Ⅰ	2	经零序、负序电流闭锁 T11 跳主变 220kV 侧断路器 T12（停用）
失灵保护				经零序、负序电流闭锁启动 220kV 失灵保护

RCS-978 保护装置还具有公共绕组零序电流报警、差流异常报警、零序差流异常报警、差动回路 TA 断线报警、TA 异常报警和 TV 异常报警功能。

1. 事故处理案例一

2010 年 11 月 27 日 10 时 13 分，仿真舒平变电站 2 号主变内部发生 A 相单相接地故障，2 号主变主保护动作跳开三侧断路器，造成 2 号主变、10kV Ⅳ段母线及 2 号站用变失电。

（1）事故发生后，应立即启动事故录音，记录事故发生时间：2010 年 11 月 27 日 10 时 13 分。

（2）运行值班人员首先检查监控系统主接线图断路器出现变位闪光，故障线路的电流、功率等遥测信息等简要事故信息。监控系统主要信号，如图 5-29 所示。

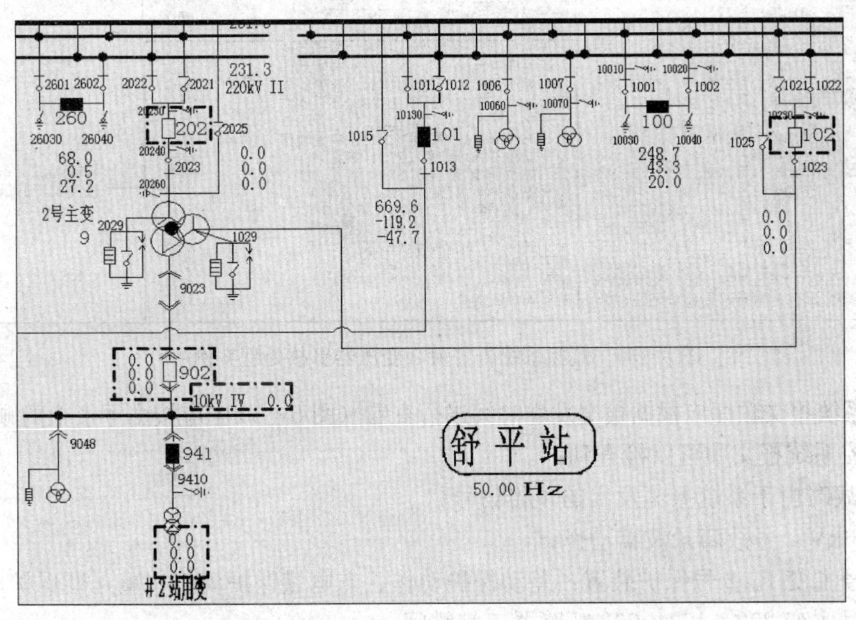

图 5-29　监控系统主要信号（变压器事故处理案例一）

1）检查监控系统主接线图 2 号主变 202、102、902 断路器发出跳闸位置闪光信号。

2）检查 202、102、902 断路器、2 号站用变电流、有功、无功表计指示为零，10kV Ⅳ段母线三相电压为零。

3）做好记录并复归所有开关变位闪光信号。

（3）将以上简要事故信息及时汇报调度和有关部门，便于调度及有关人员及时、全面地掌握事故情况，进行分析判断。本次事故应汇报地调、省调值班调度员及运行管理单位生产领导。

注：220kV 系统及以上设备均为省调管辖范围、110kV 及以下设备包括 220kV 变压器为地调管辖范围，220kV 变压器高压侧断路器为省调管辖设备。

1）启动电话录音，安排同值人员监听，并做好记录。

2）互报单位、岗位、姓名。

3）2010 年 11 月 27 日××时××分，仿真舒平变电站 2 号主变 202、102、902 断路器于 10 时 13 分三相跳闸，202、102、902 断路器、2 号站用变电流、有功、无功表计指示为零，10kV Ⅳ段母线三相电压为零，事故具体情况待进一步详细检查后汇报。

4）值班调度员复诵，并做好记录。

（4）对事故信号进行全面详细的检查，做好记录并复归事故信号。

1）检查监控系统告警窗、记录监控系统报文，如图 5－30 所示。

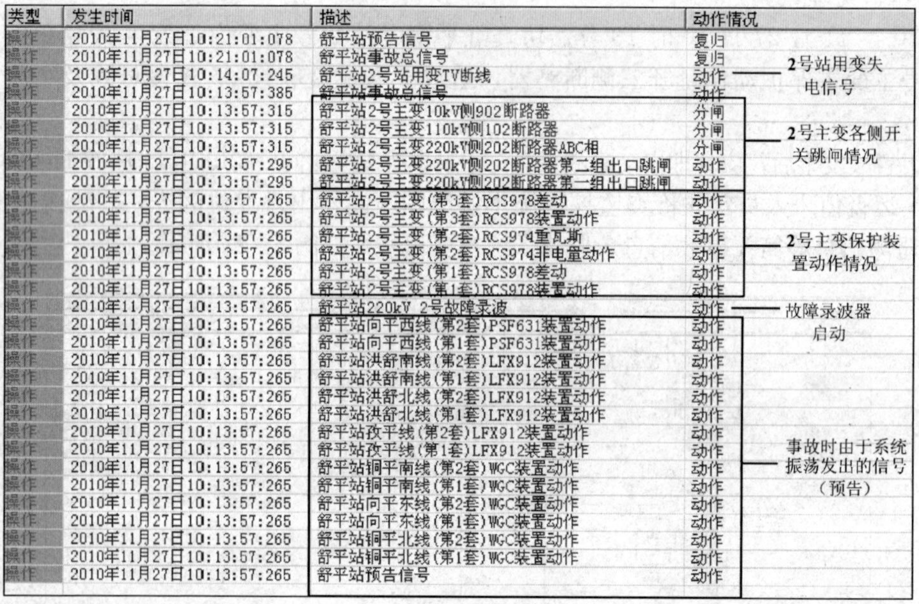

类型	发生时间	描述	动作情况
操作	2010年11月27日10:21:01:078	舒平站预告信号	复归
操作	2010年11月27日10:21:01:078	舒平站事故总信号	复归
操作	2010年11月27日10:14:07:245	舒平站2号站用变TV断线	动作
操作	2010年11月27日10:13:57:385	舒平站事故总信号	动作
操作	2010年11月27日10:13:57:315	舒平站2号主变10kV侧902断路器	分闸
操作	2010年11月27日10:13:57:315	舒平站2号主变110kV侧102断路器	分闸
操作	2010年11月27日10:13:57:315	舒平站2号主变220kV侧202断路器ABC相	分闸
操作	2010年11月27日10:13:57:295	舒平站2号主变220kV侧202断路器第二组出口跳闸	动作
操作	2010年11月27日10:13:57:295	舒平站2号主变220kV侧202断路器第一组出口跳闸	动作
操作	2010年11月27日10:13:57:265	舒平站2号主变(第3套)RCS978差动	动作
操作	2010年11月27日10:13:57:265	舒平站2号主变(第3套)RCS978装置动作	动作
操作	2010年11月27日10:13:57:265	舒平站2号主变(第2套)RCS974重瓦斯	动作
操作	2010年11月27日10:13:57:265	舒平站2号主变(第2套)RCS974非电量动作	动作
操作	2010年11月27日10:13:57:265	舒平站2号主变(第1套)RCS978差动	动作
操作	2010年11月27日10:13:57:265	舒平站2号主变(第1套)RCS978装置动作	动作
操作	2010年11月27日10:13:57:265	舒平站220kV 2号故障录波	动作
操作	2010年11月27日10:13:57:265	舒平站向平西线(第2套)PSF631装置动作	动作
操作	2010年11月27日10:13:57:265	舒平站向平西线(第1套)PSF631装置动作	动作
操作	2010年11月27日10:13:57:265	舒平站洪舒南线(第2套)LFX912装置动作	动作
操作	2010年11月27日10:13:57:265	舒平站洪舒南线(第1套)LFX912装置动作	动作
操作	2010年11月27日10:13:57:265	舒平站洪舒北线(第2套)LFX912装置动作	动作
操作	2010年11月27日10:13:57:265	舒平站洪舒北线(第1套)LFX912装置动作	动作
操作	2010年11月27日10:13:57:265	舒平站孜平线(第2套)LFX912装置动作	动作
操作	2010年11月27日10:13:57:265	舒平站孜平线(第1套)LFX912装置动作	动作
操作	2010年11月27日10:13:57:265	舒平站铜平南线(第2套)WGC装置动作	动作
操作	2010年11月27日10:13:57:265	舒平站铜平南线(第1套)WGC装置动作	动作
操作	2010年11月27日10:13:57:265	舒平站向平东线(第2套)WGC装置动作	动作
操作	2010年11月27日10:13:57:265	舒平站向平东线(第1套)WGC装置动作	动作
操作	2010年11月27日10:13:57:265	舒平站铜平北线(第2套)WGC装置动作	动作
操作	2010年11月27日10:13:57:265	舒平站铜平北线(第1套)WGC装置动作	动作
操作	2010年11月27日10:13:57:265	舒平站预告信号	动作

图 5－30 监控系统告警窗（变压器事故处理案例一）

监控系统报文顺序应根据报文发生时间进行查看（图 5－30 中应按由下往上的顺序查看）。从监控系统报文中可以检查到：

a. 事故时由于系统振荡发出的预告信号；

b. 220kV 2 号故障录波器动作；

c. 2 号主变 1、2 号保护装置：差动保护动作、非电量保护动作、重瓦斯保护动作；

d. 2 号主变 202、102、902 断路器三相跳闸；

e. 2 号站用变 TV 断线。

其中 a～e 项为本次事故重要信号，应做好记录。

2）检查监控系统上光字牌信号，本事故应重点检查 2 号主变及 220kV 2 号故障录波装置的光字信号。

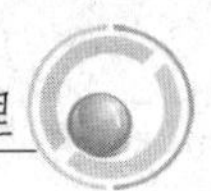

a. 检查 2 号主变光字信号。如图 5-31 所示，检查的内容包括：2 号主变本体重瓦斯；2 号主变差动保护动作；2 号主变保护出口跳闸。

主接线　返 回　2号主变　表计指示　复归按钮

2号主变220kV侧频率	50.0
2号主变220kV侧功率因数	[illegible]
2号主变220kV侧A相电压	[illegible]
2号主变220kV侧B相电压	133.5
2号主变220kV侧C相电压	133.5
2号主变220kV侧AB相电压	231.3
2号主变220kV侧BC相电压	231.3
2号主变220kV侧CA相电压	231.3
2号主变220kV侧A相电流	0.0
2号主变220kV侧B相电流	0.0
2号主变220kV侧C相电流	0.0
2号主变220kV侧有功	0.0
2号主变220kV侧无功	0.0
2号主变110kV侧频率	50.0
2号主变110kV侧功率因数	0.0
2号主变110kV侧A相电压	63.9
2号主变110kV侧B相电压	63.9
2号主变110kV侧C相电压	63.9
2号主变110kV侧AB相电压	110.7
2号主变110kV侧BC相电压	110.7
2号主变110kV侧CA相电压	110.7
2号主变110kV侧A相电流	0.0
2号主变110kV侧B相电流	0.0
2号主变110kV侧C相电流	0.0
2号主变110kV侧有功	0.0
2号主变110kV侧无功	0.0
2号主变10kV侧频率	0.0
2号主变10kV侧功率因数	0.0
2号主变10kV侧A相电压	0.0
2号主变10kV侧B相电压	0.0
2号主变10kV侧C相电压	0.0
2号主变10kV侧AB相电压	0.0
2号主变10kV侧BC相电压	0.0
2号主变10kV侧CA相电压	0.0
2号主变10kV侧A相电流	0.0
2号主变10kV侧B相电流	0.0
2号主变10kV侧C相电流	0.0

2号主变保护出口跳闸	2号主变油位异常	2号主变轻瓦斯	2号主变I工作电源故障	2号主变II工作电源故障
2号主变备用冷却器投入后故障	2号主冷控失电	2号主变有载轻瓦斯	2号主变压力释放	2号主变本体重瓦斯
2号主变有载重瓦斯	2号主变温度高	2号主变有载调压电机运转	2号主变有载调压机构故障	2号主变冷却器操作电源故障
2号主变辅助、备用冷却器投入	2号主变220kV侧弹簧未储能	2号主变220kV侧SF_6低气压报警	2号主变220kV侧分闸回路II闭锁	2号主变220kV侧电机电源消失
2号主变220kV侧第一组控制回路断线	2号主变220kV侧第二组控制回路断线	2号主变220kV侧切换继电器同时动作	2号主变220kV侧TV失压	2号主变220kV侧合闸、分闸回路I闭锁
2号主变220kV侧KK把手就地操作	2号主变220kV侧KK把手远方控制	2号主变220kV侧就地操作位置	2号主变110kV侧弹簧未储能	2号主变110kV侧控制回路断线
2号主变110kV侧SF_6低气压报警	2号主变110kV侧切换继电器同时动作	2号主变110kV侧TV失压	2号主变110kV侧合闸、分闸回路I闭锁	2号主变110kV侧KK把手就地操作
2号主变110kV侧KK把手远方控制	2号主变110kV侧就地操作位置	2号主变10kV侧弹簧未储能	2号主变10kV侧KK把手就地操作	2号主变10kV侧KK把手远方控制
2号主变保护过负荷	2号主变保护装置闭锁	2号主变保护装置报警	2号主变保护TA断线	2号主变保护TV断线
2号主变保护低压侧零序过压	2号主变保护高压侧报警	2号主变保护中压侧报警	2号主变保护低压侧报警	2号主变差动保护动作

图 5-31　2 号主变光字信号（变压器事故处理案例一）

检查、记录好所有光字信号后，复归光字牌。

b. 检查 220kV 2 号故障录波装置的光字信号，如图 5-32 所示，在公用测控信号界面中检查有“220kV 2 号故障录波器录波启动”光字信号亮。

主接线　返 回　公用测控信号

110kV母线保护屏母差跳I母	110kV母线保护屏母差跳II母	110kV母线保护屏跳母联	220kV母差保护屏母差、失灵、母联保护动作
110kV故障录波屏录波启动	110kV故障录波屏装置失电	110kV故障录波屏装置告警	220kV1号故障录波器录波起动
220kV1号故障录波器装置失电	220kV1号故障录波器装置告警	110kV母线保护屏报警闭锁	110kV母线保护屏交流断线异常
110kV母线保护屏隔离开关位置异常	110kV母线保护屏其他异常	220kV母差保护屏装置异常	220kV母差保护屏直流消失
220kV母差保护屏开入变位	220kV母差保护屏TA、TV断线	220kV母差保护屏互联	220kV2号故障录波器录波启动
220kV2号故障录波器装置失电	220kV2号故障录波器装置告警	川电东送安控装置TV断线	川电东送安控装置装置动作
川电东送安控装置回路异常	川电东送安控装置直流消失	川电东送安控装置载波机异常	故障测距装置直流消失
故障测距装置GPS信号消失			

图 5-32　公用测控信号（变压器事故处理案例一）

检查、记录好所有光字信号后，复归光字牌。

3）检查故障变压器保护装置液晶屏显示保护动作情况、故障参数。本次事故应重点检查 2 号主变 1、2 号保护装置信号。

a. 检查 2 号主变 1 号保护装置信号，如图 5－33 所示。

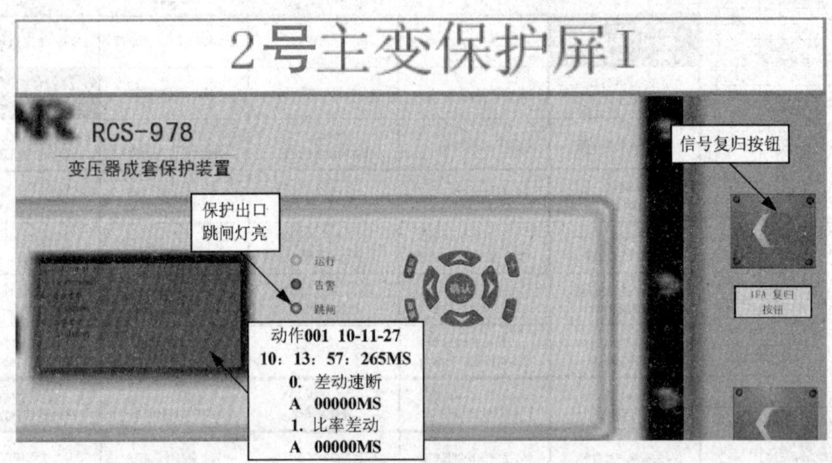

图 5－33　2 号主变 1 号保护装置动作信号（变压器事故处理案例一）

2 号主变 1 号保护装置：差动速断保护动作、比率差动保护动作，故障选相为 A 相。保护出口跳闸灯亮。

检查、记录好所有保护信息后，进行复归并打印事故报告。

b. 检查 2 号主变 2 号保护装置信号，如图 5－34 所示。

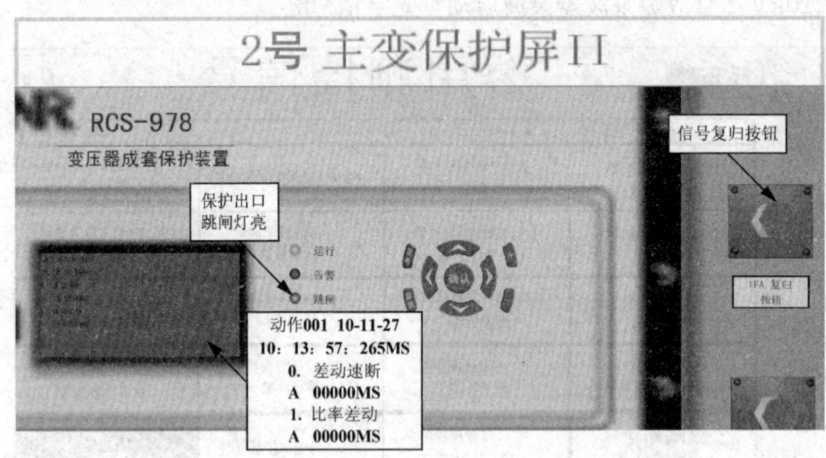

图 5－34　2 号主变 2 号保护装置动作信号（变压器事故处理案例一）

2 号主变 2 号保护装置：差动速断保护动作、比率差动保护动作，故障选相为 A 相。保护出口跳闸灯亮。

检查、记录好所有保护信息后，进行复归并打印事故报告。

c. 检查 2 号主变非电量保护装置信号，如图 5－35 所示。

2 号主变非电量保护装置：本体重瓦斯保护动作，故障选相为 A 相。非电量保护出口跳

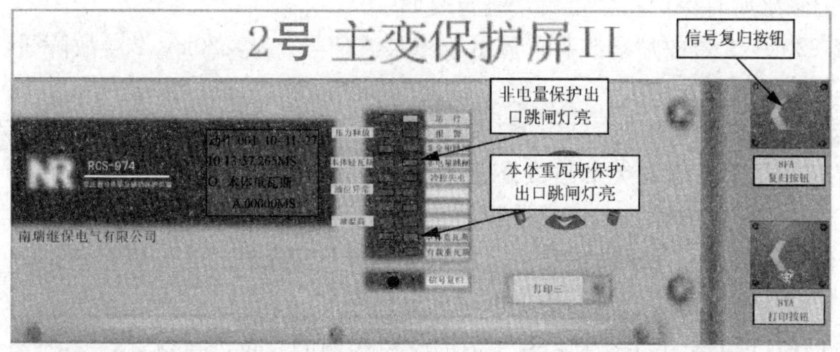

图 5-35　2 号主变非电量保护装置动作信号（变压器事故处理案例一）

闸灯、本体重瓦斯保护出口跳闸灯亮。

检查、记录好所有保护信息后，进行复归并打印事故报告。

4）检查 2 号主变 1、2 号保护装置操作箱上信号灯，如图 5-36、图 5-37 所示。

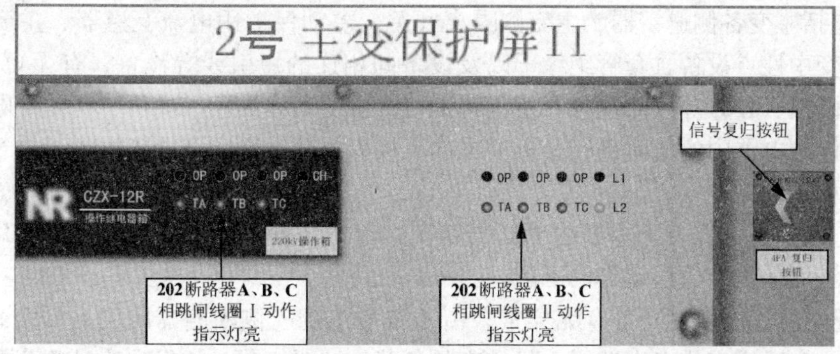

图 5-36　2 号主变 1 号保护装置操作箱信号（变压器事故处理案例一）

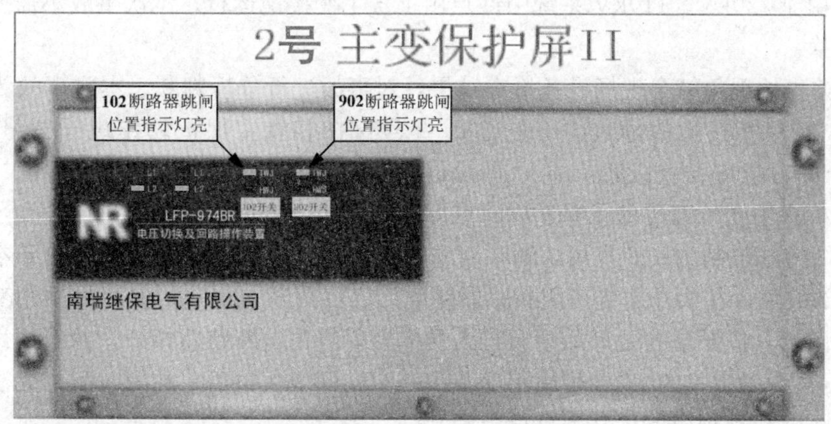

图 5-37　2 号主变 2 号保护装置操作箱信号（变压器事故处理案例一）

2 号主变 202 断路器 ABC 相跳闸线圈Ⅰ、Ⅱ动作灯亮；2 号主变 102、902 断路器跳闸位置指示灯亮。

检查、记录好所有保护信号灯后，进行复归。

5）检查 220kV 2 号故障录波装置显示故障录波信号。从 220kV 2 号故障录波装置上可以检查到以下动作信号发出：

a. 故障录波“启动”灯亮；

b. 液晶显示屏上发出本次事故故障录波信息，包括故障时间、启动原因、故障线路、故障描述、故障测距、故障波形以及故障前、中、后一个周期内的电流、电压参数等。

检查、记录好所有故障录波信息后，进行复归并打印录波报告。运行值班员可以结合故障录波和保护动作情况对事故进行更加准确的分析判断。

(5) 穿戴好合格的安全工器具，对事故时变电站内的设备进行检查。

1）对故障范围设备进行检查。

a. 应对故障跳闸的 2 号主变 202、102、902 断路器进行外部检查，主要检查 2 号主变各侧断路器的三相位置、油位、油色、油压（SF_6 气体压力、空气压力、弹簧压力等压力指示）及有无泄漏等异常情况。

b. 检查差动保护范围内所有站内设备（即 2 号主变各侧差动保护用电流互感器内的所有设备），包括主变各侧避雷器、主变侧隔离开关、差动保护用电流互感器、主变本体及附属设备，主变中性点设备、套管绝缘子以及设备间相连的短引线等设备，有无短路、接地、闪络、瓷件破损、爆炸等故障现象。还应特别检查主变本体油色、油位、气体继电器，必要时应采集气体继电器中的气体进行分析。本次事故为 2 号主变内部故障故障，故 2 号主变间隔设备外观检查均无异常。

c. 检查 2 号主变 1、2 号保护装置运行情况：保护装置运行正常，保护连接片、切换开关投退正确，无保护装置误动作的可能。

2）检查站内其他相关设备有无异常。由于 2 号主变三侧断路器跳闸后，全站负荷由 1 号主变供电，此时应安排专人监视 1 号主变的负荷、油温变化，如发现有过负荷的情况或趋势，应采取相应措施，如：启用 1 号主变所有冷却器、汇报调度值班员申请转移负荷或紧急拉闸限电。由于 220kV、110kV 系统中性点由 1 号主变接地运行，本次事故不需要考虑系统中性点的切换。

(6) 根据事故现象结合现场设备检查结果，对事故进行分析判断。本次事故为 2 号主变内部发生 A 相单相接地故障，2 号主变 1、2 号保护装置主保护动作跳开 2 号主变 202、102、902 开关，造成 2 号主变、10kV Ⅳ段母线及 2 号站用变失电。（主变差动、气体保护同时动作，检查主变外部设备无明显故障点即可判定为主变内部故障。）

(7) 采取措施限制事故的发展，解除对电网、人身、设备安全的威胁。由于本次事故为 2 号主变内部故障，在 2 号主变三侧断路器跳闸后已将故障点切除，但 2 号站用变 941 断路器为失电断路器，按照事故处理原则运行人员应自行将失电断路器拉开，并停用站用电源备自投装置。（互为备自投的 1、2 号站用变其中一台站用变失电后，在短时间内无法恢复运行的，按照现场运行规程应停用其备自投装置）

(8) 再次向上级值班调度汇报站内事故处理情况。汇报程序及内容如下：

1）启动电话录音，安排同值人员监听，并做好记录。

2）互报单位、岗位、姓名。

3）2010 年 11 月 27 日××时××分（本次汇报时间），仿真舒平变电站 2 号主变 1 号保

护装置差动速断、比率差动保护动作，2号保护装置差动速断、比率差动保护动作，非电量保护装置本体重瓦斯保护动作，故障选相为A相。2号主变202、102、902断路器三相出口跳闸，现2号主变在热备用状态，造成10kV Ⅳ段母线及2号站用变失电，检查站内设备无异常。已将失电的2号站用变941断路器手动拉开、已停用站用电源备自投装置，事故初步判断为2号主变内部发生A相单相接地故障。如1号主变发现有过负荷的情况或趋势，此时还应向值班调度员申请转移负荷。

4）值班调度员复诵，并做好记录。

（9）根据上级调度值班员的指令进行事故处理操作。按照变压器事故处理原则，差动和气体保护同时动作的事故变压器，应对变压器及保护进行全面检查，未查明原因并消除故障前，不得对变压器强送电。

1）根据值班调度员指令执行将2号主变由热备用转冷备用的操作，将故障点隔离。

2）修试人员到站后，根据调度指令和事故抢修单（或工作票）的要求，进行将2号主变由冷备用转检修的操作。

3）在修试人员消除主变故障并进行了相关试验后，经验收合格才能恢复主变运行。

（10）事故处理告一段落后，检查确认事故处理操作完成情况，再次汇报上级值班调度员。

1）2号主变运行状态应与调度命令一致。

2）所有事故信号已复归。

3）向调度汇报事故处理结果以及站内现在的运行方式，汇报程序及内容如下：

a. 启动电话录音，安排同值人员监听，并做好记录；

b. 互报单位、岗位、姓名；

c. 2010年11月27日××时××分（本次汇报时间），已将仿真舒平变电站2号主变由热备用转为冷备用（或检修），故障点已隔离；

d. 值班调度员复诵，并做好记录。

（11）整理事故处理相关记录、资料，进行事故处理总结：

1）检查一次模拟接线图与实际运行方式一致；

2）安全工器具擦拭干净，定置摆放；

3）做好相关运行记录，包括《运行记录簿》、《高压断路器跳（合）闸记录簿》、《保护及故障录波动作记录簿》、《接地线（接地开关）装（合）拆（拉）记录簿》等；

4）整理现场事故处理报告、继电保护和自动装置事故报告、故障录波报告、事故录音，并及时上报有关部门；

5）总结本次事故处理。

2. 事故处理案例二

2010年12月12日09时53分，仿真舒平变电站1号主变内部发生A、B相相间短路故障，1号主变主保护动作，跳开1号主变201、101、901断路器，站用电源备自投装置动作跳开1号站用变低压侧41B断路器，合上2号站用变低压侧42B断路器。造成1号主变、10kV Ⅲ段母线及1号站用变失电。

（1）事故发生后，应立即启动事故录音，记录事故发生时间：2010年12月12日09时53分。

(2) 运行值班人员首先检查监控系统主接线图断路器出现变位闪光，故障线路的电流、功率等遥测信息等简要事故信息。监控系统主要信号，如图 5-38 所示。

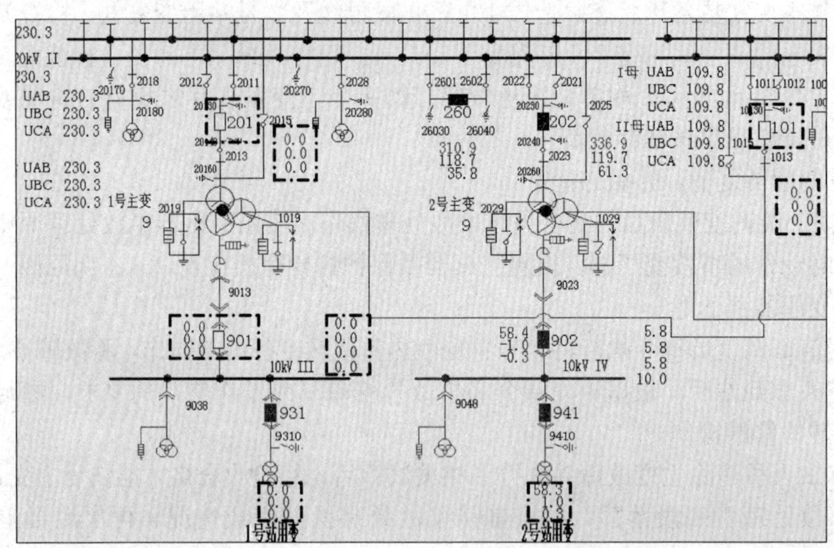

图 5-38 监控系统主要信号（变压器事故处理案例二）

1) 检查监控系统主接线图 1 号主变 201、101、901 断路器发出跳闸位置闪光信号。

2) 检查 201、101、901 断路器，1 号站用变电流、有功、无功表计指示为零，10kV Ⅲ母线三相电压为零，2 号站用变电流、有功、无功表计指示正常。

3) 做好记录并复归所有开关变位闪光信号。

(3) 将以上简要事故信息及时汇报调度和有关部门，便于调度及有关人员及时、全面地掌握事故情况，进行分析判断。本次事故应汇报地调、省调值班调度员及运行管理单位生产领导。

1) 启动电话录音，安排同值人员监听，并做好记录。

2) 互报单位、岗位、姓名。

3) 2010 年 12 月 12 日××时××分，仿真舒平变电站 1 号主变 201、101、901 断路器于 09 时 53 分三相跳闸，201、101、901 断路器，1 号站用变电流、有功、无功表计指示为零，10kV Ⅲ母线三相电压为零，2 号站用变电流、有功、无功表计指示正常，事故具体情况待进一步详细检查后汇报。

4) 值班调度员复诵，并做好记录。

(4) 对事故信号进行全面详细的检查，做好记录并复归事故信号。

1) 检查监控系统告警窗、记录监控系统报文，如图 5-39 所示。

监控系统报文应根据报文发生时间顺序进行查看。从监控系统报文中可以检查到：

a. 事故时由于系统振荡发出的预告信号；

b. 220kV 1 号故障录波器动作；

c. 1 号主变 1、2 号保护装置：差动保护动作、非电量保护动作、重瓦斯保护动作；

d. 1 号主变 201、101、901 断路器三相跳闸；

e. 站用电源消失后发出的各类信号；

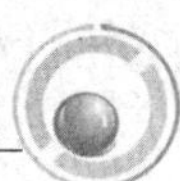

全部确认	清除所有	暂停刷新	信息筛选

类型	发生时间	描述	动作情况
操作	2010年12月12日09:54:04:558	舒平站110kV舒土线113 断路器打压电源消失	复归
操作	2010年12月12日09:54:04:558	舒平站110kV舒长线112 断路器打压电源消失	复归
操作	2010年12月12日09:54:04:558	舒平站2号主变110kV侧102 断路器 打压电源消失	复归
操作	2010年12月12日09:54:04:558	舒平站1号主变110kV侧101 断路器 打压电源消失	复归
操作	2010年12月12日09:54:04:558	舒平站110kV母联100 断路器 打压电源消失	复归
操作	2010年12月12日09:54:04:558	舒平站10kV2号站用变941 断路器 储能电源消失	复归
操作	2010年12月12日09:54:04:558	舒平站10kV1号站用变931 断路器 储能电源消失	复归
操作	2010年12月12日09:54:04:558	舒平站2号主变10kV侧902 断路器 储能电源消失	复归
操作	2010年12月12日09:54:04:558	舒平站1号主变10kV侧901 断路器 储能电源消失	复归
操作	2010年12月12日09:53:59:558	舒平站1号站用变TV断线	动作
操作	2010年12月12日09:53:59:558	舒平站380V备自投动作	动作
操作	2010年12月12日09:53:54:558	舒平站2号主变II电源故障	动作
操作	2010年12月12日09:53:54:558	舒平站2号主变I电源故障	动作
操作	2010年12月12日09:53:54:558	舒平站2号主变冷却器全停	动作
操作	2010年12月12日09:53:54:558	舒平站110kV旁路140断路器打压电源消失	动作
操作	2010年12月12日09:53:54:558	舒平站110kV舒铁线119断路器电机故障	动作
操作	2010年12月12日09:53:54:558	舒平站110kV舒沿线118断路器打压电源消失	动作
操作	2010年12月12日09:53:54:558	舒平站110kV舒代南线117断路器打压电源消失	动作
操作	2010年12月12日09:53:54:558	舒平站110kV舒化线115断路器电机故障	动作
操作	2010年12月12日09:53:54:558	舒平站110kV舒汇线114断路器打压电源消失	动作
操作	2010年12月12日09:53:54:558	舒平站110kV舒土线113断路器打压电源消失	动作
操作	2010年12月12日09:53:54:558	舒平站110kV舒长线112断路器打压电源消失	动作
操作	2010年12月12日09:53:54:558	舒平站2号主变110kV侧102断路器 打压电源消失	动作
操作	2010年12月12日09:53:54:558	舒平站1号主变110kV侧101断路器 打压电源消失	动作
操作	2010年12月12日09:53:54:558	舒平站110kV母联100断路器 打压电源消失	动作
操作	2010年12月12日09:53:54:558	舒平站10kV2号站用变941断路器储能电源消失	动作
操作	2010年12月12日09:53:54:558	舒平站10kV1号站用变931断路器储能电源消失	动作
操作	2010年12月12日09:53:54:558	舒平站2号主变10kV侧902断路器储能电源消失	动作
操作	2010年12月12日09:53:54:558	舒平站1号主变10kV侧901断路器储能电源消失	动作
操作	2010年12月12日09:53:49:698	舒平站事故总信号	动作
操作	2010年12月12日09:53:49:628	舒平站1号主变10kV侧901断路器	分闸
操作	2010年12月12日09:53:49:628	舒平站1号主变110kV侧101断路器	分闸
操作	2010年12月12日09:53:49:628	舒平站1号主变220kV侧201断路器ABC相	分闸
操作	2010年12月12日09:53:49:608	舒平站1号主变220kV侧201断路器第二组出口跳闸	动作
操作	2010年12月12日09:53:49:608	舒平站1号主变220kV侧201断路器第一组出口跳闸	动作
操作	2010年12月12日09:53:49:578	舒平站1号主变(第3套)RCS978差动	动作
操作	2010年12月12日09:53:49:578	舒平站1号主变(第3套)RCS978装置动作	动作
操作	2010年12月12日09:53:49:578	舒平站1号主变(第2套)RCS974重瓦斯	动作
操作	2010年12月12日09:53:49:578	舒平站1号主变(第2套)RCS974非电量动作	动作
操作	2010年12月12日09:53:49:578	舒平站1号主变(第1套)RCS978差动	动作
操作	2010年12月12日09:53:49:578	舒平站1号主变(第1套)RCS978装置动作	动作
操作	2010年12月12日09:53:49:578	舒平站220kV1号故障录波	动作
操作	2010年12月12日09:53:49:578	舒平站向平西线(第2套)PSF631装置动作	动作
操作	2010年12月12日09:53:49:578	舒平站向平西线(第1套)PSF631装置动作	动作
操作	2010年12月12日09:53:49:578	舒平站洪舒南线(第2套)LFX912装置动作	动作
操作	2010年12月12日09:53:49:578	舒平站洪舒南线(第1套)LFX912装置动作	动作
操作	2010年12月12日09:53:49:578	舒平站洪舒北线(第2套)LFX912装置动作	动作
操作	2010年12月12日09:53:49:578	舒平站洪舒北线(第1套)LFX912装置动作	动作
操作	2010年12月12日09:53:49:578	舒平站孜平线(第2套)LFX912装置动作	动作
操作	2010年12月12日09:53:49:578	舒平站孜平线(第1套)LFX912装置动作	动作
操作	2010年12月12日09:53:49:578	舒平站铜平南线(第2套)WGC装置动作	动作
操作	2010年12月12日09:53:49:578	舒平站铜平南线(第1套)WGC装置动作	动作
操作	2010年12月12日09:53:49:578	舒平站向平东线(第2套)WGC装置动作	动作
操作	2010年12月12日09:53:49:578	舒平站向平东线(第1套)WGC装置动作	动作
操作	2010年12月12日09:53:49:578	舒平站铜平北线(第2套)WGC装置动作	动作
操作	2010年12月12日09:53:49:578	舒平站铜平北线(第1套)WGC装置动作	动作
操作	2010年12月12日09:53:49:578	舒平站预告信号	动作

站用电源恢复后的复归信号
1号站用变失电信号
站用电源备自投装置动作
站用电源消失后发出的信号
1号主变各侧断路器跳闸情况
1号主变保护装置动作情况
故障录波器启动
事故时由于系统振荡发出的信号（预告）

图 5-39 监控系统告警窗（变压器事故处理案例二）

f. 站用电源备自投装置动作信号；

g. 1 号站用变 TV 断线；

h. 站用电源恢复后发出的复归信号。

其中 b~f 项为本次事故重要信号，应做好记录。

2）检查监控系统上光字牌信号，本事故应重点检查 1 号主变、220kV 1 号故障录波装置的光字信号。

a. 检查 1 号主变光字信号，如图 5-40 所示，检查内容包括：1 号主变本体重瓦斯；1 号主变差动保护动作；1 号主变保护出口跳闸。

检查、记录好所有光字信号后，复归光字牌。

b. 检查 220kV 1 号故障录波装置的光字信号。如图 5-41 所示，在公用测控信号界面中检查有“220kV 1 号故障录波器录波启动”光字信号亮。

检查、记录好所有光字信号后，复归光字牌。

3）检查故障变压器保护装置液晶屏显示保护动作情况、故障参数。本次事故应重点检查 1 号主变 1、2 号保护装置和站用电源备自投装置信号。

a. 检查 1 号主变 1 号保护装置信号，如图 5-42 所示。

主接线 返回 表计指示 1号主变 复归按钮

表计	数值
1号主变220kV侧频率	50.0
1号主变220kV侧功率因数	0.0
1号主变220kV侧A相电压	133.5
1号主变220kV侧B相电压	133.5
1号主变220kV侧C相电压	133.5
1号主变220kV侧AB相电压	231.3
1号主变220kV侧BC相电压	231.3
1号主变220kV侧CA相电压	231.3
1号主变220kV侧A相电流	0.0
1号主变220kV侧B相电流	0.0
1号主变220kV侧C相电流	0.0
1号主变220kV侧有功	0.0
1号主变220kV侧无功	0.0
1号主变110kV侧频率	50.0
1号主变110kV侧功率因数	0.0
1号主变110kV侧A相电压	63.7
1号主变110kV侧B相电压	63.7
1号主变110kV侧C相电压	63.7
1号主变110kV侧AB相电压	110.3
1号主变110kV侧BC相电压	110.3
1号主变110kV侧CA相电压	110.3
1号主变110kV侧A相电流	0.0
1号主变110kV侧B相电流	0.0
1号主变110kV侧C相电流	0.0
1号主变110kV侧有功	0.0
1号主变110kV侧无功	0.0
1号主变10kV侧频率	0.0
1号主变10kV侧功率因数	0.0
1号主变10kV侧A相电压	0.0
1号主变10kV侧B相电压	0.0
1号主变10kV侧C相电压	0.0
1号主变10kV侧AB相电压	0.0
1号主变10kV侧BC相电压	0.0
1号主变10kV侧CA相电压	0.0
1号主变10kV侧A相电流	0.0
1号主变10kV侧B相电流	0.0
1号主变10kV侧C相电流	0.0

1号主变保护出口跳闸	1号主变油位异常	1号主变轻瓦斯	1号主变I工作电源故障	1号主变II工作电源故障
1号主变备用冷却器投入后故障	1号主冷控失电	1号主变有载轻瓦斯	1号主变压力释放	1号主变本体重瓦斯
1号主变有载重瓦斯	1号主变温度高	1号主变有载调压电机运转	1号主变有载调压机构故障	1号主变冷却器操作电源故障
1号主变辅助、备用冷却器投入	1号主变220kV侧弹簧未储能	1号主变220kV侧 SF_6 低气压报警	1号主变220kV侧分闸回路II闭锁	1号主变220kV侧电机电源消失
1号主变220kV侧第一组控制回路断线	1号主变220kV侧第二组控制回路断线	1号主变220kV侧切换继电器同时动作	1号主变220kV侧TV失压	1号主变220kV侧合闸、分闸回路I闭锁
1号主变220kV侧KK把手就地操作	1号主变220kV侧KK把手远方控制	1号主变220kV侧就地操作位置	1号主变110kV侧弹簧未储能	1号主变110kV侧控制回路断线
1号主变110kV侧SF6低气压报警	1号主变110kV侧切换继电器同时动作	1号主变110kV侧TV失压	1号主变110kV侧合闸、分闸回路I闭锁	1号主变110kV侧KK把手就地操作
1号主变110kV侧KK把手远方控制	1号主变110kV侧就地操作位置	1号主变10kV侧弹簧未储能	1号主变10kV侧KK把手就地操作	1号主变10kV侧KK把手远方控制
1号主变保护过负荷	1号主变保护装置闭锁	1号主变保护装置报警	1号主变保护TA断线	1号主变保护TV断线
1号主变保护低压侧零序过压	1号主变保护高压侧报警	1号主变保护中压侧报警	1号主变保护低压侧报警	1号主变差动保护动作

图 5-40　1号主变光字信号（变压器事故处理案例二）

主接线 返回 公用测控信号

110kV母线保护屏母差跳I母	110kV母线保护屏母差跳II母	110kV母线保护屏跳母联	220kV母差保护屏母差、失灵、母联保护动作
110kV故障录波屏录波启动	110kV故障录波屏装置失电	110kV故障录波屏装置告警	220kV1号故障录波器录波启动
220kV1号故障录波器装置失电	220kV1号故障录波器装置告警	110kV母线保护屏报警闭锁	110kV母线保护屏交流断线异常
110kV母线保护屏隔离开关位置异常	110kV母线保护屏其他异常	220kV母差保护屏装置异常	220kV母差保护屏直流消失
220kV母差保护屏开入变位	220kV母差保护屏TA、TV断线	220kV母差保护屏互联	220kV#2故障录波器录波启动
220kV2号故障录波器装置失电	220kV2号故障录波器装置告警	川电东送安控装置TV断线	川电东送安控装置装置动作
川电东送安控装置回路异常	川电东送安控装置直流消失	川电东送安控装置载波机异常	故障测距装置直流消失
故障测距装置GPS信号消失			

图 5-41　公用测控信号（变压器事故处理案例二）

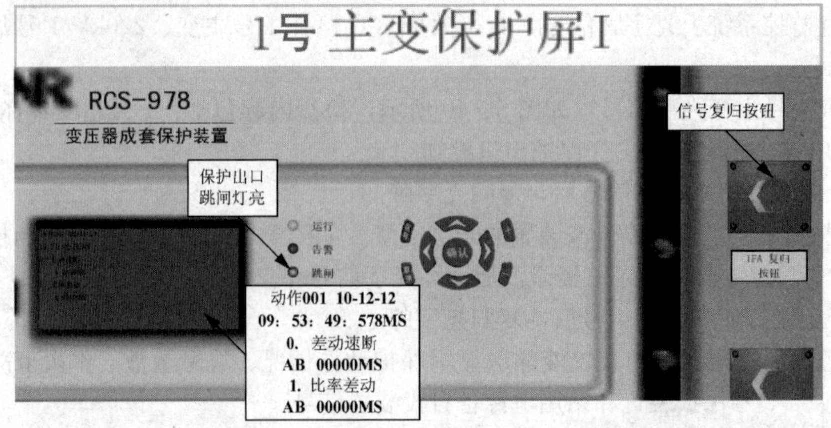

图 5-42　1号主变1号保护装置动作信号（变压器事故处理案例二）

1 号主变 1 号保护装置：差动速断保护动作、比率差动保护动作，故障选相为 A、B 相。保护出口跳闸灯亮。

检查、记录好所有保护信息后，进行复归并打印事故报告。

b. 检查 1 号主变 2 号保护装置信号，如图 5－43 所示。

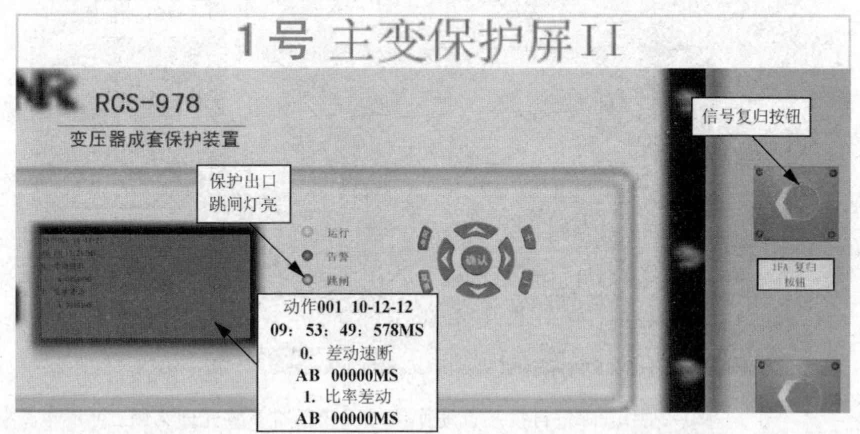

图 5－43　1 号主变 2 号保护装置动作信号（变压器事故处理案例二）

1 号主变 2 号保护装置：差动速断保护动作、比率差动保护动作，故障选相为 A、B 相。保护出口跳闸灯亮。

检查、记录好所有保护信息后，进行复归并打印事故报告。

c. 检查 1 号主变非电量保护装置信号，如图 5－44 所示。

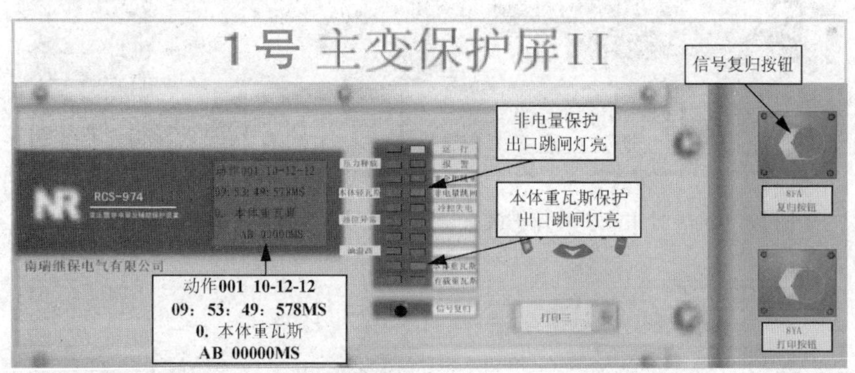

图 5－44　1 号主变非电量保护装置动作信号（变压器事故处理案例二）

1 号主变非电量保护装置：本体重瓦斯保护动作，故障选相为 A、B 相。非电量保护出口跳闸灯、本体重瓦斯保护出口跳闸灯亮。

检查、记录好所有保护信息后，进行复归并打印事故报告。

d. 检查站用电源备自投装置信号，如图 5－45 所示。

站用电源备自投装置：备自投装置动作灯亮。

检查、记录好所有保护信息后，进行复归。

4）检查 1 号主变 1、2 号保护装置操作箱上信号灯，如图 5－46、图 5－47 所示。

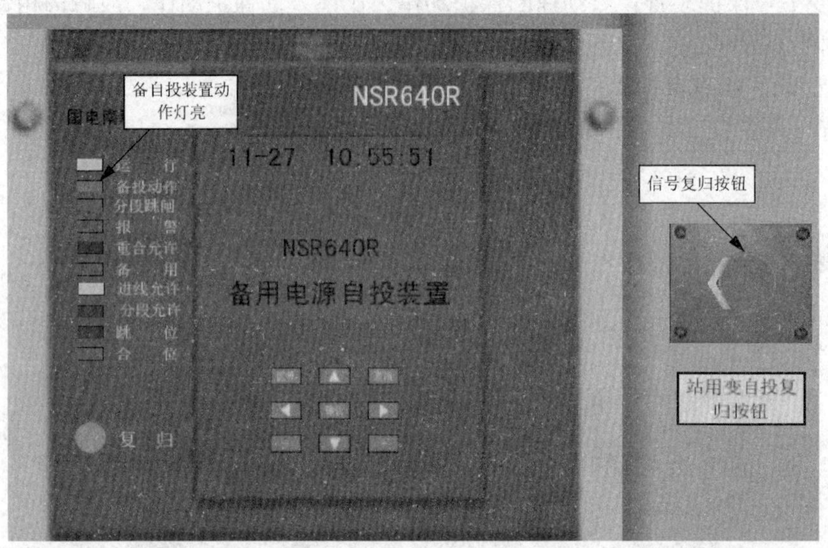

图 5-45 站用电源备自投装置动作信号（变压器事故处理案例二）

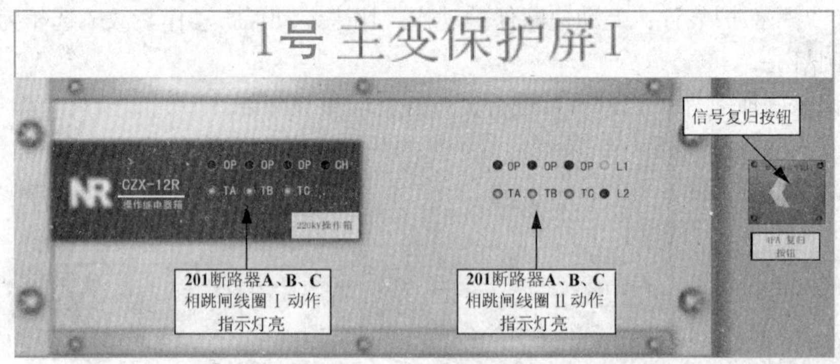

图 5-46 1 号主变 1 号保护装置操作箱信号（变压器事故处理案例二）

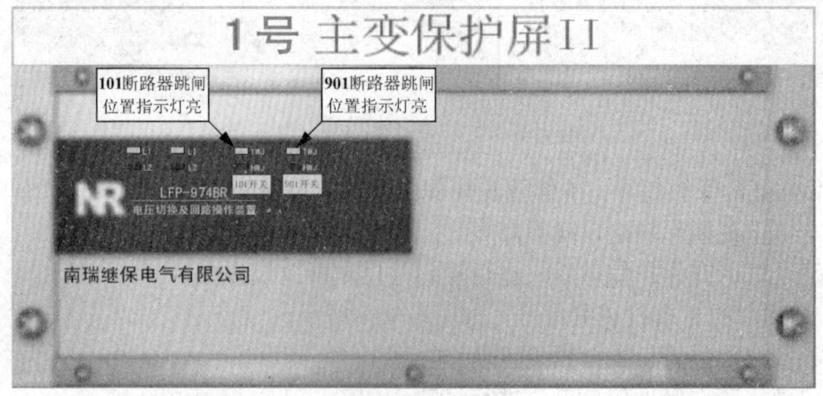

图 5-47 1 号主变 2 号保护装置操作箱信号（变压器事故处理案例二）

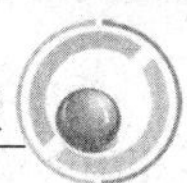

a. 1号主变201断路器跳闸线圈ABC相跳闸线圈Ⅰ、Ⅱ动作指示灯亮。

b. 1号主变101、901开关相跳闸位置指示灯亮。

检查、记录好所有保护信号灯后，进行复归。

5）检查220kV 1号故障录波装置显示故障录波信号。

从220kV 1号故障录波装置上可以检查到以下动作信号发出：

a. 故障录波“启动”灯亮；

b. 液晶显示屏上发出本次事故故障录波信息，包括故障时间、启动原因、故障线路、故障描述、故障测距、故障波形以及故障前、中、后一个周期内的电流、电压参数等。

检查、记录好所有故障录波信息后，进行复归并打印录波报告。运行值班员可以结合故障录波和保护动作情况对事故进行更加准确的分析判断。

（5）穿戴好合格的安全工器具，对事故时变电站内的设备进行检查。

1）对故障范围设备进行检查。

a. 应对故障跳闸的1号主变201、101、901，1号站用变低压侧41B断路器、合闸的2号站用变低压侧42B断路器进行外部检查，主要检查断路器的三相位置、油位、油色、油压（SF_6气体压力、空气压力、弹簧压力等压力指示）及有无泄漏等异常情况。

b. 检查差动保护范围内所有站内设备（即1号主变各侧差动保护用电流互感器内的所有设备），包括主变各侧避雷器、主变侧隔离开关、差动保护用电流互感器、主变本体及附属设备、主变中性点设备、套管、绝缘子以及设备间相连的短引线等设备，有无短路、接地、闪络、瓷件破损、爆炸等故障现象。还应特别检查主变本体油色、油位、气体继电器，必要时应采集气体继电器中的气体进行分析。本次事故为1号主变内部故障故障，故1号主变间隔设备外观检查均无异常。

c. 检查1号主变1、2号保护装置运行情况：保护装置运行正常，保护连接片、切换开关投退正确，无保护装置误动作的可能。

2）检查站内其他相关设备有无异常。

a. 由于1号主变三侧断路器跳闸后，全站负荷由2号主变供电，此时应安排专人监视2号主变的负荷、油温变化，如发现有过负荷的情况或趋势，应采取相应措施，如：启用2号主变所有冷却器、汇报调度值班员申请转移负荷或紧急拉闸限电。

b. 正常时220kV、110kV系统中性点由1号主变接地运行，本次事故1号主变三侧断路器跳闸后220kV、110kV系统失去中性点，需要向调度值班员申请系统中性点的切换。

c. 故障的10kV Ⅲ段母线上的1号站用变压器失电，引起站用电源备自投装置动作切换到2号站用变供电，会造成站用电源的瞬时失电。此时运行人员应检查相关站用电负荷在站用电源切换后运行是否正常，特别是较为重要的主变冷却器电源、直流蓄电池充电电源等。

（6）根据事故现象结合现场设备检查结果，对事故进行分析判断。本次事故为1号主变内部发生A、B相相间短路故障，1号主变1、2号保护装置主保护动作跳开1号主变201、101、901开关，造成1号主变、10kV Ⅲ段母线及1号站用变失电，站用电源备自投装置动作跳开1号站用变41B断路器，合上2号站用变42B断路器。（主变差动、气体保护同时动作，检查主变外部设备无明显故障点即可判定为主变内部故障。）

（7）采取措施限制事故的发展，解除对电网、人身、设备安全的威胁。由于本次事故为1号主变内部故障，在1号主变三侧断路器跳闸后已将故障点切除，但1号站用变931断路器为失电断路器，按照事故处理原则运行人员应自行将失电断路器拉开，并停用站用电源备自投装置。（互为备自投的1、2号站用变其中一台站用变失电后，在短时间内无法恢复运行的，按照现场运行规程应停用其备自投装置）

（8）再次向上级值班调度汇报站内事故处理情况，汇报程序及内容如下：

1）启动电话录音，安排同值人员监听，并做好记录。

2）互报单位、岗位、姓名。

3）2010年12月12日××时××分（本次汇报时间），仿真舒平变电站1号主变1号保护装置差动速断、比率差动保护动作，2号保护装置差动速断、比率差动保护动作，1号主变非电量保护装置本体重瓦斯保护动作，故障选相为A、B相；1号主变201、101、901断路器三相出口跳闸，现1号主变在热备用状态，造成10kV Ⅲ段母线及1号站用变失电，站用电源备自投装置动作跳开1号站用变41B断路器，合上2号站用变42B断路器。检查站内设备无异常。已将失电的1号站用变931断路器手动拉开、已停用站用电源备自投装置，事故初步判断为1号主变内部发生AB相相间短路故障。由于1号主变三侧断路器跳闸后220kV、110kV系统失去中性点，现申请将2号主变220kV和110kV中性点转为直接接地运行。如2号主变发现有过负荷的情况或趋势，此时还应向值班调度员申请转移负荷。

4）值班调度员复诵，并做好记录。

（9）根据上级调度值班员的指令进行事故处理操作。按照变压器事故处理原则，差动和气体保护同时动作的事故变压器，应对变压器及保护进行全面检查，未查明原因并消除故障前，不得对变压器强送电。

1）根据值班调度员指令执行将1号主变由热备用转冷备用的操作，将故障点隔离。

2）修试人员到站后，根据调度指令和事故抢修单（或工作票）的要求，进行将1号主变由冷备用转检修的操作。

3）在修试人员消除主变故障并进行了相关试验后，经验收合格才能恢复主变运行。

（10）事故处理告一段落后，检查确认事故处理操作完成情况，再次汇报上级值班调度员。

1）1号主变运行状态应与调度命令一致。

2）所有事故信号已复归。

3）向调度汇报事故处理结果以及站内现在的运行方式，汇报程序及内容如下：

a. 启动电话录音，安排同值人员监听，并做好记录；

b. 互报单位、岗位、姓名；

c. 2010年12月12日××时××分（本次汇报时间），已将仿真舒平变电站1号主变由热备用转为冷备用（或检修），故障点已隔离；

d. 值班调度员复诵，并做好记录。

（11）整理事故处理相关记录、资料，进行事故处理总结：

1）检查一次模拟接线图与实际运行方式一致；

2）安全工器具擦拭干净，按定置归位；

3）做好相关运行记录，包括《运行记录簿》、《高压断路器跳（合）闸记录簿》、《保护及故障录波动作记录簿》、《接地线（接地开关）装（合）拆（拉）记录簿》等；

4）整理现场事故处理报告、继电保护和自动装置事故报告、故障录波报告、事故录音，

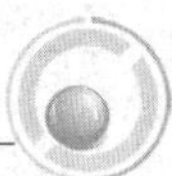

并及时上报有关部门；

5）总结本次事故处理。

第四节　母线事故处理

母线故障在电力系统故障中所占比例不大，据资料统计，母线故障大约占系统所有故障的6%～7%。母线故障会造成母线失压，对整个系统影响较大，后果严重，因为母线上所有的电源点将失去电源，造成大面积停电，有可能使电力系统解列。

一、母线故障类型

母线的故障主要有以下几种：

(1) 母线上设备引线接头松动接地、所连接的电压互感器、避雷器故障，以及连接在母线上的隔离开关支持绝缘子损坏或发生闪络；

(2) 母线绝缘子及断路器套管绝缘损坏或发生闪络；

(3) 母线保护用电流互感器发生故障；

(4) 由于外力破坏或者异物搭挂造成母线设备短路或接地；

(5) 误操作，如带负荷拉、合母线侧隔离开关、带地线合母线侧隔离开关或带电挂接地线引起的母线故障；

(6) 母线差动保护或失灵保护误动、误整定；

(7) 线路发生故障，线路保护拒动或断路器拒动，造成越级跳闸；

(8) 上一级电源故障造成本级母线失压。

二、母线事故处理的基本原则

(1) 当母线失压后，运行值班人员应立即汇报值班调度员，同时将失压母线上的开关全部断开，并迅速恢复受影响的厂站用电。

(2) 当母线故障后，厂站运行值班人员应立即对故障母线进行检查，并把检查情况汇报值班调度员，值班调度员应按下述原则进行处理。

1）找到故障点并能迅速隔离的，在隔离故障后对失压母线恢复送电。

2）找到故障点但不能迅速隔离的，应将该母线转冷备用或检修。若系双母线接线方式中的一条母线故障，应在确认故障母线上的元件无故障后，将其倒至运行母线再恢复送电，恢复送电时一定要先拉开故障母线上的隔离开关后再合上运行母线上的隔离开关。

3）经过检查不能找到故障点时，可对失压母线试送电一次。对失压母线进行试送宜采用外来电源，试送开关应完好，并启用完备的继电保护。有条件者可对失压母线进行零起升压。

4）当母线保护动作跳闸，应检查母线保护，如确认为保护误动，应停运该误动保护，按规定调整系统相关保护定值，恢复母线送电。

5）当开关失灵保护动作引起母线失压时，应尽快隔离已失灵开关，恢复母线供电。

(3) 运行值班人员应根据仪表指示、保护动作、开关信号及事故现象，判明事故情况，切不可只凭厂、站用电全停或照明全停而误认为全厂、全站失压。值班调度员也应与厂、站值班人员核对现状，切不可只凭母线失电而误认为全厂、全站失压。

(4) 母线无压时，运行值班人员应认为线路随时有来电的可能，未经值班调度员许可，严禁在设备上工作。母线故障不允许未经检查即强行送电。如母线失压造成站用电失电，应先倒站用电，并立即上报调度，同时将失压母线上的断路器全部拉开。

(5) 对于封闭式（GIS）母线，当故障时应按下列方法进行处理：

1) 封闭式（GIS）双母线运行的其中一条母线故障或失电，未查明原因之前，禁止将故障或失电母线上的断路器冷倒至运行母线；

2) 封闭式（GIS）母线上设备发生故障，必须查清并修复故障或隔离故障点后方能予以试送；

3) 如设备所属单位查不到故障，根据故障情况可进一步采取试验措施（有条件时应进行零起升压及升流）。

三、母线事故典型案例分析

下面以 220kV 仿真舒平变电站为例进行分析，220kV 仿真舒平变电站监控系统主接线及运行方式同图 5-1。

仿真舒平变电站 220kV 母线保护配置见表 5-12，110kV 母线保护配置见表 5-13，10kV 母线未配备任何保护装置。

表 5-12　　220kV 仿真舒平变电站母线保护配置

<table>
<tr><th>调度命名</th><th colspan="3">屏内保护装置</th></tr>
<tr><td rowspan="4">220kV 母差保护屏</td><td rowspan="4">BP-2B 微机母线差动保护装置</td><td>母线差动保护</td><td>采用复式比率差动原理，本装置采用大差启动、小差选择的方式进行故障母线的选择，即由大差比率元件是否动作来区分母线区内外故障；当大差元件动作时，由小差比率元件是否动作来决定故障发生在哪一段母线上</td></tr>
<tr><td>母联充电保护</td><td>双母线其中一段母线停电后，可以通过母联断路器对检修母线充电恢复双母运行。此时投入母联充电保护，当检修母线有故障时，跳开母联断路器，切除故障</td></tr>
<tr><td>母联死区保护</td><td>母线并列运行，当故障发生在母联断路器与母联 TA 之间时，断路器侧母线段跳闸出口无法切除该故障，而 TA 侧母线段的小差元件不会动作，这种情况称之为死区故障。此时，母差保护已动作于一段母线，大差电流元件不返回，母联断路器已跳开而母联 TA 仍有电流，死区保护应经母线差动复合电压闭锁后动作切除另一母线</td></tr>
<tr><td>母联过流保护（停用）</td><td>母联过流保护可以作为母线解列保护，也可以作为线路（变压器）临时应急保护。母联过流保护连接片投入后，当母联任一相电流大于母联过流定值，或母联零序电流大于母联零序过流定值时，经可整延时跳开母联断路器，不经复合电压闭锁</td></tr>
<tr><td colspan="4">采用母差、失灵保护同体，同一出口的保护装置</td></tr>
</table>

表 5-13　　仿真舒平变电站 110kV 母线保护配置

<table>
<tr><th>调度命名</th><th colspan="3">屏内保护装置</th></tr>
<tr><td>110kV 母差保护屏</td><td>RCS-915A 型微机母线保护装置</td><td>母线差动保护</td><td>母线差动保护由分相式比率差动元件构成，包括常规比率差动元件与工频变化量比率差动元件两种。本装置采用大差启动、小差选择的方式进行故障母线的选择，即由大差比率元件是否动作来区分母线区内外故障，当大差元件动作时，由小差比率元件是否动作来决定故障发生在哪一段母线上</td></tr>
</table>

续表

调度命名	屏内保护装置		
110kV 母差保护屏	RCS－915A型微机母线保护装置	母联充电保护	双母线其中一段母线停电后，可以通过母联断路器对停电母线充电恢复双母运行。此时投入母联充电保护，当检修母线有故障时，跳开母联断路器，切除故障
		母联死区保护	母线并列运行，当故障发生在母联断路器与母联TA之间时，断路器侧母线段跳闸出口无法切除该故障，而TA侧母线段的小差元件不会动作，这种情况称之为死区故障。此时，母差保护已动作于一段母线，大差电流元件不返回，母联断路器已跳开而母联TA仍有电流，死区保护应经母线差动复合电压闭锁后动作切除另一母线
		母联失灵保护（停用）	当保护向母联发跳令后，经整定延时母联电流仍然大于母联失灵电流定值时，母联失灵保护经两母线电压闭锁后切除两母线上所有连接元件

1. 事故处理案例一

2010年11月27日09时26分，仿真舒平变电站10kV Ⅳ段母线上发生A、B两相相间短路故障，2号主变10kV侧后备保护动作，2号主变902断路器跳闸，造成10kVⅣ段母线及2号站用变失电。

（1）事故发生后，应立即启动事故录音，记录事故发生时间：2010年11月27日09时26分。

（2）运行值班人员首先检查监控系统主接线图断路器出现变位闪光，故障线路的电流、功率等遥测信息等简要事故信息。监控系统主要信号如图5－48所示。

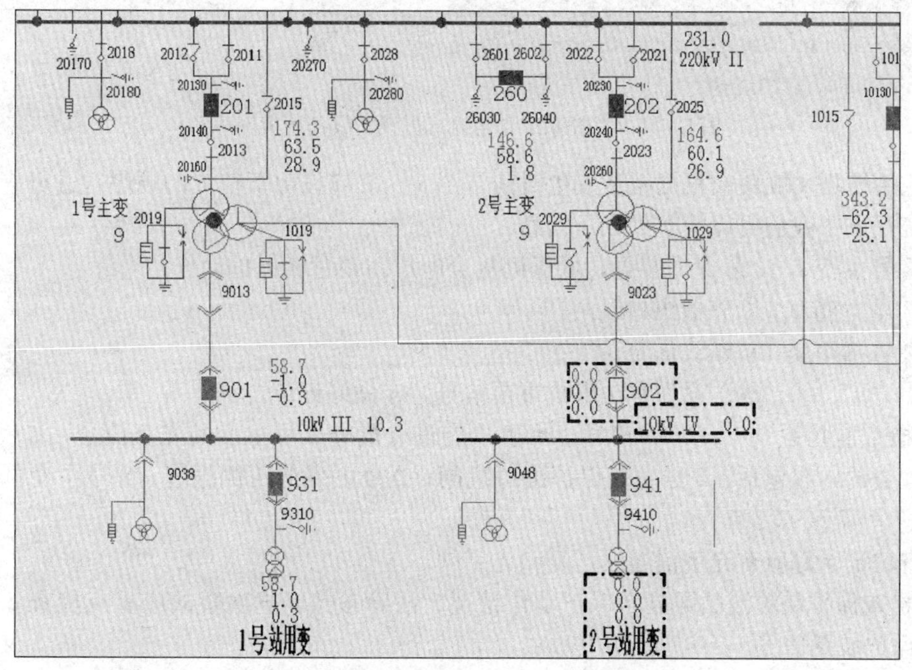

图5－48　监控系统主要信号（母线事故处理案例一）

1）检查监控系统主接线图 2 号主变 902 断路器发出跳闸位置闪光信号；

2）检查 902 断路器、2 号站用变电流、有功、无功表计指示为零，10kV Ⅳ段母线三相电压为零。

3）做好记录并复归所有断路器变位闪光信号。

（3）将以上简要事故信息及时汇报调度和有关部门，便于调度及有关人员及时、全面地掌握事故情况，进行分析判断。本次事故应汇报地调值班调度员及运行管理单位生产领导。

注：220kV 系统及以上设备均为省调管辖范围，110kV 及以下设备包括 220kV 变压器为地调管辖范围。

1）启动电话录音，安排同值人员监听，并做好记录。

2）互报单位、岗位、姓名。

3）2010 年 11 月 27 日××时××分（本次汇报时间），仿真舒平变电站 2 号主变 902 断路器于 09 时 26 分三相跳闸，902 断路器、2 号站用变电流、有功、无功表计指示为零，10kV Ⅳ段母线三相电压为零，事故具体情况待进一步详细检查后汇报。

4）值班调度员复诵，并做好记录。

（4）对事故信号进行全面详细的检查，做好记录并复归事故信号。

1）检查监控系统告警窗、记录监控系统报文，如图 5－49 所示。

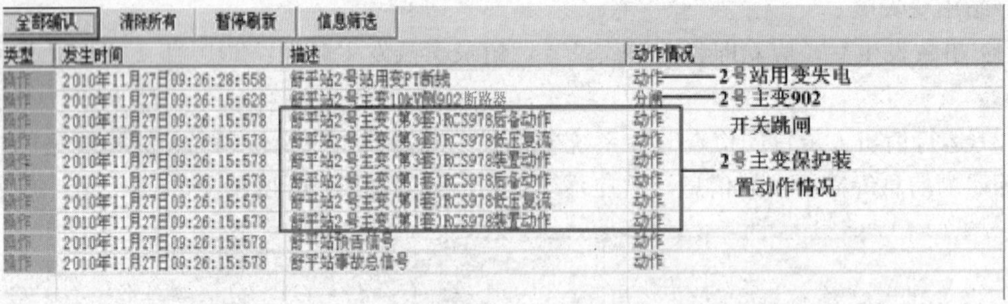

全部确认 | 清除所有 | 暂停刷新 | 信息筛选

类型	发生时间	描述	动作情况
操作	2010年11月27日09:26:28:558	舒平站2号站用变PT断线	动作
操作	2010年11月27日09:26:15:628	舒平站2号主变10kV侧902断路器	分闸
操作	2010年11月27日09:26:15:578	舒平站2号主变(第3套)RCS978后备动作	动作
操作	2010年11月27日09:26:15:578	舒平站2号主变(第3套)RCS978低压复流	动作
操作	2010年11月27日09:26:15:578	舒平站2号主变(第3套)RCS978装置动作	动作
操作	2010年11月27日09:26:15:578	舒平站2号主变(第1套)RCS978后备动作	动作
操作	2010年11月27日09:26:15:578	舒平站2号主变(第1套)RCS978低压复流	动作
操作	2010年11月27日09:26:15:578	舒平站2号主变(第1套)RCS978装置动作	动作
操作	2010年11月27日09:26:15:578	舒平站预告信号	动作
操作	2010年11月27日09:26:15:578	舒平站事故总信号	动作

2号站用变失电

2号主变902开关跳闸

2号主变保护装置动作情况

图 5－49 监控系统告警窗（母线事故处理案例一）

监控系统报文顺序应根据报文发生时间（图 5－49 应按由下往上的顺序）进行查看，从监控系统报文中我们可以检查到如下信息：

① 2 号主变 1、2 号保护装置，低压侧复合电压闭锁过流保护动作；

② 2 号主变 902 断路器出口跳闸；

③ 2 号站用变 TV 断线信号。

其中“①、②、③”项为本次事故重要信号，应做好记录。

2）检查监控系统上光字牌信号，本事故应重点检查 2 号主变的光字信号，如图 5－50 所示，检查的内容包括：2 号主变保护出口跳闸；2 号主变低压侧报警；2 号主变低压侧零序过压。

检查、记录好所有光字信号后，复归光字牌。

3）检查保护装置液晶屏显示保护动作情况、故障参数。本次事故应重点检查 2 号主变 1、2 号保护装置信号。

① 检查 2 号主变 1 号保护装置动作信号，如图 5－51 所示。

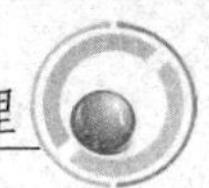

主接线　返回　表计指示　2号主变　复归按钮

2号主变220kV侧频率	50.0
2号主变220kV侧功率因数	0.
2号主变220kV侧A相电压	133.4
2号主变220kV侧B相电压	133.4
2号主变220kV侧C相电压	133.4
2号主变220kV侧AB相电压	231.0
2号主变220kV侧BC相电压	231.0
2号主变220kV侧CA相电压	231.0
2号主变220kV侧A相电流	164.6
2号主变220kV侧B相电流	164.6
2号主变220kV侧C相电流	164.6
2号主变220kV侧有功	60.1
2号主变220kV侧无功	26.9
2号主变110kV侧频率	50.0
2号主变110kV侧功率因数	0.9
2号主变110kV侧A相电压	65.3
2号主变110kV侧B相电压	65.3
2号主变110kV侧C相电压	65.3
2号主变110kV侧AB相电压	113.1
2号主变110kV侧BC相电压	113.1
2号主变110kV侧CA相电压	113.1
2号主变110kV侧A相电流	329.2
2号主变110kV侧B相电流	329.2
2号主变110kV侧C相电流	329.2
2号主变110kV侧有功	-60.0
2号主变110kV侧无功	-23.6
2号主变10kV侧频率	0.0
2号主变10kV侧功率因数	0.0
2号主变10kV侧A相电压	0.0
2号主变10kV侧B相电压	0.0
2号主变10kV侧C相电压	0.0
2号主变10kV侧AB相电压	0.0
2号主变10kV侧BC相电压	0.0
2号主变10kV侧CA相电压	0.0
2号主变10kV侧A相电流	0.0
2号主变10kV侧B相电流	0.0
2号主变10kV侧C相电流	0.0

2号主变保护出口跳闸	2号主变油位异常	2号主变轻瓦斯	2号主变I工作电源故障	2号主变II工作电源故障
2号主变备用冷却器投入后故障	2号主冷控失电	2号主变有载轻瓦斯	2号主变压力释放	2号主变本体重瓦斯
2号主变有载重瓦斯	2号主变温度高	2号主变有载调压电机运转	2号主变有载调压机构故障	2号主变冷却器操作电源故障
2号主变辅助、备用冷却器投入	2号主变220kV侧弹簧未储能	2号主变220kV侧SF_6低气压报警	2号主变220kV侧分闸回路II闭锁	2号主变220kV侧电机电源消失
2号主变220kV侧第一组控制回路断线	2号主变220kV侧第二组控制回路断线	2号主变220kV侧切换继电器同时动作	2号主变220kV侧TV失压	2号主变220kV侧合闸、分闸回路I闭锁
2号主变220kV侧KK把手就地操作	2号主变220kV侧KK把手远方控制	2号主变220kV侧就地操作位置	2号主变110kV侧弹簧未储能	2号主变110kV侧控制回路断线
2号主变110kV侧SF_6低气压报警	2号主变110kV侧切换继电器同时动作	2号主变110kV侧TV失压	2号主变110kV侧合闸、分闸回路I闭锁	2号主变110kV侧KK把手就地操作
2号主变110kV侧KK把手远方控制	2号主变110kV侧就地操作位置	2号主变10kV侧弹簧未储能	2号主变10kV侧KK把手就地操作	2号主变10kV侧KK把手远方控制
2号主变保护过负荷	2号主变保护装置闭锁	2号主变保护装置报警	2号主变保护TA断线	2号主变保护TV断线
2号主变保护低压侧零序过压	2号主变保护高压侧报警	2号主变保护中压侧报警	2号主变保护低压侧报警	2号主变差动保护动作

图 5－50　2 号主变光字信号（母线事故处理案例一）

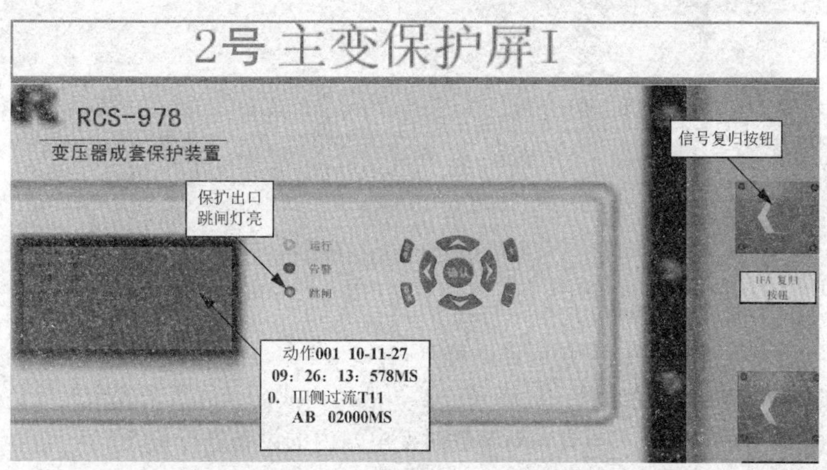

图 5－51　2 号主变 1 号保护装置动作信号（母线事故处理案例一）

2 号主变 1 号保护装置：10kV 侧复合电压闭锁过流保护动作（Ⅰ段第一时限），故障选相为 AB 相。保护出口跳闸灯亮。

检查、记录好所有保护信息后，进行复归。

② 检查 2 号主变 2 号保护装置动作信号，如图 5－52 所示。

2 号主变 2 号保护装置：10kV 侧复合电压闭锁过流保护动作（Ⅰ段第一时限），故障选相为 AB 相。保护出口跳闸灯亮。

检查、记录好所有保护信息后，进行复归并打印事故报告。

4）检查 2 号主变 2 号保护装置操作箱上信号灯，如图 5－53 所示。

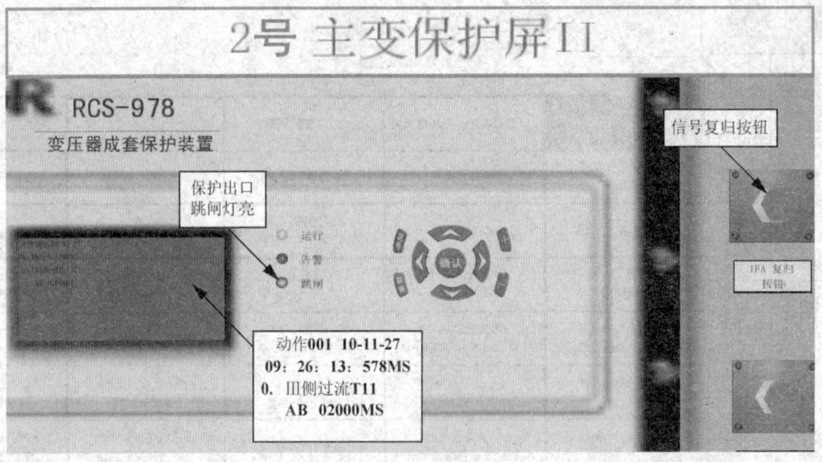

图 5-52 2 号主变 2 号保护装置动作信号（母线事故处理案例一）

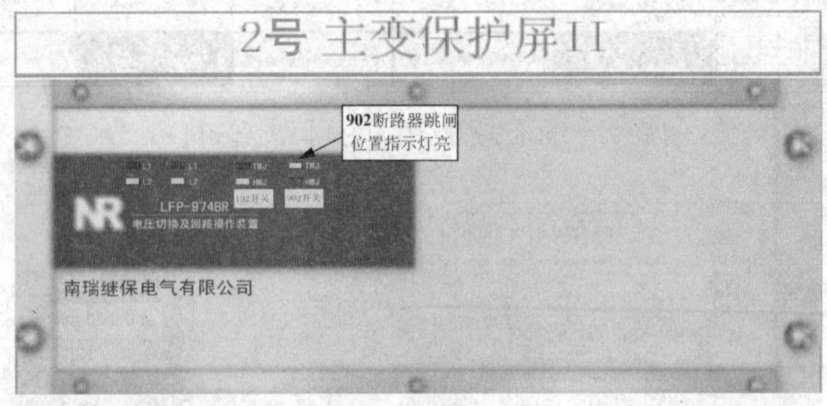

图 5-53 2 号主变 2 号保护装置操作箱信号灯（母线事故处理案例一）

2 号主变 902 断路器跳闸位置指示灯亮。

检查、记录好所有保护信号灯后，进行复归。

5）由于 10kV 系统参数未接入故障录波器，故站内故障录波器未发出任何信号。

（5）穿戴好合格的安全工器具，对事故时变电站内的设备进行检查。

1）对故障范围设备进行检查。

a. 应对事故跳闸的 2 号主变 902 断路器进行外部检查。主要检查断路器的三相位置、油位、油色、油压（SF_6 气体压力、空气压力、弹簧压力等压力指示）及有无泄漏等异常情况。

b. 检查 10kV Ⅳ段母线、母线电压互感器间隔、2 号站用变间隔（包括所有间隔的隔离开关、电流互感器、避雷器、支持绝缘子以及相连的短引线等线路设备）有无短路、接地、闪络、瓷件破损、爆炸等故障现象。本次事故为 10kV Ⅳ段母线上的 AB 相相间短路故障，经检查应能发现母线上明显的故障点。

c. 检查 2 号主变 1、2 号保护装置运行情况：保护装置运行正常，保护连接片、切换开关投退正确，无保护装置误动作的可能。

d. 检查 2 号站用变保护装置运行情况：保护装置运行正常，保护连接片、切换开关投退正确，无保护装置拒动的可能。

2）检查站内其他相关设备有无异常。由于故障的 10kV Ⅳ段母线上的设备仅有一台备用的站用变压器，故不会影响到其他设备的正常运行。

（6）根据事故现象结合现场设备检查结果，对事故进行分析判断：本次事故为 10kV Ⅳ段母线上发生 A、B 相相间短路故障，由于 10kV 母线无母线保护，由 2 号主变 10kV 侧后备保护动作跳开 902 断路器，切除故障点。

（7）采取措施限制事故的发展，解除对电网、人身、设备安全的威胁。本次事故为 10kVⅣ段母线上的 AB 相相间短路故障，在 2 号主变 902 断路器跳闸后已将故障点切除，但 2 号站用变 941 断路器为失电断路器，按照事故处理原则运行人员应自行将失电断路器拉开，并停用站用电源备自投装置。（互为备自投的 1、2 号站用变其中一台站用变失电后，在短时间内无法恢复运行的，按照现场运行规程应停用其备自投装置。）

（8）再次向上级值班调度汇报站内事故处理情况，汇报程序及内容如下：

1）启动电话录音，安排同值人员监听，并做好记录。

2）互报单位、岗位、姓名。

3）2010 年 11 月 27 日××时××分（本次汇报时间），仿真舒平变电站 2 号主变 1 号保护装置 10kV 侧复合电压闭锁过流保护动作；2 号保护装置 10kV 侧复合电压闭锁过流保护动作；故障选相为 A、B 相。2 号主变 902 断路器三相出口跳闸，现 2 号主变 902 断路器在热备用状态，造成 10kV Ⅳ段母线及 2 号站用变失电，经检查发现 10kV Ⅳ段母线上有明显的故障点。已将失电的 2 号站用变 941 断路器手动拉开、已停用站用电源备自投装置，事故初步判断为 10kV Ⅳ段母线上发生 A、B 相相间短路故障。

4）值班调度员复诵，并做好记录。

（9）根据上级调度值班员的指令进行事故处理操作。按照母线事故处理原则，在 10kV Ⅳ段母线上已找到故障点但不能迅速隔离，应将该母线转冷备用或检修。

1）根据值班调度员指令将 10kV Ⅳ段母线由热备用转冷备用的操作，将故障点隔离。

2）修试人员到站后，根据调度指令和事故抢修单（或工作票）的要求，进行 10kV Ⅳ段母线由冷备用转检修的操作。

3）在修试人员消除母线故障并进行了相关试验后，经验收合格才能恢复母线运行。

（10）事故处理告一段落后，检查确认事故处理操作完成情况，再次汇报上级值班调度员。

1）10kV Ⅳ段母线运行状态应与调度命令一致。

2）所有事故信号已复归。

3）向调度汇报事故处理结果以及站内现在的运行方式，汇报处理如下：

a. 启动电话录音，安排同值人员监听，并做好记录；

b. 互报单位、岗位、姓名；

c. 2010 年 11 月 27 日××时××分（本次汇报时间），已将仿真舒平变电站 10kV Ⅳ段母线由热备用转为冷备用（或检修），故障点已隔离；

d. 值班调度员复诵，并做好记录。

（11）整理事故处理相关记录、资料，进行事故处理总结：

1）检查一次模拟接线图与实际运行方式一致；

2）安全工器具擦拭干净，定置摆放；

3）做好相关运行记录，包括《运行记录簿》、《高压断路器跳（合）闸记录簿》、《保护及故障录波动作记录簿》、《接地线（接地开关）装（合）拆（拉）记录簿》等；

4）整理现场事故处理报告、继电保护和自动装置事故报告、故障录波报告、事故录音并及时上报有关部门。

5）总结本次事故处理。

2. 事故处理案例二

2010 年 11 月 27 日 10 时 50 分，仿真舒平变电站 10kV Ⅲ母线上发生 A、B 相相间短路故障，1 号主变 10kV 侧后备保护动作，跳开 1 号主变 901 断路器，造成 10kV Ⅲ母线及 1 号站用变失电。站用电源备自投装置动作，跳开 1 号站用变低压侧 41B 断路器，合上 2 号站用变低压侧 42B 断路器。

(1) 事故发生后，应立即启动事故录音，记录事故发生时间：2010 年 11 月 27 日 10 时 50 分。

(2) 运行值班人员首先检查监控系统主接线图断路器出现变位闪光，故障线路的电流、功率等遥测信息等简要事故信息。监控系统主要信号如图 5-54 所示。

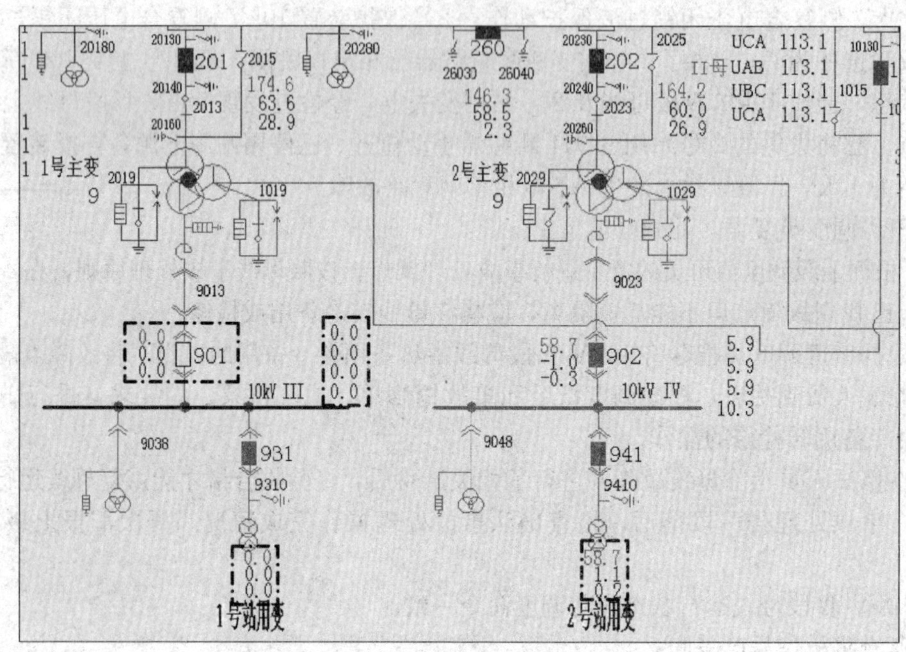

图 5-54　监控系统主要信号（母线事故处理案例二）

1）检查监控系统主接线图 1 号主变 901 断路器发出跳闸位置闪光信号。

2）检查 901 断路器、1 号站用变电流、有功、无功表计指示为零，10kV Ⅲ段母线三相电压为零，2 号站用变电流、有功、无功表计指示正常。

3）做好记录并复归所有断路器变位闪光信号。

(3) 将以上简要事故信息及时汇报调度和有关部门，便于调度及有关人员及时、全面地掌握事故情况，进行分析判断。本次事故应汇报地调值班调度员及运行管理单位生产领导。

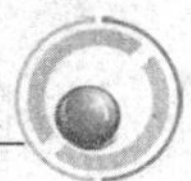

1）启动电话录音，安排同值人员监听，并做好记录。

2）互报单位、岗位、姓名。

3）2010 年 11 月 27 日××时××分，仿真舒平变电站 1 号主变 901 断路器于 10 时 50 分三相跳闸，901 断路器、1 号站用变电流、有功、无功表计指示为零，10kV Ⅲ段母线三相电压为零，2 号站用变电流、有功、无功表计指示正常。事故具体情况待进一步详细检查后汇报。

4）值班调度员复诵，并做好记录。

(4) 对事故信号进行全面详细的检查，做好记录并复归事故信号。

1）检查监控系统告警窗、记录监控系统报文，如图 5－55 所示。

全部确认　清除所有　暂停刷新　信息筛选

类型	发生时间	描述	动作情况
操作	2010年11月27日10:51:02:370	舒平站2号主变II电源故障	复归
操作	2010年11月27日10:51:02:370	舒平站2号主变I电源故障	复归
操作	2010年11月27日10:51:02:370	舒平站2号主变冷却器全停	复归
操作	2010年11月27日10:51:02:370	舒平站1号主变II电源故障	复归
操作	2010年11月27日10:51:02:370	舒平站1号主变I电源故障	复归
操作	2010年11月27日10:51:02:370	舒平站1号主变冷却器全停	复归
操作	2010年11月27日10:51:02:370	舒平站110kV旁路140断路器打压电源消失	复归
操作	2010年11月27日10:51:02:370	舒平站110kV舒铁线119断路器电机故障	复归
操作	2010年11月27日10:51:02:370	舒平站110kV舒沿线118断路器打压电源消失	复归
操作	2010年11月27日10:51:02:370	舒平站110kV舒代南线117断路器打压电源消失	复归
操作	2010年11月27日10:51:02:370	舒平站110kV舒化线115断路器电机故障	复归
操作	2010年11月27日10:51:02:370	舒平站110kV舒汇线114断路器打压电源消失	复归
操作	2010年11月27日10:51:02:370	舒平站110kV舒土线113断路器打压电源消失	复归
操作	2010年11月27日10:51:02:370	舒平站110kV舒长线112断路器打压电源消失	复归
操作	2010年11月27日10:51:02:370	舒平站2号主变110kV侧102断路器打压电源消失	复归
操作	2010年11月27日10:51:02:370	舒平站1号主变110kV侧101断路器打压电源消失	复归
操作	2010年11月27日10:51:02:370	舒平站110kV母联100开关打压电源消失	复归
操作	2010年11月27日10:51:02:370	舒平站10kV2号站用变941断路器储能电源消失	复归
操作	2010年11月27日10:51:02:370	舒平站10kV1号站用变931断路器储能电源消失	复归
操作	2010年11月27日10:51:02:370	舒平站2号主变10kV侧902断路器储能电源消失	复归
操作	2010年11月27日10:51:02:370	舒平站1号主变10kV侧901断路器储能电源消失	复归
操作	2010年11月27日10:50:57:370	舒平站1号站用变TV断线	动作
操作	2010年11月27日10:50:57:370	舒平站380V备自投动作	动作
操作	2010年11月27日10:50:52:370	舒平站2号主变II电源故障	动作
操作	2010年11月27日10:50:52:370	舒平站2号主变I电源故障	动作
操作	2010年11月27日10:50:52:370	舒平站2号主变冷却器全停	动作
操作	2010年11月27日10:50:52:370	舒平站1号主变II电源故障	动作
操作	2010年11月27日10:50:52:370	舒平站1号主变I电源故障	动作
操作	2010年11月27日10:50:52:370	舒平站1号主变冷却器全停	动作
操作	2010年11月27日10:50:52:370	舒平站110kV旁路140断路器打压电源消失	动作
操作	2010年11月27日10:50:52:370	舒平站110kV舒铁线119断路器电机故障	动作
操作	2010年11月27日10:50:52:370	舒平站110kV舒沿线118断路器打压电源消失	动作
操作	2010年11月27日10:50:52:370	舒平站110kV舒代南线117断路器打压电源消失	动作
操作	2010年11月27日10:50:52:370	舒平站110kV舒化线115断路器电机故障	动作
操作	2010年11月27日10:50:52:370	舒平站110kV舒汇线114断路器打压电源消失	动作
操作	2010年11月27日10:50:52:370	舒平站110kV舒土线113断路器打压电源消失	动作
操作	2010年11月27日10:50:52:370	舒平站110kV舒长线112断路器压电源消失	动作
操作	2010年11月27日10:50:52:370	舒平站2号主变110kV侧102断路器打压电源消失	动作
操作	2010年11月27日10:50:52:370	舒平站1号主变110kV侧101断路器打压电源消失	动作
操作	2010年11月27日10:50:52:370	舒平站110kV母联100开关打压电源消失	动作
操作	2010年11月27日10:50:52:370	舒平站10kV2号站用变941断路器储能电源消失	动作
操作	2010年11月27日10:50:52:370	舒平站10kV1号站用变931断路器储能电源消失	动作
操作	2010年11月27日10:50:52:370	舒平站2号主变10kV侧902断路器储能电源消失	动作
操作	2010年11月27日10:50:52:370	舒平站1号主变10kV侧901断路器储能电源消失	动作
操作	2010年11月27日10:50:44:440	舒平站1号主变10kV侧901断路器	分闸
操作	2010年11月27日10:50:44:390	舒平站1号主变(第3套)RCS978后备动作	动作
操作	2010年11月27日10:50:44:390	舒平站1号主变(第3套)RCS978低压复流	动作
操作	2010年11月27日10:50:44:390	舒平站1号主变(第3套)RCS978装置动作	动作
操作	2010年11月27日10:50:44:390	舒平站1号主变(第1套)RCS978后备动作	动作
操作	2010年11月27日10:50:44:390	舒平站1号主变(第1套)RCS978低压复流	动作
操作	2010年11月27日10:50:44:390	舒平站1号主变(第1套)RCS978装置动作	动作
操作	2010年11月27日10:50:44:390	舒平站预告信号	动作
操作	2010年11月27日10:50:44:390	舒平站事故总信号	动作

站用电源恢复后的复归信号

1号站用变失电

站用电源备自投装置动作

站用电源消失后发出的信号

1号主变901断路器跳闸

1号主变保护装置动作情况

图 5－55　监控系统告警窗（母线事故处理案例二）

监控系统报文应根据报文发生时间顺序进行查看，从监控系统报文中可以查看到如下信息：

a. 1 号主变 1、2 号保护装置，低压侧复合电压闭锁过流保护动作；

b. 1 号主变 901 断路器出口跳闸；

c. 站用电源消失发出的各种信号；

d. 站用电源备自投装置动作；

e. 1 号站用变 TV 断线信号；

f. 站用电源恢复后发出的复归信号。

以上六项全部为本次事故重要信号，应做好记录。

2）检查监控系统上光字牌信号，本事故应重点检查 1 号主变的光字信号，如图 5－56 所示。检查的内容包括：1 号主变保护出口跳闸；1 号主变低压侧报警；1 号主变低压侧零序过压；1 号主变Ⅰ工作电源故障；1 号主变Ⅱ工作电源故障。

主接线　返回　表计指示

1号主变

复归按钮

1号主变220kV侧频率	50.0
1号主变220kV侧功率因数	0.9
1号主变220kV侧A相电压	133.4
1号主变220kV侧B相电压	[illegible]
1号主变220kV侧C相电压	133.4
1号主变220kV侧AB相电压	231.1
1号主变220kV侧BC相电压	231.1
1号主变220kV侧CA相电压	231.1
1号主变220kV侧A相电流	174.6
1号主变220kV侧B相电流	174.6
1号主变220kV侧C相电流	174.6
1号主变220kV侧有功	63.6
1号主变220kV侧无功	29.0
1号主变110kV侧频率	50.0
1号主变110kV侧功率因数	0.9
1号主变110kV侧A相电压	65.3
1号主变110kV侧B相电压	65.3
1号主变110kV侧C相电压	65.3
1号主变110kV侧AB相电压	113.1
1号主变110kV侧BC相电压	113.1
1号主变110kV侧CA相电压	113.1
1号主变110kV侧A相电流	349.3
1号主变110kV侧B相电流	349.3
1号主变110kV侧C相电流	349.3
1号主变110kV侧有功	-63.5
1号主变110kV侧无功	-25.5
1号主变10kV侧频率	0.0
1号主变10kV侧功率因数	0.0
1号主变10kV侧A相电压	0.0
1号主变10kV侧B相电压	0.0
1号主变10kV侧C相电压	0.0
1号主变10kV侧AB相电压	0.0
1号主变10kV侧BC相电压	0.0
1号主变10kV侧CA相电压	0.0
1号主变10kV侧A相电流	0.0
1号主变10kV侧B相电流	0.0
1号主变10kV侧C相电流	0.0

I◀	◀	▶	▶I	
1号主变保护出口跳闸	1号主变油位异常	1号主变轻瓦斯	1号主变Ⅰ工作电源故障	1号主变Ⅱ工作电源故障
1号主变备用冷却器投入后故障	1号主冷控失电	1号主变有载轻瓦斯	1号主变压力释放	1号主变本体重瓦斯
1号主变有载重瓦斯	1号主变温度高	1号主变有载调压电机运转	1号主变有载调压机构故障	1号主变冷却器操作电源故障
1号主变辅助、备用冷却器投入	1号主变220kV侧弹簧未储能	1号主变220kV侧SF_6低气压报警	1号主变220kV侧分闸回路II闭锁	1号主变220kV侧电机电源消失
1号主变220kV侧第一组控制回路断线	1号主变220kV侧第二组控制回路断线	1号主变220kV侧切换继电器同时动作	1号主变220kV侧TV失压	1号主变220kV侧合闸、分闸回路I闭锁
1号主变220kV侧KK把手就地操作	1号主变220kV侧KK把手远方控制	1号主变220kV侧就地操作位置	1号主变110kV侧弹簧未储能	1号主变110kV侧控制回路断线
1号主变110kV侧SF_6低气压报警	1号主变110kV侧切换继电器同时动作	1号主变110kV侧TV失压	1号主变110kV侧合闸、分闸回路I闭锁	1号主变110kV侧KK把手就地操作
#1主变110kV侧KK把手远方控制	1号主变110kV侧就地操作位置	1号主变10kV侧弹簧未储能	1号主变10kV侧KK把手就地操作	1 主变10kV侧KK把手远方控制
1号主变保护过负荷	1号主变保护装置闭锁	1号主变保护装置报警	1号主变保护TA断线	1号主变保护TV断线
1号主变保护低压侧零序过压	1号主变保护高压侧报警	1号主变保护中压侧报警	1号主变保护低压侧报警	1号主变差动保护动作

图 5－56　1 号主变光字信号（母线事故处理案例二）

检查、记录好所有光字信号后，复归光字牌。

3）检查保护装置液晶屏显示保护动作情况、故障参数。本次事故应重点检查 1 号主变 1、2 号保护装置、站用电源备自投装置信号。

a. 检查 1 号主变 1 号保护装置动作信号，如图 5－57 所示。

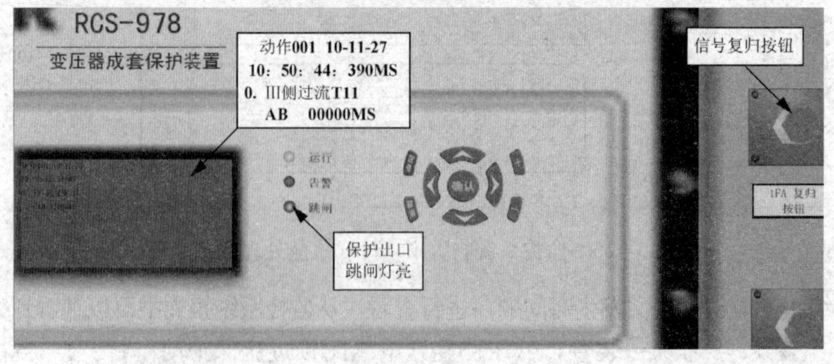

图 5－57　1 号主变 1 号保护装置动作信号（母线事故处理案例二）

1号主变1号保护装置：10kV侧复合电压闭锁过流保护动作（Ⅰ段第一时限），故障选相为A、B相。保护出口跳闸灯亮。

检查、记录好所有保护信息后，进行复归并打印事故报告。

b. 检查1号主变2号保护装置动作信号，如图5-58所示。

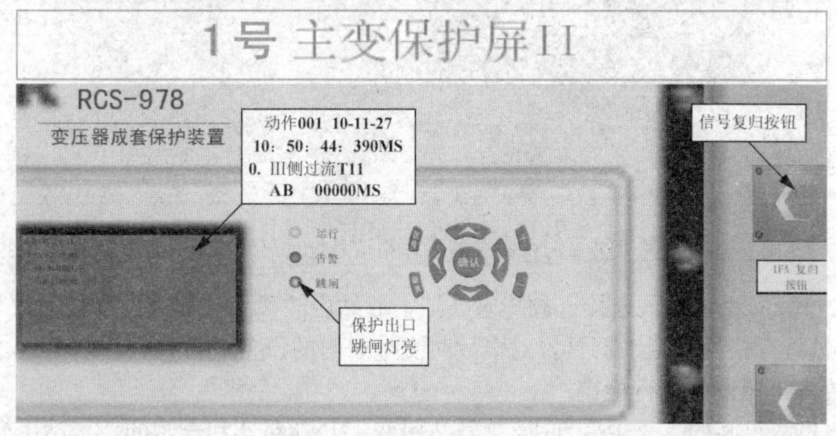

图5-58　1号主变2号保护装置动作信号（母线事故处理案例二）

1号主变2号保护装置：10kV侧复合电压闭锁过流保护动作（Ⅰ段第一时限），故障选相为A、B相。保护出口跳闸灯亮。

检查、记录好所有保护信息后，进行复归并打印事故报告。

c. 检查站用电源备自投装置动作信号，如图5-59所示。

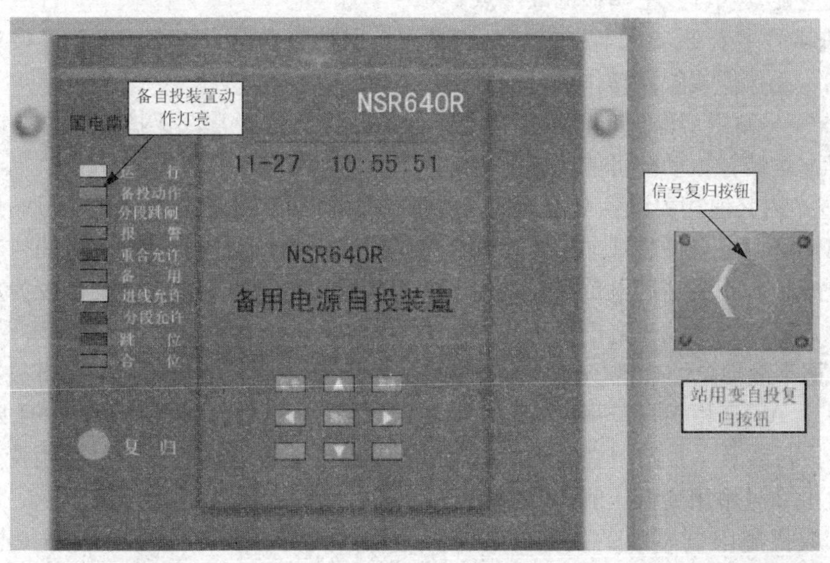

图5-59　站用电源备自投装置动作信号（母线事故处理案例二）

站用电源备自投装置动作灯亮。检查、记录好所有保护信息后，进行复归。

4）检查1号主变2号保护装置操作箱上信号灯，如图5-60所示。

1号主变901断路器跳闸位置指示灯亮。检查、记录好所有保护信号灯后，进行复归。

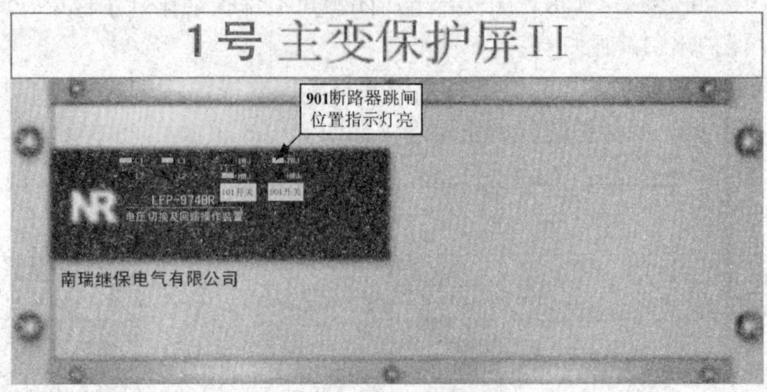

图 5-60　1 号主变 2 号保护装置操作箱信号灯（母线事故处理案例二）

5）由于 10kV 系统参数未接入故障录波器，故站内故障录波器未发出任何信号。

(5) 穿戴好合格的安全工器具，对事故时变电站内的设备进行检查。

1）对故障范围设备进行检查。

a. 应对事故跳闸的 1 号主变 901、1 号站用变 41B 断路器和合闸的 2 号站用变 42B 断路器进行外部检查，主要检查断路器的三相位置、油位、油色、油压（SF_6 气体压力、空气压力、弹簧压力等压力指示）及有无泄漏等异常情况。

b. 检查 10kV Ⅲ段母线、母线电压互感器间隔、1 号站用变间隔（包括所有间隔的隔离开关、电流互感器、避雷器、支持绝缘子以及相连的短引线等线路设备）有无短路、接地、闪络、瓷件破损、爆炸等故障现象。本次事故为 10kV Ⅲ段母线上的 A、B 相相间短路故障，经检查应能发现母线上明显的故障点。

c. 检查 1 号主变 1、2 号保护装置运行情况：保护装置运行正常，保护连接片、切换开关投退正确，无保护装置误动作的可能。

d. 检查 1 号站用变保护装置运行情况：保护装置运行正常，保护连接片、切换开关投退正确，无保护装置拒动的可能。

2）检查站内其他相关设备有无异常。由于故障的 10kV Ⅲ段母线上的 1 号站用变压器失电，引起站用电源备自投装置动作切换到 2 号站用变供电，会造成站用电源的瞬时失电。此时运行人员应检查相关站用电负荷在站用电源切换后运行是否正常，特别是较为重要的主变冷却器电源、直流蓄电池充电电源等。

(6) 根据事故现象结合现场设备检查结果，对事故进行分析判断。本次事故为 10kV Ⅲ段母线上发生 A、B 相相间短路故障，1 号主变 10kV 侧后备保护动作跳开 901 断路器，造成 10kV Ⅲ段母线及 1 号站用变失压，站用电源备自投装置动作跳开 1 号站用变低压侧 41B 断路器，合上 2 号站用变低压侧 42B 断路器。

(7) 采取措施限制事故的发展，解除对电网、人身、设备安全的威胁。本次事故为 10kV Ⅲ段母线上的 A、B 相相间短路故障，在 1 号主变 901 断路器跳闸，站用电源备自投装置动作后已将故障点切除。1 号站用变 931 断路器为失电断路器，按照事故处理原则运行人员应自行将失电断路器拉开，并自行停用站用电源备自投装置。（互为备自投的 1、2 号站用变其中一台站用变失电后，在短时间内无法恢复运行的，按照现场运行规程应停用其备自投装置）

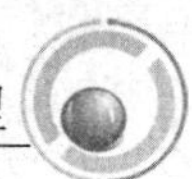

(8) 再次向上级值班调度汇报站内事故处理情况，汇报程序及内容如下：

1) 启动电话录音，安排同值人员监听，并做好记录。

2) 互报单位、岗位、姓名。

3) 2010 年 11 月 27 日××时××分（本次汇报时间），仿真舒平变电站 1 号主变 1 号保护装置 10kV 侧复合电压闭锁过流保护动作；2 号保护装置 10kV 侧复合电压闭锁过流保护动作；故障选相均为 A、B 相。1 号主变 901 断路器三相出口跳闸，现 1 号主变 901 断路器在热备用状态，造成 10kV Ⅲ段母线及 1 号站用变失电，站用电源备自投装置动作跳开 1 号站用变低压侧 41B 断路器，合上 2 号站用变低压侧 42B 断路器。检查站内设备无异常。已将失电的 1 号站用变 931 断路器手动拉开，已停用站用电源备自投装置。事故初步判断为 10kV Ⅲ段母线上发生 A、B 相相间短路故障。

4) 值班调度员复诵，并做好记录。

(9) 根据上级调度值班员的指令进行事故处理操作。按照母线事故处理原则，在 10kV Ⅲ段母线上已找到故障点但不能迅速隔离，应将该母线转冷备用或检修。

1) 根据值班调度员指令将 10kV Ⅲ段母线由热备用转冷备用的操作，将故障点隔离。

2) 修试人员到站后，根据调度指令和事故抢修单（或工作票）的要求，进行 10kV Ⅲ段母线由冷备用转检修的操作。

3) 在修试人员消除母线故障并进行了相关试验后，经验收合格才能恢复母线运行。

(10) 事故处理告一段落后，检查确认事故处理操作完成情况，再次汇报上级值班调度员。

1) 10kV Ⅲ段母线运行状态应与调度命令一致。

2) 所有事故信号已复归。

3) 向调度汇报事故处理结果以及站内现在的运行方式：

a. 启动电话录音，安排同值人员监听，并做好记录；

b. 互报单位、岗位、姓名；

c. 2010 年 11 月 27 日××时××分（本次汇报时间），已将仿真舒平变电站 10kV Ⅲ段母线由热备用转为冷备用（或检修），故障点已隔离；

d. 值班调度员复诵，并做好记录。

(11) 整理事故处理相关记录、资料，进行事故处理总结。

1) 检查一次模拟接线图与实际运行方式一致。

2) 安全工器具擦拭干净，定置摆放。

3) 做好相关运行记录，包括《运行记录簿》、《高压断路器跳（合）闸记录簿》、《保护及故障录波动作记录簿》、《接地线（接地开关）装（合）拆（拉）记录簿》等。

4) 整理现场事故处理报告、继电保护和自动装置事故报告、故障录波报告、事故录音并及时上报有关部门。

5) 总结本次事故处理。

3. 事故处理案例三

2010 年 11 月 27 日 11 时 00 分，仿真舒平变电站 220kV Ⅰ母线发生 A 相单相接地故障，220kV 母差保护动作，220kV Ⅰ母线上所有运行断路器动作跳闸，造成 220kVⅠ母线失电。

(1) 事故发生后，应立即启动事故录音，记录事故发生时间：2010 年 11 月 27 日 11 时

00分。

（2）运行值班人员首先检查监控系统主接线图断路器出现变位闪光，故障线路的电流、功率等遥测信息等简要事故信息。监控系统主要信号如图5-61所示。

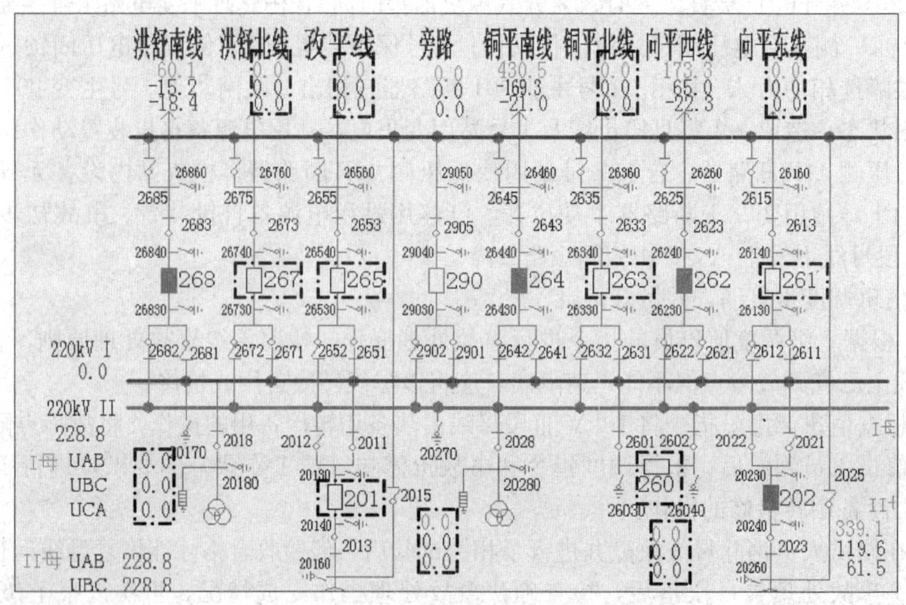

图5-61 监控系统主要信号（母线事故处理案例三）

1）检查监控系统主接线图220kV向平东线261、铜平北线263、孜平线265、洪舒北线267、1号主变201、母联260断路器发出跳闸位置闪光信号。

2）检查261、263、265、267、201、260断路器电流、有功、无功表计指示为零，220kV Ⅰ母线三相电压为零。

3）做好记录并复归所有开关变位闪光信号。

（3）将以上简要事故信息及时汇报调度和有关部门，便于调度及有关人员及时、全面地掌握事故情况，进行分析判断。本次事故应汇报省调值班调度员及运行管理单位生产领导。

1）启动电话录音，安排同值人员监听，并做好记录。

2）互报单位、岗位、姓名。

3）2010年11月8日××时××分，仿真舒平变电站于11时00分发生事故。220kV向平东线261、铜平北线263、孜平线265、洪舒北线267、1号主变201、母联260断路器跳闸，261、263、265、267、201、260断路器电流、有功、无功表计指示均为零，220kV Ⅰ母线三相电压为零，事故具体情况待进一步详细检查后汇报。

4）值班调度员复诵，并做好记录。

（4）对事故信号进行全面详细的检查，做好记录并复归事故信号。

1）检查监控系统告警窗、记录监控系统报文，如图5-62所示。

监控系统报文应根据报文发生时间顺序进行查看，从监控系统报文中可以查看到如下信息：

a. 事故时系统振荡发出的预告信号；

b. 220kV 1号故障录波器启动；

类型	发生时间	描述	动作情况
操作	2010年11月27日11:00:31:802	舒平站22B1舒平站、22B2舒平站BP2BPT断线	动作
操作	2010年11月27日11:00:31:802	舒平站220kV铜平北线263断路器PT断线	动作
操作	2010年11月27日11:00:31:802	舒平站220kV向平东线261断路器PT断线	动作
操作	2010年11月27日11:00:31:802	舒平站洪舒北线LFP902APT断线	动作
操作	2010年11月27日11:00:31:802	舒平站洪舒北线LFP901APT断线	动作
操作	2010年11月27日11:00:31:802	舒平站孜平线RCS902APT断线	动作
操作	2010年11月27日11:00:31:802	舒平站孜平线RCS901APT断线	动作
操作	2010年11月27日11:00:31:802	舒平站向平东线(第2套)CSL101APT断线	动作
操作	2010年11月27日11:00:31:802	舒平站向平东线(第1套)CSL101APT断线	动作
操作	2010年11月27日11:00:31:802	舒平站铜平北线(第2套)CSL101APT断线	动作
操作	2010年11月27日11:00:31:802	舒平站铜平北线(第1套)CSL101APT断线	动作
操作	2010年11月27日11:00:21:843	舒平站事故总信号	动作
操作	2010年11月27日11:00:21:821	舒平站220kV洪舒北线267断路器ABC相	分闸
操作	2010年11月27日11:00:21:821	舒平站220kV孜平线265断路器ABC相	分闸
操作	2010年11月27日11:00:21:821	舒平站220kV铜平北线263断路器ABC相	分闸
操作	2010年11月27日11:00:21:821	舒平站220kV向平东线261断路器ABC相	分闸
操作	2010年11月27日11:00:21:821	舒平站220kV母联260断路器ABC相	分闸
操作	2010年11月27日11:00:21:821	舒平站1号主变220kV侧201断路器ABC相	分闸
操作	2010年11月27日11:00:21:801	舒平站220kV孜平线265断路器第一组出口跳闸	动作
操作	2010年11月27日11:00:21:801	舒平站1号主变220kV侧201断路器第一组出口跳闸	动作
操作	2010年11月27日11:00:21:771	舒平站22B1舒平站、22B2舒平站BP2BI母差动	动作
操作	2010年11月27日11:00:21:771	舒平站22B1舒平站、22B2舒平站BP2B装置动作	动作
操作	2010年11月27日11:00:21:771	舒平站22B1舒平站、22B2舒平站BP2B差动动作	动作
操作	2010年11月27日11:00:21:671	舒平站220kV1号故障录波	动作
操作	2010年11月27日11:00:21:671	舒平站向平西线(第2套)PSF631装置动作	动作
操作	2010年11月27日11:00:21:671	舒平站向平西线(第1套)PSF631装置动作	动作
操作	2010年11月27日11:00:21:671	舒平站洪舒南线(第2套)LFX912装置动作	动作
操作	2010年11月27日11:00:21:671	舒平站洪舒南线(第1套)LFX912装置动作	动作
操作	2010年11月27日11:00:21:671	舒平站洪舒北线(第2套)LFX912装置动作	动作
操作	2010年11月27日11:00:21:671	舒平站洪舒北线(第1套)LFX912装置动作	动作
操作	2010年11月27日11:00:21:671	舒平站孜平线(第2套)LFX912装置动作	动作
操作	2010年11月27日11:00:21:671	舒平站孜平线(第1套)LFX912装置动作	动作
操作	2010年11月27日11:00:21:671	舒平站铜平南线(第2套)WGC装置动作	动作
操作	2010年11月27日11:00:21:671	舒平站铜平南线(第1套)WGC装置动作	动作
操作	2010年11月27日11:00:21:671	舒平站向平东线(第2套)WGC装置动作	动作
操作	2010年11月27日11:00:21:671	舒平站向平东线(第1套)WGC装置动作	动作
操作	2010年11月27日11:00:21:671	舒平站铜平北线(第2套)WGC装置动作	动作
操作	2010年11月27日11:00:21:671	舒平站铜平北线(第1套)WGC装置动作	动作
操作	2010年11月27日11:00:21:671	舒平站预告信号	动作

图 5-62　监控系统告警窗（母线事故处理案例三）

c. 220kV 母差保护装置，220kV Ⅰ母母差保护动作；

d. 断路器跳闸情况，1 号主变 201、母联 260、向平东线 261、铜平北线 263、孜平线 265、洪舒北线 267 断路器跳闸；

e. 220kVⅠ母线失压后发出的信号。

其中 b～d 项为本次事故重要信号，应做好记录。

2）检查监控系统上光字牌信号，本事故应重点检查 220kV 母差保护装置、220kV 1 号故障录波装置及母线上所有跳闸断路器的光字信号。

a. 检查 220kV 母差保护装置光字信号，如图 5-63 所示。

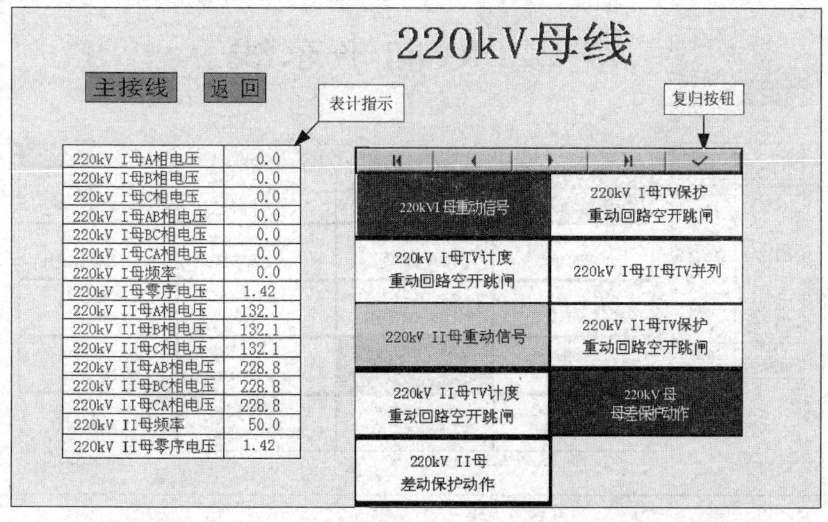

220kV I母A相电压	0.0
220kV I母B相电压	0.0
220kV I母C相电压	0.0
220kV I母AB相电压	0.0
220kV I母BC相电压	0.0
220kV I母CA相电压	0.0
220kV I母频率	0.0
220kV I母零序电压	1.42
220kV II母A相电压	132.1
220kV II母B相电压	132.1
220kV II母C相电压	132.1
220kV II母AB相电压	228.8
220kV II母BC相电压	228.8
220kV II母CA相电压	228.8
220kV II母频率	50.0
220kV II母零序电压	1.42

图 5-63　220kV 母差保护装置光字信号（母线事故处理案例三）

220kVⅠ母线母差保护动作；220kVⅠ母重动信号（Ⅰ母失电时闪光，正常时平光）。

检查、记录好所有光字信号后，复归光字牌。

b. 检查220kV母差保护装置及220kV 1号故障录波装置光字信号。如图5-64所示，在公用测控信号界面中检查结果如下：220kV 1号故障录波器录波启动；220kV母差保护屏TA、TV断线（此光字信号为TA、TV公用光字牌，本次事故为TV断线信号发出）。

主接线 返回 公用测控信号

110kV母线保护屏母差跳I母	110kV母线保护屏母差跳II母	110kV母线保护屏跳母联	220kV母差保护屏母差、失灵、母联保护动作
110kV故障录波屏录波启动	110kV故障录波屏装置失电	110kV故障录波屏装置告警	220kV1号故障录波器录波启动
220kV1号故障录波器装置失电	220kV1号故障录波器装置告警	110kV母线保护屏报警闭锁	110kV母线保护屏交流断线异常
110kV母线保护屏隔离开关位置异常	110kV母线保护屏其他异常	220kV母差保护屏装置异常	220kV母差保护屏直流消失
220kV母差保护屏开入变位	220kV母差保护屏TA、TV断线	220kV母差保护屏互联	220kV2号故障录波器录波启动
220kV2号故障录波器装置失电	220kV2号故障录波器装置告警	川电东送安控装置TV断线	川电东送安控装置装置动作
川电东送安控装置回路异常	川电东送安控装置直流消失	川电东送安控装置载波机异常	故障测距装置直流消失
故障测距装置GPS信号消失			

图5-64 公用测控信号（母线事故处理案例三）

检查、记录好所有光字信号后，复归光字牌。

c. 检查220kV向平东线261断路器光字信号，如图5-65所示。

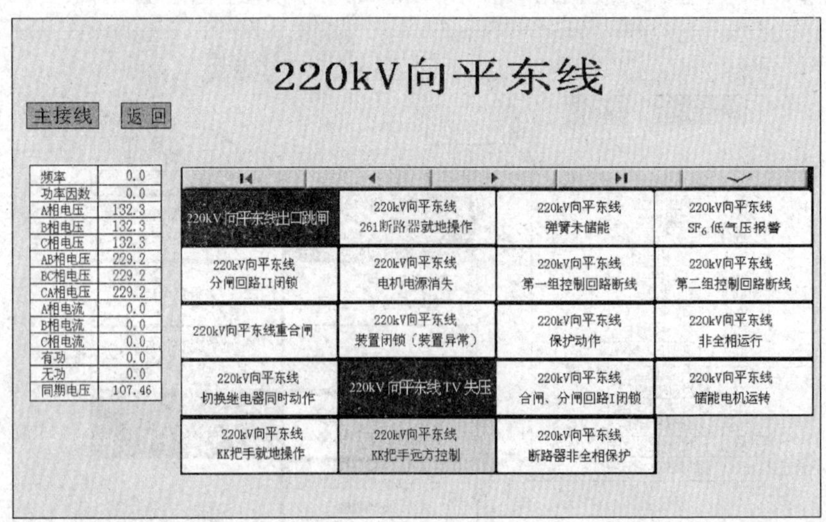

图5-65 220kV向平东线261断路器光字信号（母线事故处理案例三）

220kV 向平东线出口跳闸；220kV 向平东线 TV 失压。

检查、记录好所有光字信号后，复归光字牌。

d. 检查 220kV 铜平北线 263 断路器光字信号，如图 5－66 所示。

220kV铜平北线

主接线　返回

频率	0.0
功率因数	0.0
A相电压	134.5
B相电压	134.5
C相电压	134.5
AB相电压	233.0
BC相电压	233.0
CA相电压	233.0
A相电流	0.0
B相电流	0.0
C相电流	0.0
有功	0.0
无功	0.0
同期电压	103.94

220kV铜平北线出口跳闸	220kV铜平北线 弹簧未储能	220kV铜平北线 SF_6低气压报警	220kV铜平北线 分闸回路II闭锁
220kV铜平北线 263断路器就地操作	220kV铜平北线 电机电源消失	220kV铜平北线 第一组控制回路断线	220kV铜平北线 第二组控制回路断线
220kV铜平北线重合闸	220kV铜平北线 装置闭锁（装置异常）	220kV铜平北线 保护动作	220kV铜平北线 非全相运行
220kV铜平北线 切换继电器同时动作	220kV铜平北线TV失压	220kV铜平北线 合闸、分闸回路I闭锁	220kV铜平北线 储能电机运转
220kV铜平北线 KK把手就地操作	220kV铜平北线 KK把手远方控制	220kV铜平北线 断路器非全相保护	

图 5－66　220kV 铜平北线 263 断路器光字信号（母线事故处理案例三）

220kV 铜平北线出口跳闸；220kV 铜平北线 TV 失压。

检查、记录好所有光字信号后，复归光字牌。

e. 检查 220kV 孜平线 265 断路器光字信号，如图 5－67 所示。

220kV孜平线

主接线　返回

频率	0.0
功率因数	0.0
A相电压	136.0
B相电压	136.0
C相电压	136.0
AB相电压	235.5
BC相电压	235.5
CA相电压	235.5
A相电流	0.0
B相电流	0.0
C相电流	0.0
有功	0.0
无功	0.0
同期电压	105.29

220kV孜平线出口跳闸	220kV孜平线 弹簧未储能	220kV孜平线 低气压报警	220kV孜平线 分闸回路II闭锁
220kV孜平线就地操作	220kV孜平线 电机电源消失	220kV孜平线 第一组控制回路断线	220kV孜平线 第二组控制回路断线
220kV孜平线重合闸	220kV孜平线 装置闭锁（装置异常）	220kV孜平线 保护动作	220kV孜平线 非全相运行
220kV孜平线 切换继电器同时动作	220kV孜平线TV失压	220kV孜平线 合闸、分闸回路I闭锁	220kV孜平线 储能电机运转
220kV孜平线 KK把手就地操作	220kV孜平线 KK把手远方控制	220kV孜平线 断路器非全相保护	

图 5－67　220kV 孜平线 265 断路器光字信号（母线事故处理案例三）

220kV 孜平线出口跳闸；220kV 孜平线 TV 失压。

检查、记录好所有光字信号后，复归光字牌。

f. 检查 220kV 洪舒北线 267 断路器光字信号，如图 5－68 所示。

220kV 洪舒北线出口跳闸；220kV 洪舒北线 TV 失压。

检查、记录好所有光字信号后，复归光字牌。

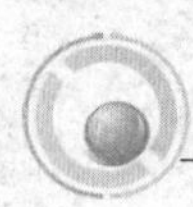

图 5-68　220kV 洪舒北线 267 断路器光字信号（母线事故处理案例三）

3）检查保护装置液晶屏显示保护动作情况、故障参数。本次事故应重点检查 220kV 母差保护装置动作信号，如图 5-69 所示。

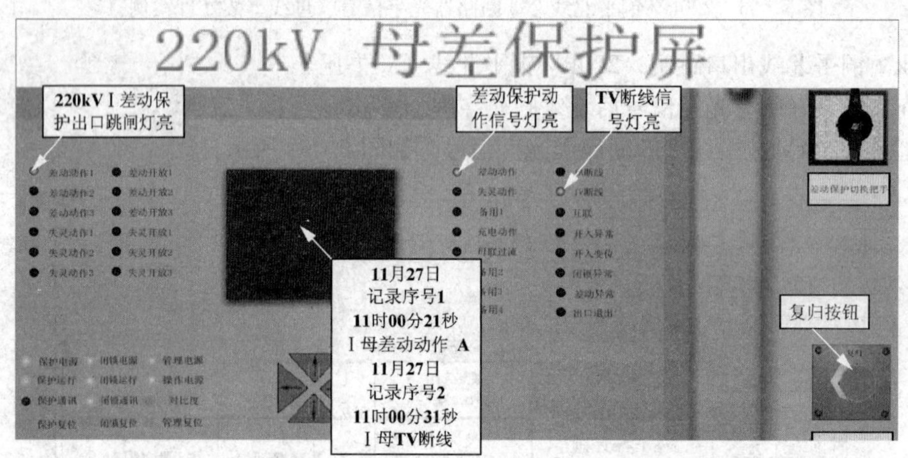

图 5-69　220kV 母差保护装置动作信号（母线事故处理案例三）

a. 220kV 母差保护装置液晶动作菜单显示：Ⅰ母差动动作、Ⅰ母 TV 断线，故障选相为 A 相。

b. 220kV 母差保护装置面板显示：220kVⅠ差动保护出口跳闸灯亮、差动保护动作信号灯亮、TV 断线信号灯亮。

检查、记录好所有保护信息后，进行复归并打印事故报告。

4）检查 220kV Ⅰ母线所有跳闸断路器（201、261、263、265、267）保护装置操作箱上信号灯，检查 220kV 母联测控柜上 260 断路器信号灯。从保护装置操作箱及母联测控柜上可以检查到以下信号灯发出：

a. 1 号主变 201 断路器跳闸线圈 A、B、C 相跳闸动作灯亮，1 号主变 201 断路器 ABC 相跳闸位置指示灯亮；

b. 220kV 向平东线 261 断路器跳闸线圈 A、B、C 相跳闸动作灯亮，220kV 向平东线 261 断路器 ABC 相跳闸位置指示灯亮；

c. 220kV 铜平北线 263 断路器跳闸线圈 A、B、C 相跳闸动作灯亮，220kV 铜平北线 263 断路器 ABC 相跳闸位置指示灯亮；

d. 220kV 孜平线 265 断路器跳闸线圈 A、B、C 相跳闸动作灯亮，220kV 孜平线 265 断路器 ABC 相跳闸位置指示灯亮；

e. 220kV 洪舒北线 267 断路器跳闸线圈 A、B、C 相跳闸动作灯亮，220kV 洪舒北线 267 断路器 ABC 相跳闸位置指示灯亮；

f. 220kV 母联 260 断路器跳闸线圈 A、B、C 相跳闸动作灯亮，220kV 母联 260 断路器 ABC 相跳闸位置指示灯亮。

检查、记录好所有保护信号灯后，进行复归。

5）检查 220kV 1 号故障录波装置显示故障录波信号。从 220kV 1 号故障录波装置上可以检查到以下动作信号发出：

a. 故障录波“启动”灯亮；

b. 液晶显示屏上发出本次事故故障录波信息，包括故障时间、启动原因、故障线路、故障描述、故障测距、故障波形，以及故障前、中、后一个周期内的电流、电压参数等。

检查、记录好所有故障录波信息后，进行复归并打印录波报告。运行值班员可以结合故障录波和保护动作情况对事故进行更加准确的分析判断。

(5) 穿戴好合格的安全工器具，对事故时变电站内的设备进行检查。

1）对故障范围设备进行检查。

a. 应对事故跳闸的 1 号主变 201、220kV 母联 260、向平东线 261、铜平北线 263、孜平线 265、洪舒北线 267 断路器进行外部检查，主要检查断路器的三相位置、油位、油色、油压（SF_6 气体压力、空气压力、弹簧压力等压力指示）及有无泄漏等异常情况。

b. 检查 220kV Ⅰ母母差保护范围内的所有站内设备（即 220kV Ⅰ母母差保护用电流互感器内的所有设备），包括 220kV Ⅰ母线、母线电压互感器、所有Ⅰ母线侧的隔离开关、电流互感器、支持绝缘子以及相连的短引线等线路设备，有无短路、接地、闪络、瓷件破损、爆炸等故障现象。本次事故为 220kV Ⅰ母线上的 A 相接地故障，经检查应能发现母线上明显的故障点。

c. 检查 220kV 母差保护装置运行情况：保护装置运行正常，保护连接片、切换开关投退正确，无保护装置误动作的可能。

2）检查站内其他相关设备有无异常。

a. 由于 1 号主变 201 断路器跳闸后，全站负荷由 2 号主变供电，此时应安排专人监视 2 号主变的负荷、油温变化，如发现有过负荷的情况或趋势，应采取相应措施，如：启用 2 号主变所有冷却器、汇报调度值班员申请转移负荷或紧急拉闸限电。

b. 由于跳闸的 220kV 向平东线 261、铜平北线 263、洪舒北线 267 断路器均为双回电源供电线路，此时应检查 220kV 向平西线 262、铜平南线 264、洪舒南线 268 断路器的负荷情况。

c. 正常时 220kV 系统中性点由 1 号主变接地运行，1 号主变 201 断路器跳闸后 220kV 系统失去中性点，故需要向调度值班员申请系统中性点的切换。

(6) 根据事故现象结合现场设备检查结果，对事故进行分析判断。本次事故为 220kV Ⅰ母线上发生 A 相单相接地故障，220kV Ⅰ母母差保护动作跳开 201、260、261、263、265、267 断路器，造成 220kV Ⅰ母线失电。

(7) 采取措施限制事故的发展，解除对电网、人身、设备安全的威胁。220kV 系统由双母线并列运行变为了单母线运行，按照现场运行规程 220kV 母差保护的运行方式也应改为单母线运行方式。

(8) 再次向上级值班调度汇报站内事故处理情况，汇报程序及内容如下：

1) 启动电话录音，安排同值人员监听，并做好记录。

2) 互报单位、岗位、姓名。

3) 2010 年 11 月 27 日××时××分（本次汇报时间），仿真舒平变电站 220kVⅠ母母差保护动作，故障选相均为 A 相。1 号主变 201、220kV 母联 260、向平东线 261、铜平北线 263、孜平线 265、洪舒北线 267 断路器三相出口跳闸，造成 220kV Ⅰ母线失电，现 220kV Ⅰ母线在热备用状态。经检查站内设备发现 220kV Ⅰ母线 A 相有明显故障点。已按照现场运行规程将 220kV 母差保护的运行方式改为单母线运行方式。事故初步判断为 220kV Ⅰ母线上发生 A 相单相接地故障。由于 1 号主变 201 断路器跳闸后 220kV 系统失去中性点，现申请将 2 号主变 220kV 侧中性点转为直接接地运行。如 2 号主变发现有过负荷的情况或趋势，此时还应向值班调度员申请转移负荷。

4) 值班调度员复诵，并做好记录。

(9) 根据上级调度值班员的指令进行事故处理操作。按照母线事故处理原则，在 220kVⅠ母线上已找到故障点但不能迅速隔离，应将该母线转冷备用或检修，将 220kV Ⅰ母线上所有完好的元件倒至 220kV Ⅱ母线运行。

1) 根据值班调度员指令进行倒闸操作，操作的任务如下：

a. 将 2 号主变 220kV 侧中性点转为直接接地运行；

b. 将 220kV Ⅰ母线由热备用转冷备用（将故障点隔离）；

c. 将 1 号主变 201 由冷备用转Ⅱ母线运行；

d. 将 2 号主变 220kV 侧中性点转为间隙接地运行（201 断路器运行后 220kV 系统就有两个直接接地中性点，此时应恢复为 1 号主变中性点接地，2 号主变中性点为不接地）；

e. 将向平东线 261、铜平北线 263、孜平线 265、洪舒北线 267 断路器由冷备用转Ⅱ母线运行；

f. 将 220kV 旁路 290 断路器由冷备用转Ⅱ母线热备用。

2) 修试人员到站后，根据调度指令和事故抢修单（或工作票）的要求，进行 220kV Ⅰ母线由冷备用转检修的操作。

3) 在修试人员消除母线故障并进行了相关试验后，经验收合格才能恢复母线运行。

(10) 事故处理告一段落后，检查确认事故处理操作完成情况，再次汇报上级值班调度员。

1) 站内运行状态应与调度命令一致。

2) 所有事故信号已复归。

3) 向调度汇报事故处理结果以及站内现在的运行方式：

a. 启动电话录音，安排同值人员监听，并做好记录；

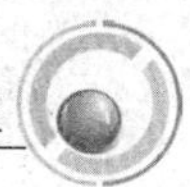

b. 互报单位、岗位、姓名；

c. 2010 年 11 月 27 日××时××分（本次汇报时间），汇报上述操作完成情况；

d. 值班调度员复诵，并做好记录。

(11) 整理事故处理相关记录、资料，进行事故处理总结。

1）检查一次模拟接线图与实际运行方式一致。

2）安全工器具擦拭干净，定置摆放。

3）做好相关运行记录，包括《运行记录簿》、《高压断路器跳（合）闸记录簿》、《保护及故障录波动作记录簿》、《接地线（接地开关）装（合）拆（拉）记录簿》等。

4）整理现场事故处理报告、继电保护和自动装置事故报告、故障录波报告、事故录音并及时上报有关部门。

5）总结本次事故处理。

4. 事故处理案例四

2010 年 12 月 12 日 10 时 25 分，仿真舒平变电站 220kV 孜平线 265 断路器线路发生 A、B 相相间短路故障，265 断路器线路保护动作，265 断路器机构故障未动作跳闸，265 断路器启动失灵保护动作，220kV 失灵保护动作，跳开 220kVⅠ母线上所有（除 265 外）运行断路器及母联 260 断路器，造成 220kV Ⅰ母线失电。

(1) 事故发生后，应立即启动事故录音，记录事故发生时间：2010 年 12 月 12 日 10 时 25 分。

(2) 运行值班人员首先检查监控系统主接线图断路器出现变位闪光，故障线路的电流、功率等遥测信息等简要事故信息。监控系统主要信号如图 5－70 所示。

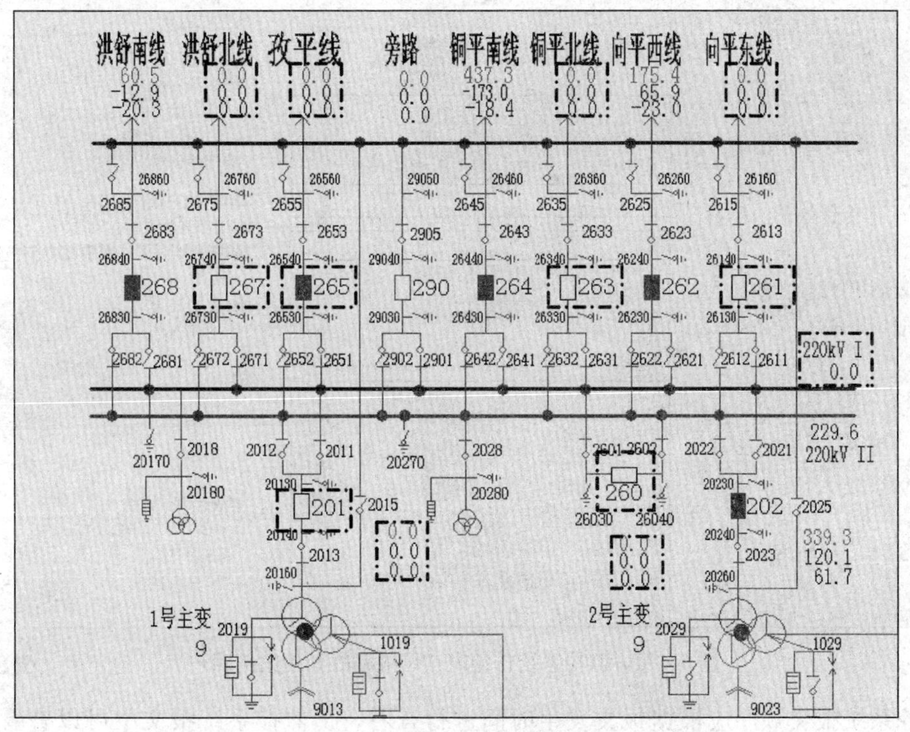

图 5－70 监控系统主要信号（母线事故处理案例四）

1）检查监控系统主接线图 220kV 向平东线 261、铜平北线 263、洪舒北线 267、1 号主变 201、母联 260 断路器发出跳闸位置闪光信号；220kV 孜平线 265 断路器在合闸位置。

2）检查 261、263、267、201、260 断路器电流、有功、无功表计指示为零，220kV Ⅰ母线三相电压为零；265 断路器电流、有功、无功表计指示为零。

3）做好记录并复归所有开关变位闪光信号。

（3）将以上简要事故信息及时汇报调度和有关部门，便于调度及有关人员及时、全面地掌握事故情况，进行分析判断。本次事故应汇报省调值班调度员及运行管理单位生产领导。

1）启动电话录音，安排同值人员监听，并做好记录。

2）互报单位、岗位、姓名。

3）2010 年 12 月 12 日××时××分（本次汇报时间），仿真舒平变电站于 10 时 25 分发生事故。220kV 向平东线 261、铜平北线 263、洪舒北线 267、1 号主变 201、母联 260 断路器跳闸，261、263、267、201、260 断路器电流、有功、无功表计指示均为零，220kV Ⅰ母线三相电压为零，220kV 孜平线 265 断路器在合闸位置但 265 断路器电流、有功、无功表计指示为零，事故具体情况待进一步详细检查后汇报。

4）值班调度员复诵，并做好记录。

（4）对事故信号进行全面详细的检查，做好记录并复归事故信号。

1）检查监控系统告警窗、记录监控系统报文，如图 5－71 所示。

全部确认　清除所有　暂停刷新　信息筛选

类型	发生时间	描述	动作情况
操作	2010年12月12日10:25:17:254	舒平站22B1舒平站、22B2舒平站BP2BPT断线	动作
操作	2010年12月12日10:25:17:254	舒平站孜平线PT断线	动作
操作	2010年12月12日10:25:17:254	舒平站220kV铜平北线263断路器PT断线	动作
操作	2010年12月12日10:25:17:254	舒平站220kV向平东线261断路器PT断线	动作
操作	2010年12月12日10:25:17:254	舒平站洪舒北线LFP902APT断线	动作
操作	2010年12月12日10:25:17:254	舒平站洪舒北线LFP901APT断线	动作
操作	2010年12月12日10:25:17:254	舒平站孜平线RCS902APT断线	动作
操作	2010年12月12日10:25:17:254	舒平站孜平线RCS901APT断线	动作
操作	2010年12月12日10:25:17:254	舒平站向平东线(第2套)CSL101APT断线	动作
操作	2010年12月12日10:25:17:254	舒平站向平东线(第1套)CSL101APT断线	动作
操作	2010年12月12日10:25:17:254	舒平站铜平北线(第2套)CSL101APT断线	动作
操作	2010年12月12日10:25:17:254	舒平站铜平北线(第1套)CSL101APT断线	动作
操作	2010年12月12日10:25:06:431	舒平站220kV洪舒北线267断路器ABC相	分闸
操作	2010年12月12日10:25:06:431	舒平站220kV铜平北线263断路器ABC相	分闸
操作	2010年12月12日10:25:06:431	舒平站220kV向平东线261断路器ABC相	分闸
操作	2010年12月12日10:25:06:431	舒平站1号主变220kV侧201断路器ABC相	分闸
操作	2010年12月12日10:25:06:411	舒平站1号主变220kV侧201断路器第一组出口跳闸	动作
操作	2010年12月12日10:25:06:381	舒平站220kV母联260断路器ABC相	分闸
操作	2010年12月12日10:25:06:321	舒平站22B1舒平站、22B2舒平站BP2B装置动作	动作
操作	2010年12月12日10:25:06:321	舒平站22B1舒平站、22B2舒平站BP2B失灵动作	动作
操作	2010年12月12日10:25:06:271	舒平站220kV孜平线265断路器RCS923A失灵动作	动作
操作	2010年12月12日10:25:06:201	舒平站220kV孜平线265断路器第二组出口跳闸	动作
操作	2010年12月12日10:25:06:201	舒平站220kV孜平线265断路器第一组出口跳闸	动作
操作	2010年12月12日10:25:06:171	舒平站孜平线RCS902A相间距离I段动作	动作
操作	2010年12月12日10:25:06:171	舒平站孜平线RCS902A启动失灵	动作
操作	2010年12月12日10:25:06:171	舒平站孜平线RCS902A纵联距离动作	动作
操作	2010年12月12日10:25:06:171	舒平站孜平线RCS901A相间距离I段动作	动作
操作	2010年12月12日10:25:06:171	舒平站孜平线RCS901A启动失灵	动作
操作	2010年12月12日10:25:06:171	舒平站孜平线RCS901A纵联方向动作	动作
操作	2010年12月12日10:25:06:171	舒平站孜平线RCS901A保护动作	动作
操作	2010年12月12日10:25:06:171	舒平站220kV 1号故障录波	动作
操作	2010年12月12日10:25:06:171	舒平站向平西线(第2套)PSF631装置动作	动作
操作	2010年12月12日10:25:06:171	舒平站向平西线(第1套)PSF631装置动作	动作
操作	2010年12月12日10:25:06:171	舒平站洪舒南线(第2套)LFX912装置动作	动作
操作	2010年12月12日10:25:06:171	舒平站洪舒南线(第1套)LFX912装置动作	动作
操作	2010年12月12日10:25:06:171	舒平站洪舒北线(第2套)LFX912装置动作	动作
操作	2010年12月12日10:25:06:171	舒平站洪舒北线(第1套)LFX912装置动作	动作
操作	2010年12月12日10:25:06:171	舒平站孜平线(第2套)LFX912装置动作	动作
操作	2010年12月12日10:25:06:171	舒平站孜平线(第1套)LFX912装置动作	动作
操作	2010年12月12日10:25:06:171	舒平站铜平南线(第2套)WGC装置动作	动作
操作	2010年12月12日10:25:06:171	舒平站铜平南线(第1套)WGC装置动作	动作
操作	2010年12月12日10:25:06:171	舒平站向平东线(第2套)WGC装置动作	动作
操作	2010年12月12日10:25:06:171	舒平站向平东线(第1套)WGC装置动作	动作
操作	2010年12月12日10:25:06:171	舒平站铜平北线(第2套)WGC装置动作	动作
操作	2010年12月12日10:25:06:171	舒平站铜平北线(第1套)WGC装置动作	动作
操作	2010年12月12日10:25:06:171	舒平站预告信号	动作
操作	2010年12月12日10:25:06:171	舒平站事故总信号	动作

220kV Ⅰ母线失电信号
失灵保护动作断路器跳闸情况
220kV 失灵保护动作
265 断路器失灵保护动作
265 断路器跳闸线圈带电动作
265 保护装置动作情况
故障录波器启动
事故时由于系统振荡发出的信号（预告）

图 5－71　监控系统告警窗（母线事故处理案例四）

监控系统报文顺序应根据报文发生时间进行查看，从监控系统报文中可以查看到如下信息：

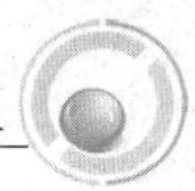

a. 舒平站预告信号。

b. 220kV 1 号故障录波器启动。

c. 220kV 孜平线 265 断路器 1 号保护装置：纵联方向保护动作、启动失灵保护动作、相间距离Ⅰ段动作；2 号保护装置纵联距离保护动作、启动失灵保护动作、相间距离Ⅰ段动作。

d. 220kV 孜平线 265 断路器Ⅰ、Ⅱ跳闸线圈动作出口跳闸。

e. 220kV 孜平线 265 断路器失灵保护动作。

f. 220kV 失灵保护动作。

g. 220kV 母联 260、1 号主变 201、向平东线 261、铜平北线 263、洪舒北线 267 断路器跳闸。

h. 220kV Ⅰ母线失电。

其中 b~h 项为本次事故重要信号，应做好记录。

2）检查监控系统上光字牌信号，本事故应重点检查 220kV 孜平线 265 断路器、220kV 失灵保护装置、220kV 1 号故障录波装置及所有跳闸断路器的光字信号。

a. 检查 220kV 孜平线 265 断路器光字信号，如图 5 - 72 所示，检查的内容包括：220kV 孜平线保护动作；220kV 孜平线出口跳闸；220kV 孜平线 TV 失压。

图 5 - 72 220kV 孜平线 265 断路器光字信号（母线事故处理案例四）

检查、记录好所有光字信号后，复归光字牌。

b. 检查 220kV 失灵保护装置、220kV 1 号故障录波装置光字信号。如图 5 - 73 所示，检查结果如下：220kV 母差保护屏母差、失灵、母联保护动作（此光字信号为母差、失灵和母联保护公用光字牌，本次事故为“失灵保护动作”信号发出）；220kV 母差保护屏 TA、TV 断线（此光字信号为 TA、TV 断线公用光字牌，本次事故为“TV 断线”信号发出）；220kV 1 号故障录波器录波启动。

检查、记录好所有光字信号后，复归光字牌。

c. 检查 220kV 向平东线 261 断路器光字信号，如图 5 - 74 所示。

220kV 向平东线出口跳闸；220kV 向平东线 TV 失压。

主接线　返回　**公用测控信号**

110kV母线保护屏母差跳I母	110kV母线保护屏母差跳II母	110kV母线保护屏跳母联	220kV母差保护屏母差、失灵、母联保护动作
110kV故障录波屏录波启动	110kV故障录波屏装置失电	110kV故障录波屏装置告警	220kV1号故障录波器录波启动
220kV1号故障录波器装置失电	220kV1号故障录波器装置告警	110kV母线保护屏报警闭锁	110kV母线保护屏交流断线异常
110kV母线保护屏隔离开关位置异常	110kV母线保护屏其他异常	220kV母差保护屏装置异常	220kV母差保护屏直流消失
220kV母差保护屏开入变位	220kV母差保护屏TA、TV断线	220kV母差保护屏互联	220kV2号故障录波器录波启动
220kV2号故障录波器装置失电	220kV2号故障录波器装置告警	川电东送安控装置TV断线	川电东送安控装置装置动作
川电东送安控装置回路异常	川电东送安控装置直流消失	川电东送安控装置载波机异常	故障测距装置直流消失
故障测距装置GPS信号消失			

图 5-73　公用测控信号（母线事故处理案例四）

220kV向平东线

主接线　返回

频率	0.0
功率因数	0.0
A相电压	132.3
B相电压	132.3
C相电压	132.3
AB相电压	229.2
BC相电压	229.2
CA相电压	229.2
A相电流	0.0
B相电流	0.0
C相电流	0.0
有功	0.0
无功	0.0
同期电压	107.46

220kV向平东线出口跳闸	220kV向平东线261开关就地操作	220kV向平东线弹簧未储能	220kV向平东线SF_6低气压报警
220kV向平东线分闸回路II闭锁	220kV向平东线电机电源消失	220kV向平东线第一组控制回路断线	220kV向平东线第二组控制回路断线
220kV向平东线重合闸	220kV向平东线装置闭锁（装置异常）	220kV向平东线保护动作	220kV向平东线非全相运行
220kV向平东线切换继电器同时动作	220kV向平东线TV失压	220kV向平东线合闸、分闸回路I闭锁	220kV向平东线储能电机运转
220kV向平东线KK把手就地操作	220kV向平东线KK把手远方控制	220kV向平东线断路器非全相保护	

图 5-74　220kV 向平东线 261 断路器光字信号（母线事故处理案例四）

检查、记录好所有光字信号后，复归光字牌。

d. 检查 220kV 铜平北线 263 断路器光字信号，如图 5-75 所示。

220kV 铜平北线出口跳闸；220kV 铜平北线 TV 失压。

检查、记录好所有光字信号后，复归光字牌。

e. 检查 220kV 洪舒北线 267 断路器光字信号，如图 5-76 所示。

220kV 洪舒北线出口跳闸；220kV 洪舒北线 TV 失压。

检查、记录好所有光字信号后，复归光字牌。

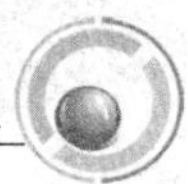

220kV铜平北线

主接线　返回

频率	0.0
功率因数	0.0
A相电压	134.5
B相电压	134.5
C相电压	134.5
AB相电压	233.0
BC相电压	233.0
CA相电压	233.0
A相电流	0.0
B相电流	0.0
C相电流	0.0
有功	0.0
无功	0.0
同期电压	103.94

220kV铜平北线出口跳闸	220kV铜平北线 弹簧未储能	220kV铜平北线 SF_6低气压报警	220kV铜平北线 分闸回路Ⅱ闭锁
220kV铜平北线 263断路器就地操作	220kV铜平北线 电机电源消失	220kV铜平北线 第一组控制回路断线	220kV铜平北线 第二组控制回路断线
220kV铜平北线重合闸	220kV铜平北线 装置闭锁（装置异常）	220kV铜平北线 保护动作	220kV铜平北线 非全相运行
220kV铜平北线 切换继电器同时动作	220kV铜平北线TV失压	220kV铜平北线 合闸、分闸回路Ⅰ闭锁	220kV铜平北线 储能电机运转
220kV铜平北线 KK把手就地操作	220kV铜平北线 KK把手远方控制	220kV铜平北线 断路器非全相保护	

图5-75　220kV铜平北线263断路器光字信号（母线事故处理案例四）

图5-76　220kV洪舒北线267断路器光字信号（母线事故处理案例四）

3）检查故障线路保护装置液晶屏显示保护动作情况、故障参数。本次事故应重点检查220kV孜平线265断路器1、2号保护装置，220kV失灵保护装置信号。

a. 检查220kV孜平线265断路器1号保护装置动作信号，如图5-77所示。

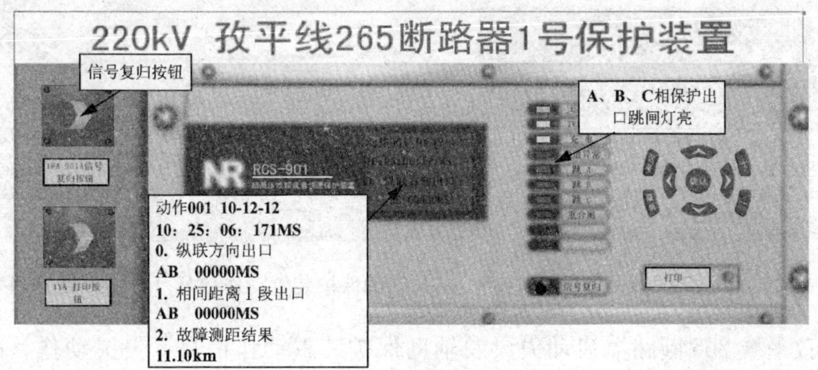

图5-77　220kV孜平线265断路器1号保护装置动作信号（母线事故处理案例四）

220kV 孜平线 265 断路器 1 号保护装置动作信息：纵联方向保护出口、相间距离Ⅰ段保护出口，故障选相为 A、B 相，故障测距为 11.10km。A、B、C 相保护出口跳闸灯亮。

检查、记录好所有保护信息后，进行复归并打印事故报告。

b. 检查 220kV 孜平线 265 断路器 2 号保护装置动作信号，如图 5－78 所示。

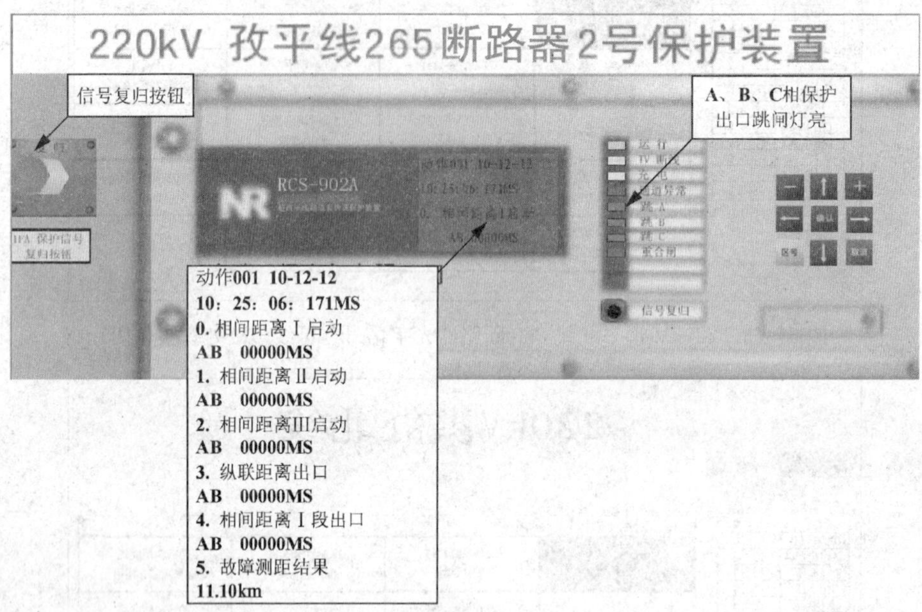

图 5－78 220kV 孜平线 265 断路器 2 号保护装置动作信号（母线事故处理案例四）

220kV 孜平线 265 断路器 2 号保护装置动作信息：相间距离Ⅰ启动、相间距离Ⅱ启动、相间距离Ⅲ启动、纵联距离出口、相间距离Ⅰ段出口，故障选相为 A、B 相，故障测距为 11.10km。A、B、C 相保护出口跳闸灯亮。

检查、记录好所有保护信息后，进行复归并打印事故报告。

c. 检查 220kV 孜平线 265 断路器启动失灵及辅助保护装置动作信号，如图 5－79 所示。

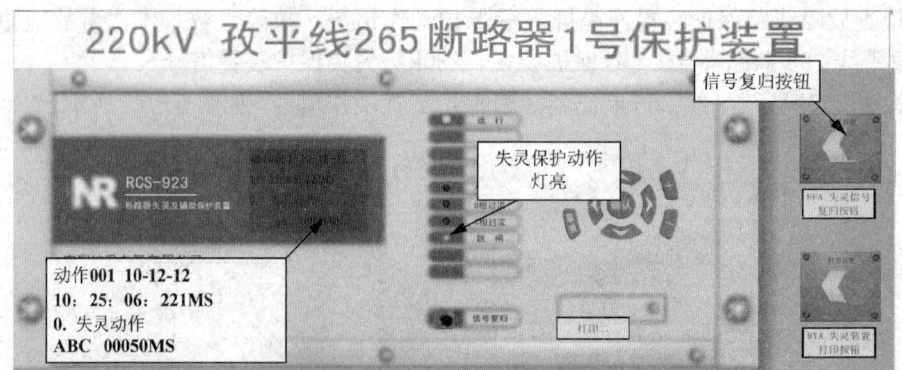

图 5－79 220kV 孜平线 265 断路器启动失灵及辅助保护装置动作信号（母线事故处理案例四）

220kV 孜平线 265 断路器启动失灵及辅助保护装置动作信息：失灵动作，故障选相为 ABC 相。失灵保护动作灯亮。

检查、记录好所有保护信息后，进行复归并打印事故报告。

d. 检查 220kV 失灵保护装置动作信号，如图 5－80 所示。

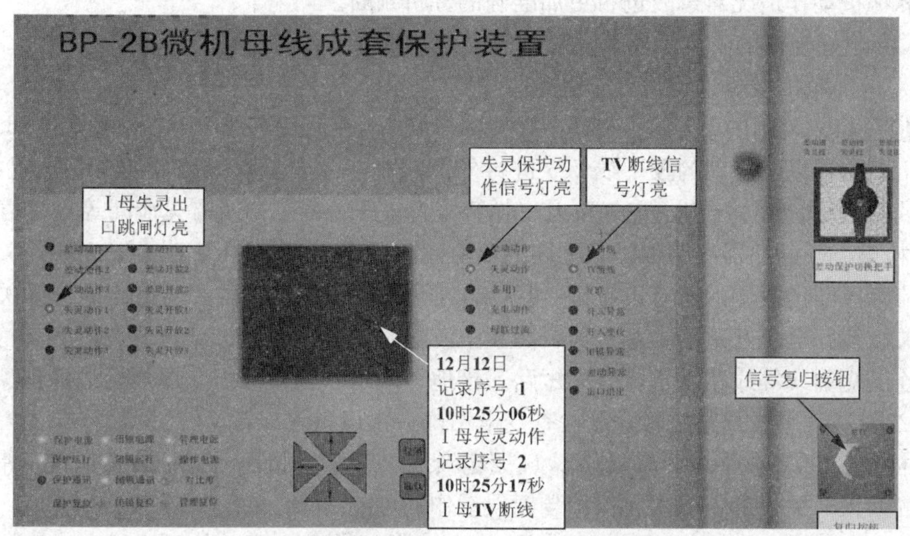

图 5－80　220kV 失灵保护装置动作信号（母线事故处理案例四）

220kV 失灵保护装置动作信息：Ⅰ母失灵动作、Ⅰ母 TV 断线。Ⅰ母失灵出口跳闸灯、失灵保护动作信号灯、TV 断线信号灯亮。

检查、记录好所有保护信息后，进行复归并打印事故报告。

4）检查 201、261、263、265、267 断路器保护装置操作箱上信号灯，检查 220kV 母联测控柜上 260 断路器信号灯。从保护装置操作箱及母联测控柜上可以检查到以下信号灯发出：

a. 1 号主变 201 断路器跳闸线圈 A、B、C 相跳闸动作灯亮、1 号主变 201 断路器 ABC 相跳闸位置指示灯亮；

b. 220kV 向平东线 261 断路器跳闸线圈 A、B、C 相跳闸动作灯亮、220kV 向平东线 261 断路器 A、B、C 相跳闸位置指示灯亮；

c. 220kV 铜平北线 263 断路器跳闸线圈 A、B、C 相跳闸动作灯亮、220kV 铜平北线 263 断路器 A、B、C 相跳闸位置指示灯亮；

d. 220kV 孜平线 265 断路器跳闸线圈 A、B、C 相跳闸动作灯亮、220kV 孜平线 265 断路器 A、B、C 相跳闸位置指示灯熄灭；

e. 220kV 洪舒北线 267 断路器跳闸线圈 A、B、C 相跳闸动作灯亮、220kV 洪舒北线 267 断路器 A、B、C 相跳闸位置指示灯亮；

f. 220kV 母联 260 断路器跳闸线圈 A、B、C 相跳闸动作灯亮、220kV 母联 260 断路器 A、B、C 相跳闸位置指示灯亮。

检查、记录好所有保护信号灯后，进行复归。

5）检查 220kV 1 号故障录波装置显示故障录波信号。从 220kV 1 号故障录波装置上可以检查到以下动作信号发出：

a. 故障录波“启动”灯亮；

b. 液晶显示屏上发出本次事故故障录波信息，包括故障时间、启动原因、故障线路、故障描述、故障测距、故障波形以及故障前、中、后一个周期内的电流、电压参数等。

检查、记录好所有故障录波信息后，进行复归并打印录波报告。运行值班员可以结合故障录波和保护动作情况对事故进行更加准确的分析判断。

(5) 穿戴好合格的安全工器具，对事故时变电站内的设备进行检查。

1) 对故障范围设备进行检查。

a. 应对事故跳闸的1号主变201、220kV母联260、向平东线261、铜平北线263、洪舒北线267断路器以及拒动的孜平线265进行外部检查，主要检查断路器的三相位置、油位、油色、油压（SF_6气体压力、空气压力、弹簧压力等压力指示）及有无泄漏等异常情况。

b. 检查265断路器线路保护范围内的所有站内设备（即220kV孜平线265开关线路保护用电流互感器出线侧的所有设备），包括265断路器电流互感器、线路侧隔离开关、旁路隔离开关、线路电压互感器、避雷器、高频阻波器、耦合电容器、结合滤波器、支持绝缘子以及相连的短引线等线路设备，有无短路、接地、闪络、瓷件破损、爆炸等故障现象。本次事故为220kV孜平线线路故障，故检查变电站内一次设备无异常。

c. 检查220kV孜平线265断路器1、2号保护装置运行情况：保护装置运行正常，保护连接片、切换开关投退正确，无保护装置误动作的可能。

d. 检查220kV失灵保护装置运行情况：保护装置运行正常，保护连接片、切换开关投退正确，无保护装置误动作的可能。

2) 检查站内其他相关设备有无异常。

a. 由于1号主变201断路器跳闸后，全站负荷由2号主变供电，此时应安排专人监视2号主变的负荷、油温变化，如发现有过负荷的情况或趋势，应采取相应措施，如启用2号主变所有冷却器、汇报调度值班员申请转移负荷或紧急拉闸限电。

b. 由于跳闸的220kV向平东线261、铜平北线263、洪舒北线267断路器均为双回电源供电线路，此时应检查220kV向平西线262、铜平南线264、洪舒南线268断路器的负荷情况。

c. 正常时220kV系统中性点由1号主变接地运行，1号主变201断路器跳闸后220kV系统失去中性点，故需要向调度值班员申请系统中性点的切换。

(6) 根据事故现象结合现场设备检查结果，对事故进行分析判断：本次事故为220kV孜平线265断路器线路上发生A、B相相间短路故障，265断路器线路保护正确动作，265断路器拒动，引起265断路器启动失灵保护动作、220kVⅠ母失灵保护动作跳开220kVⅠ母线上201、260、261、263、267断路器，孜平线线路故障由对侧断路器跳闸，造成220kV Ⅰ母线失电。

(7) 采取措施限制事故的发展，解除对电网、人身、设备安全的威胁。按照事故处理原则拒动的220kV孜平线265断路器应将其隔离。可采用验明2653、2651隔离开关两侧确无电压后拉开2653、2651隔离开关的方式，保持拒动断路器的运行状态以便修试人员检查拒动原因。220kV系统由双母线并列运行变为了单母线运行，按照现场运行规程220kV母差保护的运行方式也应改为单母线运行方式。

(8) 再次向上级值班调度汇报站内事故处理情况，汇报程序及内容如下：

1) 启动电话录音，安排同值人员监听，并做好记录。

2) 互报单位、岗位、姓名。

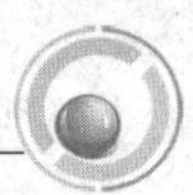

3）2010年12月12日××时××分（本次汇报时间），仿真舒平变电站220kV孜平线265断路器1号保护装置纵联方向保护出口、相间距离Ⅰ段保护出口，2号保护装置相间距离Ⅰ启动、相间距离Ⅱ启动、相间距离Ⅲ启动、纵联距离出口、相间距离Ⅰ段出口，故障选相为AB相，故障测距为11.10km。孜平线265断路器未动作跳闸，引起265断路器启动失灵及辅助保护装置启动失灵保护动作，220kV失灵保护装置Ⅰ母失灵动作，跳开220kV母联260、向平东线261、铜平北线263、洪舒北线267、1号主变201断路器。检查站内设备发现220kV孜平线265断路器拒动其余设备无异常。已拉开孜平线2653、2651隔离开关，将拒动的220kV孜平线265断路器隔离，并已按照现场运行规程将220kV母差保护的运行方式改为单母线运行方式。事故初步判断为220kV孜平线265断路器线路11.10km处发生A、B相相间短路故障，孜平线265断路器拒动。由于1号主变201断路器跳闸后220kV系统失去中性点，现申请将2号主变220kV侧中性点转为直接接地运行。如2号主变发现有过负荷的情况或趋势，此时还应向值班调度员申请转移负荷。

4）值班调度员复诵，并做好记录。

（9）根据上级调度值班员的指令进行事故处理操作。本次事故的故障点为220kV孜平线线路以及拒动的孜平线265断路器，其余设备均无异常，故在故障点隔离后，其余设备可以恢复运行。

1）根据值班调度员进行倒闸操作，操作步骤如下：

a. 将2号主变220kV侧中性点转为直接接地运行；

b. 检查220kV孜平线265断路器及线路已隔离；

c. 投入220kV母差保护母联断路器充电保护连接片；

d. 将220kV母差保护改为双母线并列运行方式；

e. 合上220kV母联260断路器对220kVⅠ母线充电，并检查充电正常；

f. 退出220kV母差保护母联断路器充电保护连接片；

g. 1号主变201断路器由Ⅰ母线热备用转Ⅰ母线运行；

h. 将2号主变220kV侧中性点转为间隙接地运行（201断路器运行后220kV系统就有两个直接接地中性点，此时应恢复为1号主变中性点接地，2号主变中性点为不接地）；

i. 将向平东线261、铜平北线263、孜平线265、洪舒北线267断路器由Ⅰ母线热备用转Ⅰ母线运行。

2）修试人员到站后，根据调度指令和事故抢修单（或工作票）的要求，进行220kV孜平线265断路器转开关检修的操作。

3）值班调度员应通知线路运行管理单位重点对220kV孜平线线路A、B相进行巡视检查。根据检查的不同结果进行不同的处理。

a. 若未发现明显故障点应根据调度指令用220kV旁路290断路器代220kV孜平线265断路器对线路进行试送电。

b. 线路发现故障点后，根据调度命令将220kV孜平线265断路器转为线路检修状态。

（10）事故处理告一段落后，检查确认事故处理操作完成情况，再次汇报上级值班调度员。

1）站内运行状态应与调度命令一致。

2）所有事故信号已复归。

3）向调度汇报事故处理结果以及站内现在的运行方式：

a. 启动电话录音，安排同值人员监听，并做好记录；

b. 互报单位、岗位、姓名；

c. 2010年12月12日××时××分（本次汇报时间），汇报上述操作完成情况；

d. 值班调度员复诵，并做好记录。

（11）整理事故处理相关记录、资料，进行事故处理总结。

1）检查一次模拟接线图与实际运行方式一致。

2）安全工器具擦拭干净，定置摆放。

3）做好相关运行记录，包括《运行记录簿》、《高压断路器跳（合）闸记录簿》、《保护及故障录波动作记录簿》、《接地线（接地开关）装（合）拆（拉）记录簿》等。

4）整理现场事故处理报告、继电保护和自动装置事故报告、故障录波报告、事故录音并及时上报有关部门。

5）总结本次事故处理。

5. 事故处理案例五

2010年12月12日10时51分，仿真舒平变电站110kV舒长线112断路器线路发生AB相相间短路故障，舒长线112断路器线路保护动作，112断路器机构故障未动作跳闸，1、2号主变110kV侧后备保护动作，跳开110kV母联100断路器，2号主变110kV侧后备保护动作，跳开2号主变102断路器，造成110kVⅡ母线及母线上所有线路运行断路器失电。

（1）事故发生后，应立即启动事故录音，记录事故发生时间：2010年12月12日10时51分。

（2）运行值班人员首先检查监控系统主接线图断路器出现变位闪光，故障线路的电流、功率等遥测信息等简要事故信息。监控系统主要信号如图5-81所示。

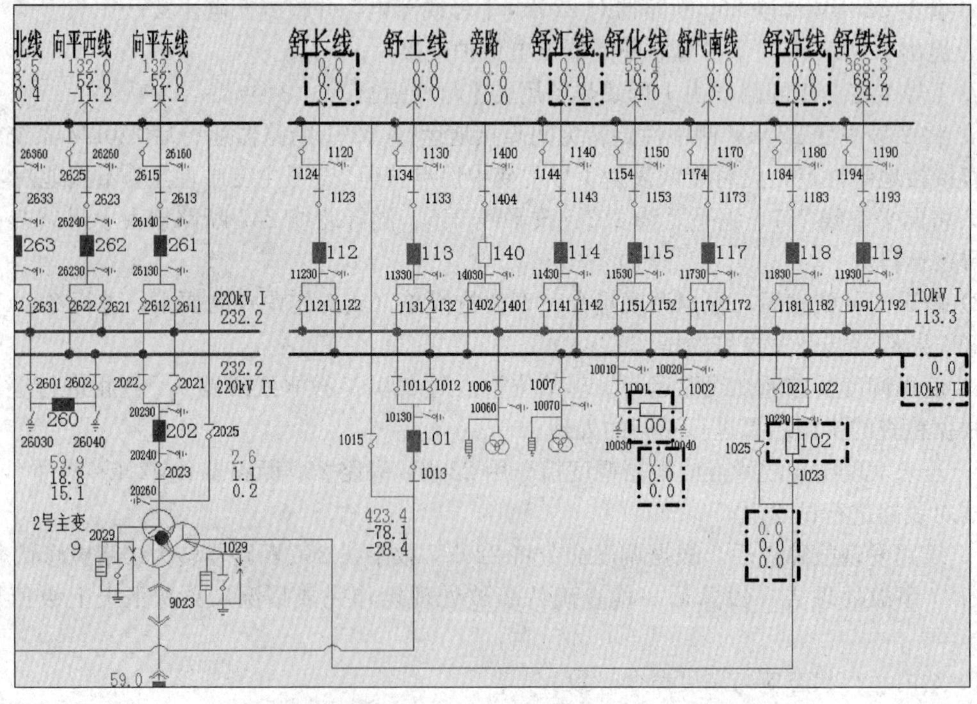

图5-81 监控系统主要信号（母线事故处理案例五）

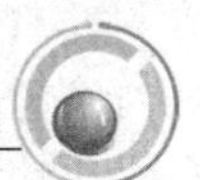

1）检查监控系统主接线图 110kV 母联 100、2 号主变 102 断路器发出跳闸位置闪光信号。

2）检查 100、102、112、114、118 断路器电流、有功、无功表计指示为零，110kV Ⅱ母线三相电压为零。

3）做好记录并复归所有开关变位闪光信号。

（3）将以上简要事故信息及时汇报调度和有关部门，便于调度及有关人员及时、全面地掌握事故情况，进行分析判断。本次事故应汇报地调值班调度员及运行管理单位生产领导。

1）启动电话录音，安排同值人员监听，并做好记录。

2）互报单位、岗位、姓名。

3）2010 年 12 月 12 日××时××分（本次汇报时间），仿真舒平变电站于 10 时 51 分发生事故。110kV 母联 100、2 号主变 102 断路器三相跳闸，100、102、112、114、118 断路器电流、有功、无功表计指示为零，110kV Ⅱ母线三相电压为零，事故具体情况待进一步详细检查后汇报。

4）值班调度员复诵，并做好记录。

（4）对事故信号进行全面详细的检查，做好记录并复归事故信号。

1）检查监控系统告警窗、记录监控系统报文，如图 5－82 所示。

全部确认　清除所有　暂停刷新　信息筛选

类型	发生时间	描述	动作情况	
操作	2010年12月12日10:51:29:906	舒平站舒沿线RCS941TV断线	动作	110kVⅡ母失电信号
操作	2010年12月12日10:51:29:906	舒平站舒汇线RCS941TV断线	动作	
操作	2010年12月12日10:51:29:906	舒平站舒长线RCS941TV断线	动作	
操作	2010年12月12日10:51:20:971	舒平站2号主变110kV侧102断路器	分闸	2号主变102断路器跳闸
操作	2010年12月12日10:51:20:921	舒平站2号主变(第3套)RCS978后备动作	动作	2号主变保护装置动作情况
操作	2010年12月12日10:51:20:921	舒平站2号主变(第3套)RCS978中压相间	动作	
操作	2010年12月12日10:51:20:921	舒平站2号主变(第3套)RCS978装置动作	动作	
操作	2010年12月12日10:51:20:921	舒平站2号主变(第1套)RCS978后备动作	动作	
操作	2010年12月12日10:51:20:921	舒平站2号主变(第1套)RCS978中压相间	动作	
操作	2010年12月12日10:51:20:921	舒平站2号主变(第1套)RCS978装置动作	动作	
操作	2010年12月12日10:51:20:471	舒平站10kV母联100断路器	分闸	110kV母联100断路器跳闸
操作	2010年12月12日10:51:20:421	舒平站1号主变(第3套)RCS978后备动作	动作	1号主变保护装置动作情况
操作	2010年12月12日10:51:20:421	舒平站1号主变(第3套)RCS978中压相间	动作	
操作	2010年12月12日10:51:20:421	舒平站1号主变(第3套)RCS978装置动作	动作	
操作	2010年12月12日10:51:20:421	舒平站1号主变(第1套)RCS978后备动作	动作	
操作	2010年12月12日10:51:20:421	舒平站1号主变(第1套)RCS978中压相间	动作	
操作	2010年12月12日10:51:20:421	舒平站1号主变(第1套)RCS978装置动作	动作	
操作	2010年12月12日10:51:20:421	舒平站2号主变(第3套)RCS978后备动作	动作	2号主变保护装置动作情况
操作	2010年12月12日10:51:20:421	舒平站2号主变(第3套)RCS978中压相间	动作	
操作	2010年12月12日10:51:20:421	舒平站2号主变(第3套)RCS978装置动作	动作	
操作	2010年12月12日10:51:20:421	舒平站2号主变(第1套)RCS978后备动作	动作	
操作	2010年12月12日10:51:20:421	舒平站2号主变(第1套)RCS978中压相间	动作	
操作	2010年12月12日10:51:20:421	舒平站2号主变(第1套)RCS978装置动作	动作	
操作	2010年12月12日10:51:19:921	舒平站舒长线RCS941相间距离III段动作	动作	舒长线112断路器保护装置动作情况
操作	2010年12月12日10:51:19:921	舒平站舒长线RCS941保护动作	动作	
操作	2010年12月12日10:51:17:421	舒平站舒长线RCS941相间距离II段动作	动作	
操作	2010年12月12日10:51:17:421	舒平站舒长线RCS941保护动作	动作	
操作	2010年12月12日10:51:16:451	舒平站110kV舒长线112断路器总出口跳闸	动作	
操作	2010年12月12日10:51:16:421	舒平站舒长线RCS941相间距离I段动作	动作	
操作	2010年12月12日10:51:16:421	舒平站舒长线RCS941保护动作	动作	
操作	2010年12月12日10:51:16:421	舒平站110kV录波器录波	动作	故障录波器启动
操作	2010年12月12日10:51:16:421	舒平站向平西线(第2套)PSF631装置动作	动作	事故时由于系统振荡发出的信号（预告）
操作	2010年12月12日10:51:16:421	舒平站向平西线(第1套)PSF631装置动作	动作	
操作	2010年12月12日10:51:16:421	舒平站洪舒南线(第2套)LFX912装置动作	动作	
操作	2010年12月12日10:51:16:421	舒平站洪舒南线(第1套)LFX912装置动作	动作	
操作	2010年12月12日10:51:16:421	舒平站洪舒北线(第2套)LFX912装置动作	动作	
操作	2010年12月12日10:51:16:421	舒平站洪舒北线(第1套)LFX912装置动作	动作	
操作	2010年12月12日10:51:16:421	舒平站孜平线(第2套)LFX912装置动作	动作	
操作	2010年12月12日10:51:16:421	舒平站孜平线(第1套)LFX912装置动作	动作	
操作	2010年12月12日10:51:16:421	舒平站铜平南线(第2套)WGC装置动作	动作	
操作	2010年12月12日10:51:16:421	舒平站铜平南线(第1套)WGC装置动作	动作	
操作	2010年12月12日10:51:16:421	舒平站向平东线(第2套)WGC装置动作	动作	
操作	2010年12月12日10:51:16:421	舒平站向平东线(第1套)WGC装置动作	动作	
操作	2010年12月12日10:51:16:421	舒平站铜平北线(第2套)WGC装置动作	动作	
操作	2010年12月12日10:51:16:421	舒平站铜平北线(第1套)WGC装置动作	动作	
操作	2010年12月12日10:51:16:421	舒平站预告信号	动作	
操作	2010年12月12日10:51:16:421	舒平站事故总信号	动作	

图 5－82　监控系统告警窗（母线事故处理案例五）

监控系统报文应根据报文发生时间顺序进行查看，从监控系统报文中可以检查到如下信息：

a. 事故时由于系统振荡发出的预告信号；

b. 110kV 故障录波器启动；

c. 110kV 舒长线 112 断路器保护装置：相间距离Ⅰ段动作、相间距离Ⅱ段动作、相间距离Ⅲ段动作，112 断路器总出口跳闸；

d. 2 号主变保护装置，110kV 侧后备保护动作；

e. 1 号主变保护装置，110kV 侧后备保护动作；

f. 110kV 母联 100 断路器跳闸；

g. 2 号主变保护装置，110kV 侧后备保护动作；

h. 2 号主变 102 断路器动作；

i. 110kV Ⅱ母线失压信号。

其中 b～h 项为本次事故重要信号，应做好记录。

2）检查监控系统上光字牌信号，本事故应重点检查 110kV 舒长线 112 断路器及 1、2 号主变、110kV 故障录波装置的光字信号。

a. 检查 110kV 舒长线 112 断路器光字信号，如图 5－83 所示。

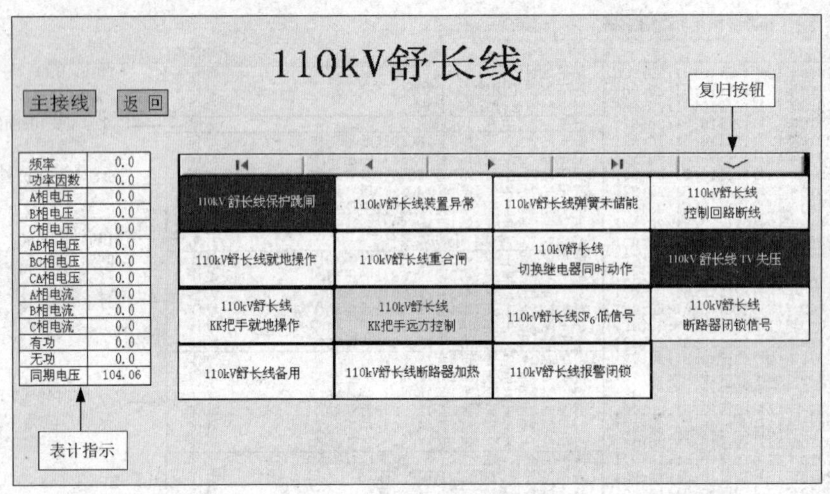

图 5－83 110kV 舒长线 112 断路器光字信号（母线事故处理案例五）

110kV 舒长线保护跳闸；110kV 舒长线 TV 失压。

检查、记录好所有光字信号后，复归光字牌。

b. 检查 1 号主变光字信号，如图 5－84 所示。

1 号主变保护出口跳闸；1 号主变保护中压侧报警。

检查、记录好所有光字信号后，复归光字牌。

c. 检查 2 号主变光字信号，如图 5－85 所示。

2 号主变保护出口跳闸；2 号主变保护中压侧报警。

检查、记录好所有光字信号后，复归光字牌。

d. 检查 110kV 故障录波装置光字信号，如图 5－86 所示。

检查结果为：110kV 故障录波器录波启动。

检查、记录好所有光字信号后，复归光字牌。

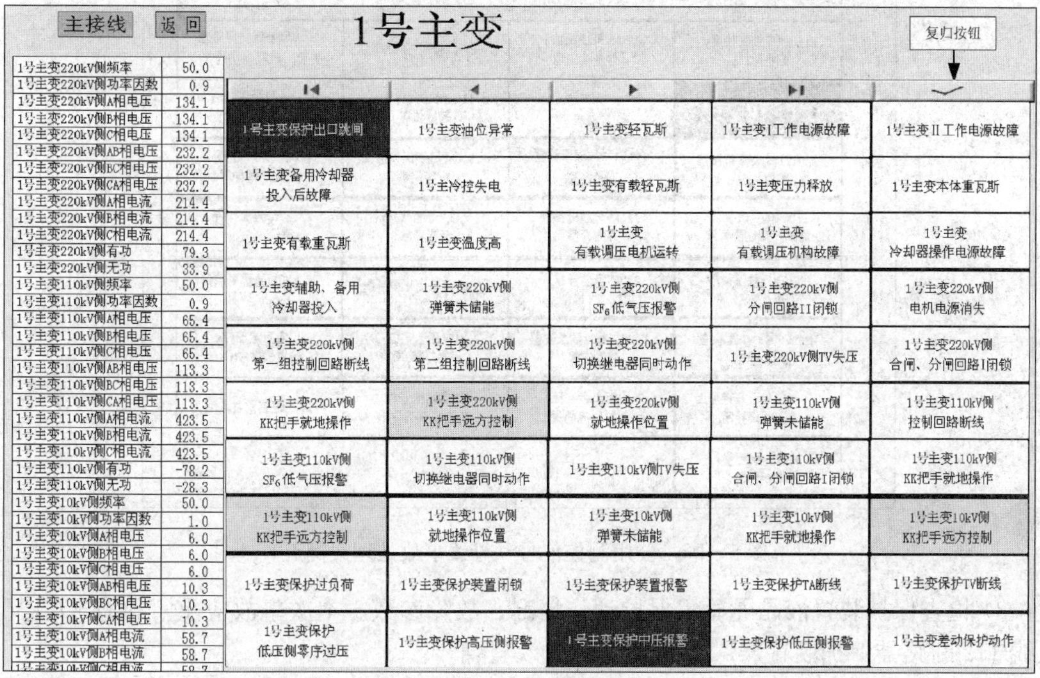
主接线
返回
1号主变
复归按钮
1号主变220kV侧频率 50.0
1号主变220kV侧功率因数 0.9
1号主变220kV侧A相电压 134.1
1号主变220kV侧B相电压 134.1
1号主变220kV侧C相电压 134.1
1号主变220kV侧AB相电压 232.2
1号主变220kV侧BC相电压 232.2
1号主变220kV侧CA相电压 232.2
1号主变220kV侧A相电流 214.4
1号主变220kV侧B相电流 214.4
1号主变220kV侧C相电流 214.4
1号主变220kV侧有功 79.3
1号主变220kV侧无功 33.9
1号主变110kV侧频率 50.0
1号主变110kV侧功率因数 0.9
1号主变110kV侧A相电压 65.4
1号主变110kV侧B相电压 65.4
1号主变110kV侧C相电压 65.4
1号主变110kV侧AB相电压 113.3
1号主变110kV侧BC相电压 113.3
1号主变110kV侧CA相电压 113.3
1号主变110kV侧A相电流 423.5
1号主变110kV侧B相电流 423.5
1号主变110kV侧C相电流 423.5
1号主变110kV侧有功 -78.2
1号主变110kV侧无功 -28.3
1号主变10kV侧频率 50.0
1号主变10kV侧功率因数 1.0
1号主变10kV侧A相电压 6.0
1号主变10kV侧B相电压 6.0
1号主变10kV侧C相电压 6.0
1号主变10kV侧AB相电压 10.3
1号主变10kV侧BC相电压 10.3
1号主变10kV侧CA相电压 10.3
1号主变10kV侧A相电流 58.7
1号主变10kV侧B相电流 58.7
1号主变保护出口跳闸
1号主变油位异常
1号主变轻瓦斯
1号主变I工作电源故障
1号主变II工作电源故障
1号主变备用冷却器投入后故障
1号主冷控失电
1号主变有载轻瓦斯
1号主变压力释放
1号主变本体重瓦斯
1号主变有载重瓦斯
1号主变温度高
1号主变有载调压电机运转
1号主变有载调压机构故障
1号主变冷却器操作电源故障
1号主变辅助、备用冷却器投入
1号主变220kV侧弹簧未储能
1号主变220kV侧SF₆低气压报警
1号主变220kV侧分闸回路II闭锁
1号主变220kV侧电机电源消失
1号主变220kV侧第一组控制回路断线
1号主变220kV侧第二组控制回路断线
1号主变220kV侧切换继电器同时动作
1号主变220kV侧TV失压
1号主变220kV侧合闸、分闸回路I闭锁
1号主变220kV侧KK把手就地操作
1号主变220kV侧KK把手远方控制
1号主变220kV侧就地操作位置
1号主变110kV侧弹簧未储能
1号主变110kV侧控制回路断线
1号主变110kV侧SF₆低气压报警
1号主变110kV侧切换继电器同时动作
1号主变110kV侧TV失压
1号主变110kV侧合闸、分闸回路I闭锁
1号主变110kV侧KK把手就地操作
1号主变110kV侧KK把手远方控制
1号主变110kV侧就地操作位置
1号主变10kV侧弹簧未储能
1号主变10kV侧KK把手就地操作
1号主变10kV侧KK把手远方控制
1号主变保护过负荷
1号主变保护装置闭锁
1号主变保护装置报警
1号主变保护TA断线
1号主变保护TV断线
1号主变保护低压侧零序过压
1号主变保护高压侧报警
1号主变保护中压报警
1号主变保护低压侧报警
1号主变差动保护动作

图 5-84　1 号主变光字信号（母线事故处理案例五）

主接线
返回
2号主变
复归按钮
2号主变220kV侧频率 50.0
2号主变220kV侧功率因数 1.0
2号主变220kV侧A相电压 134.1
2号主变220kV侧B相电压 134.1
2号主变220kV侧C相电压 134.1
2号主变220kV侧AB相电压 232.2
2号主变220kV侧BC相电压 232.2
2号主变220kV侧CA相电压 232.2
2号主变220kV侧A相电流 2.7
2号主变220kV侧B相电流 2.7
2号主变220kV侧C相电流 2.7
2号主变220kV侧有功 1.0
2号主变220kV侧无功 0.3
2号主变110kV侧频率 0.0
2号主变110kV侧功率因数 0.0
2号主变110kV侧A相电压 0.0
2号主变110kV侧B相电压 0.0
2号主变110kV侧C相电压 0.0
2号主变110kV侧AB相电压 0.0
2号主变110kV侧BC相电压 0.0
2号主变110kV侧CA相电压 0.0
2号主变110kV侧A相电流 0.0
2号主变110kV侧B相电流 0.0
2号主变110kV侧C相电流 0.0
2号主变110kV侧有功 0.0
2号主变110kV侧无功 0.0
2号主变10kV侧频率 50.0
2号主变10kV侧功率因数 1.0
2号主变10kV侧A相电压 6.1
2号主变10kV侧B相电压 6.1
2号主变10kV侧C相电压 6.1
2号主变10kV侧AB相电压 10.6
2号主变10kV侧BC相电压 10.6
2号主变10kV侧CA相电压 10.6
2号主变10kV侧A相电流 59.0
2号主变10kV侧B相电流 59.0
2号主变保护出口跳闸
2号主变油位异常
2号主变轻瓦斯
2号主变I工作电源故障
2号主变II工作电源故障
2号主变备用冷却器投入后故障
2号主冷控失电
2号主变有载轻瓦斯
2号主变压力释放
2号主变本体重瓦斯
2号主变有载重瓦斯
2号主变温度高
2号主变有载调压电机运转
2号主变有载调压机构故障
2号主变冷却器操作电源故障
2号主变辅助、备用冷却器投入
2号主变220kV侧弹簧未储能
2号主变220kV侧SF₆低气压报警
2号主变220kV侧分闸回路II闭锁
2号主变220kV侧电机电源消失
2号主变220kV侧第一组控制回路断线
2号主变220kV侧第二组控制回路断线
2号主变220kV侧切换继电器同时动作
2号主变220kV侧TV失压
2号主变220kV侧合闸、分闸回路I闭锁
2号主变220kV侧KK把手就地操作
2号主变220kV侧KK把手远方控制
2号主变220kV侧就地操作位置
2号主变110kV侧弹簧未储能
2号主变110kV侧控制回路断线
2号主变110kV侧SF₆低气压报警
2号主变110kV侧切换继电器同时动作
2号主变110kV侧TV失压
2号主变110kV侧合闸、分闸回路I闭锁
2号主变110kV侧KK把手就地操作
2号主变110kV侧KK把手远方控制
2号主变110kV侧就地操作位置
2号主变10kV侧弹簧未储能
2号主变10kV侧KK把手就地操作
2号主变10kV侧KK把手远方控制
2号主变保护过负荷
2号主变保护装置闭锁
2号主变保护装置报警
2号主变保护TA断线
2号主变保护TV断线
2号主变保护低压侧零序过压
2号主变保护高压侧报警
2号主变保护中压侧报警
2号主变保护低压侧报警
2号主变差动保护动作

图 5-85　2 号主变光字信号（母线事故处理案例五）

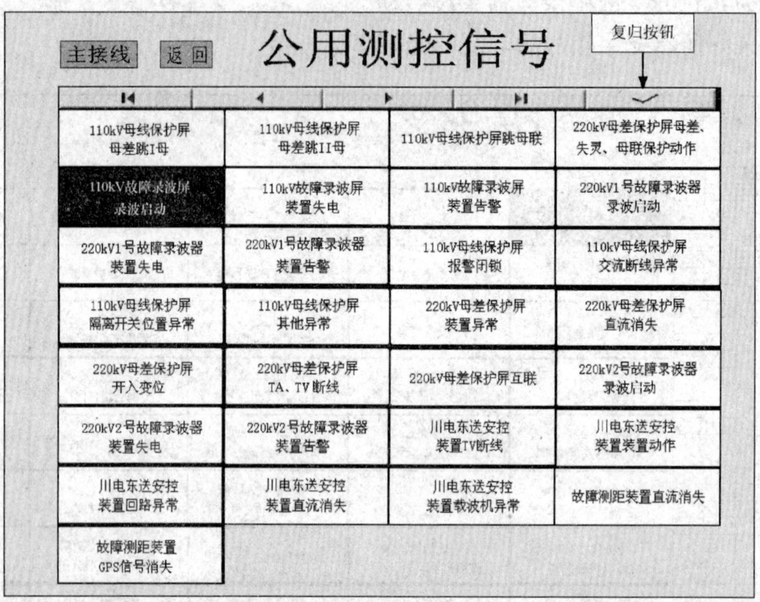

图 5-86 公用测控信号（母线事故处理案例五）

3）检查保护装置液晶屏显示保护动作情况、故障参数。本次事故应重点检查 110kV 舒长线 112 断路器保护装置、1、2 号主变保护装置信号。

a. 检查 110kV 舒长线 112 断路器保护装置动作信号，如图 5-87 所示。

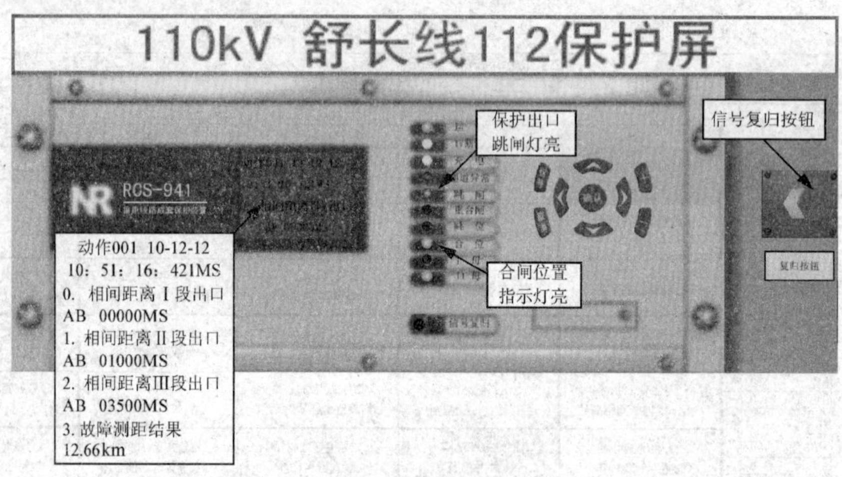

图 5-87 110kV 舒长线 112 断路器保护装置动作信号（母线事故处理案例五）

110kV 舒长线 112 断路器保护装置动作信息：相间距离Ⅰ、Ⅱ、Ⅲ段出口，故障选相为 AB 相，故障测距 12.66km。保护出口跳闸灯、断路器合闸位置指示灯亮、跳闸位置指示灯熄灭。

检查、记录好所有保护信息后，进行复归并打印事故报告。

b. 检查 1 号主变 1 号保护装置动作信号，如图 5-88 所示。

1 号主变 1 号保护装置动作信息：110kV 侧复合电压闭锁过流（Ⅰ段第一时限）保护动作出口，故障选相为 A、B 相。保护出口跳闸灯亮。

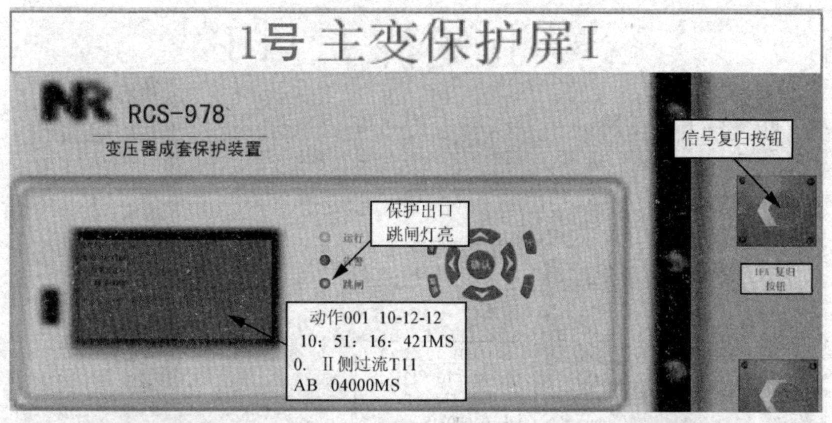

图 5－88　1 号主变 1 号保护装置动作信号（母线事故处理案例五）

检查、记录好所有保护信息后，进行复归并打印事故报告。

c. 检查 1 号主变 2 号保护装置动作信号，如图 5－89 所示。

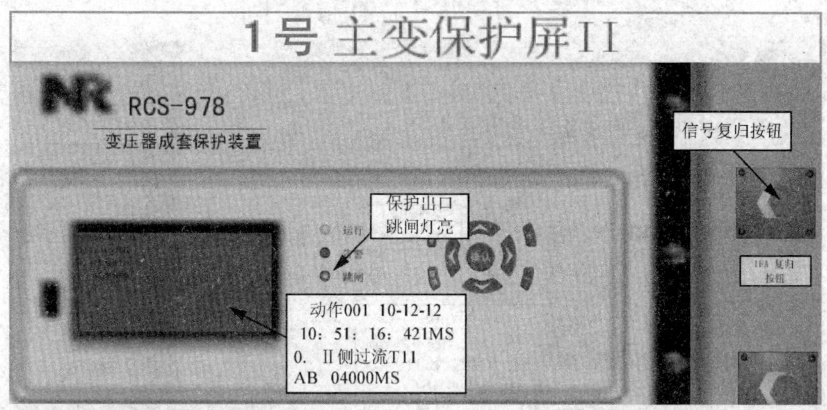

图 5－89　1 号主变 2 号保护装置动作信号（母线事故处理案例五）

1 号主变 2 号保护装置动作信息：110kV 侧复合电压闭锁过流（Ⅰ段第一时限）保护动作出口，故障选相为 A、B 相。保护出口跳闸灯亮。

检查、记录好所有保护信息后，进行复归并打印事故报告。

d. 检查 2 号主变 1 号保护装置动作信号，如图 5－90 所示。

2 号主变 1 号保护装置动作信息：110kV 侧复合电压闭锁过流（Ⅰ段第一时限）保护动作出口，110kV 侧复合电压闭锁过流（Ⅰ段第二时限）保护动作出口，故障选相为 A、B 相。保护出口跳闸灯亮。

检查、记录好所有保护信息后，进行复归并打印事故报告。

e. 检查 2 号主变 2 号保护装置信号，如图 5－91 所示。

2 号主变 2 号保护装置动作信息：110kV 侧复合电压闭锁过流（Ⅰ段第一时限）保护动作出口，110kV 侧复合电压闭锁过流（Ⅰ段第二时限）保护动作出口，故障选相为 A、B 相。保护出口跳闸灯亮。

检查、记录好所有保护信息后，进行复归并打印事故报告。

4）检查 2 号主变保护装置操作箱、母联操作箱上信号灯。

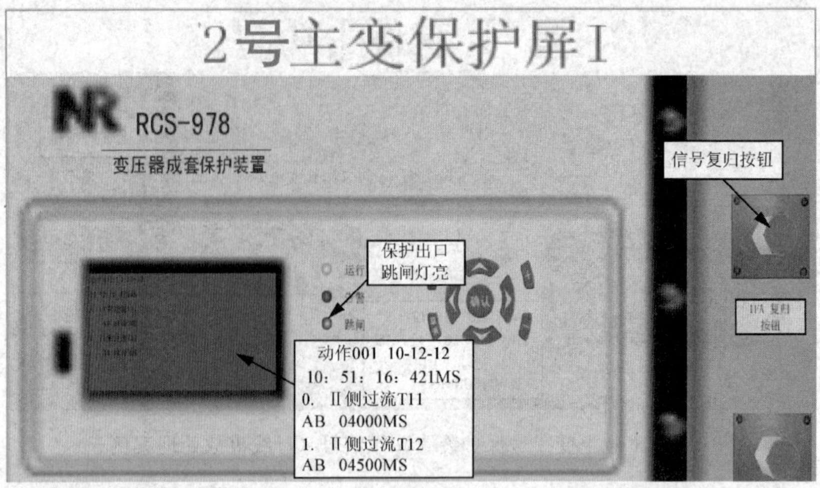

图 5-90　2 号主变 1 号保护装置动作信号（母线事故处理案例五）

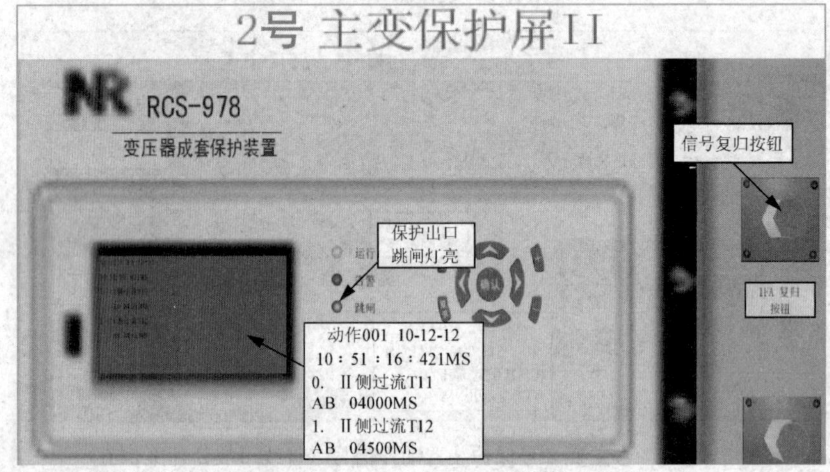

图 5-91　2 号主变 2 号保护装置动作信号（母线事故处理案例五）

a. 检查 2 号主变保护装置操作箱上信号灯，如图 5-92 所示。

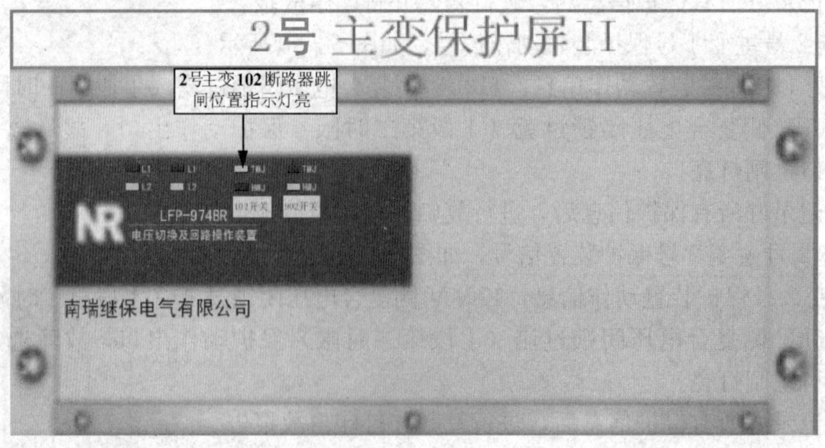

图 5-92　2 号主变 2 号保护装置操作箱信号灯（母线事故处理案例五）

2 号主变 102 断路器跳闸位置指示灯亮。

检查、记录好所有保护信号灯。

b. 检查母联装置操作箱上的信号灯，如图 5-93 所示。

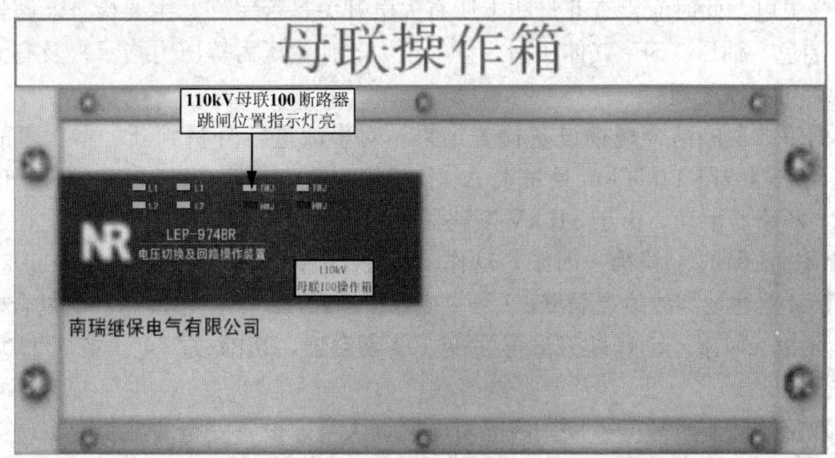

图 5-93　110kV 母联操作箱信号灯（母线事故处理案例五）

110kV 母线 100 断路器跳闸位置指示灯亮。

检查、记录好所有保护信号灯。

5）检查 110kV 故障录波装置显示故障录波信号，从 110kV 故障录波装置上可以检查到以下动作信号发出：

a. 故障录波“启动”灯亮；

b. 液晶显示屏上发出本次事故故障录波信息，包括故障时间、启动原因、故障线路、故障描述、故障测距、故障波形以及故障前、中、后一个周期内的电流、电压参数等。

检查、记录好所有故障录波信息后，进行复归。运行值班员可以结合故障录波和保护动作情况对事故进行更加准确的分析判断。

(5) 穿戴好合格的安全工器具，对事故时变电站内的设备进行检查。

1）对故障范围设备进行检查。

a. 应对事故跳闸的 110kV 母联 100、2 号主变 102 断路器以及拒动的舒长线 112 断路器进行外部检查，主要检查断路器的三相位置、油位、油色、油压（SF_6 气体压力、空气压力、弹簧压力等压力指示）及有无泄漏等异常情况。

b. 检查 110kV 舒长线 112 断路器线路保护范围内的所有站内设备（即舒长线 112 断路器线路保护用电流互感器出线侧的所有设备），包括 112 断路器电流互感器、线路侧隔离开关、旁路隔离开关、线路电压互感器、避雷器、高频阻波器、耦合电容器、结合滤波器、支持绝缘子以及相连的短引线等线路设备，有无短路、接地、闪络、瓷件破损、爆炸等故障现象。本次事故为 110kV 舒长线线路故障，故检查变电站内一次设备无异常。

c. 检查 110kV 舒长线 112 断路器保护装置运行情况：保护装置运行正常，保护连接片、切换开关投退正确，无保护装置误动作的可能。

d. 检查 1、2 号主变保护装置运行情况：保护装置运行正常，保护连接片、切换开关投退正确，无保护装置误动作的可能。

2）检查站内其他相关设备有无异常。110kV 母联 100、2 号主变 102 断路器跳闸后造成 110kVⅡ母线失电，此时应检查Ⅱ母线上所有失电开关是否完好。主要检查断路器的三相位置、油位、油色、油压（SF_6 气体压力、空气压力、弹簧压力等压力指示）及有无泄漏等异常情况，是否可以恢复运行。

(6) 根据事故现象结合现场设备检查结果，对事故进行分析判断。本次事故为 110kV 舒长线 112 断路器线路 12.66km 处发生 A、B 相相间短路故障，112 断路器保护装置保护动作出口，112 断路器拒动，由于 110kV 断路器未配备失灵保护，故由 1、2 号主变 110kV 侧复合电压闭锁过流保护（Ⅰ段第一时限）动作，跳开 110kV 母联 100 断路器，110kV 母联 100 断路器跳闸后 1 号主变与故障点隔离，1 号主变保护返回，2 号主变 110kV 侧复合电压闭锁过流保护（Ⅰ段第二时限）动作跳开 2 号主变 102 断路器，切除故障点。造成 110kV Ⅱ母线失压。

(7) 采取措施限制事故的发展，解除对电网、人身、设备安全的威胁。

1）按照事故处理原则，运行人员应将 110kV Ⅱ线上失电的舒汇线 114、舒沿线 118 断路器手动拉开。

2）将拒动的 110kV 舒长线 112 断路器隔离。可采用验明 1123、1122 隔离开关两侧确无电压后拉开 1123、1122 隔离开关的方式，保持拒动断路器的运行状态以便修试人员检查拒动原因。

3）110kV 系统由双母线并列运行变为了单母线运行，按照现场运行规程 110kV 母差保护的运行方式也应改为单母线运行方式。

(8) 再次向上级值班调度汇报站内事故处理情况，汇报程序及内容如下：

1）启动电话录音，安排同值人员监听，并做好记录。

2）互报单位、岗位、姓名。

3）2010 年 12 月 12 日××时××分（本次汇报时间），仿真舒平变电站 110kV 舒长线 112 断路器保护装置：相间距离Ⅰ段保护出口、相间距离Ⅱ段保护出口、相间距离Ⅲ段保护出口，故障选相为 A、B 相，故障测距为 12.66km。110kV 舒长线 112 断路器未动作跳闸。1 号主变 110kV 复合电压闭锁过流保护（Ⅰ段第一时限）出口、2 号主变 110kV 复合电压闭锁过流保护（Ⅰ段第一时限）出口跳开 110kV 母联 100 断路器，2 号主变 110kV 复合电压闭锁过流保护（Ⅰ段第二时限）出口跳开 2 号主变 102 断路器，造成 110kV Ⅱ母线失压。检查站内设备发现舒长线 112 断路器拒动，其余设备无异常。已将 110kV Ⅱ线上失电的舒汇线 114、舒沿线 118 断路器手动拉开，已拉开舒长线 1123、1122 隔离开关，将拒动的 110kV 舒长线 112 断路器隔离，并已按照现场运行规程 110kV 母差保护的运行方式已改为单母线运行方式。事故初步判断为 110kV 舒长线 112 断路器线路 12.66km 处发生 A、B 相相间短路故障，舒长线 112 断路器拒动。

4）值班调度员复诵，并做好记录。

(9) 根据上级调度值班员的指令进行事故处理操作。本次事故的故障点为 110kV 舒长线线路以及拒动的舒长线 112 断路器，其余设备均无异常。故在故障点隔离后，其余设备可以恢复运行。

1）根据值班调度员指令进行倒闸操作，操作步骤如下：

a. 检查 110kV 舒长线 112 断路器及线路已隔离；

b. 投入 110kV 母差保护母联断路器充电保护连接片；

c. 将 110kV 母差保护改为双母线并列运行方式；

d. 合上 110kV 母联 100 断路器对 110kVⅡ母线充电，并检查充电正常；

e. 退出 220kV 母差保护母联断路器充电保护连接片；

f. 将 2 号主变 110kV 侧中性点转为直接接地运行（在合 2 号主变 102 断路器前应将 2 号主变 110kV 中性点直接接地，防止操作过电压）；

g. 2 号主变 102 断路器由Ⅱ母线热备用转Ⅱ母线运行；

h. 将 2 号主变 110kV 侧中性点转为间隙接地运行（102 断路器运行后 110kV 系统就有两个直接接地中性点，此时应恢复为 1 号主变中性点接地，2 号主变中性点为不接地）；

i. 将舒汇线 114、舒沿线 118 断路器由Ⅱ母线热备用转Ⅱ母线运行。

2）修试人员到站后，根据调度指令和事故抢修单（或工作票）的要求，进行 110kV 舒长线 112 断路器转为开关检修的操作。

3）值班调度员应通知线路运行管理单位重点对 110kV 舒长线线路 A、B 相进行巡视检查。根据检查的不同结果进行不同的处理。

a. 若未发现明显故障点应根据调度指令用 110kV 旁路 140 断路器代 110kV 舒长线 112 断路器对线路进行试送电。

b. 线路发现故障点后，根据调度命令将 110kV 舒长线 112 断路器转为线路检修状态。

(10) 事故处理告一段落后，检查确认事故处理操作完成情况，再次汇报上级值班调度员。

1）站内运行状态应与调度命令一致。

2）所有事故信号已复归。

3）向调度汇报事故处理结果以及站内现在的运行方式：

a. 启动电话录音，安排同值人员监听，并做好记录；

b. 互报单位、岗位、姓名；

c. 2010 年 12 月 12 日××时××分（本次汇报时间），汇报上述操作完成情况；

d. 值班调度员复诵，并做好记录。

(11) 整理事故处理相关记录、资料，进行事故处理总结。

1）检查一次模拟接线图与实际运行方式一致。

2）安全工器具擦拭干净，定置摆放。

3）做好相关运行记录，包括《运行记录簿》、《高压断路器跳（合）闸记录簿》、《保护及故障录波动作记录簿》、《接地线（接地开关）装（合）拆（拉）记录簿》等。

4）整理现场事故处理报告、继电保护和自动装置事故报告、故障录波报告、事故录音并及时上报有关部门。

5）总结本次事故处理。

6. 事故处理案例六

2010 年 12 月 12 日 10 时 36 分，仿真舒平变电站 110kV 舒长线 112 断路器线路发生 A

相单相接地故障，舒长线 112 断路器线路保护动作，112 断路器机构故障未动作跳闸，1、2 号主变 110kV 侧后备保护动作，跳开 110kV 母联 100 断路器，2 号主变 110kV 侧后备保护动作，跳开 2 号主变 202、102、902 断路器，造成 2 号主变、110kVⅡ母线及母线上所有线路运行断路器失电、10kV Ⅳ段母线及 2 号站用变失电。（本案例与案例 5 同为 110kV 舒长线 112 断路器线路故障 112 断路器拒动，但由于故障类型不同，保护动作跳闸情况和事故造成的最终后果也截然不同）

（1）事故发生后，应立即启动事故录音，记录事故发生时间：2010 年 12 月 12 日 10 时 36 分。

（2）运行值班人员首先检查监控系统主接线图断路器出现变位闪光，故障线路的电流、功率等遥测信息等简要事故信息。监控系统主要信号如图 5-94 所示。

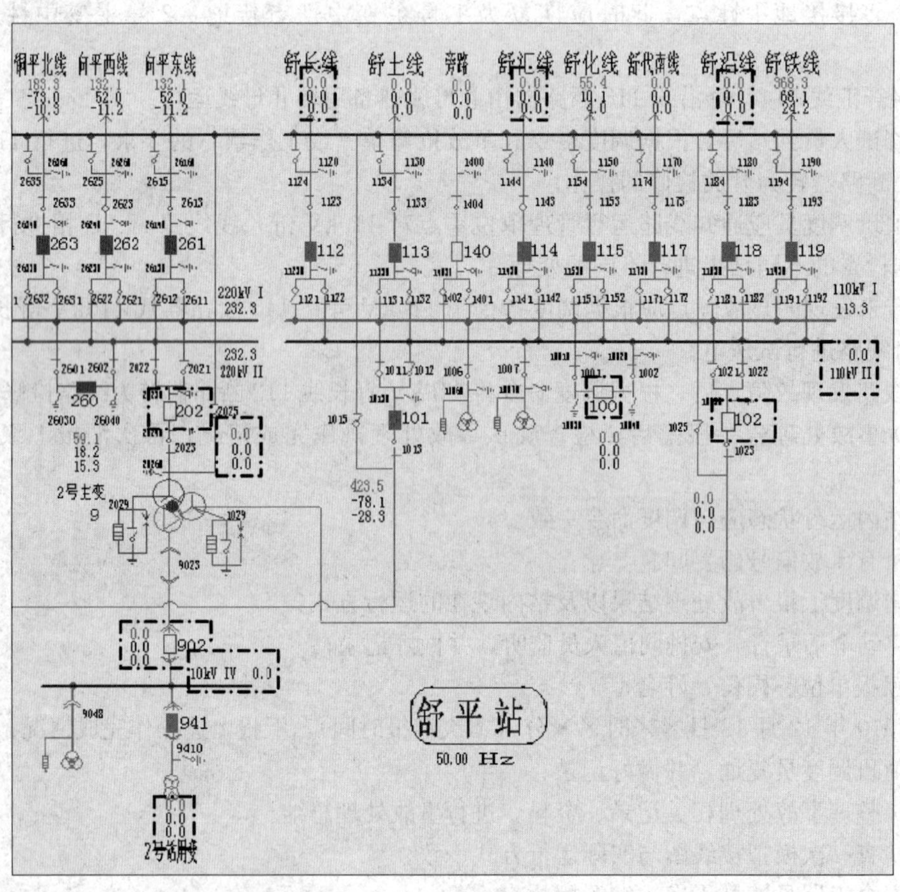

图 5-94 监控系统主要信号（母线事故处理案例六）

1）检查监控系统主接线图 110kV 母联 100、2 号主变 202、102、902 断路器发出跳闸位置闪光信号。

2）检查 100、202、102、902、112、114、118 断路器及 2 号站用变电流、有功、无功表计指示为零，110kVⅡ母线、10kVⅣ段母线三相电压为零。

3）做好记录并复归所有断路器变位闪光信号。

（3）将以上简要事故信息及时汇报调度和有关部门，便于调度及有关人员及时、全面

地掌握事故情况，进行分析判断。本次事故应汇报地调值班调度员及运行管理单位生产领导。

1）启动电话录音，安排同值人员监听，并做好记录。

2）互报单位、岗位、姓名。

3）2010 年 12 月 12 日××时××分（本次汇报时间），仿真舒平变电站于 10 时 36 分发生事故。110kV 母联 100、2 号主变 202、102、902 断路器三相跳闸，100、202、102、902、112、114、118 断路器及 2 号站用变电流、有功、无功表计指示为零，110kV Ⅱ母线、10kV Ⅳ段母线三相电压为零，事故具体情况待进一步详细检查后汇报。

4）值班调度员复诵，并做好记录。

(4) 对事故信号进行全面详细的检查，做好记录并复归事故信号。

1）检查监控系统告警窗、记录监控系统报文，如图 5－95 所示。

发生时间	描述	动作情况
2010年12月12日10:37:08:953	舒平站2号站用变TV断线	动作
2010年12月12日10:37:08:953	舒平站舒沿线RCS941TV断线	动作
2010年12月12日10:37:08:953	舒平站舒汇线RCS941TV断线	动作
2010年12月12日10:37:08:953	舒平站舒长线RCS941TV断线	动作
2010年12月12日10:37:01:859	舒平站2号主变10kV侧902断路器	分闸
2010年12月12日10:37:01:859	舒平站2号主变110kV侧102断路器	分闸
2010年12月12日10:37:01:859	舒平站2号主变220kV侧202断路器ABC相	分闸
2010年12月12日10:37:01:839	舒平站2号主变220kV侧202断路器第二组出口跳闸	动作
2010年12月12日10:37:01:839	舒平站2号主变220kV侧202断路器第一组出口跳闸	动作
2010年12月12日10:37:01:809	舒平站2号主变(第1套)RCS978后备动作	动作
2010年12月12日10:37:01:809	舒平站2号主变(第1套)RCS978中压零序	动作
2010年12月12日10:37:01:809	舒平站2号主变(第1套)RCS978装置动作	动作
2010年12月12日10:37:01:809	舒平站2号主变(第3套)RCS978后备动作	动作
2010年12月12日10:37:01:809	舒平站2号主变(第3套)RCS978中压零序	动作
2010年12月12日10:37:01:809	舒平站2号主变(第3套)RCS978装置动作	动作
2010年12月12日10:37:01:659	舒平站110kV母联100断路器	分闸
2010年12月12日10:37:01:609	舒平站1号主变(第3套)RCS978后备动作	动作
2010年12月12日10:37:01:609	舒平站1号主变(第3套)RCS978中压零序	动作
2010年12月12日10:37:01:609	舒平站1号主变(第3套)RCS978装置动作	动作
2010年12月12日10:37:01:609	舒平站1号主变(第1套)RCS978后备动作	动作
2010年12月12日10:37:01:609	舒平站1号主变(第1套)RCS978中压零序	动作
2010年12月12日10:37:01:609	舒平站1号主变(第1套)RCS978装置动作	动作
2010年12月12日10:37:01:609	舒平站2号主变(第3套)RCS978后备动作	动作
2010年12月12日10:37:01:609	舒平站2号主变(第3套)RCS978中压零序	动作
2010年12月12日10:37:01:609	舒平站2号主变(第3套)RCS978装置动作	动作
2010年12月12日10:37:01:609	舒平站2号主变(第1套)RCS978后备动作	动作
2010年12月12日10:37:01:609	舒平站2号主变(第1套)RCS978中压零序	动作
2010年12月12日10:37:01:609	舒平站2号主变(第1套)RCS978装置动作	动作
2010年12月12日10:37:00:609	舒平站舒长线RCS941零序IV段动作	动作
2010年12月12日10:37:00:609	舒平站舒长线RCS941零序III段动作	动作
2010年12月12日10:37:00:609	舒平站舒长线RCS941保护动作	动作
2010年12月12日10:37:00:109	舒平站舒长线RCS941零序II段动作	动作
2010年12月12日10:37:00:109	舒平站舒长线RCS941保护动作	动作
2010年12月12日10:36:59:139	舒平站110kV舒长线112断路器总出口跳闸	动作
2010年12月12日10:36:59:109	舒平站舒长线RCS941零序I段动作	动作
2010年12月12日10:36:59:109	舒平站舒长线RCS941接地距离I段动作	动作
2010年12月12日10:36:59:109	舒平站舒长线RCS941保护动作	动作
2010年12月12日10:36:59:109	舒平站110kV录波器录波	动作
2010年12月12日10:36:59:109	舒平站向平西线(第2套)PSF631装置动作	动作
2010年12月12日10:36:59:109	舒平站向平西线(第1套)PSF631装置动作	动作
2010年12月12日10:36:59:109	舒平站洪舒南线(第2套)LFX912装置动作	动作
2010年12月12日10:36:59:109	舒平站洪舒南线(第1套)LFX912装置动作	动作
2010年12月12日10:36:59:109	舒平站洪舒北线(第2套)LFX912装置动作	动作
2010年12月12日10:36:59:109	舒平站洪舒北线(第1套)LFX912装置动作	动作
2010年12月12日10:36:59:109	舒平站孜平线(第2套)LFX912装置动作	动作
2010年12月12日10:36:59:109	舒平站孜平线(第1套)LFX912装置动作	动作
2010年12月12日10:36:59:109	舒平站铜平南线(第2套)WGC装置动作	动作
2010年12月12日10:36:59:109	舒平站铜平南线(第1套)WGC装置动作	动作
2010年12月12日10:36:59:109	舒平站向平东线(第2套)WGC装置动作	动作
2010年12月12日10:36:59:109	舒平站向平东线(第1套)WGC装置动作	动作
2010年12月12日10:36:59:109	舒平站铜平北线(第2套)WGC装置动作	动作
2010年12月12日10:36:59:109	舒平站铜平北线(第1套)WGC装置动作	动作
2010年12月12日10:36:59:109	舒平站预告信号	动作
2010年12月12日10:36:59:109	舒平站事故总信号	动作

图 5－95　监控系统告警窗（母线事故处理案例六）

监控系统报文应根据报文发生时间顺序进行查看，从监控系统报文中可以检查到如下信息：

a. 事故时由于系统振荡发出的预告信号；

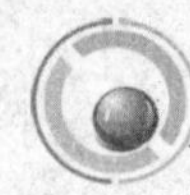

b. 110kV 故障录波器启动；

c. 110kV 舒长线 112 断路器保护装置，接地距离Ⅰ段动作、零序过流Ⅰ段动作、零序过流Ⅱ段动作、零序过流Ⅲ段动作、零序过流Ⅳ段动作、112 断路器总出口跳闸；

d. 2 号主变保护装置，110kV 侧后备保护动作；

e. 1 号主变保护装置，110kV 侧后备保护动作；

f. 110kV 母联 100 断路器跳闸；

g. 2 号主变保护装置，110kV 侧后备保护动作；

h. 2 号主变 202、102、902 断路器跳闸；

i. 110kV Ⅱ母线失压信号；

g. 2 号站用变失电信号。

其中 b～h 项为本次事故重要信号，应做好记录。

2）检查监控系统上光字牌信号，本事故应重点检查 110kV 舒长线 112 断路器及 1、2 号主变、110kV 故障录波装置的光字信号。

a. 检查 110kV 舒长线 112 断路器光字信号，如图 5－96 所示。

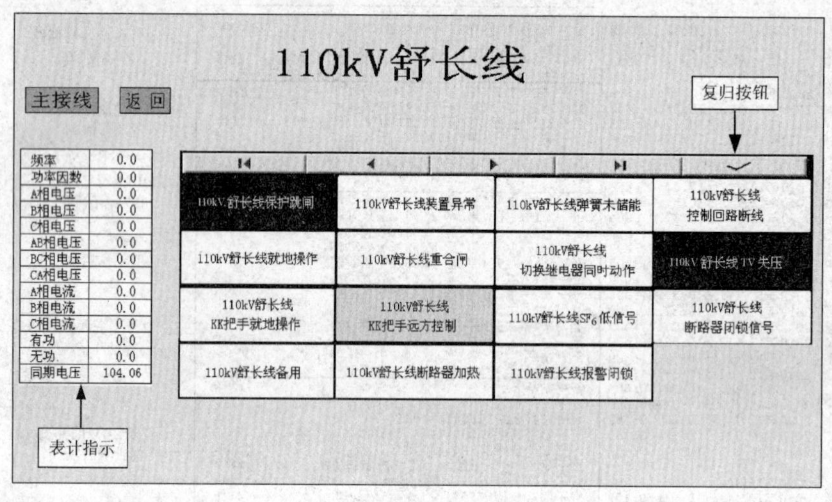

图 5－96　110kV 舒长线 112 断路器光字信号（母线事故处理案例六）

110kV 舒长线保护跳闸；110kV 舒长线 TV 失压。

检查、记录好所有光字信号后，复归光字牌。

b. 检查 1 号主变光字信号，如图 5－97 所示。

1 号主变保护出口跳闸；1 号主变保护中压侧报警。

检查、记录好所有光字信号后，复归光字牌。

c. 检查 2 号主变光字信号，如图 5－98 所示。

2 号主变保护出口跳闸；2 号主变保护中压侧报警。

检查、记录好所有光字信号后，复归光字牌。

d. 检查 110kV 故障录波装置光字信号，如图 5－99 所示。

110kV 故障录波器录波启动。

检查、记录好所有光字信号后，复归光字牌。

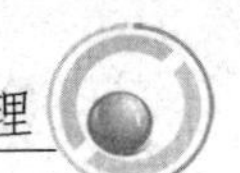

主接线　返回

1号主变

复归按钮

1号主变220kV侧频率	50.0
1号主变220kV侧功率因数	0.9
1号主变220kV侧A相电压	134.1
1号主变220kV侧B相电压	134.1
1号主变220kV侧C相电压	134.1
1号主变220kV侧AB相电压	232.2
1号主变220kV侧BC相电压	232.2
1号主变220kV侧CA相电压	232.2
1号主变220kV侧A相电流	214.4
1号主变220kV侧B相电流	214.4
1号主变220kV侧C相电流	214.4
1号主变220kV侧有功	79.3
1号主变220kV侧无功	33.9
1号主变110kV侧频率	50.0
1号主变110kV侧功率因数	0.9
1号主变110kV侧A相电压	65.4
1号主变110kV侧B相电压	65.4
1号主变110kV侧C相电压	65.4
1号主变110kV侧AB相电压	113.3
1号主变110kV侧BC相电压	113.3
1号主变110kV侧CA相电压	113.3
1号主变110kV侧A相电流	423.5
1号主变110kV侧B相电流	423.5
1号主变110kV侧C相电流	423.5
1号主变110kV侧有功	-78.2
1号主变110kV侧无功	-28.3
1号主变10kV侧频率	50.0
1号主变10kV侧功率因数	1.0
1号主变10kV侧A相电压	6.0
1号主变10kV侧B相电压	6.0
1号主变10kV侧C相电压	6.0
1号主变10kV侧AB相电压	10.3
1号主变10kV侧BC相电压	10.3
1号主变10kV侧CA相电压	10.3
1号主变10kV侧A相电流	58.7
1号主变10kV侧B相电流	58.7
1号主变10kV侧C相电流	58.7

|◀	◀	▶	▶|	✓
1号主变保护出口跳闸	1号主变油位异常	1号主变轻瓦斯	1号主变I工作电源故障	1号主变II工作电源故障
1号主变备用冷却器投入后故障	1号主冷控失电	1号主变有载轻瓦斯	1号主变压力释放	1号主变本体重瓦斯
1号主变有载重瓦斯	1号主变温度高	1号主变有载调压电机运转	1号主变有载调压机构故障	1号主变冷却器操作电源故障
1号主变辅助、备用冷却器投入	1号主变220kV侧弹簧未储能	1号主变220kV侧 SF_6 低气压报警	1号主变220kV侧分闸回路II闭锁	1号主变220kV侧电机电源消失
1号主变220kV侧第一组控制回路断线	1号主变220kV侧第二组控制回路断线	1号主变220kV侧切换继电器同时动作	1号主变220kV侧TV失压	1号主变220kV侧合闸、分闸回路I闭锁
1号主变220kV侧KK把手就地操作	1号主变220kV侧KK把手远方控制	1号主变220kV侧就地操作位置	1号主变110kV侧弹簧未储能	1号主变110kV侧控制回路断线
1号主变110kV侧SF6低气压报警	1号主变110kV侧切换继电器同时动作	1号主变110kV侧TV失压	1号主变110kV侧合闸、分闸回路I闭锁	1号主变110kV侧KK把手就地操作
1号主变110kV侧KK把手远方控制	1号主变110kV侧就地操作位置	1号主变10kV侧弹簧未储能	1号主变10kV侧KK把手就地操作	1号主变10kV侧KK把手远方控制
1号主变保护过负荷	1号主变保护装置闭锁	1号主变保护装置报警	1号主变保护TA断线	1号主变保护TV断线
1号主变保护低压侧零序过压	1号主变保护高压侧报警	1号主变保护中压侧报警	1号主变保护低压侧报警	1号主变差动保护动作

图 5－97　1 号主变光字信号（母线事故处理案例六）

主接线　返回

2号主变

复归按钮

2号主变220kV侧频率	50.0
2号主变220kV侧功率因数	1.0
2号主变220kV侧A相电压	134.1
2号主变220kV侧B相电压	134.1
2号主变220kV侧C相电压	134.1
2号主变220kV侧AB相电压	232.2
2号主变220kV侧BC相电压	232.2
2号主变220kV侧CA相电压	232.2
2号主变220kV侧A相电流	2.7
2号主变220kV侧B相电流	2.7
2号主变220kV侧C相电流	2.7
2号主变220kV侧有功	1.0
2号主变220kV侧无功	0.3
2号主变110kV侧频率	0.0
2号主变110kV侧功率因数	0.0
2号主变110kV侧A相电压	0.0
2号主变110kV侧B相电压	0.0
2号主变110kV侧C相电压	0.0
2号主变110kV侧AB相电压	0.0
2号主变110kV侧BC相电压	0.0
2号主变110kV侧CA相电压	0.0
2号主变110kV侧A相电流	0.0
2号主变110kV侧B相电流	0.0
2号主变110kV侧C相电流	0.0
2号主变110kV侧有功	0.0
2号主变110kV侧无功	0.0
2号主变10kV侧频率	50.0
2号主变10kV侧功率因数	1.0
2号主变10kV侧A相电压	6.1
2号主变10kV侧B相电压	6.1
2号主变10kV侧C相电压	6.1
2号主变10kV侧AB相电压	10.6
2号主变10kV侧BC相电压	10.6
2号主变10kV侧CA相电压	10.6
2号主变10kV侧A相电流	59.0
2号主变10kV侧B相电流	59.0
2号主变10kV侧C相电流	59.0

|◀	◀	▶	▶|	✓
2号主变保护出口跳闸	2号主变油位异常	2号主变轻瓦斯	2号主变I工作电源故障	2号主变II工作电源故障
2号主变备用冷却器投入后故障	2号主冷控失电	2号主变有载轻瓦斯	2号主变压力释放	2号主变本体重瓦斯
2号主变有载重瓦斯	2号主变温度高	2号主变有载调压电机运转	2号主变有载调压机构故障	2号主变冷却器操作电源故障
2号主变辅助、备用冷却器投入	2号主变220kV侧弹簧未储能	2号主变220kV侧 SF_6 低气压报警	2号主变220kV侧分闸回路II闭锁	2号主变220kV侧电机电源消失
2号主变220kV侧第一组控制回路断线	2号主变220kV侧第二组控制回路断线	2号主变220kV侧切换继电器同时动作	2号主变220kV侧TV失压	2号主变220kV侧合闸、分闸回路I闭锁
2号主变220kV侧KK把手就地操作	2号主变220kV侧KK把手远方控制	2号主变220kV侧就地操作位置	2号主变110kV侧弹簧未储能	2号主变110kV侧控制回路断线
2号主变110kV侧 SF_6 低气压报警	2号主变110kV侧切换继电器同时动作	2号主变110kV侧TV失压	2号主变110kV侧合闸、分闸回路I闭锁	2号主变110kV侧KK把手就地操作
2号主变110kV侧KK把手远方控制	2号主变110kV侧就地操作位置	2号主变10kV侧弹簧未储能	2号主变10kV侧KK把手就地操作	2号主变10kV侧KK把手远方控制
2号主变保护过负荷	2号主变保护装置闭锁	2号主变保护装置报警	2号主变保护TA断线	2号主变保护TV断线
2号主变保护低压侧零序过压	2号主变保护高压侧报警	2号主变保护中压侧报警	2号主变保护低压侧报警	2号主变差动保护动作

图 5－98　2 号主变光字信号（母线事故处理案例六）

3）检查保护装置液晶屏显示保护动作情况、故障参数。本次事故应重点检查 110kV 舒长线 112 断路器保护装置、1、2 号主变保护装置信号。

主接线 返回 **公用测控信号** 复归按钮

110kV母线保护屏母差跳I母	110kV母线保护屏母差跳II母	110kV母线保护屏跳母联	220kV母差保护屏母差、失灵、母联保护动作
110kV故障录波屏录波启动	110kV故障录波屏装置失电	110kV故障录波屏装置告警	220kV1号故障录波器录波启动
220kV1号故障录波器装置失电	220kV1号故障录波器装置告警	110kV母线保护屏报警闭锁	110kV母线保护屏交流断线异常
110kV母线保护屏隔离开关位置异常	110kV母线保护屏其他异常	220kV母差保护屏装置异常	220kV母差保护屏直流消失
220kV母差保护屏开入变位	220kV母差保护屏TA、TV断线	220kV母差保护屏互联	220kV2号故障录波器录波启动
220kV2号故障录波器装置失电	220kV2号故障录波器装置告警	川电东送安控装置TV断线	川电东送安控装置装置动作
川电东送安控装置回路异常	川电东送安控装置直流消失	川电东送安控装置载波机异常	故障测距装置直流消失
故障测距装置GPS信号消失			

图 5-99　公用测控信号（母线事故处理案例六）

a. 检查 110kV 舒长线 112 断路器保护装置动作信号，如图 5-100 所示。

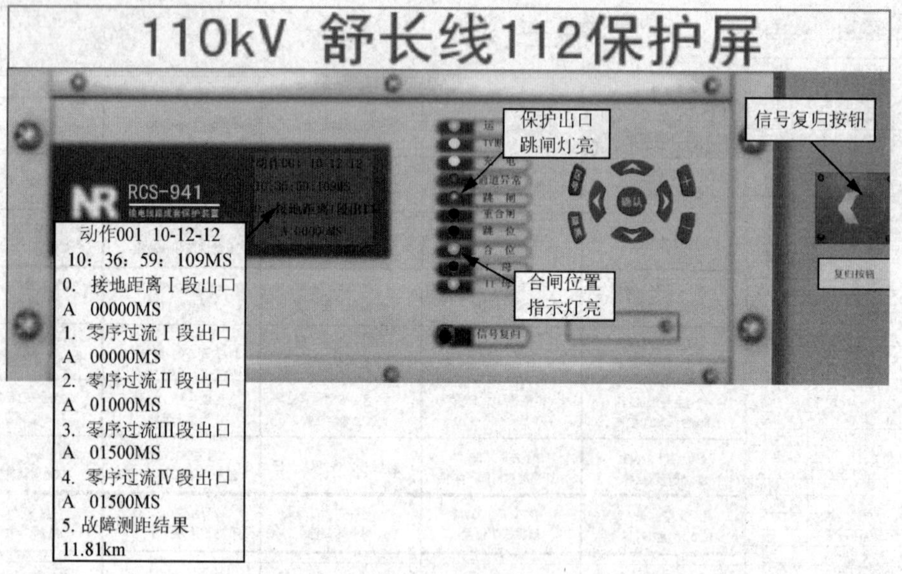

图 5-100　110kV 舒长线 112 断路器保护装置动作信号（母线事故处理案例六）

110kV 舒长线 112 断路器保护装置动作信息：接地距离Ⅰ段出口、零序过流Ⅰ段出口、零序过流Ⅱ段出口、零序过流Ⅲ段出口、零序过流Ⅳ段出口，故障选相为 A 相，故障测距为 11.81km。保护出口跳闸灯、断路器合闸位置指示灯亮、跳闸位置指示灯熄灭。

检查、记录好所有保护信息后，进行复归并打印事故报告。

b. 检查 1 号主变 1 号保护装置动作信号，如图 5-101 所示。

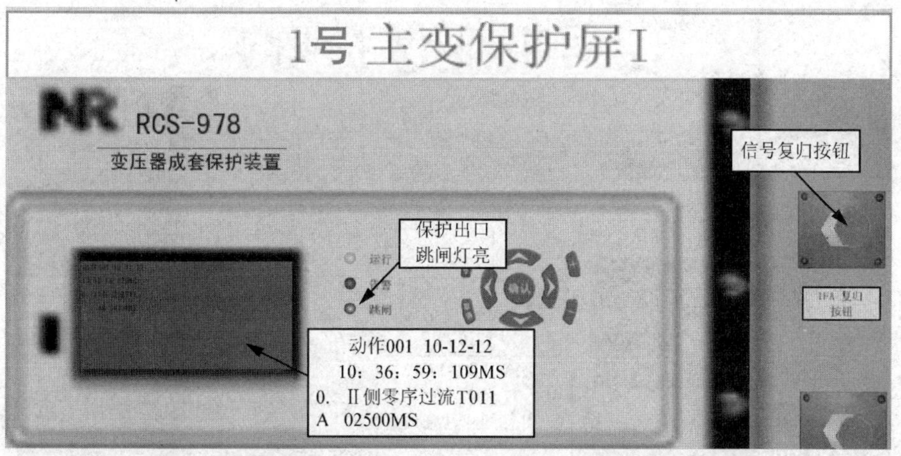

图 5-101 1 号主变 1 号保护装置动作信号（母线事故处理案例六）

1 号主变 1 号保护装置动作信息：110kV 侧零序过流（Ⅰ段第一时限）保护动作出口，故障选相为 A 相。保护出口跳闸灯亮。

检查、记录好所有保护信息后，进行复归并打印事故报告。

c. 检查 1 号主变 2 号保护装置动作信号，如图 5-102 所示。

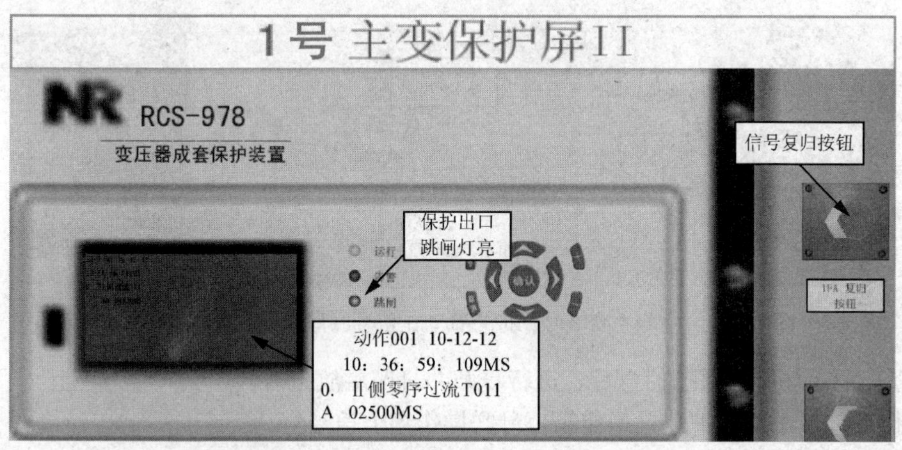

图 5-102 1 号主变 2 号保护装置动作信号（母线事故处理案例六）

1 号主变 2 号保护装置动作信息：110kV 侧零序过流（Ⅰ段第一时限）保护动作出口，故障选相为 A 相。保护出口跳闸灯亮。

检查、记录好所有保护信息后，进行复归并打印事故报告。

d. 检查 2 号主变 1 号保护装置动作信号，如图 5-103 所示。

2 号主变 1 号保护装置动作信息：110kV 侧间隙零序过流（Ⅰ段）保护动作出口，故障选相为 A 相。保护出口跳闸灯亮。

检查、记录好所有保护信息后，进行复归并打印事故报告。

e. 检查 2 号主变 2 号保护装置信号，如图 5-104 所示。

2 号主变 2 号保护装置动作信息：110kV 侧间隙零序过流（Ⅰ段）保护动作出口，故障选相为 A 相。保护出口跳闸灯亮。

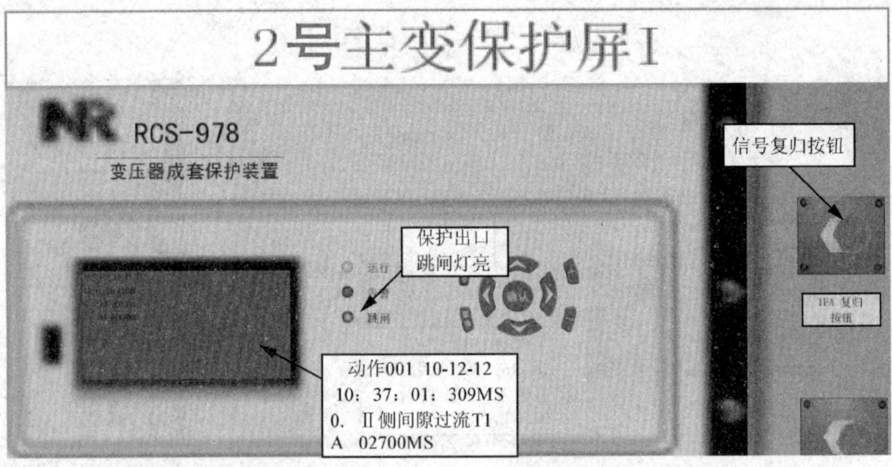

图 5－103 2 号主变 1 号保护装置动作信号（母线事故处理案例六）

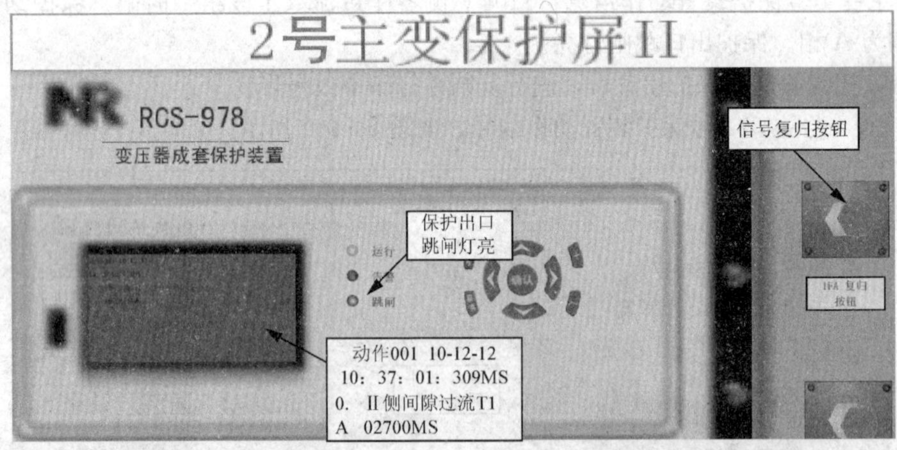

图 5－104 2 号主变 2 号保护装置动作信号（母线事故处理案例六）

检查、记录好所有保护信息后，进行复归并打印事故报告。

4）检查 2 号主变保护装置操作箱、母联操作箱上信号灯。

a. 检查 2 号主变 1 号和 2 号保护装置操作箱上信号灯，如图 5－105、图 5－106 所示。

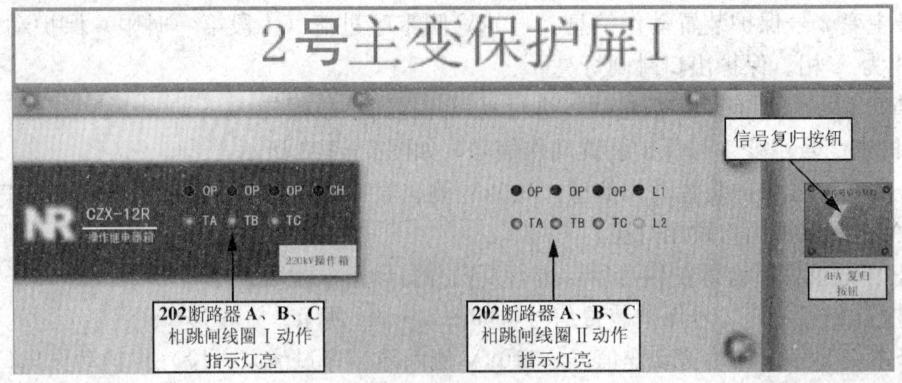

图 5－105 2 号主变 1 号保护装置操作箱信号灯（母线事故处理案例六）

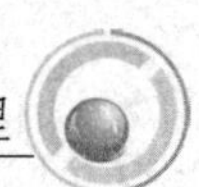

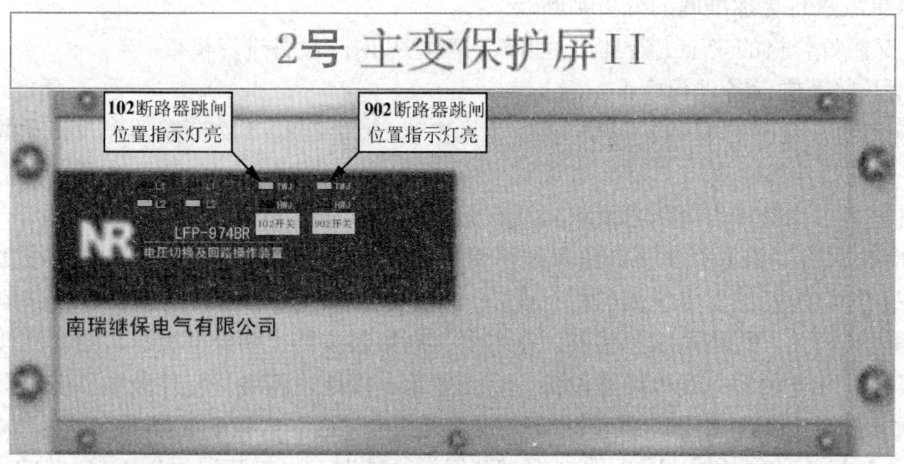

图 5-106　2 号主变 2 号保护装置操作箱信号灯（母线事故处理案例六）

2 号主变 202 断路器 ABC 相跳闸线圈Ⅰ、Ⅱ动作灯亮；2 号主变 102、902 断路器跳闸位置指示灯亮。

检查、记录好所有保护信号灯后，进行复归。

b. 检查母联装置操作箱上信号灯，如图 5-107 所示。

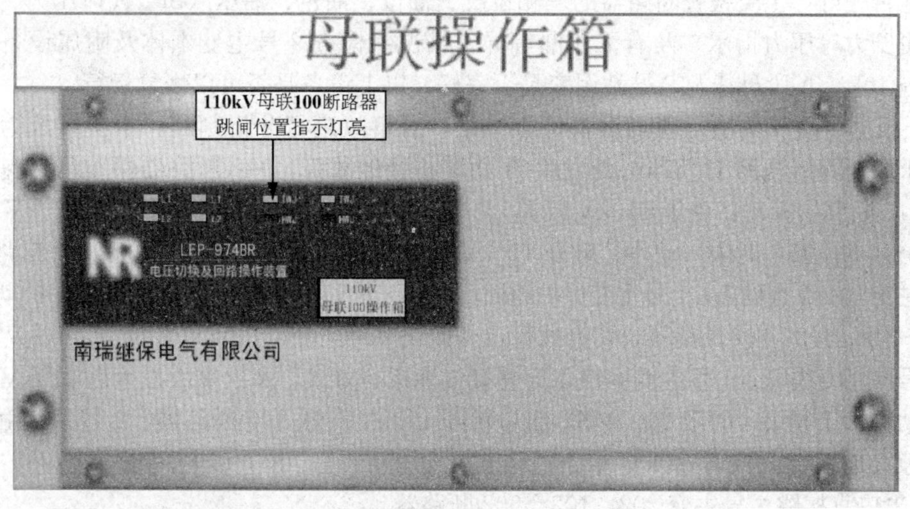

图 5-107　110kV 母联操作箱信号灯（母线事故处理案例六）

110kV 母线 100 断路器跳闸位置指示灯亮。

检查、记录好所有保护信号灯。

5）检查 110kV 故障录波装置显示故障录波信号。从 110kV 故障录波装置上可以检查到以下动作信号发出：

a. 故障录波“启动”灯亮；

b. 液晶显示屏上发出本次事故故障录波信息，包括故障时间、启动原因、故障线路、故障描述、故障测距、故障波形以及故障前、中、后一个周期内的电流、电压参数等。

检查、记录好所有故障录波信息后，进行复归。运行值班员可以结合故障录波和保护动作情况对事故进行更加准确的分析判断。

(5) 穿戴好合格的安全工器具，对事故时变电站内的设备进行检查。

1) 对故障范围设备进行检查。

a. 应对事故跳闸的110kV母联100、2号主变202、102、902断路器以及拒动的舒长线112断路器进行外部检查，主要检查断路器的三相位置、油位、油色、油压（SF_6气体压力、空气压力、弹簧压力等压力指示）及有无泄漏等异常情况。

b. 检查110kV舒长线112断路器线路保护范围内的所有站内设备（即舒长线112断路器线路保护用电流互感器出线侧的所有设备），包括112断路器电流互感器、线路侧隔离开关、旁路隔离开关、线路电压互感器、避雷器、高频阻波器、耦合电容器、结合滤波器、支持绝缘子以及相连的短引线等线路设备，有无短路、接地、闪络、瓷件破损、爆炸等故障现象。本次事故为110kV舒长线线路故障，故检查变电站内一次设备无异常。

c. 检查110kV舒长线112断路器保护装置运行情况：保护装置运行正常，保护连接片、切换开关投退正确，无保护装置误动作的可能。

d. 检查1、2号主变保护装置运行情况：保护装置运行正常，保护连接片、切换开关投退正确，无保护装置误动作的可能。

2) 检查站内其他相关设备有无异常。110kV母联100、2号主变202、102、902断路器跳闸后造成110kV Ⅱ母线、2号主变及10kV Ⅳ段母线失电，此时应检查Ⅱ母线上所有失电断路器是否完好，主要检查断路器的三相位置、油位、油色、油压（SF_6气体压力、空气压力、弹簧压力等压力指示）及有无泄漏等异常情况。检查2号主变本体及附属设备是否完好，检查10kV Ⅳ段母线及2号站用变是否完好，以上设备是否可以恢复运行。

(6) 根据事故现象结合现场设备检查结果，对事故进行分析判断。本次事故为110kV舒长线112断路器线路11.81km处发生A相单相接地故障，112断路器保护装置保护动作出口，112断路器拒动，由于110kV断路器未配备失灵保护，故由1号主变110kV侧零序过流保护（Ⅰ段第一时限）动作，跳开110kV母联100断路器，110kV母联100断路器跳闸后1号主变与故障点隔离，1号主变保护返回，2号主变110kV侧间隙零序过流保护动作跳开2号主变202、102、902断路器，切除故障点，造成2号主变、110kV Ⅱ母线、10kV Ⅳ段母线及2号站用变失压。1号主变中性点为直接接地运行方式，本次事故发生后110kV零序过流保护动作（Ⅰ段第一时限2500MS）出口跳开110kV母联100断路器，2号主变由于中性点为间隙接地运行方式，110kV零序过流保护不能启动，由110kV间隙零序保护启动经2700ms出口直接跳2号主变202、102、902断路器。

(7) 采取措施限制事故的发展，解除对电网、人身、设备安全的威胁。

1) 按照事故处理原则，运行人员应将110kVⅡ线上失电的舒汇线114、舒沿线118、2号站用变941断路器手动拉开。由于检查站内设备发现112断路器拒动外其余设备均无异常并可以恢复送电，故可暂不停用站用电源备自投装置。

2) 将拒动的110kV舒长线112断路器隔离。可采用验明1123、1122隔离开关两侧确无电压后拉开1123、1122隔离开关的方式，保持拒动开关的运行状态以便修试人员检查拒动原因。

3) 110kV系统由双母线并列运行变为了单母线运行，按照现场运行规程110kV母差保护的运行方式也应改为单母线运行方式。

(8) 再次向上级值班调度汇报站内事故处理情况，汇报程序及内容如下：

1）启动电话录音，安排同值人员监听，并做好记录。

2）互报单位、岗位、姓名。

3）2010年12月12日××时××分（本次汇报时间），仿真舒平变电站110kV舒长线112断路器保护装置：接地距离Ⅰ段保护出口、零序过流Ⅰ段保护出口、零序过流Ⅱ段保护出口、零序过流Ⅲ段保护出口、零序过流Ⅳ段保护出口，故障选相为A相，故障测距为11.81km。110kV舒长线112断路器未动作跳闸。1号主变110kV侧零序过流保护（Ⅰ段第一时限）出口跳开110kV母联100断路器，2号变110kV侧间隙零序过流保护出口跳开2号主变202、102、902断路器，造成2号主变、110kVⅡ母线、10kV Ⅳ段母线及2号站用变失压。检查站内设备发现舒长线112断路器拒动，其余设备无异常。已将失电的舒汇线114、舒沿线118 2号站用变941断路器手动拉开，已拉开舒长线1123、1122隔离开关，将拒动的110kV舒长线112断路器隔离，并已按照现场运行规程110kV母差保护的运行方式改为单母线运行方式。事故初步判断为110kV舒长线112断路器线路11.81km处发生A相单相接地故障，舒长线112断路器拒动。

4）值班调度员复诵，并做好记录。

(9）根据上级调度值班员的指令进行事故处理操作。本次事故的故障点为110kV舒长线线路以及拒动的舒长线112断路器，其余设备均无异常。故在故障点隔离后，其余设备可以恢复运行。

1）根据值班调度员指令进行倒闸操作，操作步骤如下：

a. 检查110kV舒长线112断路器及线路已隔离；

b. 投入110kV母差保护母联断路器充电保护连接片；

c. 将110kV母差保护改为双母线并列运行方式；

d. 合上110kV母联100断路器对110kVⅡ母线充电，并检查充电正常；

e. 退出220kV母差保护母联断路器充电保护连接片；

f. 将2号主变220kV、110kV侧中性点转为直接接地运行（在将2号主变由热备用转运行前应将2号主变220kV、110kV侧中性点直接接地，防止操作过电压）；

g. 将2号主变由热备用转运行；

h. 将2号主变220kV、110kV侧中性点转为间隙接地运行（2号主变恢复运行后220kV、110kV系统就有两个直接接地中性点，此时应恢复为1号主变中性点接地，2号主变中性点为不接地）；

i. 将舒汇线114、舒沿线118断路器由Ⅱ母线热备用转Ⅱ母线运行；

j. 将2号站用变941断路器由热备用转运行。

2）修试人员到站后，根据调度指令和事故抢修单（或工作票）的要求，进行110kV舒长线112断路器转为断路器检修的操作。

3）值班调度员应通知线路运行管理单位重点对110kV舒长线线路A、B相进行巡视检查。根据检查的不同结果进行不同的处理。

a. 若未发现明显故障点应根据调度指令用110kV旁路140断路器代110kV舒长线112断路器对线路进行试送电。

b. 线路发现故障点后，根据调度命令将110kV舒长线112断路器转为线路检修状态。

(10）事故处理告一段落后，检查确认事故处理操作完成情况，再次汇报上级值班调度员。

1）站内运行状态应与调度命令一致。

2）所有事故信号已复归。

3）向调度汇报事故处理结果以及站内现在的运行方式：

a. 启动电话录音，安排同值人员监听，并做好记录；

b. 互报单位、岗位、姓名；

c. 2010 年 12 月 12 日××时××分（本次汇报时间），汇报上述操作完成情况；

d. 值班调度员复诵，并做好记录。

（11）整理事故处理相关记录、资料，进行事故处理总结。

1）检查一次模拟接线图与实际运行方式一致。

2）安全工器具擦拭干净，定置摆放。

3）做好相关运行记录，包括《运行记录簿》、《高压断路器跳（合）闸记录簿》、《保护及故障录波动作记录簿》、《接地线（接地开关）装（合）拆（拉）记录簿》等。

4）整理现场事故处理报告、继电保护和自动装置事故报告、故障录波报告、事故录音并及时上报有关部门。

5）总结本次事故处理。

第五节　水轮发电机事故及处理

水轮发电机的常见故障有定子绕组相间短路、定子绕组匝间短路、发电机过电压、发电机失磁、转子绕组两点接地、发电机着火等。

一、定子绕组相间短路

1. 定子绕组相间短路主要现象

（1）发差动保护动作报警信号。

（2）水轮发电机组跳闸、灭磁、停机。

（3）故障发电机各表计指示为零。

（4）发电机保护屏上有发电机差动保护动作信息。

2. 定子绕组相间短路保护动作处理

（1）立即调整正常机组出力，恢复系统频率、电压。

（2）抄录保护装置及自动装置动作情况，分析和判断故障性质，并立即汇报调度和发电厂相关部门领导。

（3）严密监视故障机组停机过程。

（4）对发电机及引出线进行全面巡视检查。

（5）通知检修人员对故障发电机进行检修。

（6）故障发电机检修后对发电机进行零起升压检查，无异常后向调度申请将机组并网运行。

二、定子绕组匝间短路

1. 定子绕组匝间短路主要现象

（1）发匝间短路保护动作报警信号。

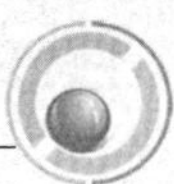

(2) 水轮发电机组跳闸、灭磁、停机。

(3) 故障发电机各表计指示为零。

(4) 发电机保护屏上有发电机匝间短路保护动作信息。

2. 定子绕组匝间短路保护动作处理

(1) 立即调整正常机组出力，恢复系统频率、电压。

(2) 抄录保护装置及自动装置动作情况，分析和判断故障性质，并立即汇报调度和发电厂相关部门领导。

(3) 严密监视故障机组停机过程。

(4) 对发电机进行全面巡视检查。

(5) 通知检修人员对故障发电机进行检修。

(6) 故障发电机检修后对发电机进行零起升压检查，无异常后向调度申请将机组并网运行。

三、发电机过电压

1. 发电机过电压主要现象

(1) 发过电压保护动作报警信号。

(2) 水轮发电机组跳闸、灭磁。

(3) 故障发电机电流、电压、有功、无功指示为零。

(4) 发电机保护屏上有过电压保护动作信息。

2. 发电机过电压保护动作处理

(1) 立即调整正常机组出力，恢复系统频率、电压。

(2) 抄录保护装置及自动装置动作情况，分析和判断故障性质，并立即汇报调度和发电厂相关部门领导。

(3) 对发电机进行全面巡视检查。

(4) 若过压保护动作系机组甩负荷引起，则检查机组无异常后申请调度重新将机组并网运行；若过压保护动作系其他原因引起，应待检修人员处理后对发电机进行零起升压检查，无异常后向调度申请将机组并网运行。

四、发电机失磁

发电机失磁是指发电机的励磁电流异常下降且超过了静态稳定极限所允许的程度，或者发电机的励磁电流完全消失。发电机的失磁保护既可动作于信号，也可动作于跳闸。对于不允许失磁运行的发电机，失磁保护应动作于跳闸。下面以发电机失磁保护动作于跳闸情况说明发电机失磁的处理。

1. 发电机失磁主要现象

(1) 发失磁保护动作报警信号。

(2) 水轮发电机组跳闸、灭磁。

(3) 故障发电机电流、电压、有功、无功指示为零。

(4) 发电机保护屏上有失磁保护动作信息。

2. 发电机失磁保护动作处理

(1) 立即调整正常机组出力，恢复系统频率、电压。

(2) 抄录保护装置及自动装置动作情况，分析和判断故障性质，并立即汇报调度和发电厂相关部门领导。

(3) 对发电机碳刷和滑环、励磁装置、励磁一次回路进行全面检查。

(4) 通知检修人员对发电机励磁系统进行检修。

(5) 故障发电机检修后对发电机进行零起升压检查，无异常后向调度申请将机组并网运行。

五、转子绕组两点接地

1. 转子绕组两点接地现象

发电机转子绕组两点接地一般都是由一点接地发展而成，当发生转子绕组一点接地时，发“转子绕组一点接地”报警信号，此时应将转子绕组两点接地保护投入，保护延时动作于停机。当发电机转子绕组发生两点接地故障时有如下现象：

(1) 发转子绕组两点接地报警信号，且往往伴随有失磁保护动作信号发出；

(2) 转子电压表指示降低，转子电流指示增大；

(3) 机组可能产生剧烈振动；

(4) 水轮发电机组跳闸、灭磁、停机。

2. 转子绕组两点接地保护动作处理

(1) 立即调整正常机组出力，恢复系统频率、电压。

(2) 抄录保护装置及自动装置动作情况，分析和判断故障性质，并立即汇报调度和发电厂相关部门领导。

(3) 严密监视故障机组停机过程。

(4) 对发电机碳刷和滑环、励磁装置、励磁一次回路进行全面检查。

(5) 通知检修人员对故障发电机进行检修。

(6) 故障发电机检修后对发电机进行零起升压检查，无异常后向调度申请将机组并网运行。

六、发电机着火

1. 发电机着火现象

(1) 有发电机消防动作报警信号发出。

(2) 发电机保护可能动作，跳闸、灭磁和停机。

(3) 发电机冒出明显的烟气，并有绝缘烧焦的气味。

(4) 发电机定子铁心、绕组温度异常升高并报警。

2. 发电机着火处理

(1) 若发电机保护未动作，则应立即手动停机。

(2) 用二氧化碳或干粉灭火器进行灭火，禁止使用泡沫灭火器或砂子灭火，并及时汇报调度和发电厂相关部门领导。

(3) 做好设备隔离安全措施和人身防护安全措施，通知检修人员处理。

第六节　厂、站用交、直流系统事故处理

发电厂、变电站用交流系统是保证厂、站安全可靠输送电能的一个必不可缺的环节，若交流失电，则将严重影响设备的正常运行，甚至引起系统停电和设备损坏事故。

厂、站直流系统为厂、站控制系统、继电保护和自动装置、信号系统提供电源，同时直流电源还可以作为应急的备用电源。如直流系统故障，将直接导致控制回路、保护及自动装置等设备不能正常工作，如果此时发生异常或事故，保护及自动装置不能启动，将引起故障无法有效切除，扩大事故范围，并且无法进行正常操作。直流系统的可靠稳定运行非常重要，确保直流系统的正常运行，是保证变电站安全运行的决定性条件之一。

一、厂、站用交流系统事故原因及处理原则

1. 厂、站用交流系统事故的主要原因

(1) 空气小开关质量不合格，接触不良造成交流失电。

(2) 交流低压断路器拒动，造成系统厂、站用交流系统越级跳闸。

(3) 上一级电源失电。

(4) 厂、站用电二次回路故障跳闸导致交流失电。

(5) 厂、站用变压器故障。

(6) 低压母线故障。

2. 厂、站用交流系统事故处理原则

(1) 厂、站用电突然失去时，不论是厂、站用变故障还是其他原因使电源消失，均应优先恢复下列回路供电：

1) 监控系统电源；

2) 主变压器冷却系统电源；

3) 直流系统充电电源；

4) 通信电源；

5) 开关的操动机构电源。

(2) 厂、站用电配电屏低压断路器跳闸时，应对该回路进行检查，在未发现明显的故障现象或故障点的情况下，允许合断路器试送一次，试送不成则不得再行强送，并尽可能查明故障原因，在未查明原因并加以消除前，严禁将该回路切至另一段母线运行或合上环路联络隔离开关以免事故扩大。

(3) 厂、站用变高压断路器（高压熔断器）跳闸（熔断），一是变压器内部故障，使之跳闸，二是某一段低压侧母线上短路时低压断路器（熔断器）未跳开（熔断），越级使高压断路器（高压熔断器）跳闸（熔断）。厂、站用变高压断路器（高压熔断器）跳闸（熔断）时，处理方法是：

1) 拉开低压侧断路器（或拉开低压侧隔离开关），检查低压侧母线无问题，再把负荷倒至备用变或者另一段母线；

2) 对厂、站用变外部检查；

3) 如未发现异常，应考虑厂、站用变存在内部故障的可能，通知专业人员。

(4) 若厂、站用变低压侧断路器跳闸，应根据具体情况进行处理。

1) 若系厂、站用变失电，需手动投入备用电源。

2) 若系母线故障，则将该段母线上负荷移至另一段母线运行后进行消除或通知检修人员进行处理。

3) 如母线上未见明显故障现象或故障点，则应对各负载回路进行检查，必要时可拉开跳闸厂、站用变所在母线上全部负荷回路断路器，再逐路试送以寻找故障点。

(5) 当380V母线某一段失压，备自投动作不成功时，应按以下方法处理：

1) 应拉开失电厂、站用变的低压进线断路器和隔离开关，并设置“禁止合闸，有人工作!”警告牌；

2) 如果380V母线无故障时，确认失压母线厂、站用变高、低压断路器确已断开后，应合上380V分段断路器，恢复母线供电；

3) 如果380V母线确有故障，则禁止合上380V高、低压断路器；

4) 检查主变压器冷却电源等是否恢复；

5) 检查失电厂、站用变有无异常或故障现象，如有应立即隔离厂、站用变。

(6) 当380V母线分支故障，越级造成母线失压，应按以下方法处理：

1) 拉开380V母线上分支线路；

2) 检查380V母线确无其他故障时，应合上380V母线断路器，恢复母线供电；

3) 合上380V母线上分支线路，当合上某一分支母线故障时，判断故障分支，并将分支隔离，恢复母线送电；

4) 检查主变压器冷却电源等是否恢复。

(7) 当380V母线某一段故障失压，备自投动作后另一段母线故障，导致全厂、站用交流消失，应按以下方法处理：

1) 立即上报调度，同时加强主变的监视，主变的温度、负荷情况。

2) 如果有第三台厂、站用变，考虑用第三台厂、站用变送电，操作前应拉开失电的两台厂、站用变压器进线断路器和隔离开关。如果判断是由于备自投动作顶掉另一段母线故障，则尽快恢复无故障母线。

3) 密切关注蓄电池的电压，关闭不必要的负荷。

(8) 上级电源停电，导致全厂、站用交流消失，应按以下方法处理：

1) 立即上报调度，同时加强主变的监视，主变的温度、负荷情况；

2) 如果有第三台厂、站用变，考虑用第三台厂、站用变送电，操作前应拉开失电的两台厂、站用变压器进线断路器和隔离开关。

二、直流系统事故原因及处理原则

1. 直流系统事故的主要原因

(1) 熔断器容量小或者不匹配，在大负荷冲击下造成熔丝熔断，导致部分回路直流消失。

(2) 熔断器质量不合格，接触不良导致直流消失。

(3) 由于直流两点接地或短路造成熔丝熔断导致直流消失。

(4) 充电机故障或者站内交流失去引起直流消失。

(5) 直流母线故障或者蓄电池组故障。

2. 直流系统事故处理原则

(1) 直流屏低压断路器跳闸时，应对该回路进行检查，在未发现明显的故障现象或故障点的情况下，允许合断路器试送一次，试送不成则不得再行强送。

(2) 直流某一段电压消失时，应根据具体情况进行处理。

1) 蓄电池总熔断器熔断，充电机跳闸，应先重点检查母线上的设备，找出故障点，设法消除，更换熔丝后试送，如再次熔断或充电机跳闸，应通知专业人员来处理。

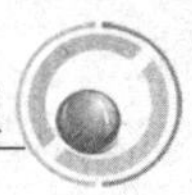

2）直流熔断器熔断，经外部检查无异常现象和气味，可更换熔断器后试送一次，如果故障依然存在，通知检修人员处理，没查出故障点前，禁止用任何方式对其供电。

（3）若充电机（或充电模块）故障，应进行如下处理：

1）如有备用充电机，应改为备用充电机运行；

2）检查交流电源熔丝是否熔断或电源是否缺相，低压断路器是否断开，更换熔丝后试送，如再次熔断或充电机跳闸，应通知专业人员来处理；

3）将该充电模块交流电源开关试送一次，若试送不成功，通知有关专业人员。

三、厂、站交、直流系统事故典型案例分析

（一）事故处理案例一

220kV 仿真舒平变电站 1 号站用变内部发生 A、B 相相间短路故障，1 号站用变高压侧 931 断路器保护装置动作、931 断路器跳闸，站用电源备自投装置动作，跳开 1 号站用变低压侧 41B 断路器，合上 2 号站用变低压侧 42B 断路器。

1. 事故现象

警报响，监控系统显示 931 断路器跳闸位置闪光、“1 号站用变 931 断路器限时电流速断保护出口、故障选相为 A、B 相”、“1 号主变、2 号主变风冷电源Ⅰ故障”、“1、2 号主变冷却器全停”、“断路器打压电源消失”、“1 号站用变 TV 断线”等站用电消失的信号，“380V 备自投动作”后站用电源恢复以上信号复归。

2. 事故处理步骤

（1）记录时间及故障现象、汇报地调调度值班员和运行管理单位相关领导。

（2）穿戴好合格的安全工器具，对事故时变电站内的设备进行检查。

1）应对事故跳闸的 1 号站用变 41B 断路器和合闸的 2 号站用变 42B 断路器进行外部检查，主要检查断路器的三相位置、油位、油色、油压（SF_6 气体压力、空气压力、弹簧压力等压力指示）及有无泄漏等异常情况。

2）检查 1 号站用变间隔（包括间隔内的变压器、隔离开关、电流互感器、避雷器、支持绝缘子以及相连的短引线等线路设备）有无短路、接地、闪络、瓷件破损、爆炸等故障现象。本次事故为 1 号站用变内部发生 A、B 相相间短路故障，经检查设备外观无明显的故障点。

3）检查 1 号站用变 931 断路器保护装置运行情况：保护装置运行正常，保护连接片、切换断路器投退正确，无保护装置误动作的可能。

4）检查站内其他相关设备有无异常。由于故障的 1 号站用变压器失电，引起站用电源备自投装置动作切换到 2 号站用变供电，会造成站用电源的瞬时失电。此时运行人员应检查相关站用电负荷在站用电源切换后运行是否正常，特别是较为重要的主变冷却器电源、直流蓄电池充电电源等。

（3）根据事故现象结合现场设备检查结果，对事故进行分析判断。由于站内设备检查无异常且保护装置工作正常、无误动可能，初步可以判断本次事故为 1 号站用变发生 A、B 相相间短路故障，1 号站用变 931 断路器保护动作跳开 931 断路器，1 号站用变失压，站用电源备自投装置动作跳开 1 号站用变低压侧 41B 断路器，合上 2 号站用变低压侧 42B 断路器。建议由检修、试验单位对 1 号站用变进行全面测试、检查。

（4）采取措施限制事故的发展，解除对电网、人身、设备安全的威胁。按照事故处理原则运行人员应自行停用站用电源备自投装置。互为备自投的1、2号站用变其中一台站用变失电后，在短时间内无法恢复运行的，按照现场运行规程应停用其备自投装置。

(5) 由于现场检查未发现明显故障点，则1号站用变内部故障的可能性较大，此时不应试送站用变。

1) 根据调度指令将1号站用变由热备用转为冷备用。

2) 修试人员到站后，根据调度指令和事故抢修单（或工作票）的要求，进行1号站用变由冷备用转检修的操作。

3) 在修试人员消除1号站用变故障并进行了相关试验后，经验收合格才能恢复1号站用变运行。

3. 事故处理关键点

(1) 事故发生后立即检查2号站用变的运行情况及备自投情况，确保变电站用电的安全稳定运行。

(2) 如果备自投未动作，应停用站用电源备自投装置。手动将1号站用变41B断路器拉开，合上2号站用变42B断路器。

(二) 事故处理案例二

220kV仿真舒平变电站2号直流系统控制Ⅰ段母线故障。直流系统接线方式及故障点，如图5-108所示。

正常时，馈电1-1、2-2屏采取分段运行方式。

1. 事故现象

警铃响，直流Ⅰ段总电源低压断路器跳闸，2号直流系统（馈电2-2）所接保护及自动装置、测控装置电源消失，110kV舒铁线119断路器、10kV合闸Ⅰ段直流电源消失，长明灯、事故照明直流电源消失，“2号直流系统控制Ⅰ段母线失压”光字牌亮，2号直流系统220V直流控制Ⅰ段母线电压为零。

2. 事故处理步骤

(1) 记录时间及故障现象，汇报有关人员。

(2) 检查2号直流系统控制母排、馈电2-2屏母排有无明显短路痕迹，本次事故为2号直流系统控制母线短路故障，经检查应能发现明显故障点。

(3) 拉开馈电2-2总电源低压断路器，用1号直流系统代馈电2-2负荷。操作步骤如下：

1) 拉开馈电2-2供出的所有负荷断路器；

2) 合上直流馈电1-1、2-2屏环网断路器对直流馈电2-2屏馈电母线充电；

3) 退出馈电2-2屏所有保护装置跳闸出口连接片及启动失灵连接片；

4) 正常后按照负荷重要程度逐路送出馈电负荷，检查无误后测试并投入保护装置跳闸出口连接片及启动失灵连接片。

(4) 拉开110kV舒铁线119断路器直流电源，合上110kV断路器直流环网隔离开关，检查舒铁线119断路器直流电源恢复正常。

(5) 拉开10kV合闸Ⅰ段直流电源断路器，合上10kV合闸电源环网断路器，检查10kV合闸Ⅰ段直流电源恢复正常。

(6) 拉开长明灯、事故照明直流电源。

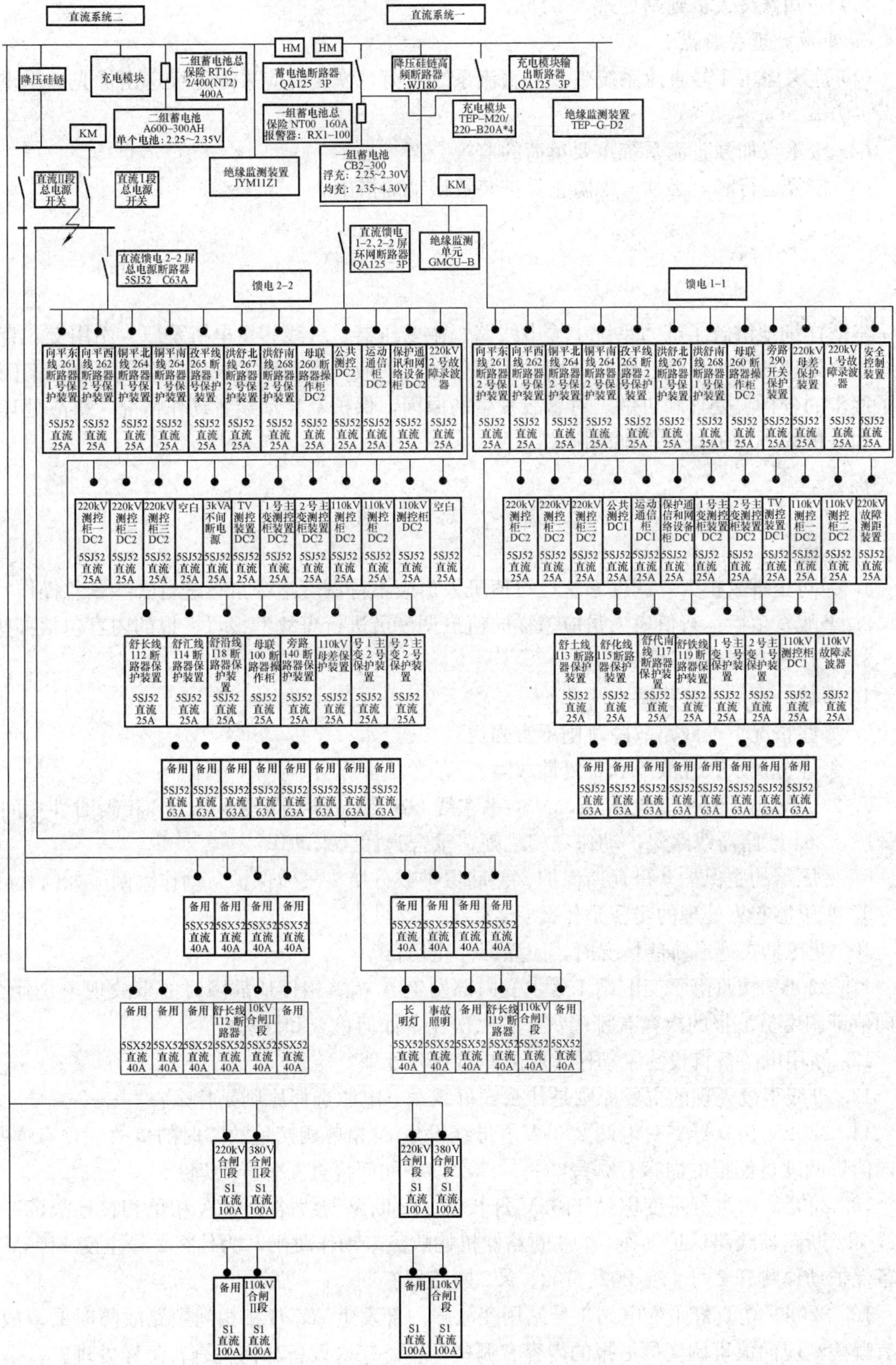

直流系统二

直流系统一

HM HM

降压硅链

充电模块

二组蓄电池总保险 RT16–2/400(NT2) 400A

蓄电池断路器 QA125 3P

降压硅链高频断路器 :WJ180

充电模块输出断路器 QA125 3P

二组蓄电池 A600–300AH 单个电池：2.25~2.35V

一组蓄电池总保险 NT00 160A 报警器：RX1–100

充电模块 TEP–M20/220–B20A*4

绝缘监测装置 TEP–G–D2

KM

一组蓄电池 CB2–300 浮充：2.25~2.30V 均充：2.35~4.30V

绝缘监测装置 JYM11Z1

KM

直流Ⅱ段总电源开关

直流Ⅰ段总电源开关

直流馈电 1–2，2–2 屏环网断路器 QA125 3P

绝缘监测单元 GMCU–B

直流馈电 2–2 屏总电源断路器 5SJ52 C63A

馈电 2–2

馈电 1–1

向平东线 261 断路器 1 号保护装置	向平西线 262 断路器 2 号保护装置	铜平北线 264 断路器 1 号保护装置	铜平南线 264 断路器 1 号保护装置	孜平线 265 断路器 1 号保护装置	洪舒北线 267 断路器 2 号保护装置	洪舒南线 268 断路器 2 号保护装置	母联 260 断路器操作柜 DC2	公共测控 DC2	运动通信柜 DC2	保护通讯和网络设备柜 DC2	220kV 2 号故障录波器
5SJ52 直流 25A	5SJ52 直流 25A	5SJ52 直流 25A	5SJ52 直流 25A	5SJ52 直流 25A	5SJ52 直流 25A	5SJ52 直流 25A	5SJ52 直流 25A	5SJ52 直流 25A	5SJ52 直流 25A	5SJ52 直流 25A	5SJ52 直流 25A

向平东线 261 断路器 2 号保护装置	向平西线 262 断路器 1 号保护装置	铜平北线 264 断路器 2 号保护装置	铜平南线 264 断路器 2 号保护装置	孜平线 265 断路器 2 号保护装置	洪舒北线 267 断路器 1 号保护装置	洪舒南线 268 断路器 1 号保护装置	母联 260 断路器操作柜 DC2	旁路 290 开关保护装置	220kV 母差保护装置	220kV 1 号故障录波器	安全控制装置
5SJ52 直流 25A	5SJ52 直流 25A	5SJ52 直流 25A	5SJ52 直流 25A	5SJ52 直流 25A	5SJ52 直流 25A	5SJ52 直流 25A	5SJ52 直流 25A	5SJ52 直流 25A	5SJ52 直流 25A	5SJ52 直流 25A	5SJ52 直流 25A

220kV 测控柜一 DC2	220kV 测控柜二 DC2	220kV 测控柜三 DC2	空白	3kVA 不间断电源	TV 测控装置 DC2	1 号主变测控柜装置 DC2	2 号主变测控柜装置 DC2	110kV 测控柜 DC2	110kV 测控柜 DC2	110kV 测控柜 DC2	空白
5SJ52 直流 25A	5SJ52 直流 25A	5SJ52 直流 25A	5SJ52 直流 25A	5SJ52 直流 25A	5SJ52 直流 25A	5SJ52 直流 25A	5SJ52 直流 25A	5SJ52 直流 25A	5SJ52 直流 25A	5SJ52 直流 25A	5SJ52 直流 25A

220kV 测控柜一 DC2	220kV 测控柜二 DC2	220kV 测控柜三 DC2	公共测控 DC1	运动通信柜 DC1	保护通信和网络设备柜 DC1	1 号主变测控柜装置 DC2	2 号主变测控柜装置 DC2	TV 测控装置 DC1	110kV 测控柜一 DC2	110kV 测控柜二 DC2	220kV 故障测距装置
5SJ52 直流 25A	5SJ52 直流 25A	5SJ52 直流 25A	5SJ52 直流 25A	5SJ52 直流 25A	5SJ52 直流 25A	5SJ52 直流 25A	5SJ52 直流 25A	5SJ52 直流 25A	5SJ52 直流 25A	5SJ52 直流 25A	5SJ52 直流 25A

舒长线 112 断路器保护装置	舒汇线 114 断路器保护装置	舒沿线 118 断路器保护装置	母联 100 断路器操作柜	旁路 140 断路器保护装置	110kV 母差保护装置	号 1 主变 2 号保护装置	号 2 主变 2 号保护装置
5SJ52 直流 25A	5SJ52 直流 25A	5SJ52 直流 25A	5SJ52 直流 25A	5SJ52 直流 25A	5SJ52 直流 25A	5SJ52 直流 25A	5SJ52 直流 25A

舒土线 113 断路器保护装置	舒化线 115 断路器保护装置	舒代南线 117 断路器保护装置	舒铁线 119 断路器保护装置	1 号主变 1 号保护装置	2 号主变 1 号保护装置	110kV 测控柜 DC1	110kV 故障录波器
5SJ52 直流 25A	5SJ52 直流 25A	5SJ52 直流 25A	5SJ52 直流 25A	5SJ52 直流 25A	5SJ52 直流 25A	5SJ52 直流 25A	5SJ52 直流 25A

备用	备用	备用	备用	备用	备用	备用	备用
5SJ52 直流 63A	5SJ52 直流 63A	5SJ52 直流 63A	5SJ52 直流 63A	5SJ52 直流 63A	5SJ52 直流 63A	5SJ52 直流 63A	5SJ52 直流 63A

备用	备用	备用	备用	备用	备用	备用	备用
5SJ52 直流 63A	5SJ52 直流 63A	5SJ52 直流 63A	5SJ52 直流 63A	5SJ52 直流 63A	5SJ52 直流 63A	5SJ52 直流 63A	5SJ52 直流 63A

备用	备用	备用	备用
5SX52 直流 40A	5SX52 直流 40A	5SX52 直流 40A	5SX52 直流 40A

备用	备用	备用	备用
5SX52 直流 40A	5SX52 直流 40A	5SX52 直流 40A	5SX52 直流 40A

备用	备用	备用	舒长线 112 断路器	10kV 合闸Ⅱ段	备用
5SX52 直流 40A	5SX52 直流 40A	5SX52 直流 40A	5SX52 直流 40A	5SX52 直流 40A	5SX52 直流 40A

长明灯	事故照明	备用	舒长线 119 断路器	110kV 合闸Ⅰ段	备用
5SX52 直流 40A	5SX52 直流 40A	5SX52 直流 40A	5SX52 直流 40A	5SX52 直流 40A	5SX52 直流 40A

220kV 合闸Ⅱ段	380V 合闸Ⅱ段
S1 直流 100A	S1 直流 100A

220kV 合闸Ⅰ段	380V 合闸Ⅰ段
S1 直流 100A	S1 直流 100A

备用	110kV 合闸Ⅱ段
S1 直流 100A	S1 直流 100A

备用	110kV 合闸Ⅰ段
S1 直流 100A	S1 直流 100A

图 5－108 直流系统接线图及故障点

(7) 通知修试人员到站处理。

3. 事故处理关键点

(1) 应考虑用1号直流系统带2号直流系统负荷，恢复时应采用逐级送出优先送出重要负荷的方式。

(2) 应重点加强直流系统重要负荷的监视。

(3) 恢复运行时，必须考虑防止保护装置误动的措施。

小　　结

本章详细地讲解了电力系统中输电线路、主变压器、母线、发电机及厂、站用交、直流系统事故处理的基本原则、组织原则、主要任务、一般步骤和相关规定。对典型事故案例进行了逐步的分析、处理和讲解。对事故发生的原因，保护及自动装置动作情况、事故处理的要点和分析的方法进行了详细的阐述。

复习思考题

1. 为防止事故扩大，调度系统运行值班人员应不待调度指令自行进行哪些紧急操作?

2. 事故发生后运行值班人员应怎样向值班调度员进行事故汇报，汇报的内容包括哪些?

3. 交接班时发生事故怎么办?

4. 事故处理的主要步骤有哪些?

5. 哪些情况下，线路故障跳闸不宜强送?

6. 怎样分辨永久性故障和重复性故障?

7. 220kV仿真舒平变电站220kV向平东线261断路器线路发生A、B相瞬时性相间短路故障，261断路器线路保护动作三相跳闸，重合为什么未动作?

8. 变压器的主保护（重瓦斯保护、差动保护或分接头气体保护）动作跳闸应如何处理?

9. 变压器起火处理的步骤是什么?

10. 变压器在遇有哪些情况时，应立即停止运行?

11. 220kV仿真舒平变电站1号主变内部发生A相单相接地故障时的事故现象是什么?应向值班调度员汇报的内容有哪些?一、二次设备如何检查和处理?

12. 站用电源备自投装置动作后应怎样检查和处理?

13. 母线事故处理的主要原则是什么?母线送电电源选择原则是什么?

14. 220kV仿真舒平变电站220kVⅠ母线发生A相单相接地故障时的事故现象有哪些?应向值班调度员汇报的内容有哪些?一、二次设备如何检查?怎样处理?

15. 220kV仿真舒平变电站110kV舒长线112断路器线路发生A相单相接地故障，舒长线112断路器线路保护动作，112断路器机构故障未动作跳闸，为什么2号主变110kV侧后备保护动作跳开2号主变202、102、902断路器?

16. 220kV仿真舒平变电站1号站用变故障内部发生A、B相相间短路故障时的事故现象有哪些?应向值班调度员汇报的内容有哪些?一、二次设备如何检查?怎样处理?

参 考 文 献

[1] 水利电力部西北电力设计院. 电力工程电气设计手册 1（电气一次部分）. 北京：中国电力出版社，2003.

[2] 耿旭明，赵泽民. 电气运行与检修 1000 问. 北京：中国电力出版社，2004.

[3] 贺家李. 电力系统继电保护原理. 北京：中国电力出版社，2004.

[4] 刘增良. 电气设备及运行维护. 北京：中国电力出版社，2007.

[5] 李跃. 电力安全知识. 北京：中国电力出版社，2004.

[6] 袁铮喻，张国良. 电气运行. 北京：中国水利水电出版社，2004.

[7] 蟠龙德. 电气运行. 北京：中国电力出版社，2009.

[8] 国家电网公司. 电力安全工作规程（变电部分）. 北京：中国电力出版社，2010.

[9] 张全元. 变电运行现场运行技术问答. 北京：中国电力出版社，2003.

[10] 黄栋. 发电厂及变电站二次回路. 北京：中国水利水电出版社，2004.

[11] 李骏年. 电力系统继电保护. 北京：中国电力出版社，1993.